让我们害怕的是恐惧本身

史上最发人深省的临终告白

IMMORTAL LAST WORDS

[英] 特里·布雷弗顿 编著 杨荣鑫 译

全国百佳图书出版单位
时代出版传媒股份有限公司
黄山书社

伯特兰·罗素
汉尼拔
欧内斯特·海明威
伽利略
西格蒙德·弗洛伊德
圣雄甘地
成吉思汗
洛克菲勒
俄国女皇叶卡捷琳娜
亚历山大大帝
斯巴达三百勇士
沃尔特·迪斯尼
约翰·沃尔夫冈·冯·歌德
切·格瓦拉
内森·黑尔
诺查丹玛斯
帕瓦罗蒂
庇隆夫人
简·奥斯汀
弗兰西斯·培根
勃朗特三姊妹
俄国沙皇彼得大帝
亚历山大·蒲柏
托马斯·爱迪生
毕加索
蓬巴杜夫人
罗伯特·斯科特
威廉·莎士比亚
阿尔伯特·爱因斯坦
温斯顿·丘吉尔
英国女王伊丽莎白
埃及艳后克里奥帕
威廉·福克纳
伊莎多拉·邓肯美国女性舞蹈家，现代舞创始人
佛陀
亚历山大六世史上最声名狼藉的教皇
萨尔瓦多·阿连德智利总统
总统
耶稣
圣女贞德
安徒生
“猫王”埃尔维斯·普莱斯利
苏格拉底
约翰·济慈
詹姆斯·乔伊斯
弗兰兹·卡夫卡
戴维·克里斯托弗·凯利博士
约翰·菲茨杰拉德·肯尼迪
普希金
萧伯纳
弗兰克·辛纳特拉
马丁·路德·金
赫克托·柏辽兹法国作曲家
罗纳德·里根
克里斯托弗·里夫
乔治·贝斯特曼联球星
罗伯斯庇尔
比利小子美国西部著名牛仔
柴可夫斯基

詹姆斯·迪恩影星，美国十大文化偶像之一
格兰特将军
戴安娜王妃
拿破仑
艾萨克·牛顿
理查德·尼克松
阿基米德
库尔特·科本美国摇滚巨星，涅槃乐队主唱
罗马皇帝奥勒留
斯·卡门世界上最长寿的人
玛丽·安托瓦内特
拉法耶特侯爵
鲍勃·马利
贝多芬
希斯·安德鲁·莱杰
卡尔·马克思
罗伯特·爱德华·李将军
玛塔·哈里
门卡乌拉
珍妮·路易
马基雅维利
威廉·莫里斯
莫扎特
小阿瑟·罗伯特·阿什
第一位夺得大满贯冠军的黑人网球运动员
托洛茨基
约翰·雅各布·阿斯特
鲁道夫·瓦伦蒂诺
文森特·梵高
“泰坦尼克”号最有名的遇难者之一，
也是当时世界上最富有的人之一
彼得罗·阿雷蒂诺
马克·吐温
意大利讽刺文学家，被称为色情文学之父
萨尔瓦多·达利
小托马斯·爱德华·伯内特
“9·11”事件中美航93号航
班上与恐怖分子搏斗的乘客之一
约翰·列侬
伏尔泰
乔治·华盛顿
奥斯卡·王尔德
弗吉尼亚·伍尔芙
安妮塔·露西亚·罗迪克女爵
阿诺德·罗斯坦
列奥纳多·达·芬奇
亚伯拉罕·林肯
大卫·利文斯通博士
加西亚·洛尔卡
洛伦佐·德·美第奇
法兰西国王路易十四
道格拉斯·麦克阿瑟
阿塔图尔克
土耳其建国之父
亨弗莱·鲍嘉美国著名电影演员
西蒙·玻利瓦尔南美解放者
塞万提斯
罗马皇帝韦斯巴芗
列夫·托尔斯泰
查理曼大帝
契诃夫

目录

引言

遗言是重要的——它是前人留给后代的“纪念品”，也是我们在这个世界上最后的表达机会，说出我们对自己、对人生和对世界的看法，说出在最后时刻终于到来之时，我们还有何牵挂。千百年来，历史为我们留下了一些最令人难忘的、最发人深省的、最催人奋进的，偶尔也会让人会心一笑的遗言。伟大的政治家、诗人、科学家、小说家和战争英雄——那些参与过世界性重大事件的杰出人物，他们的遗言常被引用，以弘扬时代精神或激励人们做好某项重要的工作。也有一些人，他们虽然不是历史名人，但他们的遗言同样值得铭记，因为它们折射出了人性的光辉。

本书以“永生不死”——最古老的埃及墓志铭开篇，记录了从古至今那些富有传奇色彩的遗言。譬如在温泉关之战中以寡敌众的斯巴达勇士的豪言壮语：“就算波斯人之箭遮天蔽日，我们仍将在黑暗中战斗到底。”具有讽刺意味的是，堪称拥有世界上最伟大头脑的古希腊哲学家苏格拉底的遗言反倒世俗而平凡：“克里托，我们还欠阿斯克勒庇俄斯神庙一只公鸡。一定还上。切记切记。”我们大都听说过尤利乌斯·恺撒的遗言：“布鲁图，你竟然也参与了？”却未必知道与他同时代的罗马诗人贺拉斯预言自己的作品将千古流传的遗言：“我为自己树了一座纪念碑，丰碑不倒，我将永生。”

临终之言通常能反映一个人的性格，或者暴露出他对自己曾经所作所为的最真实的想法。亨利八世临终不断念叨：“修道士！修道士！修道士！”也许就是对自己摧毁修道院、迫害修道士的行为感到愧悔。诺查丹玛斯告诉他的助手，“当太阳升起时，你们会发现我已经死了”，反映出他确有神秘的预知能力。而潘乔·比利亚临死前高喊：“不要让事情就此结束，告诉大家我留下了只言片语。”绝望之中仍想让声名传诸后世。奥斯卡·王尔德至死都那么机智幽默：“我的墙纸在和我决斗。不是它死就是我亡。”乔治五世临终把怒气撒到他忠实的护士和管家头上：“去你妈的！”另一些遗言则相当深刻，如科特·柯本在自杀遗书上写道：“与其黯然逝去，不如轰烈燃烧。”还有一些遗言透着风趣和幽默，比如伟大的经济学家约翰·梅纳德·凯恩斯临死时还在开玩笑：“可惜我没多喝一点香槟。”名厨基斯·弗洛伊德则开怀大笑：“我好多年不曾有过这么美好的感觉了。”

本书涉及的遗言按照逝者辞世的时间顺序排列，每则遗言后都简明介绍了留下遗言者的相关信息和遗言诞生的背景。368则遗言源自海量的历史资料，如墓志铭、碑文、谈话、演讲、悼词、小册子、信件等，当然，还有留下遗言者去世之时的相关报道。

本书是一部世界史的浓缩——由令人难忘的遗言引领的一次穿越历史之旅。这些遗言有的令人伤怀，有的则非常乐观；有的名扬四海，有的则鲜为人知，但它们都反映了人类的卑劣与伟大、英雄与恶棍、战争与和平，并且展现了语言影响人类情感、挑战人类思维的绝对力量。我希望，本书不仅能让您增加见识、博您一乐，更能发人深省、予人鼓舞。

特里·布雷弗顿

“永生不死！”

引自门卡乌拉石棺

门卡乌拉（意为“太阳神之伟力永不泯灭”）是修建吉萨高地祖孙三代金字塔中第三座，亦是最小一座金字塔的法老。他意外死亡之后，门卡乌拉金字塔的复杂工程也就被迫中止了。12 世纪末，埃及阿尤布王朝首任苏丹萨拉丁的儿子及继承人试图从门卡乌拉金字塔开始，拆毁所有金字塔。但他们很快发现，拆毁金字塔耗资之巨并不亚于兴建金字塔的费用，遂放弃。1837 年，埃及学家理查德 · 维斯在门卡乌拉金字塔深处发现了一口漂亮的玄武岩石棺。

维斯上校称，他在进入金字塔墓穴时发现了法老的石棺，用雪松制作的木棺盖犹存。法老尸体已被移至上一层的厅室，残缺不全，很可能系 1196 年的盗墓者所为。

石棺和棺盖被送上一艘英国轮船，可叹的是，该船竟于 1837 年 10 月 13 日返英途中沉没，直布罗陀海峡附近的海域成了石棺的最终归宿。值得庆幸的是，木棺盖浮上了海面。这个木棺盖连同石棺上的一个小碎块，以及一些木乃伊碎片，现被存放于大英博物馆（埃及馆第三展室）。棺盖上有两行铭文——

> 永生的门卡乌拉，上下埃及的法老，司阴府之神，乃天空女神之化身、大地神之精灵。天空女神普惠众生，她神力无边，毁灭敌人，庇佑尔等。啊，门卡乌拉法老，永生不死！

'Living for ever!'

BUDDHA **佛陀**
约公元前 563 年—公元前 483 年

“万物皆空。唯勤勉者可臻大自在境。”

佛陀给信徒的最后训诫

佛陀本指释迦牟尼（原名悉达多 · 乔达摩），后成为启蒙者或醒世者之总称。历史上最传统的说法是，乔达摩在来到现世之前曾四度转世轮回。他最初是一位出生于古印度蓝毗尼（今尼泊尔境内）的王子，十几岁时出宫游乐，历经四重境象：年老的残疾人、病人、正在腐朽的尸体以及一名苦行修道者。他由此悟出生老病死不可避免，穷人永远多于富人的道理，即便富可敌国，也躲避不了人类共同面临的灾难和痛苦。金钱与和平都不能减轻人的恐惧与焦虑，更不能使之到达极乐之境。最终，乔达摩离开王宫，衣衫褴褛，面壁冥思，成为一名探索真理的苦行僧。他发现，只有绝对的入静入定、幡然觉悟，才是解忧的唯一途径。据小乘佛教传说，在最早的佛学院，乔达摩最后一次讲经时鼓励他的信徒们“怀疑一切，寻求属于自己的光明”，永远追寻真理，不要囿于一时之见。在传教说法四十五年之后，八十岁的佛祖进入涅槃状态。据巴利大藏经之《大般涅槃经》记载，佛祖告诉众人他即将死去，并由一位身份为铁匠的纯陀侍奉了他最后一餐。病笃之时，他让一名信徒转告铁匠，佛之病非他之过。《大乘维摩诘经》称，佛为展示俗世之易朽与痛苦而故意称病，目的是鼓励信徒们不懈努力，争达涅槃之境。1970 年，乔治 · 哈里森将佛祖的遗言写进了歌曲《万般皆空》（*All Things Must Pass*）。

'All composite things pass away. Strive for
your own liberation with diligence.'

“去吧，过客们，去告诉斯巴达人，我们遵从了他们的命令，矢忠死守，在此长眠。”

西摩尼得斯为位于塞莫皮莱的斯巴达王墓所撰的墓志铭

公元前 480 年 8 月，列奥尼达率部前往塞莫皮莱山口（一译温泉关）迎战波斯王薛西斯的军队，另一些希腊城邦的人马也在此与之会合，总兵力为 4000 至 7000 人。列奥尼达只从自己的卫队中精选出 300 名武士领衔守备，派其余人马与希腊海军合作，共同抵御波斯海军的进攻。据称，波斯军队的人数达 8 万至 29 万之众。薛西斯驻兵四天，认为波斯军队的浩大声势一定能把人数远逊于己方的希腊守军吓跑，从而不战而胜之。但一连四天，希腊守军始终严阵以待，毫不退缩。于是，第五天和第六天，波斯军队接连发动多次正面进攻，但都以失败告终，并损失 2 万余人。第七天，在一个希腊叛徒的带领下，波斯人从山侧偷袭，断了希腊军队的后路。列奥尼达亲率 300 壮士坚守山口，加上自愿留下的 900 名农奴和 700 名演员，一起掩护其他部队撤退。在腹背受敌的情况下，列奥尼达战死沙场，但斯巴达人抢回并保护着他的遗体，直至最终战败，全部壮烈牺牲。在塞莫皮莱的列奥尼达纪念碑上镌刻着几个大字：“冲啊，消灭他们！”这便是斯巴达勇士对波斯人的劝降作出的回答。古希腊历史学家希罗多德在其著作中记述道：

> 战死者被就地掩埋，未及撤退者惨遭杀戮。碑上有关于这场惨烈的战斗的描述：“敌我人数三百比一，数千希腊勇士四人一组英勇战斗，慷慨赴死。”除了关于斯巴达和希腊联军的描述，还有一句话专门针对斯巴达勇士：“去吧，过客们，去告诉斯巴达人，我们遵从了他们的命令，矢忠死守，在此长眠。”

'Go, stranger, and tell the Lacedaemonians [Spartans]
that here we lie, obedient to their commands.'

“就算波斯人之箭遮天蔽日，我们仍将在黑暗中战斗到底。”

血染沙场前的豪言壮语

波斯王大流士一世的儿子薛西斯率领十万大军，搭浮桥越过达达尼尔海峡，发动了第二次希波战争。部队经色雷斯、马其顿，抵达塞萨利。正在进行的奥林匹克运动会立即中断，希腊各城邦紧急动员起来。一支精悍的部队被派往塞莫皮莱山口，阻止敌军前往皮奥夏和阿提卡。这个山口是连接塞萨利和希腊中部及雅典的唯一通道。激战三天，波斯人未能拿下通道且损失惨重。孰料，此时希腊军中出了个叛徒，名叫埃菲亚特斯，他带领波斯人经另一条小路攻入关口。斯巴达国王列奥尼达一世亲率 300 名卫士、900 名农奴和 700 名演员掩护 5000 希腊重装步兵撤离。

留下作掩护的希腊人全部战死，但他们为主力部队赢得了时间，使他们得以在柯林斯湾重新集结，夺回了波提蒂亚。与此同时，雅典海军也取得了萨拉米斯战役的胜利，有效地阻止了波斯人的入侵。迪埃尼斯是“最能作战”的斯巴达军官，希罗多德写道：

> 斯巴达人同仇敌忾，英勇抗敌。其中一位名叫迪埃尼斯的军官表现尤为出色。他在决战前的一句名言流传了下来。一位特拉钦人对他说：“这些野蛮的异邦人人数众多，他们齐齐开弓之时，箭镞足可遮天蔽日。”迪埃尼斯毫无惧色，轻蔑地答道：“特拉钦朋友为我们带来了福音。就算波斯人之箭遮天蔽日，我们仍将在黑暗中战斗到底。”

'If the Persians [Medes] darken the sun with their arrows, we shall have our fight in the shade.'

“我属下的雅典公民们，切勿悲伤。”

临终遗言

修昔底德称伯利克里为“雅典第一公民”。伯利克里从公元前 461 年开始领导雅典，执政 32 年后去世，其统治时期被称为“伯利克里时代”。在他的领导下，雅典成为了希腊的文化中心，当地的民主进程也得以推进。伯利克里在位的最后两年半，恰好是伯罗奔尼撒战争开始的两年半。修昔底德认为，伯利克里的去世不啻为雅典的灾难，因为他的继任者们的才能无一例外地都与他相去甚远。伯利克里对政敌采取不杀政策，同时，在他统治期间，雅典城邦的军队人数也有所减少。有关伯利克里的遗言，有一个流传较广但来源不明的版本是“世上本无神明”。

公元前 430 年，雅典爆发了一场瘟疫，次年，瘟疫以更加迅猛之势再度袭来。伯利克里在这场浩劫中失去了两个儿子，极度悲伤的他把自己关在屋里，不问政务。尽管如此，他还是没能躲过病魔的袭击。后来虽然痊愈，但由于身体虚弱，不久便又高烧不止。修昔底德写道：

> 他的生命就快走到尽头，幸存下来的雅典名流和他的友人围坐在他的身边，总结他的功绩，盘点他的成就，计算他所获勋章的数目——作为战功赫赫的雅典首席将军，他共获得了九枚勋章。他们坐在他身边议论，以为他已神志不清，却不料他一直在倾听而且开口了。他首先对他们给予自己的评价表示惊讶，认为许多将军都立下过不朽功绩，自己不应独享殊荣。所以他叮嘱，自己死后，“我属下的雅典公民们，切勿悲伤（勿穿丧服）。”

'No living Athenian through my instrumentality
ever put on mourning.'

“克里托，我们还欠阿斯克勒庇俄斯神庙一只公鸡。一定还上。切记切记。”

苏格拉底临终遗言，见柏拉图关于苏格拉底之死的谈话

一个由500人组成的雅典评审团判处苏格拉底死刑，罪名是“不承认众人皆信奉的神”和“毒害青年”。审讯进行了三个小时，之后，苏格拉底还有三个小时为自己辩护。苏格拉底时年70岁，为大多数雅典人所熟知，但因为他反对民主，招致了许多人的敌视。他的两个学生亚西比德和赛蒂亚曾两度推翻雅典民主政府，时虽短暂，却导致成千上万的雅典公民被剥夺财产，一些人被驱逐，一些人被判刑。最终，500名评审员以280人同意、220人反对的结果判处苏格拉底死刑，令他以饮毒酒的方式自我了结。也就是说，他得自己给自己行刑，但允许他的朋友和学生在场。

最终到场的全都是他的熟人。柏拉图是苏格拉底最著名的学生，但因病没能到场。后来，他化名法伊多，记叙了他听来的关于行刑现场的情景。苏格拉底请求朋友们停止哭泣，饮下毒酒后，他在房间里不停走动，直至两腿麻木，而后遵照监刑官的命令躺下。监刑官用力捏他的脚，问他感觉如何。苏格拉底回答说没有感觉。监刑官再从他的小腿开始一路捏上去，告诉他他的身体已开始变冷和僵硬。最后，监刑官又触摸了一次苏格拉底的身体，并告诉他，一旦毒性进入心脏，他的生命就结束了。

冰凉的感觉延至腰部，苏格拉底留下了最后的遗言：“克里托，我们还欠阿斯克勒庇俄斯神庙一只公鸡。一定还上。切记切记。”“一定照办。”克里托说道，“您还有什么要说的吗？”苏格拉底再未回答，很快便停止了呼吸。克里托帮他合上了嘴巴和眼睛。柏拉图叹道：“这便是我们的朋友的结局。他是我所知道的最好的、最有智慧的、最正直的人。”

'Crito, we owe a cock to Asclepius. Do pay it. Don't forget.'

公元前 356 年—公元前 323 年 6 月 10 日或 11 日

“让最强者继承！”

临终遗言

6 月的一个午后，亚历山大大帝倒在了巴比伦国王尼布甲尼撒二世的王宫里。导致他身体垮掉的原因很多，包括中毒和疟疾复发。一个星期之前，在拉里萨出席他的朋友梅迪尤斯举办的宴会后，亚历山大便病倒了，被人抬到了床上。他用一种被认为可以包治百病的有毒植物菟葵治疗疾病，而服用这种草药以后，他的病状却愈发严重了。他无法动弹，只有右臂勉强可以活动，但尚能说话。亚历山大大帝的妻子罗克珊娜尚在孕中，所以国家还没有确定王位继承人。将领们来向他作最后的道别，询问在他们之中谁可以做他的继承人。当时他已口齿不清，回答的似乎是“克拉图斯”，又似乎是“克拉特图斯”，后者是他最喜爱的一位将领的名字，但克拉特图斯当时并不在场。在场的将领们更愿意把亚历山大大帝说的单词理解为“最强者”①。克拉特图斯两年后战死，亚历山大帝国瓦解，被分裂成四个王国。

亚历山大大帝的遗体被浸泡在蜂蜜里并加以密封，以防止腐烂。据说，他曾经要求死后将其葬在利比亚绿洲中的阿芒尼昂，即今天的西瓦。在争夺王位继承权的战斗中，他的一位名叫佩蒂卡斯的将领用一辆金色灵车将他的遗体运往马其顿，途中遭遇另一位名叫托勒密的将领的拦截，后者将遗体运至埃及的孟菲斯公开展示，作为自己合法继承统治权的象征。后来，托勒密的儿子又将遗体转运至新首都亚历山大港。到了公元 400 年，遗体及陵墓均不知所踪。据说他的墓志铭是：“一位拥有世界都不餍足者，现在，一棺一墓足矣。”

① 在希腊语中，“克拉特图斯”和“最强者”谐音——译者注，下同。

'To the strongest!'

DIOGENES OF SINOPE, DIOGENES THE CYNIC
犬儒派学者，辛诺普的第欧根尼
约公元前 412 或 404 年—公元前 323 年

“任何事物很快都将被翻个个儿。”

据传系其遗言

我们不清楚这位哲学家是因为卷入一桩诈骗案而被驱逐出希腊殖民地辛诺普，流放到黑海的，还是被海盗抓走售卖为奴隶的。据第欧根尼·拉尔修斯讲，将辛诺普的第欧根尼从海盗手中赎出并给予他大力支持的是柯林斯湾的塞尼亚德。第欧根尼极其贫穷，生活如同乞丐，却备受尊重。第欧根尼 · 拉尔修斯如是描述这位哲学家的人生结局：

> 他将近九十岁时，便有传言说他已经去世，至于死因，也有多个不同的版本。有人说是他生吃牛掌，导致急性胆病发作而亡；也有人是说他连续几天屏住呼吸，把自己憋死的；还有人说他试图以脚上的息肉喂狗，却被狗咬断了筋腱并因此送命。而他最好的朋友们更倾向于相信他是自己把自己给憋死的。据说，这些朋友为了由谁出面埋葬他而争论不休，甚至拳脚相向。他们在他身旁立了一根雕有一条狗的帕罗斯大理石柱。后来，雅典百姓为他铸了铜像以表达对他的敬意。铜像上刻有如下文字：
>
> 即使时光流逝，铜像失去光泽，
> 智慧的第欧根尼啊，你的荣耀
> 将永不磨灭，
> 因为唯有你，
> 让人们懂得了何为快意人生，那就是
> 找准通往荣耀和持久幸福的道路。

塞尼亚德问：“你想怎样埋葬你自己？”第欧根尼回答：“脸朝下，趴着。”塞尼亚德问其原因，第欧根尼答道：“因为任何事物很快都将被翻个个儿。”

'Everything will shortly be turned upside down.'

“你们能驱逐的唯有我的躯体。”

最后遗言中的一句

公元前 323 年亚历山大大帝去世后，演说家、将军狄摩西尼再次号召雅典人摆脱马其顿的统治，争取独立。亚历山大在该地区的接班人安提帕特视其为谋反，命令将狄摩西尼及其追随者驱逐出境，狄摩西尼随即出逃。图里的阿西亚斯跟以前的狄摩西尼一样，也是一位悲剧演员。他是安提帕特的拥护者，当他获知狄摩西尼的藏身之地时，便带领色雷斯士兵赶往卡拉布里亚的海神庙。阿西亚斯劝说狄摩西尼回安提帕特那里去投案，但狄摩西尼预感到此去凶多吉少。

阿西亚斯发火了，对他进行威胁。“哼，”狄摩西尼说道，“甭演戏啦，装得像个马其顿哲人似的。再忍耐一小会儿，等我给家里写封信。”说罢，他退回庙里，拿出一卷纸，装作思考的样子吞下毒药。半晌，他的脑袋颓然垂下，耷拉在信纸上。守在门口的兵士寻思他是害怕了，磨磨蹭蹭地不愿起身，便嘲笑他，骂他胆小鬼，不像个爷们儿。阿西亚斯见状走上前来，重复他刚才说过的话，许诺会劝说安提帕特与他和解。狄摩西尼知道毒药已开始发挥作用，拼尽全力将头抬起，定定地注视着阿西亚斯。“听着，”他说，“你要愿意，继续扮演你的克瑞翁[①]好了。不是要驱逐我吗，你们能驱

① 克瑞翁（Creon）：古希腊经典悲剧作品《俄狄浦斯王》中的人物。俄狄浦斯是忒拜城的国王。一年，一场可怕的瘟疫席卷城郊，俄狄浦斯王为挽救濒临毁灭的忒拜城，派妻子的兄弟克瑞翁亲王到阿波罗神庙寻求神灵的帮助。神灵表示，只有找出并严惩当年杀害先王的凶手，瘟疫才会消除。在寻找凶手的过程中，俄狄浦斯王惊恐地发现自己就是杀死先王的凶手，而目前的王后则是自己的亲生母亲。原来，俄狄浦斯是忒拜城国王拉伊奥斯和王后约卡斯塔的儿子。拉伊奥斯在年轻的时候曾经劫持过国王佩洛普斯的儿子，因此遭到诅咒：拉伊奥斯会被自己的亲生儿子杀死，约卡斯塔王后会改嫁给自己的儿子。为了逃避命运，在儿子出生之后，拉伊奥斯用钉子刺穿了儿子的脚踝，并将他丢弃在野外。负责执行命令的牧人心生怜悯，偷偷将婴儿转送给科林斯城的国王。俄狄浦斯长大后，得知了关于自己将会“弑父娶母”的诅咒，但他并不知道科林斯国王和王后并非自己的亲生父母。为了避免诅咒成真，俄狄浦斯离开了科林斯，流浪至忒拜城附近。在一个岔路口上，他与一群陌生人发生冲突，失手杀了人，其中就包括忒拜城国王，自己的亲生父亲。当时忒拜城被狮身人面兽斯芬克斯所困，他会抓住每个过路人，并提出一个问题，如果对方回答不出，就会被撕裂吞食。忒拜城为了脱困，宣布谁能解开谜题，就可以获得王位，并娶先王的遗孀约卡斯塔王后为妻。俄狄浦斯解开了谜题，成为了忒拜新一任的国王，并娶了自己的亲生母亲为妻，生儿育女。得知真相后的俄狄浦斯刺瞎了自己的双眼，并请求兄弟克瑞翁将他驱逐出忒拜城。所以，原文中狄摩西尼会嘲笑前来驱逐他的阿西亚斯为“克瑞翁”。

'Cast out this body of mine unburied.'

逐的唯有我的躯体。慈悲的海神尼普顿啊，趁我还活着，我得离开这神圣的殿堂，毕竟没被安提帕特和马其顿人玷污的庙宇已经为数不多了。”说完这番话，他勉强起身，跌跌撞撞地往前走，刚过了圣坛，便倒下去，断了气。（据普鲁塔克《希腊罗马名人传》）

“等我把这道难题解开”或“别打扰我画圆！”

最后遗言，见马塞拉斯洗劫叙拉古的报告

阿基米德既是天文学家、数学家、物理学家，又是工程师和发明家，其博学多识唯有后世的列昂纳多·达·芬奇可与之比肩。发现于1900年的目前所知最古老的机械计算机“安提基特拉机械”①，很可能就是阿基米德的发明。罗马人用了两年时间攻下叙拉古，阿基米德被杀害。希腊历史学家普鲁塔克在其著作中记载道：“他发明无数仍不满足，甚至要求他的亲属和朋友们在他的墓碑上刻上一个圆柱内切球的几何图形，并注明圆柱和内切球的比例，以证明内切球的体积和表面积都大于圆柱体。”该墓于公元前75年被西塞罗（公元前106—公元前43）发现。

没有什么比阿基米德的死更让罗马军队统帅马塞拉斯恼火了。阿基米德正通过图表求解一些问题，全神贯注于计算，完全没注意到城池已被罗马人攻陷。一个士兵来到他面前，命令他去见马塞拉斯。阿基米德不予理会，坚持要先把题解完。士兵恼羞成怒，拔剑刺穿了他的胸膛。见诸文字的另一种说法是，一个士兵手持利剑前来杀他，他回头看了看，诚恳地请求士兵稍等片刻，等他解完题再杀不迟。但士兵不为所动，径直将其杀害。第三种说法则是，阿基米德拿着可以测量太阳的日晷、圆球、角尺等工具去见马塞拉斯，一些士兵以为他手捧的箱子里装着黄金，见财起意将其杀害。虽然说法各不相同，但可以肯定的是，阿基米德的死令马塞拉斯惋惜不已，并认为自己就是杀害阿基米德的元凶。（据普鲁塔克《希腊罗马名人传》）

① 安提基特拉机械是为了计算天体在天空中的位置而设计的古代青铜机器，属于模拟计算机，其制造年代约在公元前150到公元前100年之间。该机器于1900年在希腊安提基特拉岛附近的沉船里被发现。之后，西方科学家有数十年间都因害怕自己的声誉受损而没有对其进行详细研究，因为他们全然不明白上古人所造的机械内部的复杂构造。

'Wait till I've finished my problem' or 'Do not disturb my circles.'

“就让罗马人省省心吧，他们等待一个老人死去已等得太久了。”

据传系其遗言

他曾是迦太基统帅，指挥过迦太基人抵抗罗马军队向地中海地区的扩张。他发动了著名的第二次布匿战争，率领军队和数百头战象从西班牙出发，翻越比利牛斯和阿尔卑斯山脉，进军意大利，取得三次重大战役的胜利，先后攻克特雷比亚、特拉西梅因和坎奈伊，占领意大利的大片领土达十五年之久。罗马人入侵北非的“围魏救赵之计”迫使汉尼拔撤军，并使其在扎马被击溃。汉尼拔不得不进行金融改革以筹措赔款付给罗马人，因此，他的名声和威望都大不如前，被迫开始了流亡生涯。汉尼拔先是投奔塞琉古王朝试图说服安迪西斯三世向罗马宣战，未果，后逃往亚美尼亚，再流亡到卑斯尼亚的普鲁士宫廷。

罗马人仍在缉拿汉尼拔，当普鲁士答应了罗马的引渡要求后，汉尼拔在尼科美狄亚服毒自尽，时年 64 岁。历史学家波利比乌斯在其著作中写道：

> 这十六年何其辉煌。他在意大利南征北战，治大国如烹小鲜，征服了多个民族，令其各尽其应尽之义务，这些民族对他服服帖帖，相互之间亦不起纷争。他的军队构成极为复杂——有非洲人、西班牙人、高卢人、迦太基人、意大利人和希腊人——这些人有着不同的法律、不同的风俗习惯和不同的语言。总之，这些人没有任何共同之处，却在他的治理之下，服从唯一的权威，只听从他一个人的命令。所有人的命运尽在他的掌握之中，足见他的治军才能是多么的出色！

'Let us ease the Roman people of their continual care, who think it long to await the death of an old man.'

卢修斯·科尼利厄斯·苏拉·菲利克斯

约公元前138年—公元前78年

“滴水之恩，涌泉相报；睚眦之恨，铁血相见！”

自撰墓志铭

苏拉从一名罗马将领成为强有力的统治者，无情地清除异己。在位晚期，他强化了一直以来被他完全忽略了的宪法，然后退休隐居。普鲁塔克在《希腊罗马名人传》一书中写下了如下引人注目的章节：

> 苏拉预见到了自己的死亡，据说还将其诉诸文字。死前两天，他停下了第二十一部回忆录的写作，说通过占星他已经知道，经历了辉煌的一生之后，他的生命将在好运的巅峰结束。死前的某一天，他得知地方法官格兰乌斯因认为他将不久于人世，便拒绝偿还其所欠的公家的债务。苏拉将格兰乌斯传唤到跟前，令仆从将其扼死。由于发令时用力过猛，苏拉挣破了身上的脓肿，血流不止。经受了一整夜的痛苦折磨之后，苏拉溘然长逝，留下了他同梅特拉所生的两个孩子……
>
> 这天早上天阴沉沉的，像是要下雨。九点钟，苏拉的遗体被放上了火葬的柴堆。就在这时，刮起一阵大风，火势甚旺；而就在骨灰被捡拾干净，火将熄未熄之际，瓢泼大雨从天而降，且一直持续到晚上。如此看来，他的好运一直持续到了生命的尽头，甚至为他的葬礼助了一把力。他的墓碑在今马修斯大学校园内，碑上的墓志铭据说系其自撰。

'No friend ever served me, and no enemy ever wronged me, when I have not repaid in full!'

“布鲁图，你竟然也参与了？”

临终前的最后一句话

盖乌斯·尤利乌斯·恺撒被以马库斯·朱尼厄斯·布鲁图（公元前 85—公元前 42）为首的一伙元老院阴谋背叛者谋杀，而这个布鲁图竟是他的密友。在莎士比亚的戏剧中，恺撒见到布鲁图后便放弃了抵抗，坦然受死：

恺撒：赤足下跪者岂非布鲁图？

卡斯卡：且让我用手中的家伙说话！（刺杀恺撒。）

恺撒：布鲁图，你竟然也参与了？完了，恺撒！（倒下死去。）

辛纳：自由！解放！暴君死啦！

早就有人提醒过恺撒要“警惕 3 月 15 日”，正是在这一天，他被一群忌恨他权力过大的元老杀害。莎士比亚从盖乌斯·苏东尼斯·特兰奎乌斯的《十二恺撒生平录》中获取了创作相关戏剧的灵感：

> 他在王位上落座，阴谋家们聚在他身边，仿佛是要向他致礼……辛伯突然摁住了他的双肩。恺撒喝道：“大胆！怎能如此无礼！”话音刚落，卡斯卡兄弟中的一人已将一把匕首刺进了他的颈部。恺撒抓住卡斯卡的手腕试图站起，不料身上又挨了一刀。看见所有人都抽出了匕首，他把脸缩进袍领，左手抓住袍裾遮住下半身，以便倒下时更体面一些。在此过程中他身中二十三刀，只在中第一刀时勉强说出一句话，当时他看见布鲁图朝自己冲过来，便用希腊语说了一句：“你竟然也参与了，我的孩子？”

内战时布鲁图为庞培而战，恺撒曾饶他不死。恺撒死后，屋大维（奥古斯都）宣布参与行凶的元老们谋杀罪成立，但仍允许布鲁图离开罗马。第二次腓力比之战后，布鲁图自杀身亡。

'Et tu, Brute?' ('You too, Brutus?')

“她是个美艳绝伦的女人。”

卡修斯 · 迪奥（约公元前 210—公元前 230）语

> 她是个美艳绝伦的女人，豆蔻年华之时更是倾倒众生；她还有着迷人的嗓音，深谙如何利用自己的优势让人臣服。权势人物纷纷拜倒在她的石榴裙下，就连阅尽春色、不再年轻的恺撒都难以抵挡她的诱惑。借助自己的美貌，她终于如愿以偿地登上了王座……

克里奥帕特拉是托勒密王朝最后一位真正意义上的法老，她与尤利乌斯·恺撒私通，后者帮助她保住了王位，两人育有一子，名为恺撒里昂。公元前 44 年恺撒遇害后，她与马克 · 安东尼结成同盟，对抗恺撒的继承人屋大维（后来的奥古斯都大帝）。她跟安东尼先生了一对双胞胎，后又育有一子。安东尼在亚克兴海战中败给屋大维后自杀，克里奥帕特拉亦步其后尘，用服蛇毒的传统方式自尽。普鲁塔克在《安东尼生平》一书中写道：

> 克里奥帕特拉派人给屋大维送去一封密封好的信，然后遣散众人，只留下两个女仆，关上了房门。屋大维打开信一看，除了令人伤心的祈祷语，就是请求将她跟安东尼合葬，屋大维当即就明白了。他本打算立即赶过去，但转念一想，决定还是派人去一探究竟。奉命前往的人不敢怠慢，匆匆来到宫门前，卫兵还不知道发生了什么。开门一看，只见她已全身僵硬，躺在金床上，珍宝首饰悉数佩戴在身。贴身女侍之一艾拉斯躺在她脚下，也已死去。另一女侍夏米昂已站立不稳，正为女主人把王冠戴正。奉命而来的官员之一恼怒地吼道：“你的主人怎能如此收场，夏米昂？”“这结局再好不过，”夏米昂回答，“她追随先王们去了。”言毕，倒在床边死去。

克里奥帕特拉之子恺撒里昂称王，后被屋大维所杀。

'She was a woman of surpassing beauty.'

016

HORACE (QUINTUS HORATIUS FLACCUS)
贺拉斯（昆塔斯·贺拉底尤斯·弗拉卡斯）
公元前 65 年 12 月 8 日—公元前 27 年 11 月 27 日

“我为自己树了一座纪念碑，丰碑不倒，我将永生。”

摘自《颂歌》

贺拉斯这位奥古斯都时代最著名的抒情诗人、讽刺文学家深知自己将流芳百世。公元前 38 年，他经人介绍认识了盖乌斯·梅塞纳斯，这位屋大维的得力政治顾问遂成了他的赞助者。公元前 35 年，贺拉斯出版了他的《讽刺诗（卷一）》，通过诗作宣示了自己的人生观：鄙视野心、鄙视庸庸碌碌的社会生活，主张淡泊宁静地做自己的学问。屋大维击败安东尼和克里奥帕特拉后，贺拉斯写下了《长短体抒情诗》，嘲讽社会恶习，同时出版了《讽刺诗（卷二）》。自公元前 27 年开始，他接连出版了三部《颂歌》，继承了希腊诗人的传统，讴歌爱情、美酒、大自然、友谊和自我修行。公元前 23 年后，他创作了三部《书信体诗歌》，第三部名为《诗艺》。公元前 17 年，出版《世俗赞美诗》。

公元前 8 年，贺拉斯的资助人梅塞纳斯去世，死前他请求他的朋友屋大维（奥古斯都大帝）：“像记住我一样记住贺拉斯。”五十九天后，贺拉斯也因病逝世。临终前他已无法执笔，遂口述遗嘱，将其位于萨宾山的农庄赠予奥古斯都，要求将自己葬于艾斯奎林山梅塞纳斯的墓旁。就在贺拉斯死后不久，《颂歌》被选为学校教材，其成就之高，鲜有后来者能望其项背。中世纪时期，人们对他的诗作逐渐失去兴趣，但因其崇高的道德价值，《讽刺诗》和《书信体诗歌》仍为读者所捧读。到了文艺复兴时期，《颂歌》再度流行，它与《诗艺》一起，对 19 世纪的西方诗歌创作产生了深远影响。换言之，贺拉斯的作品对诗坛的影响持续了两千多年。

'I have executed a memorial longer lasting than bronze... I shall not altogether die.'

“上帝啊，上帝，为何遗弃我？”

《马太福音》27：46

“上帝啊，上帝，为何遗弃我？”《马太福音》27：46

“天父，原谅他们，他们也不知道自己在做些什么。”《路加福音》23：34

“实话告诉你吧，今天你就要随我去天堂。”《路加福音》23：42

“耶稣看到他母亲，还有一位他喜爱的门徒站在近旁，便对他母亲说：‘亲爱的母亲，您的儿子来了，’并对门徒说：‘这是你的母亲。’门徒遂引领她进了他家。”《约翰福音》19：26-27

“我渴了。”《约翰福音》19：28

“天父啊，我将我的灵魂交在了你的手里。”《路加福音》23：46

“完成了。”《约翰福音》19：30

基督教徒相信，拿撒勒的耶稣是上帝之子，代表上帝成为人类的救世主，他通过自己受难为世界带来了安宁。上面所引文字——基督的最后七句话——激发了约瑟夫·海顿的创作灵感，他于1787年写出了《救世主在十字架上的最后七句话》。第一句是预言的实现。耶稣在重新信奉上帝之前，生平第一次感觉到了孤独。第二句，他原谅了迫害他的人。第三句，因为其中一个罪人表达了信奉耶稣的意愿，耶稣许诺会带他一起进入天堂。第四句，耶稣确认了自己死后，母亲将得到使徒约翰的照顾。第五句应验了“弥赛亚预言”，该预言在《旧约·诗篇》第69页第22行：“他们拿苦胆给我当食物，我渴了，他们给我喝醋。”罗马卫兵确实给他喝了醋。最后两句，表明耶稣传播福音的使命完成了。

'My God, my God, why hast thou forsaken me?'

NERO CLAUDIUS CAESAR AUGUSTUS GERMANICUS
(BORN LUCIUS DOMITIUS AHENOBARBUS)
尼禄·克劳狄乌斯·恺撒·奥古斯都·基曼纽斯
（出生时名卢修斯·多米蒂尤斯·阿赫诺巴巴斯）
公元 37 年 12 月 15 日—公元 68 年 6 月 9 日

“太晚了！这便是你的忠诚！”

弥留之际语

尼禄被其叔父克劳狄乌斯收养，公元 54 年 10 月 13 日登基成为罗马皇帝。人们还记得公元 64 年的一场大火，罗马城在熊熊燃烧，这位皇帝却怡然自得地在拉小提琴。公元 55 年，据称是他毒死了养父的儿子——原本的皇位继承人，年方十五的布里坦尼库斯。公元 59 年，他下令谋杀了自己的母亲。还诱使流亡在外的前妻奥克塔维亚返回罗马，并将其处死，把首级献给新妻泼皮亚，但据说泼皮亚在怀孕后也被他打死。公元 62 年至 63 年，他接连处死了几位皇位竞争者。后军队造反，元老院拒绝支持尼禄，他不得不外逃。据苏埃托尼乌斯《罗马十二帝王传》记载：

> ……他哭泣着，重复说着一句话：“世界将失去一位多么了不起的艺术家！”……（他）读到元老院宣布他为全民公敌的布告，布告称正在缉拿他，并将以最古老的方式将他处死。他打听这最古老的方式是什么，得知是将罪犯剥光衣服，用叉子固定脖子后乱棍打死。极度恐惧之中，他抽出随身携带的两把匕首意欲自尽，但试了试刀锋，他又将它们放回刀鞘，心存侥幸地希望能躲过一劫……过了一阵，他又对自己的怯懦颇为不屑，喃喃道：“苟且偷生可耻！这不是尼禄所为，尼禄不是这样的人！这种时候应该坚强。来吧，站起来，尼禄！”此时，奉命缉拿他的马队已然赶到，听见马蹄声，他嘟囔道：“来吧，让迅疾的马蹄踏破我的头颅吧！”边说边将一把匕首刺进了自己的喉咙……一位百夫长上前装作救他，将一袭斗篷盖在他身上，尼禄挣扎着说：“太晚了！这便是你的忠诚！”言毕身亡，怒目圆睁，令在场的所有人骇然颤栗。

'Too late! This is fidelity!'

“噢，我相信我将变成神！”

据信为其临终所言

尼禄被除掉后，维斯帕西亚努斯[1]稳定了罗马帝国，成为弗拉维王朝的奠基者。公元 43 年，他率领第二军团抵御不列颠人的入侵，当选为罗马执政官，其后又任非洲总督。他深得尼禄信任，于公元 66 年至 70 年间率兵镇压了犹太人起义。公元 68 年尼禄被杀后，皇权迅速更替，维斯帕西亚努斯做好了夺权的准备。埃及军团、朱棣亚军团、叙利亚军团和多瑙军团纷纷宣布支持他，在此背景下，他派遣普里默斯将军代表他前往意大利扫清障碍。经过克雷莫纳一场血腥的战斗，普里默斯于公元 69 年占领了罗马。

随后，元老院通过一条法令，确认了维斯帕西亚努斯的皇位。维斯帕西亚努斯于公元 70 年夏末在罗马登基，留下长子提图斯坐镇朱棣亚。是年 8 月，提图斯攻克耶路撒冷，拆毁神庙，劫掠所得被用来修建罗马斗兽场。维斯帕西亚努斯的目标是收拾尼禄留下的烂摊子，重振经济；整肃内战之后涣散的军纪；确立提图斯为自己的继承人。最终，这三个目标都成功实现了。

苏维托尼亚斯说：“提图斯抱怨父亲在城市征收小便税，维斯帕西亚努斯从第一天的税收中拿出一枚硬币递给他，‘闻闻臭不臭。’提图斯回答不臭，父亲告诉他：‘这钱就来自小便。’”这句话后来被人引用时，被篡改为“金钱没有臭味”。维斯帕西亚努斯以身作则，倡导俭朴生活，元老院议员、历史学家塔西佗评价说，他是有史以来第一位当上皇帝仍能自律的人。面对死亡他从容平静，被百姓奉若神明。他的临终遗言是：“噢，我相信我将变成神。身为皇帝，至少应该站着死。”

① 又译韦斯巴芗。

'Dear me, I believe I am becoming a god!'

TITUS FLAVIUS SABINUS VESPASIANUS, EMPEROR OF ROME
提图斯·弗拉维乌斯·萨宾努斯·维斯帕西亚努斯，罗马皇帝
公元 39 年 12 月 30 日—公元 81 年 9 月 13 日

“我不该死，此乃我平生唯一憾事！”

弥留之际语

提图斯是维斯帕西亚努斯皇帝的长子，弗拉维王朝第二任皇帝。据说维斯帕西亚努斯曾有言：“皇位要么传给我的两个儿子之一，要么谁也不传。”公元 67 年，提图斯被任命为父亲手下一个重要军团的统帅，在促使东部各省最终拥戴他父亲称帝的过程中，提图斯厥功至伟。公元 70 年他征服耶路撒冷，毁掉神庙，只有“哭墙”得以幸存。为纪念提图斯战胜犹太人而修建的宏伟的拱门，至今仍巍然屹立于罗马。公元 79 年 6 月 24 日，他继承了父亲的皇位，同时也延续了他父亲在元老院和平民中均不受欢迎的经济政策。一个月后，维苏威火山爆发，包括庞贝和赫尔库仑尼尔姆在内的多个城镇被掩埋，这场灾难被认为是以色列的报复。

提图斯完成了父亲在位时便已动工的圆形露天竞技场，即今人熟知的罗马斗兽场的修建，在此举办了一系列大型比赛和演出。史料显示，他作为皇帝的最后一次活动是在比赛结束后为竞技场和公共浴室题词。据说他当时情绪激动，泪流满面。之后，他出发前往萨宾，但在第一个驿站就病倒了，高烧而死。苏维托雅尼斯和卡修斯 · 迪奥均指责他弟弟图密善对病重的兄长不管不顾，任其死去。也有人相信，是图密善用海蛞蝓将没有子嗣的兄长毒死的。卡修斯 · 迪奥认为，提图斯在遗言中所指的“憾事”是他已经发现图密善公然反叛，却未能及时将其除掉。而图密善即位后所做的第一件事就是将提图斯尊奉为神。

'I deserve not death, but I repent nothing else in my life except for one thing!'

“纸张可以焚毁，但文字永远流传。”

据传系其遗言

阿奇巴出生于巴勒斯坦，家境贫寒，目不识丁。人近中年才娶了富翁之女拉切尔为妻。拉切尔嫁给他的条件是他得潜心做学问，但她父亲反对这门亲事并断绝了跟她的父女关系。后来，两人的孩子到了上学的年纪，阿奇巴便和儿子一起上学，开始学习读书写字。40岁时，他被一位法利赛教派的教师接纳进入犹太法学院学习。公元96年，阿奇巴跟另外一些拉比一道去罗马向图密善国王请愿，要求取缔反犹太法律法规。在罗马，他幸运地得到一位犹太教皈依者的遗赠，使他得以在雅法附近开设一所学院并吸引了数以千计的学生前来求学。他以全新的方法诠释犹太典籍，给经文的每一句话都赋予了实实在在的意义。此外，阿奇巴还重新整理了杂乱无章的《口述法律》。他为犹太教的发展作出了重要贡献，因而被公认为拉比犹太教的创始人之一。

在巴尔·科赫巴领导的反罗马起义（公元132—公元135）中，阿奇巴发挥了重要作用。作为犹太最高评议会的主持人，他坚信朱棣亚指挥官西蒙·巴尔·科赫巴将是犹太人新的救世主。这是犹太人第三次大规模的反罗马起义，也是犹太人与罗马人之间的最后一战。罗马方面从不列颠召回了西弗勒斯将军，经过三年激战，最终起义军被击溃。西弗勒斯是哈德里安皇帝手下最得力的干将，据卡修斯·迪奥记叙，在此次起义中牺牲的犹太人达58万人，成百上千的城镇和村庄被夷为平地。获胜后，哈德里安意图灭绝犹太教，禁止犹太律法，屠戮神职人员和学者。阿奇巴被施以重刑，绑在行刑柱上烧死。临刑时他不断高呼“Shema Yisrael Adonai Eloheinu Adonai Echad”（听啊，以色列！我主上帝！唯有我主！）。犹太人以“听啊，以色列”作为早晚祷告的结束语，盖源于此。

'The paper burns, but the words fly free.'

MARCUS AURELIUS ANTONINUS AUGUSTUS, EMPEROR OF ROME

马尔克·奥列里乌斯·安东尼·奥古斯都，罗马皇帝

公元121年4月26日—公元180年3月17日

“我将随落日沉下，偕朝阳升起。”

有关马尔克·奥列里乌斯之死的历史记载

……马尔克·奥列里乌斯[1]皇帝在某海岸登岸。据说在临终的前一天，他自知死期将至，遂拒绝进食饮水，而是去寻找他的友人们，笑对人世的繁华虚荣，充满对死亡的蔑视。他问他的朋友：“你们何须为我哭泣？何不想想瘟疫带来死亡是再寻常不过的事？”朋友们临走时，他说：“现在，你们已愿意让我离去，那我就先行一步，向你们道别了。”他们问他准备将儿子康莫德托付给谁，他答道：“如果他当得起，就托付给你们了，否则就听命于万能的神灵吧。”最后，卫队指挥官问他新的口令是什么，他说：“我将随落日沉下，偕朝阳升起。”在他生命的最后一日，他只接见了康莫德一人，因怕把病传染给儿子，接见匆匆结束。而后他以手蒙面似要睡去。入夜，他便溘然长逝。（据亨利·德怀特·塞吉威克《马尔克·奥列里乌斯传》，1921年）

马尔克·奥列里乌斯于公元161年登基，征战之余，他于公元170年至公元180年写成《沉思录》。这部皇皇巨著至今仍备受推崇，是一曲献给那些不为一己私利、为国奉献者的赞歌（当列为今日政治家的必读之书）。该书用希腊文写就，因为拉丁文不足以表达太过复杂的哲学观念。马尔克·奥列里乌斯既是重要的斯多葛派哲学家，又是罗马帝国时代“五大贤帝”中的最后一位。他远征亚洲的帕提亚帝国，横扫欧洲的日耳曼部落，为康莫德继承皇位扫清了障碍。卡修斯·迪奥写道：“马尔克·奥列里乌斯当政期间矛盾错综复杂，麻烦不断。他在极端艰难的境况下生存了下来，保护了帝国，依我之见，这正是他最值得赞扬之处。”

① 又译马可·奥勒留

'Go to the rising sun, for I sink to my setting.'

GORDIAN THE YOUNGER (MARCUS ANTONIUS GORDIANUS SEMPRONIANUS ROMANUS AFRICANUS, GORDIAN II, EMPEROR OF ROME)

小戈尔迪安（马库斯·安东尼乌斯·戈尔迪安努斯·森普隆尼亚努斯·罗马努斯·阿菲利加努斯，罗马帝国皇帝戈尔迪安二世）

约公元 192 年—公元 238 年 4 月 12 日

"22 位有名有姓的妃子和 62000 卷藏书，充分表明了他的爱好。"

爱德华·吉本的人物素描

爱德华·吉本（1737—1794），英国著名历史学家、国会议员。在他笔下，小戈尔迪安是一位"令人尊敬的地方总督"，他曾以副职的身份随同父亲老戈尔迪安征战非洲。戈尔迪安一世当上皇帝时已年届 80 岁，所以，登基不久便指定他 46 岁的儿子协同管理朝政，但父子俩合作的时间仅 28 天。关于戈尔迪安二世，吉本的描述如下：

> 22 位有名有姓的妃子和 6.2 万卷藏书充分表明了他的爱好；他的所作所为证明，他后妃成群、藏书万卷绝不是摆摆排场而已，而是做到了人尽其用、物尽其用。罗马人一厢情愿地对他的德政寄予厚望，希望其在私生活方面的懒散只不过是表象……戈尔迪安在一次颇有争议的普选中胜出后，将朝廷迁至迦太基。……毛里塔尼亚总督卡皮里安努斯依仗一支精悍的军队和土著势力迅速崛起，对一个忠于朝廷、并不好战的省发起攻击，不啻给根基不稳的朝廷敲响了警钟。
>
> 小戈尔迪安率部迎敌，但他的官兵们在迦太基过惯了舒适安逸的生活，纪律涣散。他身先士卒，英勇作战，换来的结果不过是光荣地战死沙场而已。年迈的父亲的统治仅仅延续了 36 天——他听闻儿子战败的消息后竟含恨而死。迦太基的防卫形同虚设，很快便被攻克，一任占领者烧杀抢掠。戈尔迪安父子的下场出乎罗马人的意料，全城为之惊恐。

'Twenty-two acknowledged concubines, and a library of sixty-two thousand volumes attested the variety of his inclinations.'

CHARLEMAGNE, KING OF THE FRANKS

查理曼大帝，法兰克王国加洛林王朝国王，神圣罗马帝国皇帝

公元 742 年 4 月 2 日—公元 814 年 1 月 28 日

“从太阳升起的地方到西海岸，人们在呼号哭泣……不论是法兰克人还是罗马人，所有的基督教徒同悲……不论老幼贵贱，都为失去他们的恺撒而悲痛不已……世界为查理之死而哀伤……啊，基督，天堂的主人，请在你的王国为查理觅一块安息之处。呜呼哀哉，伏惟尚飨。”

意大利博比奥一位修道士为查理曼所致的悼词

查理曼，“矮子丕平”之子，于公元 768 年继承王位成为法兰克王国国王。经过五十三次战役，王国的疆域扩张至西欧大部和中欧。攻取意大利后，公元 800 年，查理曼被教皇利奥三世封为神圣罗马帝国皇帝查理一世，成为君士坦丁堡的拜占庭皇帝的竞争对手。在他的治理下，帝国在文化艺术、宗教等方面达到了空前的繁荣。

公元 806 年，查理曼将帝国分给三个儿子：(驼背) 丕平、查理和路易斯。未料仅仅几年后，丕平和查理便分别于公元 810 年和公元 811 年相继去世。唯一活下来的路易斯却潜心奉教，不谙朝政。尽管如此，公元 813 年，在一番庄重的仪式之后，虔诚的路易斯仍从阿基坦诸王中脱颖而出，被委以辅佐朝政的重任，准备接班。71 岁的查理曼在作逊位演讲时说：“祝福你，啊，我主上帝，你赋予我荣耀，让我亲自见证儿子继承了我的王位！”

公元 814 年 1 月，查理曼患上胸膜炎，七天后驾崩，享年 72 岁，在位 47 年。他被葬在亚琛大教堂。1165 年，弗雷德里克一世打开他的陵寝，取出遗骨，装入一口金银打造的棺材重新安葬，这口华丽的金银棺至今犹存。查理曼大帝创建的雄图霸业——加洛林王朝——由其子路易斯继承。路易斯的儿子们获封的领地为今日的法国和德国的存在奠定了基础。

'From the lands where the sun rises to western shores,
people are crying and wailing...'

“我热爱公正，憎恨邪恶，故我死于流放。”

据称系其遗言

希尔德布兰德出生在托斯卡纳，先任教皇格雷戈里六世的教廷牧师，后于 1073 年 4 月 22 日成为教皇。上任伊始，希尔德布兰德便在教会内部大张旗鼓地进行改革，强制推行独身生活，反对神职人员做买卖、反对教士结婚及举行世俗仪式。他还颁布了《教皇敕令》，强调了教皇的绝对权威，宣称教皇承袭了圣彼得的神圣权力。他通过改革极大地强化了教会的权力，却完全不顾及政治后果。这招致了神圣罗马帝国皇帝亨利四世的不满，亨利四世决定削弱他的权力。

1075 年圣诞节，希尔德布兰德正在桑塔玛利亚 · 马乔里大教堂主持盛大的弥撒，却遭一名罗马贵族绑架。虽然很快被释放，但他耿耿于怀，指责亨利四世是案件的幕后主使。亨利四世通过文字和讲话不断攻击教皇，1077 年甚至在沃尔姆斯宗教会议上宣称要革去其教皇职务。情急之下，希尔德布兰德宣布将亨利四世逐出教会。教皇公然跟国王叫板并将其逐出教会，实属破天荒的第一次。1077 年在卡诺萨，亨利四世主动示好，两人遂和解。1080 年，希尔德布兰德支持日耳曼贵族反对亨利，并再度将这位皇帝逐出教会。作为回应，亨利亲自操纵，选择了自己的心腹——来自拉文纳的吉伯特，加冕其为教皇克莱门特三世。1081 年至 1083 年，亨利率兵包围罗马，并于 1084 年占领之。希尔德布兰德逃至台伯河边的圣安吉洛城堡藏匿。不久，他的盟友诺曼人罗伯特 · 吉斯卡尔率兵攻入罗马，将其解救。在此过程中，罗马城惨遭洗劫，民怨沸腾，罗马民众纷纷起来反对吉斯卡尔。希尔德布兰德不得不逃离罗马，先是在卡辛诺山，后转至萨勒诺，次年在该避难地去世。在希尔德布兰德逝世 500 年后的 1584 年，教会为他举行了宣福礼，1728 年正式宣布他为圣徒。

'I have loved justice and hated iniquity;
therefore I die in exile.'

“一些作家称，亨利国王在诺曼底坠马而死。但兰鲁尔弗认为，其死因系吃了过量的七鳃鳗。”

史籍所述亨利一世的死因

征服者威廉（当时以“恶棍威廉”著称）死于 1087 年，死前他将所有领地和财产分给了三个儿子。其中二儿子威廉二世得到了英格兰，老大罗伯特得到诺曼底，老三亨利分得的则是现金。1100 年，威廉二世在纽弗罗斯特狩猎时被沃尔特·蒂雷尔射杀，王位传给了他的哥哥罗伯特。第一次十字军东征期间，罗伯特征战四年后返回，亨利已将威斯敏斯特的财物尽收囊中，并在英格兰称王。其后，亨利在坦什布赖击败罗伯特，将诺曼底也归为己有。正宗的英格兰国王罗伯特公爵则在囹圄中度过余生，于 1134 年辞世。

亨利从来就不是一位仁善之君，一个名叫柯南·皮拉图斯的市民仅仅因为行事奸诈，就被他从鲁恩的一座塔上扔下摔死。1119 年，亨利的女婿埃乌斯塔斯·德·佩西与伊夫里地区的皇室总管拉尔夫·哈纳克互相把对方的子女挟持为人质。埃乌斯塔斯把哈纳克的儿子剜去双目，哈纳克向亨利要求复仇，亨利竟允许他将埃乌斯塔斯的两个女儿——他自己的外孙女——剜去双目、砍掉手脚。埃乌斯塔斯的妻子朱莉安，即亨利的女儿，愤怒至极，以反叛相威胁。亨利安排在布列特维尔同女儿谈判，朱莉安张弓搭箭，试图射杀父亲。

亨利很可能是因为在诺曼底食用了过量的七鳃鳗中毒而死。为便于保存，他的尸体用牛皮包裹缝合运回了雷丁修道院，后在宗教改革运动中被毁。

'King Henry...but Ranulphe says he took a surfeit by eating of a lamprey, and thereof died.'

“以耶稣的名义，为保护教会，我准备拥抱死亡。”

据目击证人爱德华·格里姆说，此系他的最后遗言

作为大法官兼上议院议长，贝克特替亨利二世处理所有政务。亨利意欲掌握对教会的绝对控制权，遂于 1162 年任命他的朋友贝克特为坎特伯雷大主教。后来，两人之间渐生嫌隙，贝克特站到了曾经差点把亨利二世逐出教会的教皇一边，后被流放。贝克特流放回来后，在坎特伯雷大教堂被亨利二世的四名骑士暗杀。临死之前，他双膝跪地，向上帝、圣母和殉道者圣丹尼斯祈祷：

> 他还没来得及说出一个字，邪恶的四骑士唯恐他被人救走，便突然扑了上去……这位上帝的羔羊被刺中头部，大主教冠冕都被刺穿了……这一剑同时刺伤了爱德华·格里姆的手臂……当时，修士和牧师们纷纷奔逃，只有格里姆坚持留下，他把大主教紧紧抱在怀里，直至后者的脖子几乎被砍断。
>
> 第二次打击落到头上，他仍然稳稳地站立着。经历了第三次打击后，他的膝头和肘部着地，低声道:“以耶稣的名义，为保护教会，我准备拥抱死亡。”第三个骑士一剑下去，用力极狠，剑尖戳到地上折断了，冠冕从大主教头上跌落。第四个骑士袖手旁观，幸灾乐祸地看着同伴们施暴。第五个凶手不是骑士，而是随同骑士们进来的一个教士，他一脚踩在大主教头上，看着脑浆鲜血四下迸溅，大声招呼众人:“咱们走吧，骑士们！他起不来啦！”（据埃德温·A·阿伯特《坎特伯雷的圣托马斯》，1898 年）

'For the Name of Jesus and the protection of the Church I am ready to embrace death.'

“我这就要丢下一切，离开你了。”

临死前对儿子托雷说的话

托雷的营帐距此不远，成吉思汗命人快马加鞭去传召离他最近的儿子托雷。托雷已长大成人，被人们尊称为“战神”。他迅即赶到大汗的圆顶帐篷前，一下马，便见父亲躺在火堆旁的毯子上，身穿紫貂皮袍，裹着毛毯。“我的大限到了，”成吉思汗对托雷说，“我这就要丢下一切，离开你了。”之前他已数次病倒，而这一次，他知道自己在劫难逃了。将领们和托雷在他身边跪下，他命令他们一定要完成他未尽的事业，将对大宋之战进行到底。他作出明确指示，托雷主要负责攻占东部，察合台负责西北，而两人都要听命于窝阔台。像任何一个游牧民族的子民一样，他坦然面对死亡，留给儿子们的是蒙古有史以来最大疆域的领土和能征惯战的军队。至于个人财产，除了帐篷和畜群，他可谓身无长物。（据哈罗德·兰甫《成吉思汗：万王之王》，1928 年）

铁木真，蒙古帝国史上最强盛时期的可汗（最高统治者）。他统一了东北亚各部落，其帝国疆域横跨亚洲和欧洲。他征服了至少二十个王国，其政策是“顺我者昌，逆我者亡”。他的墓志铭是：“英雄！真正的英雄！”他给将领们的遗言是：“我希望死在家里。不要因为我的死而放下武器。不要哭泣，以免让敌人知道我已经死去。”他给儿子们的临终嘱托是：“上天助我，为你们打下了这大片江山。但我的生命太短，没来得及征服整个世界。这个重任就交给你们了。”

'It is clear to me that I must leave everything and go hence from thee.'

“我从来就不是叛国者。”

最后演讲语

威廉·华莱士爵士当即被押送至伦敦，在威斯敏斯特大厅接受审判。狡诈的敌人给他罗织了诸多罪名。他被戴上橡木花冠，暗示他是“叛匪头目”。他被控犯有叛国罪，证据是他率部攻克多个城镇和城堡，杀戮无数。“我绝不是叛国者。”他说。对于其他罪名他均予承认，并一一作了自我辩护。最终他被判有罪，于1305年8月23日被处死。（据瓦尔特·司各特爵士《苏格兰边区歌谣集》）

威廉·华莱士，苏格兰独立斗争的领袖，1305年8月3日被俘获，短暂审讯后被押往伦敦，在威斯敏斯特大厅接受完全是走过场的审判。没有律师，没有陪审团。但在指控他犯有叛国罪时，他高声叫道：“我不可能是针对爱德华的叛国者，因为我从来就不是他的子民。”他的原话后来被引用为：“我从来就不是叛国者！”他坚称他的国王是约翰·贝利厄尔。贝利厄尔系1292年至1296年在位的苏格兰国王，在爱德华一世的逼迫下退位流亡。之后，华莱士被拖出威斯敏斯特大厅，剥光衣服，用马拖着游街，一直拖到史密斯菲尔德的艾尔姆斯。为延长其痛苦，不使其尽快死去，其间他的身体被牛皮包裹。他被吊起来，吊死之前又被放下，割去睾丸，开膛破肚，掏出肠子当着他的面焚烧，然后被斩首，躯体被大卸四块。他的首级被涂上柏油，戳在木杆上，跟其他起义者的头颅一起挂在伦敦桥塔顶，他的四肢则被分别送往纽卡斯尔、贝里克、斯特灵和阿伯丁示众。“死得惨烈，但罪有应得。”一位观察者评论道。国立华莱士纪念碑上镌有华莱士的叔叔写的铭文，鲍尔在其所著的《苏格兰年鉴》第1444页引用了铭文中的几句：“我要告诉你的事实是：没有什么比自由更可贵。奴隶制未除，我的孩子，绝不要苟且偷生。”

'Traiter was I never.'

“让灾祸尽快降临到那些冤枉我们的人头上——上帝会为我们复仇。”

火刑柱上的最后留言，源自目击证人加得福雷·德·帕里斯

1265年，21岁的雅克·德·莫莱加入圣殿骑士十字军团，不久成为全英大军师。圣殿十字军团被穆斯林击败并逐出圣地耶路撒冷后，他当选为第二十三任亦即最后一任大团长，军团总部暂时设在塞浦路斯。许多圣殿骑士返回了欧洲，而德·莫莱仍在四处寻求支持，试图发起一次新的东征，收复耶路撒冷。1307年，他应教皇克莱门特五世之召来到法国。克莱门特五世名为教皇，其实不过是法王菲利普四世安放在阿维尼翁的一个傀儡罢了。教皇以讨论与圣殿骑士团联合东征的名义召德·莫莱前来，但实际上另有阴谋。法王菲利普四世和法国贵族们嫉妒十字军团拥有大量财富和土地。克莱门特告诉德·莫莱说，菲利普业已对圣殿骑士军团提出指控，罪名是同性恋、散布异端邪说以及亵渎上帝。德·莫莱向菲利普发起挑战，要他将指控公开。密谋几个星期后，菲利普突然逮捕了5000名圣殿骑士。克莱门特一开始选择了不予干预，但最终还是站到了国王一边。

圣殿骑士们在被关押的七年里受尽折磨，被逼认罪判刑，直至菲利普感觉自己已攒足了力量，可以杀掉德·莫莱了。严刑拷打之下，德·莫莱始终忠于自己的军团，拒不交代藏匿资金的地方。1314年，由于拒不承认强加给他的罪名，德·莫莱被判处死刑，跟诺曼底军师乔弗洛伊·德·查恩尼一起被放在文火上慢慢烤死。圣殿骑士军团所有的土地及已被发现的财产全部被没收。亨利·哈特·米尔曼在其《拉丁基督教史》（1855年）中说，德·莫莱的最后遗言是：“克莱门特啊，这是不公正的、残忍的审判，我召唤你，四十天之内到上帝面前来。”另据一些

'Let evil swiftly befall those who have wrongly condemned us–God will avenge us.'

说法，这个令人不寒而栗的召唤不止针对克莱门特，也包括菲利普国王。一个月后，教皇克莱门特五世死于癌症。七个月后，菲利普四世在狩猎时因发生意外而身亡。德 · 莫莱的临终诅咒变成了现实。2002 年，在梵蒂冈的秘密档案里发现了一份签署于 1308 年的文件，证实了克莱门特曾表示过要宽恕德 · 莫莱及另外一些圣殿骑士。

“没人会为死者哭泣，因为人人都在等待着死神降临。”

摘自安格诺洛·迪·图拉的著作《锡耶纳瘟疫：意大利年鉴》

迪·图拉是一位鞋匠兼税收官，他以年鉴的形式记录了锡耶纳黑死病爆发的情形。欧洲 30% 至 60% 的人口都被鼠疫夺去了性命。

> 锡耶纳人口的大批死亡始于五月份（1348 年）。情形真是太残酷、太可怕了，我真不知道该如何来描述。任何人只要目睹了那惨状都会被惊呆。那痛苦非言语所能形容。且不说被传染，只要你没看见那骇人的场面，就算是万幸了。染病者几乎是当即毙命。他们的腋下和股间开始肿胀，正说着话呢，突然就断气了。因为这病似乎通过呼吸甚至对视就能传染，所以父亲赶走子女，妻子赶走丈夫，兄弟间也互不往来。即便如此，他们仍难逃一死。不管是出钱还是以人情相托，都找不到人来掩埋死者。邻居们所能做的就是把尸体搬到坑里。没有祈祷，没有牧师，没有丧钟敲响。在锡耶纳许多地方，都挖了深坑，每日每夜都有成百上千人死去，被层层叠叠地摞在深坑里草草掩埋。一个坑满了，又再挖新的。
>
> 我，安格诺洛·迪·图拉，亲手掩埋了我的五个孩子。那些掩埋不深的尸体被野狗拖出来吃掉，这样的场景比比皆是。没人会为死者哭泣，因为人人都在等待着死神的降临。死的人太多了，所有人都相信，世界末日已经到来。没有医药，没有任何防护措施。领主选派了三个市民，给了他们一千弗洛林，让他们照料病人、掩埋死者。唉，实在太惨了。作为笔者，我实在不忍心回顾，无法再写下去了……

'There was no one wept for the dead, for all awaited death.'

“人随时随地都可能死去，譬如正在写这些文字的我，正在读这些文字的你，以及那些听见或没听见这些话的人们。”

致菲利普·德·卡巴索尔斯的信，约公元 1360 年

彼特拉克七十岁生日的前一天早上，他的女儿弗朗西斯卡发现他扑倒在书桌上，人已经死去，笔还捏在手中。他被安葬在教区教堂。六年后，女婿将他的遗骨起出，重新葬进一口石棺。在帕多瓦的阿夸·彼特拉克广场，至今仍能看到这座红色大理石坟墓。彼特拉克经历了那场大瘟疫，几乎失去了所有的亲朋好友，包括他的儿子、孙子以及无数好友，当然，还有劳拉。劳拉虽死，但他题献给她的作品将千古永存。1327 年，第一眼看见这个名叫劳拉的女人，他的创作激情便像火山般喷发了，他为她写十四行诗，这一写就是整整二十年。劳拉是个已婚妇女，身份不详。彼特拉克的书信《致成功》反映了他对她恒久不变的爱和对她英年早逝的伤怀：“年轻时，我痴迷憧憬那份纯真的爱情——我唯一的爱，倘非她过早夭折，我对爱的追求会持续更久；不幸的是这爱情之火过早地熄灭了，让人何其痛苦。我当然希望我能说自己从不受肉欲之诱惑，但如果说了，我就是在撒谎。”因为是神职人员，皮特拉克不能结婚，但他有两个私生子：儿子乔瓦尼生于 1337 年，1361 年死于瘟疫；女儿弗朗西斯卡生于 1343 年。

彼特拉克是最早在创作中涉及“黑暗年代”的作家之一。他的作品以及他首创的“天籁体”（即十四行诗）影响了无数后来者，如薄伽丘和莎士比亚。彼特拉克让人们看到，诗人、知识分子也是社会的重要一员，王公贵胄都以同他交往为荣。在给友人的一封信中他戏称，他让他自己的“瘟疫”传遍了欧洲。

'We're continually dying; I while I am writing
these words, you while you're reading them,
others when they hear them or fail to hear them.'

JOHN HUSS (JAN HUS, JAN HUSS, JOHN HUS)
约翰·赫斯（扬·胡斯）
约公元 1372 年—公元 1415 年 7 月 6 日

“现在，你们要烧死一只鹅，一百年后你们将会发现，那是一只天鹅，不能烧烤也不能蒸煮。”

火刑柱上的遗言

约翰·赫斯，牧师、哲学家、改革家，布拉格查理大学教授，因在布道时称应遵从《圣经》，而不是生搬硬套教会的教条，被视为散布异端邪说而送上法庭。他在欧洲日渐高涨的宗教改革运动中是一位举足轻重的人物，其思想对一个世纪后的马丁·路德产生了重要影响。据约翰·福克斯在《殉道史》（1563 年）一书中的记载：

> 当铁链将他锁在火刑柱上时，他面带微笑地说："绑我主耶稣基督时用的铁链要结实得多，却用这等锈迹斑斑的玩意来绑我，这不是在羞辱我吗？"柴捆已堆到他脖子处了，巴伐利亚公爵仍不死心，劝他忏悔。"不，"赫斯说，"我布道从不讲教条，那会将人引入歧途；我用嘴巴宣讲过的东西，现在用我的鲜血来封存。"然后他对刽子手说："现在，你们要烧死一只鹅（说"鹅"时，赫斯特意用了波西米亚语），一百年后你们会发现，那是一只天鹅，不能烧烤也不能蒸煮。"如果他有先见之明，那么他肯定指的是马丁·路德，一百多年后，此人将大放异彩，将赫斯的理念传遍欧洲。火点燃了，我们的烈士唱起了圣歌，声音之高，压过了柴火的噼啪声和鼎沸的人声。但烈火逐渐吞没了他的歌声，继而吞没了他的生命。他们将他的遗骨收起，扔进莱茵河，试图抹掉他在人间的任何痕迹。然而，不论是火还是水，不论是什么样的酷刑，都抹不去正直的人们对他永久的怀念。

'You are now going to burn a goose, but in a century you will have a swan which you can neither roast nor boil.'

公元 1379 年—公元 1416 年 5 月 30 日

“我把这烈火中的灵魂献给基督，献给你。”

火刑柱上的遗言

遍访欧洲许多大学后，杰罗姆回到布拉格，宣称自己崇拜改革家约翰·威克里夫的学说。他成为约翰·赫斯的朋友，坚定支持赫斯发起的宗教改革运动，因为这场改革运动与他对固有的宗教教义的质疑不谋而合。赫斯锒铛入狱，杰罗姆继续宣扬他朋友的学说，直至他自己也遭到逮捕。他受尽折磨而病倒，在威逼利诱之下宣布放弃自己的主张，于 1415 年宣布与威克里夫和赫斯划清界限。他还被逼写下一封信，同意以传播异端的罪名对赫斯处以火刑。1416 年 5 月 26 日他接受审判，次日，他宣布重新站到改革派一边，两天后被处死。据约翰·福克斯在《殉道史》（1563 年）一书中的记载：

> 杰罗姆说：“这是何等的暴行！三百四十天里，我被关押在各种各样的监狱里，尝尽了非人的痛苦……”杰罗姆受到了跟他业已牺牲的那位同胞相同的判决。因为他的反天主教立场，他受到了比一般人更大的羞辱。他们为他准备了一顶用红色颜料画上魔鬼模样的帽子。这顶帽子被扣到头上时他说：“我主耶稣基督受死时被戴上一顶荆棘冠冕，为了他，我就戴上这顶帽子吧。”……杰罗姆为坚持理想付出了血的代价，但他死得从容不迫。在被押往刑场的路上，他高唱圣歌，到了刑场——赫斯也是在此赴死的——他跪下来专心祈祷。他快乐地抱住火刑柱，刽子手走到他身后准备点火时，他说：“到我身前来，当着我的面点火；我要是害怕，就不会来这儿了。”火燃起来了，他唱了最后一曲圣歌，但未及唱完，歌声就被大火烧灭了。人们听到他的最后遗言是：“我把这烈火中的灵魂献给基督，献给你。”

'This soul in flames I offer Christ, to Thee.'

“把十字架举高点，让我透过火焰看到它。”

火刑柱上的遗言

1431 年在接受审判时，贞德说：“十三岁时，我听到了上帝指引我的声音。一开始我非常害怕。那声音是在一个夏天的半晌午出现的，在我父亲的园子里……如果我说上帝没跟我讲话，我会遭报应。真的，上帝跟我讲话来着。”那声音告诉她要为法国效力，跟英国人作斗争，还指示她剪掉头发，穿上男装，拿起武器。邻近 1429 年时，法国卢瓦尔河以北已全部被英国及其勃艮第盟友占领。英王亨利四世宣称，法国的王权和抵抗力量已是日薄西山。在这样的背景下，贞德说服了一帮神学家，又说服了多芬王储，同意让她领军出征。1429 年，她率领部队解了奥尔良之围，紧接着又先后在特鲁瓦之战和帕泰之战中大获全胜。

她的辉煌战绩使多芬王储得以于 1429 年 7 月 17 日登基成为查理七世，加冕仪式在兰斯大教堂举行，贞德侍立在他身边。1430 年，有可能是因为查理的变节，她被勃艮第人俘获，并被送给了英国人。英国人将她交给由博韦的前主教皮埃尔 · 科雄主持的宗教法庭审判。对这位“奥尔良少女”的审讯持续了一年多，罪名是传播异端邪说和巫术，并逼迫她答应从此不再穿男装。对她的指控一直缺乏证据，她也一直被羁押在狱。很可能是由于监狱方的算计，故意不给她提供任何衣物，贞德不得不重新穿上男装。经过十四个月的审讯，最终判定她犯有传播异教罪。她在鲁昂被处以火刑，骨灰被扔进塞纳河。在整个过程中，查理七世从未打算施以援手。据称临刑时她不断高呼“耶稣！耶稣！耶稣！”1456 年她的案子获准重审，她被宣布无罪。1920 年，贞德被宣布为圣徒。

'Held the cross high so I may see it through the flames!'

金雀花王朝，英王理查德三世

公元 1452 年 10 月 2 日—公元 1485 年 8 月 22 日

“背叛！背叛！背叛！背叛！背叛！”

据传系其临终之言

兰开斯特家族的亨利 · 都铎入侵威尔士并扩充军力，约克家族的理查德趁机篡夺了王位，是为理查德三世。两军在博斯维斯原野对垒，兵力悬殊，理查德三世便绑架了亨利继父托马斯 · 斯坦利的儿子，要挟斯坦利给予其支援。斯坦利确实出兵了，却是站在了自己的继子一边。理查德战败被杀，亨利 · 都铎夺取了王位，成为亨利七世。波利多尔 · 维吉尔在其著作中写道：

亨利引而不发，他的士兵们却心急火燎，眼看威廉•斯坦利（托马斯的兄弟）率领三千人马杀入敌阵、孤军奋战，感觉已取胜无望。孰料敌军却骤然间土崩瓦解，只剩下理查德独自在重围中奋力厮杀……据说理查德国王本可以逃生，一些疑为叛徒的人也劝他逃跑，并给他牵来快马。自知不得人心的他回答说，生死存亡就在今日，要么结束这场战争，要么结束生命。怀着与王国共存亡的决心，他头戴王冠，冲向敌阵……

之后，亨利打扫战场，率胜利之师于傍晚进驻莱斯特，决定在这里休整两天，再前往伦敦。理查德国王的尸体被剥光衣服，用马驮着送到莱斯特的弗朗西斯肯修道院。这情景令人唏嘘，却也是他罪有应得。两天后他被草草埋葬，连一个像样的葬礼都没有。

'Treason! Treason! Treason! Treason! Treason!'

LORENZO DE' MEDICI, LORENZO IL MAGNIFICO

洛伦佐·德·美第奇，“伟大的洛伦佐”

公元1449年1月1日—公元1492年4月9日

“将死之人才能感觉到的味道。”

进最后一餐时被问及味道如何，他如是作答

洛伦佐·德·美第奇，意大利文艺复兴时期佛罗伦萨共和国的统治者，杰出的外交家、政治家，是学者、诗人和画家的慷慨赞助者。据威廉·罗斯科在《被称作“伟大的洛伦佐”的洛伦佐·德·美第奇生平》（1803年）中的记载：

> 萨伏那洛拉（著名的多明我会教士，1494年成为佛罗伦萨领袖）如约来到，但在为他作赦罪弥撒之前，他要洛伦佐答应自始至终必须讲真话，洛伦佐答应了。而后，他要洛伦佐承诺，将不义之财归还原主。沉吟片刻后洛伦佐答道："没问题，神父，我遵命照办。如果我做不到，我会命令我的继承者来完成。”接着，萨伏那洛拉又提出第三个条件，要求他让佛罗伦萨回归独立自由。对此洛伦佐未予回答。萨伏那洛拉抽身便走，没给他作赦罪弥撒……
>
> 对于临死之人的言行，人们总是不吝溢美之辞。他既已无力对抗死神，无奈地等待着最后的结局，就不应再苛求于他。倒不是说故意要将尊严加在他头上，洛伦佐早已向人们展示了他本有的尊严。他面对死亡的态度确实相当从容。即使是在生命的最后一刻，他也表现得平静而乐观。进最后一餐时别人问他味道如何，他答道："将死之人才能感觉到的味道。”在深情地拥抱过守在身边的朋友们，接受最后的宗教仪式时，他似在沉思，并伴以眼神和手势，直至耗尽生命的最后一丝力气。一个大大的十字架被放在他唇上，他平静地撒手人寰。

'As a dying man always does.'

POPE ALEXANDER VI, RODERIC LLANÇOR, RODERIC DE BORJA
教皇亚历山大六世，罗德里戈·兰索尔，罗德里戈·德·博尔吉亚
公元1431年1月1日—公元1503年8月18日

“再等一等！”

最后一次忏悔后留下的遗言

梅毒患者、性瘾者、投毒者、杀人犯，集种种恶名于一身，亚历山大成为当时臭名昭著的教会的代名词。这个西班牙人通过贿选获取了教皇职位，早在1460年他还是红衣主教时，就曾有人向时任教皇皮乌斯二世报告，说他在锡耶纳的花园里跟一群裸体女人举办色情舞会。日耳曼人约翰·伯查德是宫廷牧师，也是亚历山大的首席仪仗官，从他写的官方日志里我们看到了这样的字眼：“教皇的基督教只是个伪装。”亚历山大至少有十二个私生子，其中较为人熟知的包括恺撒、乔瓦尼、卢克雷齐娅和乔弗雷等。他情妇无数，使得“梵蒂冈又一次沦落为一座大妓院”。据伯查德记载：

> 10月30日（1501年）星期日，唐·恺撒为他父亲在教皇宫备下晚宴，五十名高级妓女或达官贵人的情妇身着白袍出席。宴会后，她们跟仆役和别的男士跳舞，一开始还穿着衣服，跳到后来就一丝不挂了……舞毕，地板上放上了许多烛台，烛火通明，还撒了很多栗子，妓女们赤身裸体地在烛台间爬来爬去，用嘴衔栗子……教皇饶有兴味地在一旁欣赏。最后，教皇赏给在场的每个仆役一个妓女，他自己和唐·恺撒、唐纳·卢克雷齐娅亦各自选了一个，淫荡活动达到了高潮。

另据伯查德，1503年，恺撒和亚历山大同时生病发烧。恺撒痊愈了，而亚历山大六世却胃部发炎化脓，面色潮红，身上开始脱皮。到后来，他肠胃出血不止，痉挛发烧，一个多星期后，他作了最后的忏悔，离开人世，终年72岁。据说他断气前说的最后一句话是“再等一等”。他的继任者拒绝为他举办弥撒，说：“为这个混蛋举办弥撒是对上帝的亵渎。”

'Wait a minute!'

CESARE BORGIA 恺撒·博尔吉亚
公元1475年9月13日—公元1507年3月12日

“躺在这里的这个人虽只占据了方寸之地，却人人怕他，和平与战争也被他玩弄于股掌之中。”

恺撒墓志铭。该墓在西班牙纳瓦拉的维亚纳圣玛利亚教堂圣坛后

刻在恺撒宝剑上的格言是“唯有恺撒，没有别人”。因此，当人们为纪念恺撒，在圣玛利亚教堂举办安魂弥撒时，把主题定为“唯有恺撒，没有别人，终是无用”。1537年，卡拉奥拉主教拜访圣玛利亚教堂，认为一个恶魔居然埋在这里是对神明的亵渎，下令毁掉坟墓，将其骨殖移出教堂埋于荒野，以便“任由人和野兽践踏”。此墓一直存留于此，直至1945年被一群工人偶然发掘出来。2007年，在恺撒去世500周年的前一天，经潘普洛纳大主教同意，其遗骨终于又被送回教堂安放。

恺撒是红衣主教罗德里戈·博尔吉亚，即后来的教皇亚历山大六世的私生子，是费拉拉公爵夫人卢克雷齐娅·博尔吉亚的哥哥。他15岁即成为潘普洛纳主教，18岁升任瓦伦西亚红衣主教。1497年，他的兄弟乔瓦尼·博尔吉亚遭暗杀后（可能系恺撒下令所为），恺撒辞去教职，担任教廷军队统领。1498年，他娶纳瓦拉国王的妹妹为妻，为的是在收复教宗国领地的战役中获取法国的支持。恺撒在1499年至1503年的战争中取得了一系列胜利。他以残酷无情著称，凭借勇猛作战和敌军叛徒的里应外合占领了意大利。他在政治上十分精明，被马基雅维利誉为“新巨头”楷模。然而，博尔吉亚的胜利最终成为他人嫁衣。1503年亚历山大教皇去世，即位的朱利叶斯教皇命令恺撒放弃所占地盘。恺撒从西班牙的监狱里逃出，在围攻维亚纳的战斗中毙命。据说他的最后遗言是：“除了死亡，我一生做任何事情都有所准备。现在，天哪，我将在没做好准备的情况下死去。”

'Here lies in little earth one who was feared
by all, who held peace and war in his hand.'

LEONARDO DI SER PIERO DA VINCI
列奥纳多·迪·瑟皮耶罗·达·芬奇
公元1452年4月15日—公元1519年5月2日

“我以为我在学习生，其实是在学习怎样死。”

见其1508年—1518年间的笔记

列奥纳多·达·芬奇是一位公证员和一个农妇的私生子，更是举世公认的天才。他在许多方面都有突破性建树，包括自然科学、数学、解剖学、工程学、雕塑、建筑学、植物学、发明创造、音乐、绘画等等。他可能是有史以来最伟大的画家，但作品存世不多，代表作有《蒙娜丽莎》《最后的晚餐》等。历史学家海伦·加德纳写道：“他的个性和心智都超乎常人，他为人神秘而清高。”乔治·瓦萨里在1568年出版的《画家的人生》中说：

> 一般说来，在处理通常事务时，许多男人和女人生就具有引人瞩目的才干，偶尔，上天会赋予个别人非凡的美貌、优雅和才能，把其他人远远抛在后面，这些人的所作所为似乎不是基于人类的才干，而是得益于上帝的启迪。尽人皆知，这样的事就发生在列奥纳多·达·芬奇身上。这位大艺术家相貌英俊、举止优雅，做任何事都表现出超凡的天赋，任何难题到他手里都能轻轻松松地迎刃而解。

1515年10月，法王弗朗西斯一世再度攻取米兰，次年召列奥纳多入宫效力，三年后列奥纳多去世。据瓦萨里记载，列奥纳多死时，弗朗西斯把他的头抱在怀里。二十年后，据说金匠塞里尼说过这样的话：“从来没有哪个人比列奥纳多懂的东西更多，他不仅通晓绘画、雕塑、建筑，还是一个非常伟大的哲学家。”列奥纳多有一段文字，在当时就很著名：“地球既不在太阳轨道的中心，也不是宇宙的中心，而是处于与之相伴的元素的中心，并与这些元素相关联。假设你站在月亮上，太阳和地球在你下方，你就会像在地球上看月亮一样，看到地球及地球上的水，而且，就像月亮照亮地球一样，地球也能照亮月亮。”

'While I thought I was learning to live, I have been learning how to die.'

CHEVALIER DE BAYARD (PIERRE TERRAIL LE VIEUX)
巴亚尔骑士，原名皮埃尔·特利尔
公元1473年—公元1524年4月30日

“我死而无憾！”

留给国王的最后遗言

按照他的要求，他们将他带到一棵大树下，面对敌人。诀别的时刻到了，许多人眼含热泪。阿勒格雷（巴黎市长）弯下腰。“告诉国王，”巴亚尔说，“我很高兴能如我期望的那样，利剑在手，为他效力而死。我死而无憾，只可惜再不能为他效力了。”（据彼得·洛林《巴亚尔骑士：对骑士制度衰落之研究》，1829年）

巴亚尔死后被称为“勇敢无畏、无可挑剔的骑士”，同时代的人称他是“最优骑士”。在佛诺沃的战斗中，他缴获敌军的军旗，获封骑士称号。在围攻热那亚的战斗中他名声大振，1512年，他又参加了拉文纳之战。当弗朗西斯一世与神圣罗马帝国皇帝查理五世之间的战争再次爆发时，巴亚尔率领1000人坚守梅济耶尔，拖住了查理的35000兵力，他的抵抗拯救了法兰西——弗朗西斯赢得了时间，终于在1521年将入侵者查理五世赶出了法兰西。紧接着，巴亚尔被派往意大利，驰援博内将军，后者在罗贝科吃了败仗，撤退时身负重伤。在巴亚尔的援助下，博内得以重整旗鼓。巴亚尔击退了追击的敌军先头部队，却被敌人用火绳钩枪发射的石弹打断了脊柱。他喊出的第一句话是：“天啊，我要死了……”他坚持让士兵们将他扶起，让他背靠一棵大树，面朝着不断逼近的敌军。他的朋友们想趁乱将他撤出阵地，但他坚决不允。“就让我平静地死去吧。对我来说，一切都结束了。我知道我受的是致命伤。我一生从没背向过敌军，决不能在这最后一刻破例。”他挣扎着靠在树干上，将剑和剑柄相交叉，权充作十字架，以做最后的忏悔。据称他临死之前的话还有：“不要怜悯我。我的责任解脱了，死得体面而光荣。要怜悯就怜悯那些仍在为国王、为国家、为自己的誓言而战的人吧。”

'I have no regret in dying.'

尼可洛·德·贝尔纳多·迪·马基雅维利

公元 1469 年 5 月 3 日—公元 1527 年 6 月 21 日

“对于这样一位伟人，任何颂词都不为过！”

佛罗伦萨圣十字教堂纪念碑上的铭文

马基雅维利的坟墓无处可寻，他的一句话却广为流传：“我愿意下地狱而不是上天堂。在地狱里，陪伴我的有教皇、国王和王子，而在天堂里，我只能与乞丐、僧侣和使徒为伍。”他是一位作家、哲学家，是佛罗伦萨的公仆，被称为现代政治学的奠基者。萨伏那洛拉被处死后，他被任命为佛罗伦萨共和国掌管军事外交事务的“十人委员会”的秘书，期间他写下了《论战争艺术》等著作，而最有名的当数《君主论》。该书在马基雅维利去世五年后才得以出版，这已是成书十三年后的事了。此书内容多数是基于恺撒·博尔吉亚成功的治国策略编著而成。从 1503 年至 1506 年，马基雅维利执掌佛罗伦萨的军务，他训练平民，不相信雇佣军。1509 年，他率领军队取得了对比萨之战的胜利。1512 年，教皇和美第奇利用西班牙雇佣军攻取了佛罗伦萨，他被解除所有职务。

1513 年，马基雅维利以谋反罪受审，一种新的刑讯手段令其受尽折磨。刽子手将他的双手绑在背后，然后拴住他的腰将他倒吊起来，使他看上去就像双臂脱臼了似的，并在他身上绑上重物以增加其痛苦。这种由异教裁判所发明的酷刑至今仍有应用（1996 年，欧洲人权法庭判定使用“倒吊”及其他一些中世纪刑法的行为等同犯罪）。马基雅维利否认所有对他的指控，终被释放。回到庄园，他写下了许多令其声名大噪的专著。他告诉我们“从来就没有哪个君主因招人痛恨而获益”，“君主们不应抱怨自己子民们的过失，因为是君主自己的过失给庶民们树立了坏的榜样”。弗朗西斯·培根一语道出了马基雅维利的重要性：“马基雅维利及其他一些作家写的是人们做了什么，而不是教导人们应当怎么做，这令我们深受启发。”

'No eulogy would be adequate to praise so great a name.'

"鼓起勇气来，老兄，别害怕完成你自己的工作，我的脖子很短。"

据莫尔的女婿威廉·罗帕称，这是他临刑前对刽子手所说的话

托马斯·莫尔，政治家、律师、学者、作家，以文艺复兴时期人文主义运动倡导者的身份闻名全欧，1529年成为亨利八世手下的大法官。他既是国王的朋友，也是国王的秘书、翻译、演讲稿起草人、首席外交官、顾问和知己。彼时，亨利八世欲与阿拉贡的凯瑟琳离婚，以便迎娶安妮·博林为新王后，但前任大法官红衣主教沃尔西未能办成此事。沃尔西被加以叛国罪名送往伦敦受审，死于途中。亨利遂与罗马教廷决裂，宣布自己为英国教会的绝对首领，发动宗教改革，建立了英国国教会，从而得以成功离婚并再娶。朝廷上下表面上驯顺，暗地里却对离婚案和与罗马教廷决裂颇有微辞，其中就包括莫尔。1534年，托马斯·莫尔被捕，罪名是拒绝承认亨利八世为英国教会的最高首领以及反对国王离婚。在威斯敏斯特，托马斯·莫尔以叛国罪接受审判并于1535年7月6日被处以极刑。据威廉·罗珀《托马斯·莫尔爵士生平》（1554年，出版于1626年）一书的记载：

> ……一路来到刑场，老旧的断头台摇摇欲坠，上去之前他对刽子手说："求求你，我求求你，刽子手先生，你要确保我安安全全地上去，走了这么远的路，我已经有点儿脚下不稳了。"他希望围观的人们为他祈祷，并与他共同见证，他是因为忠于天主教会而赴死的。言毕，他跪下祈祷，然后挺开心地对刽子手说："鼓起勇气来，老兄，别害怕完成你自己的工作，我的脖子很短。当心点，别砍偏了，那样会坏了你的名声。"就这样，托马斯·莫尔离开这个世界，见上帝去了。

'Pluck up thy spirits, man, and be not afraid to do thine office, my neck is very short.'

“最后我起誓，我的眼中只有你！”

给亨利八世的最后一封信

1535 年 12 月末，前英国王后凯瑟琳很可能是患了癌症，自知来日无多，便立下遗嘱，并给亨利八世写了最后一封信：

> 我的主，我亲爱的夫君，我很快就要死了，但仍对你念念不忘，望你多多珍重。生命重于政务，正是那些政务带给我那么多痛苦，也让你徒增烦恼。我原谅你所做的一切，并会为你祈祷，请求上帝宽宥你。望你做一个好父亲，善待我们的女儿玛丽，免我牵挂。还有两件小事相求：一是恳求你给我的侍女们每人各一份嫁妆，不算多，只有三个；二是我尚欠其他仆役们一年多的工资，求你替我发给他们，他们得靠此生存。最后我起誓，我的眼中只有你。王后凯瑟琳。

凯瑟琳在二十四年的婚姻生活中共育有六个子女，但只有一个存活下来，就是后来的玛丽王后一世。亨利八世想要一个男性继承人，所以渴望与安妮 · 博林结婚，这一行动直接导致了英国教会从罗马教廷中分裂出来。1533 年，克兰麦大主教宣布国王与安妮的秘密婚姻有效，与凯瑟琳的婚姻关系结束。凯瑟琳拒绝承认亨利为英国教会绝对首领，至死都坚持认为自己才是亨利的合法妻子，是英国的王后。1535 年凯瑟琳被打入冷宫，住进颓败的金博尔顿城堡。她身着苦行者穿的刚毛衬衣，住在一个小房间里，仅为修行而活着。她被禁止与女儿见面，也不准给女儿写信。亨利提出条件，只要凯瑟琳和玛丽承认安妮是新王后，就改善她们的居住条件并允许她们见面，但母女俩都表示拒绝。

'Lastly, I make this vow, that mine eyes desire thou above all things.'

“我的脖子很小，好在听说这个刽子手手艺很好。”

受刑日早上同伦敦塔总管的对话

安妮 · 博林是亨利八世的第二任妻子，伊丽莎白一世的生母。1536 年 5 月 2 日她被逮捕，关押在伦敦塔。5 月 12 日，四名男子——其中包括她唯一的哥哥——接受审判，被指控的罪名纯属编造，说他们都跟她有过不正当关系。5 月 15 日，安妮被控犯有通奸、乱伦和叛国罪，两天后，她的哥哥和另外三个男人被处死。安妮被判火刑，但亨利八世格外开恩，改为斩首，并决定不用斧头，而是专门请来一位法国剑客执刑。

行刑日一早，安妮请来了伦敦塔总管。事后，这位总管写道：“她派人请我去，我刚一进门她便说道：‘金斯顿先生，我听说要下午才行刑，真是太遗憾了，我还以为一早就行刑呢，也好早点免却痛苦。’我告诉她一点都不疼，很利索。她说：‘我的脖子很小，好在听说这个刽子手手艺很好。’说罢，她用双手箍住脖子，开心地笑了。”上了断头台，她对围观者发表了简短的演说：

> “善良的教民们，我将在这里死去，因为法律判了我死罪，我无话可说。我不会责怪任何人，对于我的判决我也不作任何评论。但我乞求上帝拯救国王，愿他的王国长治久安，因为不会有一个更温和更有怜悯之心的王子来接班。在我眼里，他从来就是个性情温和的好君王。所以，在我行将离开这个世界、离开你们之前，我衷心希望你们为我祈祷。主啊，怜悯我，我将把我的灵魂托付给上帝。”

'I heard say the executioner was very good, and I have a little neck.'

“珍长眠于此，她是一只凤凰，为另一只凤凰之生而死。哀哉，凤凰凤凰，何其罕有！”

位于温莎宫圣乔治小教堂的珍·西摩墓志铭

珍·西摩是亨利八世的第三任妻子，但她从来没有放弃信仰天主教。她把亨利的长女玛丽·都铎带进宫里作为王位继承人，但如果她和亨利有了子嗣，则这个子嗣作为继承人的排序将在玛丽之前。她请求赦免一个名叫“慈悲朝圣”组织的头目，惹怒了亨利。生下亨利八世盼望已久的男性继承人爱德华王子后，她立即致信枢密院：

> 承蒙诸位的信赖与厚爱，感谢万能上帝的无限恩泽，我与国王陛下在合法婚姻之下已产下一位王子。国王与我向来深得诸位及子民们的热爱和拥戴，王子的出生乃普天同庆之大喜事，诸位欢欣鼓舞之余，勿忘感恩上帝，继续为国王和我，为王国的繁荣富强、和平安宁祈祷。10月12日，珍王后于汉普顿宫。

产后十二天，珍死于产褥热。亨利为她服丧一年，去世后葬在了珍的墓旁。

'Here lies Jane, a phoenix who died in giving another phoenix birth. Let her be mourned, for birds like these are rare indeed.'

CATHERINE HOWARD, QUEEN CONSORT OF ENGLAND
凯瑟琳·霍华德，英国王后
公元 1520 年或 1521—公元 1542 年 2 月 13 日

“你的至死不渝的凯瑟琳。”

1541 年春写给托马斯·卡尔佩珀的信

亨利八世称他的第五任妻子凯瑟琳·霍华德是“不带刺的玫瑰”。1540 年，坎特伯雷大主教托马斯·克兰麦的秘书拉尔夫·莫里斯在给他主人的信中写道：“国王爱这个女人之深之切，远胜他爱过的其他女人。”亨利刚刚解除与第四任妻子克里夫斯的安妮的婚姻，凯瑟琳便立马坐上了王后的宝座。但她发现她的这位新丈夫很是令人生厌，因为他体重超过两百八十磅，臀部和小腿的溃疡发出阵阵恶臭。1541 年初，凯瑟琳跟亨利的宠臣托马斯·卡尔佩珀产生了恋情，其实在入宫前两年她就已经暗恋上了这个男人。凯瑟琳把知晓内情的人都安排在身边做事以防他们泄密，这其中还包括她的前男友弗朗西斯·德雷汉姆。

事情最终还是败露了，德雷汉姆和卡尔佩珀受尽酷刑后被处死。凯瑟琳承认婚前有失检点，但坚称其后一直忠于国王。她被送进伦敦塔，关押在她表姐安妮·博林的隔壁。审判时，她写给卡尔佩珀的一封信被作为证据当庭出示。信中写道：

> “卡尔佩珀大人，我真心地把自己托付给你，切盼你告知近况。听说你生病了，这让我寝食难安，希望尽快得到你的消息以使我放心，我渴望见到你，跟你说说话，相信这个愿望很快便能实现……我想要你送我一匹马，因为我一直向我丈夫求索未果。不情之请，祈谅。相信很快便能再见到你，真希望此刻你就在我面前，这样你就能看到，我是怀着多么强烈的相思之苦在给你写这封信。你的至死不渝的凯瑟琳。”

'Yours as long as life endures'

“女人戴着它来，最终还是落到了女人头上。”

死前不久所言

詹姆斯年方三十岁就快告别人世了，普天同悲，但医生也是凡人，无力回天。像詹姆斯这样性格阴郁易怒的人，心病很快便会演变为身体的疾病。知情人说，他“变得郁郁寡欢，不吃也不喝，没人相信他还能活下去”。也许他什么都可以忘记，唯独有一件事顽固地盘踞在他的记忆里，让他始终无法释怀。他间歇性地口齿不清，但他只要能说话，就不停地嘀咕：“噢，奥利弗逃走啦！奥利弗抓到了吗？”有一次，“他命令一些负责宗教事务和负责日常事务的大臣觐见，说他有事要咨询。可是，等这些人赶到时，发现他已再一次陷入极度痛苦而不能自拔的状况中。恰在此时，从林利斯戈传来消息，说王后生产了。”国王只简单问了一句“男孩还是女孩”。送信的回答说生的是个“漂亮女孩”。国王似乎早就料到了这一结果，叫道：“别了，苏格兰王冠，女人戴着它来，最终还是落到了女人头上。”说罢，连叹两声“天哪！天哪！”以表他极度失望。“然后，”编年史作者继续写道，“他表示这一切都是上帝的旨意，默然转身面向墙壁，不再理睬任何人。”（据艾格尼丝·斯特里克兰德《苏格兰诸女王与英格兰诸公主之生平》，1851 年）

由此看来，在与英格兰人的索尔维莫斯之战后，年轻的国王因精神崩溃而驾崩——此战由他最赏识的奥利弗·辛克莱尔·德·皮特卡林指挥，结果却创下了苏格兰战史上最大的败绩。詹姆斯留下了唯一的后裔玛丽，即后来的苏格兰女王玛丽一世。父亲死时她才出生六天。从平时的议论可知，詹姆斯只相信斯图亚特王室，该王室一脉始于罗伯特·布鲁斯的女儿，至詹姆斯这里乃告终结。

'It came with a lass, it will pass with a lass.'

“修道士！修道士！修道士！”

临终喟叹

亨利于 1509 年登基伊始便力图改革宗教、遣散修道士。他很可能患上了 II 型糖尿病，身体日渐臃肿，腰围达 137 厘米，双腿脓肿，才 55 岁便离开了人世。亨利八世被安葬在温莎城堡的圣乔治小教堂，与珍·西摩并排安放。他先后娶了六个妻子，最终留下三个合法继承人：爱德华六世、玛丽一世和伊丽莎白一世。这三人皆无子嗣，因此，随着 1603 年伊丽莎白的去世，他的都铎王朝之梦终告破灭。他的六个妻子中，只有克里夫斯的安妮和凯瑟琳 · 帕尔死在他之后——阿拉贡的凯瑟琳，即玛丽一世之母，死于 1535 年；1537 年，珍 · 西摩在生下爱德华六世两星期后去世；安妮 · 博林于 1536 年被处死，当时她的女儿，即伊丽莎白一世才两岁；凯瑟琳 · 霍华德于 1542 年被处死。后两人被处死后，她们与亨利的婚姻被宣布无效。

在“遣散运动”中，修道院、天主堂、教堂和寺院被洗劫一空并予以摧毁，全国各地许多修道士和修女都沦为乞丐。亨利八世生命的最后两年里，或许他已经开始产生幻觉。1545 年 12 月 24 日，在以英国教会绝对首领的身份对议会发表演讲时，亨利对议员们好一顿痛斥：

> 不要自以为是地发表你们那些荒唐的意见和空话，虽然你们被允许用母语宣讲《圣经》，传达上帝的旨意，但那只是为了唤醒你们的良知，启示你们的子女和家庭，而不是让你们借以恐吓和反对牧师和传教者。我非常遗憾地听说，每个小酒馆、小旅馆里都有大不敬的行为发生，上帝的训示、我们的珍宝，被人拿来辩论、吟唱，完全违背了它的本义。

'Monks! Monks! Monks!'

“我一无所有，还欠下许多，其余的我留给穷人。”

遗嘱语，1533 年

流传的拉伯雷遗言有各种不同的版本。彼得·莫特在其所著的《拉伯雷生平》（2005 年）中说，其遗言是：“也许我在寻索一位伟人。拉上幕布，笑剧演完了。”拉伯雷先后做过圣方济各会修士、本笃会僧人、人文主义学者、教区牧师和医生，他的四卷本系列小说《巨人传》乃文学史上的经典。他的作品自成一格，即粗俗幽默的拉伯雷风格。因为作品淫秽机趣、对教会极尽讽刺之能事，招致了索邦神学院的抨击。作品的主人公是一群巨人，在一个充斥着贪婪与愚昧的世界旅行。小说情节惊世骇俗，着力描写了肉体之乐——美食、美酒、性，辛辣地嘲讽了虚伪的禁欲主义、抨击了宗教和政治势力对人性的压制，甚至宣扬“常饮美酒，长生不死”。在第四卷里，拉伯雷告诉我们口渴了就要喝酒：“空着肚子连天老爷都不待见。”在《自序》里他说“如实道来，让魔鬼蒙羞”，表达了他对教会现状的厌恶。书中的名言警句还有很多，如“像鼻子长在人脸上一样明明白白”、“一粒豌豆不会喜欢另一粒豌豆”等等。

这部用化名出版的巨著刚面世便遭禁，后来被列入《梵蒂冈禁书录》。在第四卷里，紧接在异教徒反对接受调查的描述后有这样一段文字，充分反映了作者与教会之间水火不容的关系：

> 邪恶的异教徒们仍不予配合。烧死他们，撕碎他们，用钳子夹死他们，淹死他们，朝他们的屁眼吐口水，剥他们的皮，打得他们鼻青脸肿，打断他们的腿，肢解他们，将他们开肠破肚、掏出五脏六腑，猛打猛砍他们，将他们切成肉片、捣成肉泥，用锯子锯他们……将他们放在炉子上炖了！这些邪恶的异教徒！

'I have nothing, owe a great deal, and the rest I leave to the poor.'

THOMAS CRANMER, ARCHBISHOP OF CANTERBURY
托马斯·克兰麦，坎特伯雷大主教
公元1489年7月2日—公元1556年3月21日

“我看见天堂门开了，耶稣在上帝右边。”

火刑柱上的遗言

克兰麦参与了亨利八世与教皇之间就亨利与阿拉贡的凯瑟琳离婚一事的谈判。1533年，亨利指定克兰麦为坎特伯雷大主教，以期颠覆教皇在英国的绝对权威地位。克兰麦宣布亨利与凯瑟琳的婚姻无效，支持他迎娶安妮·博林，后来又帮助他跟博林离婚。1547年国王驾崩，克兰麦成为年轻的爱德华六世的颇有影响力的顾问，将英国引向新教。他写过四十二篇文章，英国国教的教义便来源于其中的三十九篇。信奉天主教的玛丽登上王位后，克兰麦（《英国大众祈祷书》的作者）、尼古拉斯·里德勒（伦敦主教）和休·拉蒂默（伍斯特主教）作为提倡新教的异教徒被送上了审判台。克兰麦的案子上诉到了教皇那里，就在他等待上诉结果期间，里德勒和拉蒂默被处以火刑。就刑前拉蒂默坚定地说：“平心静气地去吧，里德勒大师，承蒙上帝厚爱，今天我俩将为英格兰点燃蜡烛，我相信它将永不熄灭。”

等待上诉结果期间，克兰麦曾六次表示愿放弃自己的主张，但没有得到回应。1556年3月21日，他被带到牛津的圣玛丽教堂，布道结束后，他被命令当众宣布改变立场，这个命令被他拒绝，他说：“我用我的手违心地写下了悔过书，那我的手就应该首先受到惩罚，应该被烧掉……我拒绝教皇，他是基督的敌人，用虚假的教义来反对基督。”他被绑在火刑柱上，火点燃了，他把右手伸进火里，对围观的人群高声喊出了最后的遗言。这几句有据可查的遗言是“写忏悔书的是这只手，所以它应该首先受到惩罚”，“我有罪，我用这只手违心签署了悔过书，所以它应该首先被烧掉”。

'I see Heaven open and Jesus on the right hand of God.'

“我已行过涂油礼了。别让老鼠靠近我。”

据传系其最后遗言

彼得罗·阿雷蒂诺，意大利讽刺文学家，被称为色情文学之父，因其一贯讽刺和攻击贵族和教会，故被冠以“专抽王子们的鞭子”之绰号。阿雷蒂诺的好友提香曾至少三次为他画像，但也因此给阿雷蒂诺带来了麻烦。乌尔比诺公爵曾委托提香为他又老又丑的夫人画一幅裸体像，提香很是犯难。阿雷蒂诺便雇来一位貌美如花、身材绝佳的妓女作模特，他让提香画下妓女的身体，再添上公爵夫人的脑袋交差。提香给画作提名《乌尔比诺的维纳斯》。这画令公爵夫人欣喜万分。而当阿雷蒂诺和提香把画送到公爵面前时，他叹口气说:“要是我能拥有这个女孩的身体，哪怕脑袋还是老婆的，我就心满意足了。”一闻此言，阿雷蒂诺笑得岔过气去，当即中风瘫倒。朋友们请来牧师为他作最后的忏悔时，他已然失去知觉。牧师刚主持完忏悔仪式，阿雷蒂诺突然睁开眼睛，说出他人生中的最后一句话便溘然长逝。另一种说法则是他因为笑得过猛当场窒息而死。

阿雷蒂诺是个私生子，从故乡阿雷佐来到罗马，得到一位银行家的资助，这位银行家同时也是著名画家拉斐尔的资助人。教皇利奥十世的宠物大象汉诺死了，阿雷蒂诺替大象写了一份“遗嘱”，对包括教皇在内的罗马权贵极尽讽刺之能事。不久后，他写的一些粗俗淫秽的十四行诗激起众怒，他不得不逃离罗马。一位主教下令暗杀他，于是，他逃到了被他形容为“罪恶的海洋”的威尼斯。据说，在相对安全的威尼斯，意大利所有的名流都成了他嬉笑怒骂的对象，权贵们都对他避之不及。文化史学者雅各布·伯克哈德说他是“现代新闻学之父”，“其作品粗俗却又极尽优雅，荒诞不经却难掩熠熠光辉，有时甚至不亚于拉伯雷”。

'Now I'm oiled. Keep me from the rats.'

“我死后如果剖开我的胸膛，你们会发现‘加来’在我心上。”

据传为其临终语

上述玛丽遗言源自拉法伊尔·霍林西德所撰的《英格兰、苏格兰和爱尔兰年鉴》（1808年），原文摘录如下：

> 分析其死状，有人认为她死于某种肚腹疾病，有人则据其死前的叹息推断，她是死于思念和伤心。近臣们见她不住叹气，急欲知道缘由以便予以安慰，他们估计她是在思念已经离她而去的丈夫。对此她作出了回答。她说这确实是她心中憋闷的原因之一，但不是主要原因。至于主要原因是什么，她没告诉他们。后来，她对同她关系亲近、敢于跟她交心的莱斯夫人和克莱伦斯夫人敞开了心扉。当时，两位夫人说她们担心她又想起了菲利普离她而去的伤心往事，她回答说：“不光为这事，我死后如果剖开我的胸膛，你们会发现‘加来’在我心上……好啦，玛丽女王的大限到了……。”

继承父亲的王位后，西班牙国王菲利普二世于1557年回到英国，说服妻子玛丽女王在其对法战争中予以援助。英国军队畏首畏尾，于1558年1月13日丢掉了英国在大陆拥有的最后一块地盘——加来，同年底玛丽去世。据说她丈夫的名字和加来这个名字如两块巨石，至死都压在她心头。她继位时让英国回归了天主教，而她的继承人——她的同父异母妹妹伊丽莎白，却让英国重回新教的怀抱，创造了一个更为宽容温和的信仰环境。

'When I am dead and opened, you shall find "Calais" lying in my heart.'

“当太阳升起时，你们会发现我已经死去。”

既是遗言，也是其最后的预言

诺查丹玛斯是一位职业药剂师，虽然他声称发明了治疗瘟疫的药物，但真正令他闻名天下的是他的预言。他的一条预言传到了亨利二世的妻子凯瑟琳·美第奇耳中，她相信这预言跟她丈夫有关：“在这广袤的国土上，年轻的狮子将一举击败年老的狮子。在一个金笼子里，幼狮将刺穿老狮的双眼，令其在痛苦之中死去。”1555年，读到诺查丹玛斯编写的黄历后，王后将他召至巴黎，让他把黄历内容解释给她听，并命他为她的孩子们专门编写一本黄历。1559年，亨利在一次骑士比武中被长矛射穿眼睛毙命，诺查丹玛斯顿时名声大噪，被凯瑟琳任命为新国王的顾问兼御医。

诺查丹玛斯患有痛风，到1566年已发展到全身水肿。6月底，他叫来他的律师，留下一份长长的遗嘱。7月1日傍晚，他的助手简·查维格尼见他还在伏案写着什么，便说：“还是明天再写吧，主人。”他回答说等不到天亮他就会死去。查维格尼次日一早回来时，发现诺查丹玛斯真的死了，桌上留了一张字条：“大使馆的人一回来，就把国王的礼物备好。除此之外，就无须再做什么了。他必须到上帝的近亲那儿去了。兄弟们，亲爱的兄弟们，将发现他死在了床和凳子旁边。”诺查丹玛斯从1554年开始写预言，共十部分，按世纪划分，总称《世纪大预言》，其数量之巨可想而知。

自1555年《诺查丹玛斯预言》初版发行以来，该书就很少有绝版的时候。其中“第二世纪第1节”预言了伦敦大火：“二十乘三加六那一年，正义之火将烧毁伦敦。老女人将从高处跌落，其教派将灭亡。”“老女人”据说指的是圣保罗大教堂。

'You will not find me alive at sunrise.'

"躺在这里的这个人，从不曾害怕过什么人，也从不因为什么人而沾沾自喜。"

1572年11月26日，莫顿伯爵詹姆斯·道格拉斯为诺克斯撰写的墓志铭

送葬的队伍似乎一眼望不到头，走在队伍中的苏格兰摄政王莫顿伯爵说："躺在棺材里的这个人，从不曾害怕过什么人，他经常面对刀剑的威胁，最终仍死得安宁而体面。"诺克斯曾拒绝了英国罗切斯特主教公署的邀请，因为他有自知之明，知道自己是一个骄傲的、不愿低头的人。他在遗嘱中几乎没留下什么实质性的内容：

> 我从来不曾堕落，从没欺骗过任何人。我没经过商——我只为上帝的荣耀写作，传播耶稣基督的福音。但我以慈悲为怀，将布道词分门别类，那些骄傲的反上帝的话按下不表，我只诚心诚意宣扬耶稣基督，宣扬他的死和复活所表现出的伟大力量，以帮助那些有罪的人唤醒良知。也许我这么说会惹得别人大动肝火，但这就是我面对上帝，凭着良心留下的遗言。

在朋友乔治·维斯哈特以异教徒之名被烧死后，约翰·诺克斯成为了一个虔诚的新教教徒，当新教教徒们被包围在圣安德鲁斯城堡时，他毅然加入了他们的行列。被法国人俘虏后，诺克斯被逼在法国战船上充当划船手十九个月之久，最终还是被流放到英国。诺克斯恨透了三个名叫玛丽的天主教徒：吉斯的玛丽、苏格兰国王詹姆斯之妻玛丽以及她的母亲苏格兰女王玛丽。他写过一篇名为《吹响向丑陋的女人军团开战的第一声号角》的文章，矛头所指就是玛丽·都铎、吉斯的玛丽和苏格兰女王玛丽。据说，笃信天主教的苏格兰女王听了他在布道时对她们的诅咒后曾说："约翰·诺克斯的布道词比欧洲所有的军队集结起来还让我害怕。"作为苏格兰宗教改革的领袖，他指导了新教教规和祈祷书的编写。

'Here lies one who neither feared nor flattered any flesh.'

“你比我更需要。”

诗人兼廷臣西德尼爵士在聚特芬之战中身负重伤后说的话

诗人西德尼是伊丽莎白的廷臣，任荷兰弗拉辛地区总督。1586年他随同约翰·诺里斯爵士参加了对抗天主教国家西班牙的荷兰独立战争，战争中他大腿受伤，二十六天后去世。据福尔克·格雷维尔《菲利普·西德尼爵士生平》（1652年）一书记载：

> 22日一早，天阴沉沉的。弗莱芒低地笼罩在浓雾之中，十步之外便什么都看不见了。西德尼率领两百名骑士挺进到聚特芬城下。他只顾显示骑士风度却疏于防护，甚至扔掉了腿上的护甲，让自己处于危险之中。突然之间浓雾消散了，英军这才发现，敌军的骑兵有上千之众，而自己已暴露在密密麻麻的枪口之下。第一次冲锋中，西德尼的战马被打死，他翻身上了另一匹马，率部发起第二次冲锋。增援部队到了，又开始第三次冲锋，就在这时，西德尼腿部中弹，而且估计是毒弹，子弹从膝盖上方射入，击碎骨头，向上直达臀部。他的坐骑受了惊吓，驮着他没命地狂奔。但他镇定自若，竭力控制住战马，回到了莱斯特大本营。

归途中发生了一件众所周知的事，让知道西德尼这个名字的人无不津津乐道。由于失血过多，他口渴得要命，人家给他拿来一瓶水，他刚把水瓶凑到嘴边，一个重伤士兵被抬了过来，一副极度痛苦的模样，眼巴巴地盯着他手中的水瓶。爵士见状，把已经送到嘴边的水瓶递给了那可怜的士兵，说：“你比我更需要。”

'Thy necessity is yet greater than mine.'

“今天晚餐后，他们下达了对我的判决。明早八点，我将像罪犯一样被处死。”

死前最后一封信，写给其姐夫——法国国王亨利三世

父亲詹姆斯五世驾崩，玛丽继位成为苏格兰女王，当时她出生才六天。1558 年，玛丽嫁给法兰西王子弗朗西斯，次年成为法国王后，之后第二年她便守了寡。回到苏格兰后她嫁给表兄达恩尼公爵，但达恩尼后来被人用炸弹炸死。再后来，她嫁给博斯威尔的一位伯爵，据信，此人正是谋杀达恩尼的凶手。不久，博斯威尔爆发了起义，玛丽带着才 1 岁的儿子逃往英国，这个儿子便是后来的詹姆斯六世。逃到英国后，玛丽向表姐伊丽莎白一世寻求帮助，希望能继承英格兰王位。但因为她是天主教徒，故被囚禁了近二十年。最终，玛丽在连辩护律师都没有的情况下经历了一场走过场的审判。她先是被定为叛国罪，后来又说她不是英国公民，不能以叛国罪论处。她对陪审团说：“记住，先生们，历史的舞台要比英国宽广得多。”最终她被判斩首。可怜的是，刽子手砍了两斧才要了她的命。玛丽的儿子，苏格兰国王詹姆斯六世，后来成了英格兰国王詹姆斯一世，下令将曾囚禁他和他母亲的法思林赫城堡夷为平地。

此信部分内容如下：

> 来不及详细告诉你所发生的事情了，如果你听听我的医生和倒霉的仆人们的话，自会知道真相。上帝在我心中，故我蔑视死亡，我发誓，就算我是英国公民，他们对我的指控也纯属莫须有。他们指控我的罪名有两条：一是信奉天主教，二是要求继承英国王位——这其实是上帝赋予我的权力。他们之所以必置我于死地而后快，说到底就是因为我信天主教，而他们竟不敢承认……送此信者和他的同伴——多数都是你的子民——会证明我在最后时刻的表现……

'Tonight, after dinner, I have been advised of my sentence. I will be executed like a criminal at eight in the morning.'

“这里躺着一位勇士 / 他的宝剑却从未出鞘！”

本·詹森所撰墓志铭“致莱切斯特伯爵”

这里躺着一位勇士，
他的宝剑却从未出鞘；
这里躺着一位高贵的廷臣，
却从不信守诺言；
这里躺着莱切斯特伯爵，
坐拥万贯家产；
躺在这里的这个家伙人神共愤。

1618 年圣诞节，本·詹森和朋友苏格兰诗人威廉·德拉蒙德小聚。两人的谈话于 1842 年被发现并发表。在交谈中詹森说：“莱切斯特伯爵给了他夫人一瓶酒，希望她在眩晕症发作时喝下。夫人不知道酒里有毒，等他从宫廷回来时就给他喝了，他喝下后当即毙命。”也就是说，詹森相信莱切斯特伯爵是被毒死的。詹森跟许多人一样憎恶伯爵，因为有女王伊丽莎白一世撑腰，他一手遮天。伯爵和女王三十年来过从甚密，明眼人都知道两人是一对情侣。伊丽莎白从小就认识伯爵，自她登基直至去世，伯爵一直是她的宠臣。许多年里他一直向女王求婚，女王一直让他抱有希望却始终未曾应允，因为她相信他俩一旦结婚，势必引发内战。

历史学家们相信，莱切斯特伯爵系死于癌症、疟疾或心脏病。他病倒已有时日，死前一个星期跟伊丽莎白共进晚餐时，他就已经向她作了最后道别。听闻他的死讯后，伊丽莎白把自己反锁在卧室里好几天，直到伯格勒爵士将门强行打开。她一直保留着莱切斯特死前六天写给她的最后一封信，把它藏在床头的珠宝盒里。伊丽莎白在信上写了“他的最后一封信”几个字，十五年后她去世时，这封信仍保存完好。

'Here lies a valiant warrior/Who never drew a sword.'

“我履行了一个男子汉本当肩负的职责。”

见艾尔弗雷德·丁尼生勋爵诗作《复仇号》，1878年

格伦威尔是沃尔特·罗利爵士和弗朗西斯·德雷克爵士的表弟，时任英国皇家海军“复仇号”战舰舰长。他的战舰在弗洛里斯遭遇了强大的西班牙舰队。英国人吓坏了，纷纷往远海奔逃。而格伦威尔不愿把生病的战友丢弃在岸边，指挥兵员不整的战舰迎战多达五十三艘的西班牙敌舰。激战十二个小时后，敌方的十五艘大帆船遭到重创。天黑下来，战斗停止。第二天早上，“复仇号”虽然桅杆和船帆都没了，船舱也进了水，但依然浮在海面上。格伦威尔命令炮手将船凿沉，以免落入敌手，但幸存的士兵们一致要求他投降。他同意了，条件是对方必须尊重他们并立即把他们送回英国。西班牙舰队指挥官表示同意，战斗就此结束。“复仇号”落入敌手，身负重伤的格伦威尔被抬上西班牙指挥舰，十天后不治身亡。之后不久，舰队遭遇一场可怕的风暴，“复仇号”连同西班牙的十四艘战船在风暴中沉没。

将船弄沉，炮长
——将她炸成两半，沉掉她！
将她交付给上帝，不使
落入敌手！
炮长答曰“遵命”，
但水手们叫道：
“我们都有妻儿老小，
上帝垂怜，让我们活了下来。
让西班牙人许诺，
如果我们投降，就让我们回家；

'I have only done my duty as a man is bound to do.'

我们活下来，是为了继续战斗，
以牙还牙。”
雄狮将死，
无奈投降。
高贵的西班牙人
将他抬上旗舰，
让他躺在桅杆旁，
老理查德落到了敌人手上。
不失风度的西班牙人
对他大加赞赏。
他硬撑着站起，高声喊道：
“作为忠诚勇敢的男子汉，
我为女王而战。
我履行了男子汉
本当肩负的职责。
我，理查德·格伦威尔爵士死了，
但我的灵魂在歌唱！”
言毕，他砰然倒下，
上了天堂。

“别让我看上去像是白活了一世！”

临终之际对助手约翰尼斯·开普勒说的话

第谷·布拉赫，丹麦人，著名天文学家和占星学家。在德国罗斯托克读书时，他在一次决斗中被削去了鼻子的一部分，从此，一生都戴着金银做的假鼻子。16 世纪 80 年代，据说布拉赫拥有全丹麦百分之一的财富。为表彰他发现了仙女座一颗新星，弗雷德里克二世送给他一座城堡，位于哥本哈根附近的一座岛上，他经常在那里举办大型社交聚会。他养了一个聪明非凡的侏儒和一头麋鹿，客人来了他总要拿出来展示一番。布拉赫编纂了包括 777 颗星的总目，还研究行星运动和彗星的起源，直至弗雷德里克的继承人断了他的资金来源。之后，他应捷克皇帝鲁道夫二世之邀去了布拉格。在那里，布拉赫拥有了一间新的实验室，并雇佣了得力助手约翰尼斯·开普勒。

在布拉格的一次宴会上，布拉赫感觉身体十分不适，提前离席又极不礼貌。尽管尿急他也咬牙忍着，结果膀胱胀到了极限，造成了严重的后果。据开普勒讲，回到房间后，布拉赫压根就尿不出来了，过了许久，才艰难地挤出几滴。因为尿道堵塞，布拉赫无法入眠，并导致肠道发炎，终至昏迷。在生命的最后一夜，他不断重复一句话：“别让我看上去像是白活了一世！”那次宴会后的第九天，他清醒了几个小时，然后平静地离开了人世。在布拉赫的发梢和发根里都检出汞含量超标，这说明他的死因并非尿道感染，而是水银中毒引发的消化道病变。

'Let me not seem to have lived in vain!'

“躺在这里的是伊丽莎白，她以处女之身登上王座，以处女之身告别人世。”

据说，1569年2月6日在白厅会议大厅，下院议员们敦促女王结婚，上面这句话便出自女王的回应。

伊丽莎白女王的回应是：“作为处女铭刻在人们记忆之中，我感到满意而光荣。我离世后，希望在我的大理石墓碑上刻上‘躺在这里的是伊丽莎白，她以处女之身登上王座，以处女之身告别人世’。”而就在同一年，一位意大利知情者写道：“罗伯特·杜德利大人跟陛下……十分亲密。”西班牙大使也曾告诉菲利普二世：“罗伯特大人随时出入王宫，行事从无顾忌，甚至有传言说，陛下也不分昼夜常去他的王府……”还有传言称杜德利系被谋杀，伊丽莎白跟他育有子女。艾米·杜德利于1560年摔断脖子意外死亡，罗伯特·杜德利被怀疑为杀害自己第一任妻子的元凶。

教皇皮乌斯四世称，女王如果结婚，势必引发战争：“女王想跟罗伯特·杜德利爵士结婚，招致英伦三岛多数贵族的诟病……他们害怕杜德利一旦篡夺王位，会为他父亲报仇，贵族们就要遭殃了。”（天主教派的玛丽女王登基前，杜德利的父亲诺森伯兰公爵曾试图扶持信奉新教的简·格雷为王，最后失败并以叛国罪被处死。）1562年伊丽莎白罹病，她要求枢密院封杜德利为摄政王，并于1564年加封他为莱切斯特公爵。1565年，西班牙国王菲利普二世写道：“她要么不嫁，要嫁就只嫁罗伯特，她对他无比依赖……女王深爱着罗伯特。”1566年，杜德利宣称女王将永不结婚，并说女王早在八岁时就已立下此誓，尽管如此，他仍不放弃希望。1601年，“处女女王”对议会声言：“人生有限，我并不指望永远占据这个宝座，我坐这个王座是为诸君的利益着想。”

'Here lieth Elizabeth, who reigned a virgin
and died a virgin.'

“重症就需猛药治！”

1605年11月6日，为行刺国王的“炸药阴谋”所作的辩护

盖伊·福克斯是西班牙军队的一名士兵，作战经验丰富。后来，正在荷兰作战的他被一个天主教极端组织召回英国，参与了“炸药阴谋”。该组织知道议会开幕当天詹姆斯国王和几乎所有上层人物都将出席，就决定在议会大厦实施爆炸，一举推翻新教教派的统治。他们事先租下议会大厦的一间地下室，由福克斯负责在地下室安放36桶、共计约800公斤炸药，届时一举引爆。结果组织中有人反水，向天主教主教密报，主教当即报告了国王。詹姆斯一世下令搜查议会大厦，11月5日午夜刚过，福克斯从地下室出来即遭逮捕。国王问他何以策划出如此狠毒的叛国阴谋，他回答说“重症就需猛药治”，他要把苏格兰人炸回苏格兰去。在地下室里，藏在柴禾和煤堆下的炸药被悉数搜出。

接连三四天，福克斯都被施以酷刑，但他守口如瓶，只供出一些已经死去或已引起怀疑的人的名字。1月31日，他和另一些同伙被判有罪，先被吊死，然后被剖腹分尸。1606年1月31日的《新闻周刊》报道：

> 最后接受绞刑的是主犯盖伊·福克斯，化名约翰逊，他的任务是点燃炸药。因为经受过酷刑，他已经虚弱不堪，在刽子手的搀扶下才登上了绞架。他没有作最后陈词，虽然场面沉闷，围观者仍因为这场罪恶阴谋的终结而欢呼雀跃。

英国人至今仍在每年的11月5日庆祝所谓的“福克斯之夜”（又叫篝火之夜、焰火之夜），节目包括燃放烟花、点燃篝火、焚烧象征盖伊·福克斯的套着旧衣服的草人等。

'A desperate disease requires a desperate remedy.'

“一只脚已经套进马镫。”

摘自塞万提斯在病榻上写就的《贝尔西雷斯与希斯蒙达历险记》之引言，
当时他已预感到自己大限将至。该书在他死后第二年出版

1616年4月23日是米格尔·德·塞万提斯和莎士比亚的忌日，为纪念这两位伟大的文学家，联合国教科文组织把每年的这一天定为国际图书日。身为小说家、诗人和剧作家的塞万提斯英勇参战，身负重伤。他的军旅生涯一直持续到1575年被海盗俘虏为止。他四次试图逃跑未果，在被赎回之前给海盗当了五年奴隶。后来他当过税收官，但因违规操作数次入狱。其后他完成了皇皇巨著《堂吉诃德》的第一部，时年58岁。

《堂吉诃德》无情地嘲讽了西班牙社会，它告诉我们：“人皆父母生养，但有时候有的人却会变得很糟糕。”该作品对欧洲文学产生了深远影响，被认为是现代小说的鼻祖，史上最伟大的文学作品之一。小说开篇写道：“在拉曼查的某个村庄，不记得它叫什么名字了，不久前住着一位绅士，常常举着一支锈蚀的长矛，手持一面破旧的盾牌，骑一匹瘦骨嶙峋的老马，身后跟着一只灰狗，四下逛荡。”堂吉诃德的墓志铭是：“如果说他活着时像个疯子，至少死得像个智者。”1951年，文化史学者阿诺德·豪泽写道：“在塞万提斯之前的文学作品中，主人公不是好人就是坏人，不是救星就是叛徒，不是圣人就是恶棍。而堂吉诃德则集圣人和傻瓜于一身。”《堂吉诃德》里的精彩语句比比皆是，如“除却天空，无边无际”，“恶魔下场，罪有应得”，“野鹅逐猎，徒劳一场”，“嗅到老鼠气味——事有蹊跷”，“布丁味如何，吃了方知道”，“红粉——女性”，“胆小鬼永远娶不了美娇娘”，“预警即预防”，“翻开新的一页”，“乌鸦嫌猪黑”，“妈妈的话——保守秘密”，“像坟墓般沉默不语”等等。

'With one foot already in the stirrup.'

“朋友，请敬畏基督，勿动墓中尸骨。保我墓者将获天佑，毁我墓者必被诅咒。”

莎士比亚自撰墓志铭，埃文河畔的斯特拉特福德，圣三一教堂

莎士比亚的葬礼于 1616 年 4 月 25 日举行，刚好是他立下遗嘱一个月之后。查阅当时的有关资料可知，“莎士比亚、德雷顿和本 · 约翰逊在一起痛饮，莎士比亚饮酒过量，高烧不止，最终送掉了性命”。据说墓志铭是莎士比亚自撰的，请求人们不要打扰他的坟墓，因为墓园里闲杂人等太多，这在当时是一种普遍存在的情况。教堂里还有一尊莎士比亚的半身像，下面镌有铭文：

路人啊，请留步，为何行色匆匆？
如果你识字，读读这铭文，看一看
被嫉妒的死神放在这墓碑下的是谁？
莎士比亚！
随他而去的，还有他泉涌的文思。
他的名字镌刻在这里
远远超过这墓碑的价值，
因为他留下的文学瑰宝将永世长存。

在威斯敏斯特大教堂的“诗人角”还有一座纪念碑，碑文引自《暴风雨》中普罗斯佩罗的台词：

它所继承的辉煌的宫殿，
庄严的庙宇，
就连地球自身，
都终将消亡，
不留下一丝痕迹。

'Good friend for Jesus sake forbeare to digg the dust encloased heare. Blest be ye man yt spares thes stones and curst be he yt moves my bones.'

“这是一剂猛药，但能包治百病。”

据称是其临终遗言

雷利是伊丽莎白一世的宠臣。这个具有文艺复兴时期气质的男人，一生中从事过多种职业，他既是探险家、历史学家、哲学家，又是战士和诗人。任弗吉尼亚总督时，他曾禁止以残酷手段处死印第安人。（吉尔斯·弥尔顿《大首领伊丽莎白》，2001年）

因为雷利率领私掠船不断袭扰西班牙人，触怒了伊丽莎白的继任者詹姆斯一世（据说真正的原因是雷利在伊丽莎白执政期间支持处死苏格兰的玛丽女王，也就是詹姆斯一世的母亲），1603年，雷利被以叛国罪论处，作为死刑犯囚禁在伦敦塔。1616年他获得缓刑，许诺将找到传说中的“黄金城”埃尔多拉多，为国王发掘大宗财富。1618年，雷利袭击了奥利诺科河附近的西班牙营地，在西班牙人的干预下，他的缓刑令被撤销。参与审判的一位法官事后说：“高尚的沃尔特·雷利爵士竟遭如此判处，这是对英国司法公正前所未有的贬抑和伤害。”

就刑前，雷利拒绝蒙上眼睛，他摸了摸斧头，说:“你们以为我怕它？这玩意儿能根除一切痛苦。”“趁我勇气正足，”他对刽子手说，“快动手吧，我可不想让我的敌人以为我怕得发抖。”刽子手把他的脑袋摁在木墩上时，问他脸朝哪个方向，他答道：“心摆得正，脸朝哪边都无所谓。”他摸摸斧头的利刃，微笑着对监斩官道：“这是一剂猛药，但能包治百病。”说罢，他催促刽子手赶快动手，刽子手挥起斧头，两斧之后，他身首分离。另一种说法是，雷利把脑袋伏在木墩上，对神情紧张的刽子手说道：“你怕什么？动手吧，伙计，快动手呀！”雷利的首级经防腐处理后交给了他妻子，妻子将它装在一只红色皮袋里一直保存着，直到她二十九年后辞世。

'This is a sharp medicine but it is a sure cure for all diseases.'

SIR FRANCIS BACON, FIRST VISCOUNT ST ALBAN
弗朗西斯·培根，第一代圣阿尔本子爵
公元 1561 年 1 月 22 日—公元 1626 年 4 月 9 日

“不论剩下什么，我们仍要呼唤，生的本质岂不就是死？”

摘自他死后出版的《世界》(1629 年)

弗朗西斯·培根，政治家、律师、法理学家、哲学家、作家、科学家，曾任首席检察官、大法官，后因受贿被免职。他在科学著作中首创归纳法，又称“培根法”，即现在人尽皆知的科学分析法。这个方法强调通过事实得出结论，进而总结成理论。他是践行科学革命的先锋，却死于自己的一次实验。约翰·奥伯雷在其所著的《人生苦短》一书中描述了培根是如何获得灵感，用雪来保藏肉体的：

> 他们决定立即动手实验，乘一辆马车来到海格特山下一个贫苦的妇人家里，买了一只鸡，请妇人宰杀洗净……雪天太冷，他当即病倒，而且病得很厉害，连山都下不了，于是去了住在山上的阿伦德尔家，他们把他放在床上……那床很久没人睡过，潮气很重……他冻得发抖，记得霍布斯先生告诉过我，才两三天他就窒息而死了。

他的朋友阿伦德尔爵士当时并不在家，临终之际，培根给他留下一封信：

> 我热衷于一两个试验，看看能否用冷冻法保藏肉体，能保存多久。实验非常成功，可我从伦敦来到这里就病倒了，不知是因为结石、消化不良还是天气太冷，也许三者皆有吧。我来到阁下府上，再也动弹不了了，只好在这里住下，你的管家给了我悉心呵护，我相信，你不但会原谅他，还会因此而高看他一眼。

'What then remains, but that we should still cry /
Not to be born, or being born, to die?'

“死神，不要得意，虽然有人说你强大而可怖，但事实并非如此。”

《神圣十四行诗之十》的开篇之言，在其去世两年后发表

死神，不要得意，虽然有人说你
强大而可怖，但事实并非如此：
你只能恫吓怕你的人，
可怜的死神，你无法死亡，也无法将我杀死……
你是奴隶，听命于命运、机会、君王和亡命之徒，
在毒药、战争与疾病之间徘徊；
鸦片、迷药也可以让我们甜美睡去
胜过你的亲临。你凭什么得意？
短暂的睡眠过去，我们将获得永生，
永不再有死亡：死神，你自己才该死去！

多恩，玄学派诗人，1621年出任圣保罗大教堂教长。十年后他病倒了，写下遗嘱，挣扎着爬起来作了被称为“直面死亡”的最后一次布道：

还在母亲子宫里时，就有一张毯子包裹着我们，我们从胚胎发育成人，来到这个世界上，那张毯子依然包裹着我们。我们出生就是为了寻找归宿……世界就是无边无际的墓地，是我们共同的坟墓……所谓人生，实则生死往还，七日一周期，直至终点……让我们依附于耶稣基督，如同他依附于十字架，用他的泪水洗净我们，为他舔舐伤口，平静地躺进他的坟墓，直至他赐你复活，升入他用无价的、永不变质的鲜血为你造就的天国。阿门。

布道大厅人满为患，信众们都知道，这其实是多恩为他自己作的葬礼演讲。两周后他辞别人世，死因很可能是胃癌。

'Death, be not proud, though some have called thee
mighty and dreadful, for thou art not so.'

GUSTAVUS ADOLPHUS II, GUSTAF ADOLF THE GREAT
古斯塔夫·阿道夫二世，伟大的瑞典国王
公元1594年12月19日—公元1632年11月6日

“我是瑞典国王！”

在卢岑战场上喊出的最后一句话

在“三十年战争”[1]中，古斯塔夫率领瑞典军队节节胜利，先后战胜丹麦、波兰和俄罗斯，使瑞典成为仅次于俄罗斯和西班牙的欧洲第三大国。古斯塔夫在莱比锡附近的卢岑战死，但他的军队取得了胜利。本杰明·查普曼在《历史：古斯塔夫·阿道夫，三十年战争以至国王之死》（1856年）一书中写道：

> 国王得知第一个炮台已被拿下，他脱下帽子感谢上帝，稍后又接报敌阵中央被突破。国王一马当先，率领斯莫兰骑兵队向穿有胸甲的帝国骑兵队发起冲击，事先他就命令斯塔汉斯基紧紧咬住了这支绰号“黑小伙”的敌军。敌将皮克利米尼飞速驰援，瑞典骑兵眼见敌众我寡只得撤退。不料这时大雾骤起，国王被留在了敌人的包围圈中还浑然不觉。一颗手枪子弹打断了国王的胳膊。正当萨克斯公爵劳恩伯格护着国王撤出重围时，国王的背后又中一枪，一头从马上栽了下来。又一群敌兵赶到，其中一人给了他致命的一击……国王从马上栽下时，一个名叫勒贝尔芬的年轻人正好在他身旁，见他的战马跑了，便把自己的马给他，但国王连上马的力气都没有了。更多敌兵围上来，问这重伤者是谁。勒贝尔芬假装没听见，或者说是拒绝回答，国王自己却高声答道：“我是瑞典国王！”话音刚落，他又挨了四枪外加两刀，之前他胳膊的骨头已断裂外露，这一来倒让他从极度痛苦之中解脱了。敌兵围着国王，都想抢点什么战利品以资纪念。这时一队瑞典骑兵赶到，将敌兵驱散，此时的国王已被扒光，身上只剩下一件衬衫。

①指1618年至1648年间一场席卷整个欧洲的大规模战争。

'I am the king of Sweden!'

“啊，不同凡响的琼森！”

杰克·扬撰写的墓志铭，刻在威斯敏斯特大教堂琼森的墓碑上

本杰明·琼森，是与威廉·莎士比亚、（当时比莎士比亚更出名的）克里斯托弗·马洛同时代的剧作家、诗人和演员，以写抒情诗见长，著名的讽刺剧作有《炼金士》《人皆幽默》《蹩脚诗人》和《福尔蓬奈》等。他影响了一代又一代的诗人和剧作家，于1616年荣获首次颁发的“桂冠诗人”称号（非官方），同时得到詹姆斯一世赐予的一笔奖金。他的诗作充满了古典主义理想色彩，严厉抨击了宫廷的大人物们及其生活方式。1625年，在同詹姆斯的继位者查理一世发生争执后，琼森停止了宫廷假面剧的写作。当时他已确立了时代顶尖假面剧作家的地位。

1628年，琼森在中风后仍坚持写作直至去世。他被直立着葬在威斯敏斯特大教堂的侧廊，因为他死前就曾对教长说过：“六英尺长两英尺宽对我来说太多了。两英尺长两英尺宽足矣。”逼仄的墓葬正好是他死前处境每况愈下的写照。还有一种说法是，琼森曾请求查理一世赐予他一块18平方英寸的墓地，为满足他的要求，只好把他直立着安葬。有人认为，墓志铭中“为本·琼森祈祷”一句有戏谑的意味，暗示他临终时已皈依天主教。

琼森死后不到一年，他的朋友们由琼森纳斯·维里巴斯牵头，写了一卷挽歌以表达对他的敬意。霍索恩顿的詹姆斯·德拉蒙德写道：“他特别爱自己，自视甚高，对其他人通通不屑一顾。嬉笑怒骂，失去朋友也在所不惜……他热情而易怒，从不计较得失。”在琼森1616年写的一首名为《死亡》的讽刺诗中有这样两句：“之所以害怕死亡/正因为不相信复活。”

'O Rare Ben Jonson!'

GALILEO GALILEI **伽利略·伽利雷**
公元1564年2月15日—公元1642年1月8日

“不管怎么说，它总是在运动。”

1633年因主张“地动说”受到审判后，私下里如是说

伽利略被称为“现代天文学之父”，是“科学实验法”的先锋。他用自己新研制的望远镜观察天体，于1632年发表《关于两个主要世界体系的对话》，肯定了哥白尼的“日心说”。由于威胁到了“地球是上帝的世界的中心”这一基督教教义，教会迅速作出了反应。宗教法庭以酷刑乃至火刑威胁伽利略未果，便于1633年对时年69岁的伽利略进行了审判。他被召至罗马，接受了一场走过场的审讯，罪名是散布异端邪说。“把某些人的邪说奉为真理，认为太阳是宇宙的中心”，而“神圣的教会对此早有定论……故本宗教法庭对你下达强制令，禁止你宣扬邪说，不得为之辩护，不准继续探讨论证。如不服从，你将被监禁”。

宗教法庭认为伽利略“有极大的异教嫌疑”，因为他持与《圣经》相悖的观点，认为太阳是不动的，是宇宙中心，地球不是宇宙中心，而且处在不断运动之中。不仅《对话》被禁，他以往的著作也一律不许再版，今后也禁止再出新作。判决过后，据说他私下里也曾表示会坚决放弃己见。曾几何时，在《对话》中他刚刚说过：“上帝赋予我们感觉、理智与智力，让人匪夷所思的是，同一个上帝，竟试图让我们放弃这一切。”1992年，教皇约翰·保罗二世终于撤销了对伽利略的禁令。

'Eppur si muove.'('Nevertheless it moves.')

“等我的指示！”

临刑前对刽子手说的话

第一次英国内战（1642—1645）时，查理的保皇军被议会党和清教徒的武装力量击败。国王从监狱里逃出，第二次英国内战（1648—1649）结束后再度被抓获。一场走过场的审判宣布他犯有叛国罪，并判处他死刑。被斩首前，查理特意穿上两件棉布衬衣，以免因为冻得发抖而被围观者误认为他害怕了。

据怀特·肯尼特主教在《英格兰全史》（1706年）一书中的记载：

在生命的最后一刻，查理恳求女儿伊丽莎白一定要告诉她母亲，他从来没停止过对她的思念，他对她的爱至死不渝。国王问刽子手：“我的头发没乱吧？”然后脱掉斗篷，把圣乔治像章取下递给主教，说：“记住它。”他脱掉紧身上衣，只留下一件背心，再把斗篷披上，看一眼木墩，对刽子手说：“等我把双手伸直，你就动手。”他自言自语了几句，举起双手，两眼圆睁，毫不犹豫地弯腰将头放在木墩上。刽子手帮他将露在外面的一绺头发塞进帽子里，他以为对方这就要动手，喝道：“等我的指示！”刽子手回答：“好的，谨遵陛下的命令。”少顷，国王平伸出双臂，刽子手一斧斩下他的头颅，将其向围观的人群展示后，跟躯干一起放进棺材，送到白厅的一间贮藏室内。行刑前，监斩官以为他不会那么驯服地自己把脑袋放到木墩上，所以还特意准备了铁圈和钉子，没想到他效法救世主，丝毫没有反抗，这让他们讨了个没趣。

'Stay for the sign!'

JAMES GRAHAM, FIRST MARQUESS OF MONTROSE
詹姆斯·格雷厄姆，第一代蒙特罗斯侯爵
公元 1612 年 10 月 25 日—公元 1650 年 5 月 21 日

“割开我的血管，我的上帝，让我在红色的湖泊中游向你！”

就刑前夜在监狱铁窗下写就的诗句

蒙特罗斯侯爵遗诗的另一版本题为《闻判决后明志》：

让他们砍掉我的四肢，
割开我的血管，我的上帝
让我在红色的湖泊中游向你；
将我的头颅挂在刑柱上，
将我的骨灰撒向空中：
主啊（因你知道它们去向了何方）！
我希望有朝一日你会将它们收起，
我相信你会还我一个公道。

在三国之战[①]中，苏格兰贵族蒙特罗斯侯爵先是加入了苏格兰的誓约派，反对查理一世将英格兰国教强加于苏格兰。而后，在英国内战时他又以查理一世保皇军司令的身份率部征战苏格兰。他战功赫赫，以“伟大的蒙特罗斯侯爵”著称。1645 年 9 月，蒙特罗斯侯爵在菲利法奥斯被击败，逃往挪威。1650 年 3 月，他前往奥柯尼试图东山再起，却未能召拢旧部，在卡比戴尔再吃败仗，侥幸脱逃。他以为躲在奈尔·麦克利奥德的阿德雷克城堡里会很安全，却不料被麦克利奥德出卖，被押送到爱丁堡判以绞刑。他的最后遗言是：“愿上帝垂怜这多灾多难的国家。”他的头颅被挂在监狱的木杆上，四肢被分别送往苏格兰的四个大城市示众。十一年后，苏格兰贵族们将他的遗骸掘出并重新隆重地安葬。

① 指 1639 年至 1651 年间发生在英格兰、苏格兰和爱尔兰三国之间的一系列冲突和战争，包括第一次、第二次英国内战。

'Open all my veins, that I may swim to thee,
my maker! in that crimson lake.'

“我要的不是喝酒睡觉，是死个痛快！”

1659 年，克伦威尔的大管家和侍卫官回忆，这是克伦威尔在去世当日，下人给他送酒时他所说的话

1642 年内战爆发时克伦威尔已经 43 岁了，但他很快便表现出令人惊讶的才干。之前并无作战经验的他，组建并指挥一支骑兵队，三年内便从一名上尉跃升至中将。他拒绝向保皇党妥协，于 1647 年站到了眼看就要散伙的新模范军一边。1649 年，查理一世被审判处死，克伦威尔在其中发挥了重要作用。共和国（1649—1653）建立后，克伦威尔出任爱尔兰总督，下令血洗德罗赫达和韦克斯福德的守军。1653 年尾间议会被解散，克伦威尔成为共和国护国公。在此期间（1653—1658），他做了几件引人瞩目的大事：容许宗教自由、指挥了几场胜仗、同外国签订了若干有利的商务条约。

克伦威尔因患疟疾导致败血病，死得非常痛苦。临终前，这位虔诚的清教徒在病床上说：“我很想活下去，继续为上帝和他的子民服务，但我的工作已经结束了。上帝会与他的子民同在。”

克伦威尔力图培养儿子理查德做自己的接班人，理查德却拒绝统领军队和主政议会，克伦威尔闻讯后彻底崩溃。君主政体复辟后，克伦威尔的遗骸被移出威斯敏斯特大教堂，并于 1661 年 1 月 30 日接受象征性处决，而这一天正好是十一年前查理一世被处死的日子。“处决”后，他的遗骸被吊在伦敦泰伯恩行刑场的铁链上，后来又被扔进井里，头骨则被割下挂在杆上，在威斯敏斯特大教堂外示众，直到 1685 年方被取下。

'It is not my design to drink or to sleep, but my design is to make what haste I can to be gone.'

“我真心诚意地原谅你……唉，可怜的人啊，你犯了罪自己却浑然不觉，总有一天你自会接受主的审判。”

临刑时对刽子手说的话

英国内战期间，哈里森为议会军而战，后来在政体更迭的空白期成为“第五君主国”①的领导人。第一次内战期间，他率骑兵转战马斯顿沼泽、纽波利和内斯比。1645 年在朗伯特战场，当时保皇军已开始撤退，人们发现哈里森突然间对赞美诗产生了浓厚的兴趣，甚至到了痴迷的地步。他越来越激进，卷入对贝辛议会那些为天主教辩护者的大屠杀中，反对同查理一世谈判。1647 年得知查理一世从汉普顿法院脱逃后，他痛斥查理是“血债累累的杀人犯”。1649 年，哈里森在阿尔比采取了行动，下令将查理一世押送到温莎，再转至伦敦。查理一世惴惴不安，以为哈里森要暗杀他。

在内战后的政权更迭期间，哈里森因反对克伦威尔而四次入狱。1660 年 5 月，在多佛的查理二世还没倒台，议会便下令将哈里森关进了伦敦塔。哈里森坚信自己没错，根本没想要逃跑。他被冠以弑君（查理一世）的罪名接受审判，但声称自己所作所为都是以英国议会的名义行事，无罪可辩。据塞缪尔·佩普西报道，在法庭上他“心情甚好，泰然自若”。

在哈里森的最后时刻，刽子手请求他的原谅，他回答说：“我真心诚意地原谅你……唉，可怜的人啊，你犯了罪自己却浑然不觉，总有一天你自会接受主的审判。”

①英国内战后的政权更迭期间（1649—1660），一个并不信奉英国国教的“异教团体”，其名称来自于《但以理书》的预言：在基督的国度降临之前会经历四个君主国，巴比伦、波斯、马其顿和罗马。该团体还相信世界末日就在眼前。

'I do forgive thee with all my heart...Alas poor man, thou doith it ignorantly, the Lord grant that this sin may be laid to thy charge.'

“我们将在孤独之中死去。”

《沉思录》，1670 年

帕斯卡是一位具有开拓精神的数学家、物理学家，同时又是一位宗教哲学家。在濒临死亡的痛苦之中，据说他的最后一句话是“愿上帝永不弃我”。在他死后出版的《思想录》里有这么一段话，即所谓的“帕斯卡赌注”：“上帝或许存在，或许不存在。我们应该倾向于哪种观点？让我们来掂量掂量这一赌注的得失。让我们评估一下两种机会。得，你就得到了全部；失，你什么也没失去。所以，咱们毫不犹豫地下注吧，就赌他存在。”他安息在圣埃坦·蒙特，墓志铭如下：

> 你以博学闻名全欧，因在工作中诚实正直而备受尊敬，更是虔敬我主的典范。你饱尝甘苦而矢志不移，潜心学问遂成就斐然。你胜不骄败不馁。逆境中你求助上帝，顺境中你感恩上帝。你怀着拳拳之心，把一切都献给了你的上帝、你的国王、你的家人和朋友。你尊重强者，关爱弱者，上帝甚悦，赐予你诸多美德，而这种种美德的基础和支柱正是敬奉上帝。你热爱生活，珍惜当下，悲悯我们所受的苦难，感激上帝给予我们快乐。你祈求上帝以其永恒的荣光普照世人，一如赐予你美德一样，将美德赐予众生，而你的嘉德懿行，非短短一篇墓志铭所能尽言。你的儿女敬撰。

'We shall die alone.'

THOMAS HOBBES **托马斯·霍布斯**

公元 1588 年 4 月 5 日—公元 1679 年 12 月 4 日

“我即将踏上最后的旅程，那将是在黑暗之中的一次飞跃。”

据信系其最后遗言

霍布斯是一位政治哲学家，他相信自然状态下的人类永远是自私的，永远处于对权力和财富的争夺中。为证明自己的观点，他写道：“如果说人并非生来就处于战争状态，那他们为什么总是全副武装、大门紧锁？”他认为为了保护人类免受自己野心的伤害，每个人都必须让渡出一部分自然权利而组成一个拥有至高权力的“政府”。因为个人只关心一己之利，所以霍布斯相信君主专制而非民主的力量：“人总是无休无止地觊觎权力……至死方休。”正因如此，把权力交给个人是危险的，这会造成“所有人对所有人的战争”，使人生变得“孤独、贫穷、肮脏、粗野而且短促”。

作家约翰·阿布雷在 1679 年 1 月 16 日写给詹姆斯·威尔顿的信中详述了霍布斯从生病到去世的经过：

> 10 月中旬，他终于病倒了。病状是痛性小便淋漓（小便疼痛，很可能是前列腺癌），医生已放弃治疗，原因是他年事已高，器官机能已自然衰退。大概是 11 月 20 日吧，我的主人打算从查特沃思移居哈德威克，当然不能把霍布斯先生一个人留下。于是，我们在马车上放了一床羽绒垫，给他穿得暖暖和和，一路平平安安。抵达后，他看上去状况还不错。可就在七八天之后，他右半身突然瘫痪，而且说不出话来。他又活了一个星期，期间很少进食，睡眠倒是不错，时不时想开口说话，却发不出声来。整个病重期间都没有发烧。看起来，他的死因是生命缺了燃料（早已耗尽），身体极度虚弱，而疾病只是年老体衰所致，并非主因……

'I am about to take my last voyage, a great leap in the dark.'

“先生们，原谅我在最不该死的时候死去。”

临终遗言

查理一世被处死及1651年的伍斯特战役失利之后，查理·斯图亚特（查理二世）逃亡国外，直至1660年才结束流亡，夺回了王位。他惩治了签署他父亲死刑令的人，将克伦威尔的尸骸掘出斩首，悬挂示众。查理二世即位伊始便接连遭遇了瘟疫流行（1665年）、伦敦大火（1666年）以及对荷兰之战的失利（1667年）。莱切斯特第二任公爵、查理的廷臣约翰·威尔莫特曾这样描述过他们的新国王：

上帝保佑我们仁慈的好国王，他从不兑现自己的诺言；

他从不说傻话，也从无明智之举。

据说查理还作出了回应：“此言非谬。因为怎么说是我自己的事，而怎么做是大臣们的事。”老百姓心怀不忿，抱怨他们纳的税都被查理拿去养情妇和私生子了。罗切斯特公爵还写道：

他没完没了地狎妓，永不餍足；

快活的君王啊，丢人现眼又可怜。

因肾功能失调，查理二世长期卧病在床，宠臣们一直随侍左右。据说在病榻上他还要求他弟弟，即未来的詹姆斯国王，照料他的情妇们：“要善待波特茅思，别让可怜的奈莉挨饿。”查理提到这两个女人用的是昵称，她们的真名分别是露易丝·德·克劳艾丽和奈尔·格温。查理看似没留下合法继承人，实际上，他跟情妇露西·沃尔特是结了婚的。他的情妇还有卡斯尔梅恩的女伯爵、凯瑟琳·佩姬以及伊丽莎白·姬丽格鲁。她们的孩子许多都获封公爵，如克利夫兰公爵、巴斯卢和昆斯伯里公爵、里士满和戈登公爵、蒙默斯公爵、克拉夫顿和圣阿尔班斯公爵等等。

'You must pardon me, gentlemen, for being a most unconscionable time a-dying.'

JAMES, DUKE OF MONMOUTH 蒙默思公爵詹姆斯
公元 1649 年 4 月 9 日—公元 1685 年 7 月 15 日

“不要像对拉塞尔大人那样，对我乱砍一气。”

在刑场上对刽子手说的话

据说，蒙默思公爵詹姆斯·斯科特是查理二世的私生子，但有最新证据表明，查理在娶布拉甘扎的凯瑟琳之前就已同公爵的生母露西·沃尔特成婚。所以，蒙默思应是英格兰的正统君王。他意欲推翻查理信奉天主教的弟弟、王位继承者詹姆斯二世，反叛未果，在锡德格莫兵败后蒙默思被处死。托马斯·贝宾顿·麦卡利在《英国史》（1849 年）中写道：

“我没什么长篇大论，”他（蒙默思）说，“只有几句话。”然后他开始跟刽子手约翰·凯奇搭讪。凯奇这个倒霉蛋砍过许多勇士和贵族的脑袋，在其后的一百多年里，他的名声在同行里都很臭。“拿着，”公爵说，“这儿有六个畿尼。不要像对拉塞尔大人那样，对我乱砍一气（拉塞尔爵士威廉是蒙默思曾经的朋友，1683 年在“啤酒馆阴谋”败露后被处死，执刑者便是凯奇，活儿干得很不地道）。我听说你砍了他好几下才算完事。如果你的活儿干得利索，我的仆人会再给你一些金子。”说罢，他脱掉衣服，试了试斧刃，觉得有点钝，然后把头伏在木墩上。与此同时，牧师们在一旁使劲念叨：“上帝接受你的忏悔！上帝接受你的忏悔！”……第一斧下去，只弄出一点轻伤。公爵挣扎着站起来，用责备的目光瞅着凯奇。公爵的脑袋重新伏在木墩上，凯奇砍了一斧又一斧，还是没能把脖子砍断，公爵的身子仍在动弹。人群里发出既愤怒又惊骇的叫喊。凯奇扔下斧头，撇撇嘴。“我干不了了，”他说，“我的魂都跑掉啦。”“把斧头捡起来，小子！”监斩官喝道。凯奇愣了半晌才捡起斧头，又砍了两斧，好歹算是结束了公爵的性命，他又拿来一把刀，这才将公爵的脑袋砍了下来。

'Do not hake me as you did my Lord Russell.'

“再重一点！”

无名诗，18 世纪初

吉尔斯是个强壮的巫师，驴一般倔犟；
他被高高地吊在一棵槐树上。
面对法官的审讯，
他不认罪，不开腔。
“吉尔斯·科里，”法官问道，
“你被控心怀不轨、行为叵测，你有何话讲？”
吉尔斯·科里紧闭双唇，不声不响。
“吉尔斯·科里，”法官又道，
“给你点颜色，看你讲也不讲。”
一块木板放在他的胸膛，
再将一块块石头压上。
“再重一点！再重一点！”犟驴终于开腔，
但他仍不认罪，最终把命丧。

科里是个壮实的农夫，虔诚的信徒，也是美国马萨诸塞州塞勒姆镇“巫师审判案”的受害者。之前他妻子已被逮捕。1692 年 4 月，三个女人指控他也是“巫师”。他在被关押五个月后受审。自知必死无疑，他索性拒不认罪。法庭以他拒绝接受审判为由，用石头将他活活压死。

科里被剥光衣服，胸膛上放一块木板，再往木板上压石头。他请求多加些石块，好死得快些。马萨诸塞州法官塞缪尔·西沃尔在提交的报告中写道：“午时三刻，在塞勒姆，吉尔斯·科里因拒绝接受审判被施以石压刑致死。”他被葬在绞架山乱坟岗。两天后，他妻子及另外六名犯人被带出监狱，押往绞架山绞死。

'More weight!'

“我不再怀疑，因为视力下降，我再也不能写日记了。”

最后一则日记，1669 年 5 月 31 日

1664 年 1 月，佩皮斯第一次感觉视力下降。他多方打听什么样的眼镜适合夜间使用，但视力还是越来越弱，以至于他不得不停止了日记的写作。他错误地以为在烛光下阅读写作会毁掉他的眼睛，但这样的事情并未发生，搁笔后他又活了三十三年，眼睛并没有瞎。作为一名日记作家和海军行政人员，他的事业是成功的，遗憾的是，他描写瘟疫和伦敦大火的精彩日记只在他手里保存了九年便没了踪影。这些日记系用速记法写成，直至 1819 年才重现天日并被解码，于 1825 年开始陆续出版。佩皮斯的日记记录了英国内战之后王朝复辟时期的重大事件，是一份弥足珍贵的历史文献。

> 我不再怀疑，视力退化使我无法再继续写日记了，写了这么多年，每次握笔，都一点点地损害着我的视力。不管将来情况如何我都得承受。不管怎么说，只要已写就的日记能被人解码还原，公诸于世，我就心满意足了。如果说还有什么未尽之事的话——不会很多，我跟德（德博拉·维莱特，佩皮斯跟她曾有一段情史）的爱情已成往事，视力下降又剥夺了我几乎所有别的乐趣——那就是我还需对日记做一些增删，当然还是用速记法，这工作量很大，可能要干到我躺进坟墓为止。但这没什么，包括眼睛瞎掉，都是上帝早已为我作好的安排！

'And thus ends all that I doubt I shall ever be able to do with my own eyes in the keeping of my journal.'

“行人止步！洛克长眠在此。”

墓志铭（拉丁文），埃塞克斯，海拉弗尔

约翰·洛克，启蒙哲学家，他发展了“社会契约论”，卢梭和伏尔泰均深受其影响。他认为只有令被统治者满意的政府才有权统治国家，这一思想为现在的《联合国宪章》奠定了理论基础。自由主义和共和主义亦得益于他的理论：“理性是一切事物的终极裁判和指导。”但马克思主义者、历史学家克里斯托弗·希尔说：“在《论基督教的合理性》中洛克写道：‘不论是劳工还是商人，不论是老处女还是做奶酪的女工，都必须有人告诉他们该思考些什么。’‘大众不可能知晓，所以他们必须相信。’至少，洛克没认为这个‘告诉者’是牧师。除了上帝，无人能当此重任。”

洛克的墓志铭全文如下：

> 行人止步！洛克长眠在此。你要问他是个什么样的人，他会回答说他是个知足常乐的人。他天生就是个学者，做学问只服从于真理。他的著作就是明证，你还可以通过读他的著作了解他的一切，远比这满是溢美之词的墓志铭真实可信。他的美德——如果说他还有一些美德的话——微不足道，不足以自夸，更不足为范。至于他的缺点，就让它们随他一同埋葬掉吧。如果要学他的美德，请到《福音》里去找范本。他的缺点可千万别学。死乃宿命，比比皆是，此地便有一例，愿你能有所悟。他生于1632年8月29日，卒于1704年10月28日——墓碑只为作一记录，迟早将灰飞烟灭。

在牛津的基督教大教堂里还有一块纪念碑，碑铭是：“约翰·洛克，1632—1704，威斯敏斯特学者，道德哲学监察官——我知道总会有真理来对抗谎言——如果你认为值得求索，真理无处不在。”

'Stop Traveller! Near this place lieth John Locke.'

“我要去了，但国家永在！”

临终之言

路易在位 72 年，比任何一位欧洲君主在位的时间都长。他因患坏疽，于 77 岁生日前四天驾崩。关于他的遗言还有另一个版本——他对群臣和仆人们说：“哭什么？难道你们认为我会长生不死？我倒是觉得，死并没有我想象的那么难。”伊安·顿诺普在《路易十四》（2001 年）一书中告诉我们：“路易背诵着赞美诗‘主啊，快帮帮我’，他‘安详地交出生命，像蜡烛熄灭一样自然’。”

路易实际当政五十四年，法国政府全由他一人掌控。1661 年，红衣主教马扎林去世，路易做出了两个令宫廷上下瞠目结舌的惊人之举：一是他自任首席部长，结束了红衣主教主政的局面；二是将重权在握、腐化堕落的财政部长尼古拉斯·富凯逮捕，经过长达三年（1661—1664）的审判，富凯被处以终身监禁。他的政府被视为专制主义统治的绝佳样板，因此，17 世纪又被称为“路易十四时代”。君权至上的观念在他身上体现得淋漓尽致，在他的治理之下，法兰西社会稳定，成为欧洲最强大的国家之一。1683 年，路易十四的王后玛利亚·特雷莎去世，而这位“太阳王”回忆说，曾经最令他寝食难安的就是这位王后了。他俩的六个子女中只有一个存活下来并长大成人，但路易情妇众多，私生子多达几十个。王后死后，他秘密迎娶了德·曼特农夫人，却从未对外公布。据传记作家当若讲，临死之际，路易十四对未来的路易十五说：“别学我这个坏榜样。我经常小视战争，出于虚荣而勉力支撑。别效仿我，做一个心气平和的王子，好好想想怎样才能为自己减负。”

'I am going away, but the State will always remain!'

“读者，若要寻找他的纪念碑，就看看你的身边吧！”

其子小克里斯托弗·雷恩为其撰写的墓志铭，圣保罗大教堂

雷恩是第一个葬在这座由他亲手设计并建造的大教堂里的人。伦敦大火之后，包括这座在内，他总共为伦敦设计建造了 52 座教堂。这位科学家、数学家和发明家后来成为了欧洲最出色的建筑师。在不到 17 岁时，他就已经发明了一种可以在黑暗中书写的工具、一种充气机、一种羽毛钟和一种聋哑语言；25 岁时，他已成为格雷沙姆学院的天文学教授；29 岁时，他又成为了牛津大学天文学教授。他在格雷沙姆学院发表就职演说时说：“总有一天，人类的视线可以无限延伸，看行星就像看地球一般清楚。”在格雷沙姆，他主持了运动定律实验，艾萨克·牛顿说，雷恩是他发现万有引力定律的启蒙先驱。在牛津，他通过实验证明了注射鸦片有可能助人入睡。他还用注射针管率先在狗身上完成了输血试验。

他是 1662 年成立的英国皇家学会的奠基人之一，是牛津希尔顿大剧院的设计者。他设计的其他作品还有格林威治皇家天文台、伦敦交易所、德鲁里剧院、切尔西医院和汉普顿宫廷的正面建筑。圣保罗大教堂的修建历时三十五年，其穹顶的规模为世界第二，仅次于罗马的圣彼得大教堂。雷恩常以非官方的身份去伦敦视察修建中的圣保罗大教堂，看看“我最杰出的作品”进展如何。在其中的一趟旅行中他受了风寒，从此健康状况每况愈下，终以 91 岁高龄辞世。他说：“承蒙上帝厚爱让我长寿，我为皇家服务了漫长的一生，总算为世界留下了一点东西。”

'Reader, if you seek his monument, look around you!'

“全都留给……”

未尽遗言

1682年加冕沙皇后，彼得便在俄罗斯实行对外开放政策，引进工匠和工程师，并把俄罗斯人送到欧洲接受教育。他实施政治改革和经济改革，组建富有战斗力的陆军和海军。他的现代化工程和扩张计划使小小的俄罗斯发展壮大为一个巨大的帝国、欧洲的强国。他的主要目标之一是重新进入波罗的海，打通波罗的海贸易通道。1700年，他发动了对瑞典的北方战争，期间还建成了圣彼得堡。战争以彼得的胜利告终。俄罗斯占领了波罗的海沿岸的大片土地，打通了欧洲的贸易通道，圣彼得堡成为重要的海岸港口。1712年彼得便已迁都圣彼得堡，并重点加紧了他的这座欧洲“天堂”的建设。

彼得育有两子。1718年，大儿子阿列克谢被严刑逼供，要他承认密谋推翻沙皇。血腥镇压随即开始，凡被认为是阿列克谢的朋友的人，或被钉上木桩，或遭车裂，或被毒打至死。彼得眼睁睁看着自己的儿子被鞭打至死。

1721年，彼得称帝。1725年1月初，彼得身患尿毒症，在失去知觉前，他想写下遗言却已力不从心，只写下“全都留给”几个字便无奈作罢。他命人传女儿安娜·彼得罗夫娜觐见，但安娜赶到时他已陷入深度昏迷。俄罗斯历史学家安尼西莫夫认为，这是俄罗斯驻霍尔斯泰因使节贝西维茨伯爵说服别人相信，彼得指定的继承人是安娜公主而非皇后凯瑟琳一世的说辞。验尸官检查发现，彼得的膀胱因感染已经坏死。

'Leave all to...'

"各位，在这块墓碑下，是死去的约翰·范布勒爵士的土宅。
重重地压住他吧，土地！
因为他在你身上压过那么多的重物！"

1726 年阿贝尔 · 伊万斯牧师撰写的墓志铭

自 1686 年开始，范布勒便参与秘密行动，将荷兰人奥兰治的威廉（威廉三世）送往英格兰以废黜詹姆斯二世。他曾被怀疑是英国间谍而在法国被捕，在囚犯交换前蹲了四年半大牢，其中一段时间被囚于巴士底狱。1649 年，他参加了登陆卡马雷之战，试图在布雷斯特摧毁法国舰队。1696 年至 1697 年，他写了两部描写王政复辟时期生活的喜剧：《旧病复发》和《愤怒的妻子》，剧本因露骨的性描写和主张妇女在婚姻上的权利而引发争议。他不仅是剧作家，还是杰出的建筑师。他跟尼可拉斯·霍克斯莫尔（克里斯托弗·雷恩的监工）合作为伦敦修建了许多教堂。他设计的作品中有三个成为了英国里程碑式的建筑。其中，1699 年设计的霍华德城堡被认为是英国首座真正意义上的巴洛克风格建筑；1704 年设计的布莱尼姆宫是英国最大的非皇室建筑；而 1718 年动工的锡顿 · 德勒沃尔大厅则被认为是他建筑杰作中的精品。

据说范布勒死于哮喘急性发作，但劳伦斯 · 惠斯特勒在其所著《约翰·范布勒爵士：建筑师和戏剧家》（1809 年）中告诉我们，在斯卡巴勒，他曾"许多次"被迫服用某种药剂：

> 他的病因并不清楚，但 1725 年 9 月他确曾哮喘发作，这在当时几乎是不治之症……3 月 12 日他最后一次去格林威治医院就医，几天后在伦敦扁桃体就发炎了。这样一位"性格温和的绅士"，谁都希望他走得安详，而不是像现在这样备受痛苦折磨，因扁桃体发炎而体温迅速上升，说话口齿不清，声音怪异，直至吞咽困难……

'Under this stone, Reader, survey dead Sir John
Vanbrugh's house of clay. Lie heavy on him,
Earth! For he Laid many heavy leads on thee!'

SIR ISAAC NEWTON 艾萨克·牛顿爵士
公元 1643 年 12 月 25 日—公元 1727 年 3 月 20 日

“自然和自然法则隐藏在黑暗之中 / 上帝说‘请出牛顿！’于是一切豁然开朗。”

亚历山大·鲍勃《墓志铭，为艾萨克·牛顿爵士而作》，1730 年

威斯敏斯特教堂里牛顿墓碑上的墓志铭用拉丁文镌刻，译文如下：

> 这里长眠着艾萨克·牛顿爵士，他以非凡的智慧和过人的计算能力探索行星运动及其相关数据、彗星的轨迹、海潮起落的规律，他还研究出光谱的存在，这是任何人连想都不曾想过的。他勤奋、睿智、虔诚，通过对大自然、历史遗存和《圣经》的研究，以自己的方式证明了上帝无所不在、无所不能，证明了《福音》并非深奥难解。世界曾有过如此精英，人类有福了！

牛顿很可能是有史以来最具影响力的科学家。他在数学、光学和物理学等领域奠定了现代科学的基础，促使世界发生了革命性的变化。他发现科学是由种种现象和法则构成的综合体，我们可以描述其中的某些现象，但可预测的则为数寥寥。他视科学为一个综合系统，用以解释一系列物理现象并作出精确预测。数学方面，他发明了积分，并结合莱布尼兹的理论，发明了微分学。他在天文学方面也卓有建树，确认了天体运动定律和万有引力定律，并运用这一理论准确预测了星球的运动，指出行星确实在围绕着太阳运转。他应用自己的光学研究成果制作了世界上第一架反射式望远镜。牛顿说：“我不知道世人怎么看我，但我自己认为我就像个在海边玩耍的孩童，时而捡拾一颗光滑的石子，时而捡拾一枚漂亮而奇特的贝壳，而真理犹如一望无垠的大海尚待探索。”“如果说我比别人看得更远，那是因为我站在巨人的肩上。”

'Nature, and Nature's laws lay hid in night/
God said "Let Newton be!" and all was light.'

“尽人皆知乔治卑鄙……”

沃尔特·萨维奇·兰德尔的讽刺诗

沃尔特·萨维奇·兰德尔（1775—1864）的讽刺诗还提及了日后的“日耳曼乔治们”：

尽人皆知乔治一世卑鄙，
而乔治二世卑鄙尤甚；
乔治三世又岂有好评?
当乔治四世从这个世界消失，
谢天谢地，乔治家族终于寿终正寝。

1714年，安妮女王驾崩，没有留下直接继承人。合法继承人应是詹姆斯·爱德华·斯图亚特，但他拒绝放弃天主教信仰，根据1701年颁布的《王位继承法》，这就意味着他永远不可能登上这个世界上最大帝国的国王宝座。有资格的顺位继承者不下50人，而排在最前面的是日耳曼人汉诺威亲王乔治·路德维希。来到英国时乔治已经54岁，他不仅对这个国家知之甚少，甚至连英语都不怎么会讲。他不喜欢他的这个新国家，能不待在那儿就尽可能不待在那儿，死后都被运回他的出生地德国的萨克森安葬。1721年，罗伯特·沃尔普尔受命在会议上替他发言，成为他在议会的代表，由是造出了一个名曰“首席部长”的新官衔。由于乔治对政务没有兴趣，权力的天平遂永久性地倾向了议会。

总的说来，乔治其人不招人喜欢，切斯特菲尔德爵士评价说：“凡是想巴结他的女人或者太胖的女人都不称他的心。那些按他的标准还算差强人意的、互相争宠的女人则像寓言里的青蛙一样，为跟公牛竞争而比拼着鼓气。有的成功了，有的则爆炸了。”

'George the First was always reckoned Vile...'

LA CONTESSA THÉRÈSE DI VERCELLIS (DE CHABOD)

特雷莎·迪·维尔斯里斯伯爵夫人（德·查波德）

公元 1670 年—公元 1728 年 12 月

“听听！还能放屁的女人就还没死！”

弥留之际语

1690 年，特雷莎嫁给撒丁岛军官希波吕忒 · 维尔斯里斯伯爵，六年后伯爵就死了，没留下子嗣。1728 年，特雷莎将年轻的让 · 雅克 · 卢梭召入土伦的加富尔宫当差。她死于乳腺癌，患病期间连写字都觉得困难，只能口述。年方 16 岁的卢梭便充当起了记录员，负责处理她的信件往来，两人相处甚洽。卢梭暗自希望她在遗嘱中能留给他一笔不菲的财产，却不知她早在 1728 年 8 月便已写好了遗嘱，而那时卢梭来到她身边才不过几个星期。尽管他一直陪伴到她去世，终了，他仅仅得到了 30 里弗，外加一套衣服。失望之余，他偷走了一条毫无用处的粉红丝带。后来他在《忏悔录》里承认，新主人奥克塔维安 · 德拉 · 罗卡主持家政后，他害怕受到惩罚，便谎称丝带是一个叫玛丽恩的女仆送给他的。卢梭记叙了伯爵夫人之死：

> 我干的其实就是一个记录员的工作，挺没意思的。她胸部长了瘤子，十分痛苦，无法亲自执笔……我比其他佣人都要勤勉，时时随侍左右，看着那女人难受的样子我也跟着难受，我很佩服她，面对病魔镇定而又坚强，我常在没人看见时独自难过得流泪。我一直伺候着她，直至她断气。她活着时是个德才兼备的女人，死得也像个哲学家。让人难以置信的是，她平时很严肃，临死却表现得很达观，于她而言，也算是找回了一点平衡吧。她死前只卧床了两天，乐呵呵地一直在跟身边的人聊天。到最后她连话都说不出来了，在垂死挣扎中放了个屁。“听听！”她说，“还能放屁的女人就还没死！”这也是她的最后一句话。

'Well! A woman that can fart is not yet dead!'

“这下面正在腐烂着的是弗朗西斯·沙特尔的躯体。”

约翰·阿巴斯纳特撰写的墓志铭，1732 年

这下面正在腐烂着的是弗朗西斯·沙特尔的躯体。
这家伙生命不息作恶不止，哪怕已年老体衰。
他挥霍无度、虚伪贪婪、大肆敛财、不择手段。
他既无正当职业又无公共信托基金却富可敌国。
要论赤裸裸行骗，无人能出其右。
他年入上万却一毛不拔。
论其恶行，上一万次绞架都不为过。
啊，愤怒的墓志铭读者！
不要认为他毫无用处，
苍天有眼，
他作为一个至恶的样本足可警示后人。

英国人沙特尔上校是个浪荡子、赌徒、妓院老板兼放高利贷者，为社会所不齿。切斯特菲尔德公爵写道：“沙特尔已是将死之人，至于他的罪孽，过去的就让它过去吧！让我们向前看。”威廉·霍加斯在《妓女的进步》中这样描述沙特尔：他是一个淫荡老头，躲在老鸨背后，色眯眯地盯着那些初来伦敦，不谙世事的乡下女孩。波普称他是“一个声名狼藉、无恶不作的家伙”，绰号“大不列颠的强奸大元帅”。1730 年的报纸报道了一则轰动一时的新闻：他因为强奸一个名叫安妮·邦德的女仆被判死刑，交纳了 800 英镑后得以赦免。女仆用这笔钱结了婚，还买下一家小酒馆，并用沙特尔的头像做了店招。

这篇墓志铭的作者约翰·阿巴斯纳特博士是著名的画家、数学家和物理学家，卡通形象“约翰牛”就出自他的笔下。

'Here continueth to rot the body of Francis Chartres.'

"我已百病缠身，行将就木。"

致利特尔顿勋爵乔治的信，1744 年 5 月 15 日

在《牛津引用语词典》里，蒲柏被引用的次数位列第三，仅次于莎士比亚和丁尼生，他以善作英雄双行体诗著称，其长篇讽刺诗《卷发遇劫记》尤其著名。从 12 岁起他就健康状况不佳，还是个驼背，身高仅四英尺六英寸。蒲柏患有肺病，而且并发诸多症状，如呼吸困难、眼睛发炎、腹痛等等。

亨利 · G · 波恩在《蒲柏生平》（1857 年）一书中写道：

> 去世前三周，蒲柏把几本《书信体伦理诗》分送给朋友们。"我这是在学苏格拉底，"他说，"临死之前，给朋友们留下永久的念想。"斯彭斯（约瑟夫·斯彭斯，蒲柏的友人）回答说："上次跟你一起在特威克哈姆时，我还真这么想过，时不时地还把自己想成斐多呢。""就算你是斐多，"蒲柏道，"也别指望我立马说出苏格拉底那样的话来。"5 月 6 日，蒲柏显出谵妄的迹象，四天后他对斯彭斯说："有件事我百思不得其解，那就是人怎么会有虚荣心呢。如果说我也有的话，至少在几天前我曾战胜过它，因为那一整天我脑子都是一片空白。"……死前不久，蒲柏说："我敢肯定灵魂不死，我凭直觉能感觉到它的存在。"……蒲柏去世前一天，他的朋友罗马历史学家胡克，一位虔诚的天主教徒，去看他，问他要不要请牧师来。蒲柏说："请不请都无所谓，请一位也行。我衷心感谢你还替我想着这事。"……1744 年 5 月 30 日星期三，蒲柏于傍晚辞世，他死得很安详，死前毫无征兆，以至于守在他身边的人都不知道他断气的确切时间。

'Here am I, dying of a hundred good symptoms.'

“去吧，旅人，如果你能够，就学学这位为自由献出全部身心的斗士吧。”

用拉丁文自撰的墓志铭，都柏林圣帕特里克教堂

躺在这里的是乔纳森·斯威夫特，神学博士，本教堂教长，他已不再会因愤怒而肝胆俱裂。去吧，旅人，如果你能够，就学学这位为自由而献出全部身心的斗士吧。他卒于 1745 年 10 月 19 日。终年 78 岁。

斯威夫特，英裔爱尔兰散文作家、政论小册子作家、诗人、讽刺文学作家，任都柏林圣帕特里克教堂教长，按照他的意愿，死后就葬在这座教堂。诗人叶芝认为他的墓志铭为“史上最佳”，并亲手将其译成英文。

1728 年，在为约翰逊做完临终祷告后，斯威夫特的精神便崩溃了。他最害怕的就是心理疾患，曾指着一棵树冠枯萎的树说：“我会像那棵树一样，从头部开始死亡。”1742 年，他中风之后不能说话，朋友们担心会有人骗取他的钱财，故让他申明自己“心理与记忆力均已不健全”，从而有效地保护他的财产。当时他已患上美尼尔氏综合症。几年后斯威夫特去世，财产大部分捐赠给都柏林慈善机构，一部分用以修建圣帕特里克智障医院（1757 年落成），该医院至今犹存，现改为一家精神病院。他还捐建了一家救济院，专门救助失去谋生能力的老年女性。这位伟大的英语作家最著名的作品是《桶的故事》和《格列佛游记》。

'Go, traveller, and imitate if you can this earnest and dedicated champion of liberty.'

FREDERICK LOUIS OF HANOVER, PRINCE OF WALES
汉诺威的弗雷德里克·路易，威尔士王子
公元1707年2月1日—公元1751年3月31日

“这里躺着弗雷德，他曾经活过，现在死了。要是躺在这里的是他父亲，我宁可……”

贺拉斯·沃尔普尔为乔治二世的长子撰写的墓志铭

安斯巴赫的卡洛琳，乔治二世的王后，谈及长子弗雷德里克时曾说：“我的大儿子是个无人能比的混蛋、满嘴谎言的暴徒、畜生，唉，太让我难过了。”乔治二世谋划将弗雷德里克排挤出英国王室，以便让次子威廉继承王位。他安排弗雷德里克娶了萨克森戈达公国的奥古斯特公主，给的钱却远未达到弗雷德里克理想的数目。债台高筑的弗雷德里克只好求助于他的富人朋友乔治·巴布·道丁顿，搞得议会都不得不出面干预，这让王后大为光火。她从梳妆间窗口看见弗雷德里克，大叫道：“瞧他那样儿！这个混蛋！恶棍！我真恨不得地上裂开一个大口子，让这恶魔掉进十八层地狱！”

弗雷德里克带着有孕在身的妻子从汉普顿王宫迁到圣詹姆斯宫，免得儿子在他父母眼皮子底下出生。自此以后他被禁止出入王宫。1737年11月20日，弥留之际的卡洛琳宣称：“我现在可以放心闭眼了，至少我再也不会看见那混账东西了！”国王拒绝弗雷德里克探望他行将死去的母亲，他吩咐赫尔维勋爵：“不准他进来，以他母亲现在的状况，再也经不起他胡搅蛮缠了。他除了虚情假意的几滴眼泪和阿谀奉承还能有什么？我也没心情跟他周旋，让他滚出去。”据说，弗雷德里克是被板球击伤头部导致败血症死去的——“要玩乐不要江山”的又一例证。他的儿子即后来的乔治三世。

**'Here lies fred, who was alive and is dead.
Had it been his father, I had much rather...'**

“他觉得自己是受害者，表现得却像个英雄。”

贺拉斯·沃尔普尔语，在宾被处死当日所说

在七年战争①中，宾将军成了替罪羊，接受军事法庭审判并被判处死刑，罪名是“没能阻止米诺卡岛落入法国人之手”。这一死刑判决借伏尔泰之手得以传世，在伏尔泰的小说《老实人》里有类似情节：一名军官在普利茅斯被行刑队执行枪决。枪决前有人对他说：“在这个国家，时不时处死一位将军是明智的，因为这么做可以起到激励其他人的作用。”虽然这样的荒唐之事再没发生过，但直到2007年，国防部仍拒绝为宾平反。处死宾被认为是“这个国家有史以来最骇人听闻的司法犯罪”，而当时判处他的人则坚称，这么做能鼓励军官们在明知取胜无望的情况下仍冒死一搏。他被葬在贝德福德郡南山上的全圣教堂的家族墓地。墓志铭是：

舰队司令约翰·宾，
司法丑闻与政治博弈的牺牲品，
冤死于1757年3月14日。
勇敢与忠诚竟未能保全
一位海军军官的生命与荣誉。

①指1756年至1763年间欧洲列强（主要是英法之间）为争夺贸易利益和殖民地而展开的一场战争。

'While he felt like a victim, he acted like a hero.'

“感谢上帝，我死而无憾了。”

临终语

在七年战争的北美战场上，英军名将沃尔夫在对法作战中表现神勇，次年被老皮特指派率军攻打魁北克。在魁北克北门一阵狂轰猛攻均不见效后，他带领9000名步兵、18000名水兵，分乘200艘战舰沿圣劳伦斯河绕到魁北克西面，埋伏在峭壁后，夜深人静时向德·蒙特卡姆侯爵的部队发起突袭，只用了十五分钟便结束了战斗。两军主将皆负了重伤，沃尔夫胳膊、肩膀和胸部都有枪伤，法国人对北美的统治也就此终结。弗朗西斯·帕克曼在《蒙特卡姆与狼》（1884年）一书中写道：

> 他们问他要不要叫医生，他摇摇头，说他已经无药可救了。他闭上了已失去神采的双眼，守护他的人眼睁睁地看着他陷入昏迷。战场上仍杀声震天，硝烟四起，士兵们端着刺刀冲向逃窜的敌人。“瞧那些家伙跑得多狼狈。”一个军官说。“谁在跑？”沃尔夫问，突然睁开眼睛，就像是刚从睡梦中醒来。“敌人正四下溃逃，将军大人。”“听着，”濒死的将军命令道，“告诉里弗尔上校，守住大桥，切断他们的退路。感谢上帝，我死而无憾了。”说罢，他翻身侧卧，平静地吐出了最后一口气。

据说，在科西嘉岛的巴斯蒂亚战役中，英国最伟大的海军统帅霍雷肖·纳尔逊曾自问自答：“要是不朽的沃尔夫在这儿，他会怎么做？肯定还是那样，要么干掉敌人，要么战死沙场。”在特拉法尔加海战发生的那一年，伦敦的一次晚宴上，纳尔逊对画家本杰明·韦斯特说，自己不懂艺术，但只要见到韦斯特画的《沃尔夫之死》就会驻足细看。韦斯特说：“你作战那么勇猛，但愿不要成为我又一幅同类作品的素材。”纳尔逊答道：“那我希望就在下一次战斗中死去。”

'Now God be praised. I will die contented.'

“……除却卑鄙的乔治二世！”

沃尔特·萨维奇·兰德尔的讽刺诗

乔治二世出生在汉诺威，长在德国，英语极差，文化素养也不怎么样，他自己的话便是明证："我讨厌英语，讨厌读书，两样都毫无用处。"（约翰·爱尔兰《霍加斯素描》，1791 年）贺拉斯·沃尔普尔在 1847 年出版的《乔治传》中写道："他跟英王亨利一样傲慢，却不具备后者的精神；他跟亨利七世一样贪婪，但不如后者霸道；他跟查理一世一样粗鲁，但不像后者那样痴迷于君权；他跟威廉国王一样郁郁寡欢，却不如后者那样善于交际；他跟他父亲一样好色，却不如他父亲忠诚，也没有他父亲那样的好脾气——假如他不是对自己的父亲和儿子都满怀仇恨的话，也许他也会是个忠诚的人。"

乔治跟他父亲乔治一世争吵不断，在 30 年代同威尔士王子弗雷德里克的关系也进一步恶化。1737 年，他将王子及其家人驱逐出宫。同年，他的妻子卡洛琳王后去世。据说王后死前要求他再娶，他答道："不，我玩情妇！"王后叹道："噢，我的上帝，娶妻子并不耽搁你玩情妇啊。"（见威廉·M·怀特《伊曼纽尔·斯韦登伯格》，1856 年）

乔治有至少一个私生子，他的情妇当中最有名的是卡洛琳的闺蜜——萨福克伯爵夫人亨利耶塔·霍华德。他不顾首相沃尔普尔的劝阻，发动了"詹金斯耳朵之战"[①]，继而引发了奥地利王位继承之战，使得整个欧洲都卷入了战火。他心脏病发作死在洗手间里。儿子弗雷德里克已先于他死去，所以王位传给了他的孙子乔治三世。

① 1739 年，英国向西班牙宣战，理由是英国商船"丽贝卡号"（Rebecca）的船长罗伯特·詹金斯在加勒比海曾遭到西班牙当局的人员登船劫掠，而且还将他的一只耳朵割下。

'...but viler George the Second!'

MADAME DE POMPADOUR, JEANNE-ANTOINETTE POISSON
蓬巴杜夫人，让娜·安托瓦内特·普瓦松
公元 1721 年 12 月 29 日—公元 1764 年 4 月 15 日

“我们死后，将会洪水滔天。”

罗斯巴赫会战后对国王的安慰之语

1757 年，在暗杀国王事件和灾难性的罗斯巴赫会战之后，路易十五最宠爱的情妇蓬巴杜夫人曾说过一句颇有预见性的话：“我们死后，将会洪水滔天，不过对我来说无所谓了，因为那时我已不在人世。”罗斯巴赫会战是七年战争（1756—1763）的一部分，此战中，法国和神圣罗马帝国联军惨败于由国王弗雷德里克（腓特烈大帝）亲率的普鲁士大军。战争造成了法国经济崩溃，而国王却一如既往地追逐年轻姑娘，沉溺宴饮狂欢，越来越不得人心。法兰西国力耗尽，实际上已经破产。

罗伯森·戴维斯在《蓬巴杜夫人》（1954 年）一书中写道：

> 国王什么特权都有，惟独没有了安逸的生活。蓬巴杜完全可以营造出一种虚假繁荣的气氛，但她没这么做。任何人只要稍稍动一下脑子都不难想见，在凡尔赛宫待了整整二十年，她早就腻味了。她本来就不是个欲望强烈的女人，对做爱早已厌倦。两人同居八年后，路易十五已不再上她的床……但他仍只愿跟蓬巴杜说话，也只肯听她的话。

蓬巴杜死于肺病，年仅 42 岁。路易竟没有丝毫悲伤，只轻描淡写地说了一句：“她上次外出旅行时天气太糟糕了。”蓬巴杜的遗体被抬出凡尔赛宫时，他的表现更为冷漠，只是站在阳台上远远瞅着。伏尔泰写道：“蓬巴杜夫人的去世令我悲痛欲绝。我为她伤心，她有恩于我，我对她的感激之情无以言表。不可思议的是，一个靠笔杆子生活，走路都困难的人还活着，而一个风华正茂的美人却四十刚出头就死了。”

'Après nous, le déluge.'

“要是塞尔温先生来了，就让他进来吧。如果我还活着，我很高兴见他；如果我死了，他会乐于见我。”

1774年，福克斯最后一次病倒时说的话（乔治·塞尔温有恋尸癖）

辉格党人亨利·福克斯是查尔斯·詹姆斯·福克斯的父亲，时任皇家海军财务大臣，被撤职前聚敛了大量财物，是英国上下最痛恨的政客。据说，他在任八年里，平均每年收入达5万英镑。里克尔教授在1911年的福克斯研究报告中告诉我们，福克斯是个病秧子，没什么朋友，常去拜访他的只有塞尔温一人。《乔治·塞尔温及其同时代人》一书中说道：

> 健康状况的持续恶化让晚年的霍兰再也无法寻欢作乐……那年夏天在巴黎他病得很重，有关方面甚至已经报告了他的死讯。从1763年开始他就一直饱受病痛的折磨……公众对他的恨意已然有所流露，但毕竟是敢恨不敢言，所以浑然不觉的他倒仍过得心安理得……
>
> 直到年老体衰，霍兰才对自己碌碌无为的一生开始有所悔悟。死前几年他身体愈发虚弱，想自我了结的心情都有了，而眼见妻子受尽癌症的折磨慢慢死去，更为他平添了几分痛苦。到了1774年7月1日，死神终于让他得到了解脱，终年69岁。他死时已是“油尽灯枯”。福克斯常常自诩“忠诚”“宽厚”。而他的“忠诚”无非是忠于自己的政治利益和他那些狐朋狗友的利益，是“忠诚”地搜刮国库。著名政治家中中饱私囊者不乏其人，但很少有人像亨利·福克斯这般肆无忌惮、胆大妄为。

'If Mr Selwyn calls, shew him up: if I am alive I would be glad to see him; if I am dead he would like to see me.'

“我唯一的遗憾是只有一次生命献给我的国家！”

就义前语

美国独立战争期间，黑尔为大陆军作战，被认为是美国历史上第一个间谍。长岛之战中，黑尔上尉主动请缨潜入敌后，侦察报告英军的动向。他知道自己如果被俘将必死无疑。他伪装成荷兰的一位中学教师，并带上耶鲁大学的学位证作为证明。9 月 12 日他渡河出发，15 日纽约就陷落了，华盛顿不得不后撤到曼哈顿岛最北端。英军皇家骑巡队的罗伯特·罗杰斯上校在一家小旅馆撞上黑尔，一眼就看穿这个教师是假的，黑尔在诱供之下暴露了身份，于 9 月 21 日被逮捕。威廉·豪将军对其逼问一番后，未经审讯便于次日将黑尔绞死。当时在场的英军上尉约翰·蒙特雷瑟打着休战旗，将消息送达华盛顿，据后人记述：

> 他说黑尔上尉分别潜入他们在长岛和约克岛的部队，画了他们的工事图，记录下了他们各部队的兵力部署。被俘后他被带到威廉爵士面前，他的本能反应暴露了那些文件就藏在他身边。他当即说出了他的姓名和在美军里的军衔，以及他潜入英军后方的目的……“行刑那天早上，”送消息的军官继续道，“我的部队正扼守一处要冲，我请求宪兵司令让犯人到我的营帐里来，也好让他做点必要的准备。黑尔上尉走了进来，身板挺得笔直，一副大义凛然的样子。他说他要写点东西，我把纸笔给了他。他写了两封信……没过一会儿他就被押到了绞刑架下。在场的只有几个人，都记住了他那掷地有声的遗言：‘我唯一的遗憾是只有一次生命献给我的国家。’”

'I only regret that I have but one life to lose for my country.'

“别管你将死的父亲，保卫你的国家去！”

临死前对儿子小皮特说的话

皮特是一位极具才干的英国政治家，七年战争期间曾指挥英军抗击法军。他从不追求升官发财，被誉为“伟大的下议员”。他警告国王说，再不改变政策，英国将失去美洲殖民地。乔治三世本来就不喜欢他，再加上这番逆耳忠言，遂将他排斥在权力中心之外。他跟这位出生在汉诺威的国王政见相左，主张给予殖民地居民基本自由——不强行征税、司法独立、承认美洲大陆代表大会。1775年1月，上议院否决了他提交的和解提案，战争爆发时，他又警告大家说美国人不可能被征服。他拒绝与罗金汉姆一党合作，坚定支持人民（包括殖民地人民）的民主权利，可谓曲高和寡。

1778年4月7日，皮特最后一次现身上议院，他提出动议，敦促国王与美国缔结和约。他慷慨陈词：“陛下，无论如何都不能孤注一掷。就算我们必须倒下，也得像个男子汉一样倒下。”由于情绪太过激动，他竟当场晕厥，这一幕后来被科普利用画笔记录了下来，成为一幅传世名作。这是他最后一次在公共场合讲话。他被送回位于海斯的乡间别墅静养，听儿子给他读荷马史诗，讲阿喀琉斯杀死赫克托的故事。一个月后他溘然长逝，葬在海斯。直到这时举国上下才认识到皮特的辞世于国家是个多么重大的损失。下议院要求国王为皮特举行隆重的公开葬礼重新安葬他，还投票表决拨出了一笔资金，在威斯敏斯特皮特的新墓前建了一座纪念碑。在市政大厅里有埃德蒙德·伯克撰写的铭文，称赞皮特“把商人们联合起来，借助战争实现了商业繁荣”。其子威廉后来也成为了一位卓越的政治家。

'Leave your dying father, and go to the defence of your country.'

VOLTAIRE **伏尔泰**

公元 1694 年 2 月 20 日—公元 1778 年 5 月 30 日

“此时不宜再树新敌。”

临死被要求放弃撒旦，他如是作答

弗朗索瓦·马利·阿鲁埃，笔名伏尔泰，法国最伟大的作家、哲学家之一。1717 年，因为写了些讽刺政府的诗文，他曾被投入巴士底狱，在狱中完成了《俄狄浦斯》的创作。1726 年，他被迫流亡英国三年。回到巴黎后，他写了一本赞扬英国宪政的书，又被迫离开巴黎，蛰居费尔尼家中。在此期间他屡有新作问世，包括小说《老实人》、大量戏剧和书信体文学作品。他抨击宗教迫害，安内西主教大为不满，禁止牧师听他告解。伏尔泰跟他朋友瓦格奈内打赌，说他定能打破这个禁令。他假装病入膏肓，请来一位牧师，这位牧师很不情愿地为他主持了忏悔仪式。牧师前脚刚走，伏尔泰便一跃而起，说：“我不是说过吗，我不但做了最后告解，还躺在床上领受了圣餐。”

83 岁的伏尔泰终于重返巴黎并受到了英雄般的欢迎，之后不久便溘然长逝。他似乎存心要嘲弄教会，因为康多赛特在《伏尔泰生平》中说，临死之前他在病床上接受了圣礼；而在卡里里的《杂文卷二》里我们却读到：“病人伸手把牧师的脑袋推开，突然翻过身去，说：‘让我死得安静点。’”伏尔泰还在他的一部著作里写道：“正因为上帝并不存在，所以必须发明一个。”另一位政治家记录的伏尔泰临终遗言则是：“上帝和人类都抛弃了我！如果你们能再给我半年生命，我愿拿我财产的一半来交换。然后我就下地狱，你们也随我去。啊，基督！啊，耶稣基督！”1791 年，伏尔泰的遗骸被移葬巴黎先贤祠。1814 年，他的遗骸被宗教狂热分子偷出扔进了垃圾坑。

'This is not time to make new enemies.'

“我能接受死亡，但讨厌这种死法。”

就刑前的话

安德烈就任英军情报部门头目后，于1780年开始与美军西点要塞司令本尼迪特·阿诺德将军秘密接触。阿诺德开价2万英镑同意投降，这样一来，英国人便可以把新英格兰从造反的北美殖民地中分割出去。安德烈乔装潜入敌后被俘。美国人知道他们的一位高级军官准备变节，但安德烈坚不吐实，使阿诺德得以顺利出逃，投奔英军。因为英国1776年以间谍罪处死内森·黑尔时用的是绞刑，美国人决定以牙还牙，绞死安德烈。军官被处死，最不失尊严的方法通常应是枪决。但正如亚历山大·汉密尔顿所言："对于将死之人，有何公正可言。"据詹姆斯·撒切尔博士《美国革命：从肇端至美军的解散》（1809年）一书记载：

> 作为一名军人，他一心希望被枪决，直到临刑前他仍心存幻想，希望他们能答应自己的要求。当绞刑架赫然出现在眼前时，他本能地往后退。“怎么啦，伙计，反应这么过激？”他身边的一位军官说道。他立即恢复了镇静，说：“我能接受死亡，但讨厌这种死法。”……绞索被放下落在了他头上，他用脑袋调整了一下，没等刽子手帮忙，自己便将脖子套进了绳圈。斯卡梅尔上校告诉他，如果还有什么话要说，现在还有机会。他一把扯掉蒙眼布，说道：“我要你们作个见证，面对死亡我没丢军人的脸。”脚下的推车被拖开，他被吊在了绞刑架上，当即毙命。正应了那句话：痛苦瞬间即逝。死时他身着军装，脚蹬皮靴。他的遗体被装入一口普普通通的棺材，就地掩埋。前来吊唁的人成千上万，泪水洇湿了这一抔黄土。

'I am reconciled to my death, but I detest the mode.'

DENIS DIDEROT **丹尼斯·狄德罗**
公元1713年10月5日—公元1784年7月31日

“怀疑是迈向哲学的第一步。”

死前对女儿说的话

丹尼斯·狄德罗，伟大的法国哲学家、剧作家和小说家，他穷其一生拷问存在的本质，质疑基督教。从《怀疑者漫步》（1747年）和《关于盲人的书简》（1749年）可以看出，他已从一个有神论者逐渐变成了无神论者。1749年，因在《哲学思想录》一书中所表达的观点，他被监禁三个月。他在书中说：“关于宗教和政府，如果你们要封住我的嘴，我将无话可说。”话虽如此，出狱后他便把著作里有争议的内容作了删减。即便这样，他的多数唯物主义著作、反宗教著作以及几部小说作品还是未能在他生前出版。他这样描述存在之谜：

> 先天愚笨者，身陷痛苦之中，随时可能被人当作玩物，成为无知、贪婪、疾病、邪恶和狂热的代名词。后天愚笨者，从年幼无知到老来糊涂，生活在各色无赖与骗子当中；死于为你把脉和折磨你头脑的人之间；从来不知自己从哪里来、为何而来、要去往何方！这便是我们称之为父母和上天赐予我们的最重要的礼物——生命。

狄德罗主编的十七卷本《百科全书》（1772年）传播了法国启蒙运动的观点。他编撰此书的目的是：“把零散的知识搜集拢来，为跟我们同样生活在这个世界上的人们作出解释……这样，我们也就不枉来人世走了一遭。”幸运的是，叶卡捷琳娜二世给了他一份终身资助金。到他临去世时，他的圈内好友差不多都死光了。他的红颜知己索菲亚·沃兰于1784年2月去世，这令他悲痛不已。数月后，在巴黎叶卡捷琳娜二世赐给他的宅第里，他因冠状动脉血栓辞世。

'The first step toward philosophy is incredulity.'

“我就要死了！”

弥留之际呓语

《牛津全国名人辞典》收入了塞缪尔·约翰逊，称其为“英国历史上最有争议的文化名人”。鲍威尔在为其作传时则说他“单凭其传记作品便出类拔萃于整个文学界”。约翰·霍金斯在1787年出版的《塞缪尔·约翰逊传》中讲述：

> 12月13日。中午，我去了他家，但没进他的房间，仆人告诉我说他在打盹。他们还告诉我说，他胃口全无，无法摄入营养。晚8点，萨斯特雷斯先生带话给我，说约翰逊最后对他说了一句“我就要死了”，7点15分，他呼出了最后一口气，没有呻吟，或者说，没有任何痛苦不安的迹象。11点钟，朗顿先生找到我，难过地对我说，我们的朋友自己在身上割了几道口子……他是因为全身水肿得实在难受才这么做的，之前他就经常央求护士在他腿上划上两三刀，指望放掉一些体液来减轻一点痛苦，结果都是徒劳……

'I who am about to die!'

FREDERICK THE GREAT, FREDERICK II OF PRUSSIA
弗雷德里克大帝（腓特烈大帝），普鲁士国王弗雷德里克二世
公元 1744 年 1 月 24 日—公元 1786 年 8 月 17 日

“给它盖床被子。”

临死之前见他的爱犬在发抖，乃出此言

弗雷德里克在奥地利王位继承权战争中率军攻城略地，名声大噪，战后的普鲁士人口翻了一番，成为欧洲强国。七年战争中，他以寡敌众，抗击法兰西和俄罗斯。这位军事奇才、现代德国的奠基人弥留之际注意到他的一只爱犬在发抖，便吩咐仆人给它盖床被子。托马斯·贝宾顿·麦卡利在《弗雷德里克大帝生平》（1870 年）一书中写道：

……死亡的阴影很快降临，这一整天他的状况时好时坏。首席御医塞尔从柏林被紧急招来，于下午 3 点到达。此时的国王似乎清醒了些，能认出身边的人，“他的脸色不是苍白而是潮红，双眼多少还有些神采”。快到傍晚时高烧有所减退，国王浅睡过去，身上汗涔涔的，但只要一醒来就一个劲地喊冷，不断要求给他盖厚些。一位御医检查过后做了个手势，意思是国王的腿脚冰冷。“他说我的脚怎么啦？”御医出去后国王问道。“没怎么，还是那样。”一位护理人员回答。国王怀疑地摇了摇头。他再次要水喝，两手捧着杯子，一杯茴香水下肚，他似乎显得挺惬意——这也就是他在生前的最后一个表情。

快到 9 点时，他咳嗽不断，胸腔呼噜作响，呼吸越来越困难……这期间他大多时候处于昏迷状态，只偶尔有点知觉。听见头顶的壁钟敲了十一下，他问：“几点啦？”“十一点。”“四点钟，”他喃喃道，“我就起床。”他的一只爱犬卧在旁边凳子上，半夜时分他注意到它冻得直抖：“给它盖床被子。”他比划着说。这是他在清醒状态下说出的最后一句话。

'Threw a quilt over it.'

托马斯·德·梅伊，德·法弗拉斯侯爵

公元1744年3月26日—公元1790年2月19日

“请允许我指出，你犯了三个拼写错误。”

读罢死刑执行令说的话

1790年，路易十六全家被送到凡尔赛后不久，断头台还未发明之前，德·法弗拉斯侯爵被控图谋暗杀拉法耶特和内克尔，劫持国王并逼迫其统领军队进军巴黎。法弗拉斯被判处绞刑。控方给他看了死刑执行令，问他还有什么话要说。他平静地说道：“请允许我指出，你犯了三个拼写错误。”（据斐迪南·罗斯柴尔德男爵《法国大革命中的独特人物》，1896年）

走过场的审判持续了整整两个月，最终认定法弗拉斯侯爵犯有叛国罪。1789年，路易十六的弟弟普罗旺斯伯爵密谋将国王和王室家族从杜伊勒里宫救出，带到国外，法弗拉斯也参与其事。他们的计划是由伯爵出任摄政王，派兵三万包围巴黎，并趁乱将巴黎当政者暗杀，届时全城得不到食物供应，法国大革命自然会寿终正寝。法弗拉斯被人出卖进了监狱，但拒绝供出同谋。古弗尼尔·莫里斯相信，法弗拉斯是替罪羊，为掩护国王的弟弟而舍身受死。1791年伯爵设法逃出法国，后来成了路易十八。1789年12月1日，国民大会通过一项议案：贵族与平民同罪同罚。法弗拉斯成为新法实施后第一个被绞死的贵族（不是被斩首，断头台到1792年才被引进）。坎潘在《玛丽·安托瓦内特回忆录》中说：

> 他的死显然已无可避免。整个审判过程中，平民们一直在威胁法官，他们高呼：“吊死他！吊死他！”法弗拉斯平静地听完对他的判决，对法官道：“哪怕有两个人的证词有效，我都认罪伏法……我自知是无辜的，这令我倍感欣慰。”

'Permit me to point out you have made three mistakes in spelling.'

公元 1706 年 1 月 17 日—公元 1790 年 4 月 17 日

“本杰明·富兰克林，印刷工人，他的躯体躺在这儿，成为虫类的食物。犹如一本旧书的封面，内容磨灭了，金边和文字亦已磨损，但作品本身不会泯灭。正如他所深信，它会经过本杰明·富兰克林校改修订，以新的更漂亮的版本面世。愿本杰明·富兰克林安息。”

1728 年，富兰克林自撰墓志铭，现存国会图书馆

本杰明·富兰克林，著名科学家、发明家、印刷工人、音乐家、经济学家和哲学家。他死后被葬在费城基督教堂墓地，出殡队伍人数多达两万。自撰墓志铭时他才 22 岁，事业还没有真正起步。而在他真正的墓碑上，按照他的意愿，只刻了“本杰明和德博拉·富兰克林之墓”几个字。1733 年，他跟一位法国科学家合作，采用先进的方法进行试验，希望能研究出一种能有效保存遗体的方法，以便死者将来有机会复活。他写道：“我希望能正常死亡，跟几个朋友一起浸泡在啤酒桶里，直到有一天，在我亲爱的祖国的温暖阳光下复活！虽然这种设想很有实现的可能，只可惜我们生活的这个时代还不够进步，科学才刚刚起步，我们无法看到这一技术的问世。”他死时已是 84 岁高龄，临终前躺在床上，陪护他的女儿莎拉说他躺的姿势有点古怪，他以惯有的幽默答道：“将死之人要摆个漂亮姿势可不那么容易。”

富兰克林的成就涉及诸多方面，一言难以尽叙。独立战争期间他出任殖民地驻欧洲大使，通过谈判寻求法国的帮助。1787 年，他签署了《美利坚合众国宪法》，是唯一一位在为美国独立奠定基础的所有五个文件上都签了名的开国元勋。

'The body of Benjamin Franklin, printer (like the cover of an old book, its contents worn out, and stript of its lettering and gilding) lies here, food for worms. Yet the work itself shall not be lost, for it will, as he believed, appear once more in a new and more beautiful edition, corrected and amended by its Author Benjamin Franklin RIP.'

“你今晚要陪着我，你得看着我死。我早就尝到了死亡的味道，闻到了死亡的气息，你不站在我的康丝坦斯身边，还能有谁？”

去世当天对妻妹索菲亚·韦伯说的话（康丝坦斯系莫扎特之妻）

音乐神童莫扎特 5 岁便开始作曲并在欧洲巡演。乔治·塞尔描述道：“二十一首钢琴奏鸣曲、二十七首钢琴协奏曲、四十一部交响乐、十八首弥撒、十三部歌剧、九部清唱剧和大合唱、两部芭蕾、四十首不同乐器的协奏曲、弦乐四重奏、三重奏和五重奏、小提琴与钢琴二重奏、钢琴四重奏以及歌曲。数量如此惊人而且无一不是杰作……如果是其他作曲家的作品，只怕早已让人厌倦了。而莫扎特的作品却让人永不厌倦，这就是奇迹之所在。”阿尔伯特·爱因斯坦也对他的贡献大加赞赏：“莫扎特是最伟大的作曲家。贝多芬的音乐是创作出来的，而莫扎特那纯净至美的音乐是发现的——它是宇宙内在美的一部分，一直存在在那儿，只是等你去发现……听莫扎特的音乐，你会觉得已经完美到了极致。”

莫扎特去世时才 35 岁，死因很可能是风湿热，直到生命的最后一刻，他都没停止过创作。死前四年他给父亲利奥波德写信说：

> 说到死，只要仔细想想就会发现，它其实就是我们存在的真正目标。近些年来，我已同这个人类最友好、最真实的朋友有了密切联系。死不但不再令我恐惧，反倒让我感到平静与慰藉，我想那是仁慈的上帝赐给我的一个机会……让我懂得了死亡是开启幸福之门的钥匙。每天晚上躺下我都会想：尽管我还这么年轻，也许我不会活着见到明天了。但我这绝不是悲观，熟人跟我相处时，没谁会觉得我闷闷不乐。

'Stay with me tonight; you must see me die. I have long had the taste of death on my tongue, I smell death, and who will stand by my Constanze, if you do not stay?'

“我死得无辜，对我的所有指控都是莫须有。”

被斩首前说的话

1774 年，路易登上王位后就横征暴敛，主要是为了应付在美国和印度与英军打仗的开销，举国上下局势动荡。1789 年 10 月 5 日，在革命者的煽动下，一伙巴黎贫苦女人冲进凡尔赛宫，将王室成员挟持到杜伊勒里宫，以试探首都局势的变化。1791 年国王试图逃离法国，这样一来，本来就支持者寥寥的他更加不得人心。次年，国民大会废除君主制，宣布共和。1793 年 1 月 20 日，全国代表大会一致通过处死路易十六。为他送终的牧师名叫亨利 · 艾克塞斯 · 埃德沃斯，他写道：

> 他们再次将他围住，想抓住他的双手。“你们想干嘛？”国王问，把手缩回去。“把你绑起来。”负责行刑的倒霉蛋回答。“绑我？”国王怒道，“休想！我不喜欢这样，你们该干嘛干嘛，就是不许绑我……”
>
> ……他的声音之大，怕是在旋转桥上都能听见，我清清楚楚地听到了他这番让人记忆深刻的话：“我死得无辜，对我的所有指控都是莫须有。我原谅那些参与害死我的人。老天有眼，轮到你们流血的那一天，可别怪法兰西。”他朝刑场走去，一个身着军装的人骑在马上，恶狠狠地命令开始击鼓……他们把他摁在断头台上，一刀砍下了他的脑袋。一切瞬间结束。卫兵中最年轻的那个，看样子不过 18 岁，立即拎起他的头颅向围观者展示，他一边在断头台绕行，一边极其恶毒地做着粗鄙下流的手势。台下先是一片死寂，过了好一阵才爆发出欢呼声“共和万岁！”

'I die innocent of all the crimes laid to my charge.'

“有朝一日他们都将被砍头。”

面对密谋者名单时说的话

马拉出生在瑞士，原来是一位医生，后成为政治理论家、科学家和记者，跟罗伯斯庇尔、丹东一样，是法国大革命的领军人物。在议会里，他支持严刑峻法，对“恐怖统治”负有主要责任；但他同时又认为路易十六不该杀，因为按照法国新宪法批准之前的法律，他被指控的罪名不成立。国王于1793年1月21日上了断头台，马拉却招来了革命同伴们的怨恨。但在公共场合，他仍保持着为劳动阶级而斗争的英雄形象。马拉领导的雅各宾派与相对温和的吉伦特派并肩战斗，但在他眼里，后者是新生的共和国潜在的敌人。吉伦特派试图把马拉投入监狱，导致了两派间激烈的对抗。5月31日吉伦特派土崩瓦解，这也是马拉最后的战绩。

皮肤感染带给马拉极大的痛苦，为减轻痛苦，他经常长时间地泡在浴缸里。这天，他正在浴缸里工作，一个名叫夏绿蒂·科黛的年轻女子求见，声称有重要情报递交，说吉伦特派正密谋在诺曼底组织一个分裂集团，她手头就握有阴谋者的名单。他让科黛进了浴室。科黛在浴缸旁的椅子上坐下，念完名单后，马拉说：“有朝一日他们都将被砍头。”这时，科黛突然抽出一把匕首，刺进了马拉的胸膛。他大声呼唤妻子：“救救我，亲爱的朋友！”然后气绝身亡。科黛是吉伦特分子，暗中跟保皇派有联系，暗杀行动招致了大规模的报复，成千上万吉伦特派和保皇派的人被处死。马拉遇刺后第四天，夏绿蒂·科黛被斩首。在审讯中，她坚称暗杀系她一人所为，说：“我杀了一个人，却拯救了10万人。”科黛死后，雅各宾派的人做了尸检，想看看她是不是处女，因为他们怀疑其情人也参与了对马拉的谋杀。结果她确实还是处女，暗杀行动确系其一人所为，目的是为了制止全国各地都在不断发生的血腥屠杀。

'They shall all be guillotined.'

“对不起，先生。我不是故意的。”

临刑前的话，当时她不小心踩了刽子手一脚

玛丽·安托瓦内特是神圣罗马帝国皇帝弗朗西斯一世和皇后玛丽·特雷莎的女儿，14 岁时嫁给法国王储——1774 年即位的路易十六。因为她是奥地利人，在宫廷内不受欢迎。老百姓也怨恨她，因为她嗜赌如命且挥霍无度。她育有四个子女。法国大革命爆发了，紧接着是“恐怖统治”，她和国王被双双送上断头台。受审时，她儿子被迫指控她跟自己有不正当关系。历史学家、记者让·查理·拉克雷特写道：

> 牧师陪她走向断头台，低声对她说道：“在这个时刻，夫人，你应该鼓起勇气来。”她答道：“我是王后，你们夺走了我的后冠；我是妻子，你们杀死了我的丈夫；我是母亲，你们夺走了我的子女。我现在剩下的只有鲜血了。夺走它吧，但不要让我承受痛苦太久。勇气！我展示勇气已经很多年了，你以为我在痛苦行将结束之时会失去它？”

拉马丁则留下了如下记述：

> 走向断头台时，她无意中踩了刽子手的脚。“对不起，先生。我不是故意的。”她很有礼貌地说。她跪下来低声祷告，然后起身眺望着教堂塔楼。“再见了，我的孩子们，”她说，“我要找你们的父亲去了。”可恶的刽子手拎起她的头颅向围观者展示，每当斩下大人物的首级时他都要这样炫耀一番。

'Pardon me, monsieur. It was not on purpose.'

“啊！自由！有多少罪恶假你之名而行！”

临刑前语

罗兰夫人是一位政论作家，吉伦特派领导人之一让 - 马利 · 罗兰的妻子。在针对大肆屠杀贵族的抗议活动之后，吉伦特派土崩瓦解，她丈夫被迫从巴黎逃往鲁昂避难。罗兰夫人被捕入狱，以“同情保皇派”之莫须有罪名受审。罗伯斯庇尔决定处死罗兰夫人，威慑吉伦特派，以儆效尤。

在她之前已经有很多人被斩首，断头台的木墩都被鲜血浸透了。她对围观的人群高喊 :“我的朋友们，我就要上断头台了。用不了多久，送我上断头台的人也会随我而来。我是无辜的。他们也会落个血淋淋的下场。此刻你们因为我被处死而欢呼，到时候你们同样会为他们的死而欢呼。”说罢,她向革命广场上的自由女神像鞠躬,喊出了最后遗言:“啊！自由！有多少罪恶假你之名而行！”她被绑在一块木板上，木板被推倒，她的脑袋伏在了木墩上。铡刀沿滑槽落下，罗兰夫人的头被斩下掉在筐内。那筐里先已有了一颗人头。

罗兰夫人被处死后两天，她丈夫在鲁昂郊外一条乡村小巷里自杀。他从手杖里抽出一把剑，将剑柄抵在树干上，让剑尖刺穿了自己的心脏。他胸前别着一张纸条，上面写着 :“发现这具遗体的人，请像尊重一个有德行的人一样尊重它。听闻我妻子的死讯后，我在这充满罪恶的世界上一天也待不下去了。”

'O Liberty! Liberty! What crimes are committed in your name!'

“等等，刽子手，再稍等片刻！”

临刑对刽子手说的话

杜·巴利夫人幼时名叫让娜·贝库，是继蓬巴杜夫人之后，路易十五的第一情妇。她跟蓬巴杜夫人一样平民出身，长大后当了妓女，在巴黎一家高级妓院卖春，黎塞留元帅（红衣主教黎塞留的侄孙）便是她的主顾之一。国王在凡尔赛看上了她，但她没有头衔，不符合王室对情妇的要求，国王便安排她嫁给纪尧姆·巴利，并更改了她的出生证，给她硬安上了贵族血统。1769 年，她被送进凡尔赛宫，在国王的纵容下她挥霍无度，越来越不受周围人的欢迎。国王跟她住在小特里亚农宫期间患上天花，国王命人将她送出宫，省得她在面前晃来晃去，影响国王接受最后的圣礼。国王死后，她跟布里萨克公爵搅到了一起。两人去巴黎时，公爵被一伙暴徒掳走。当天晚上，杜·巴利夫人听见一群醉酒汉朝她的别墅走来，他们是来让她看布里萨克的头颅的。

1792 年，杜·巴利夫人涉嫌资助逃避革命制裁的逃亡者而被捕，并被判处死刑。她供出自己多处藏匿的金银财宝以求免死，但未能如愿。去刑场途中她跌跌撞撞，不断瘫倒，口中叫喊着：“你们要害我！为什么？”她最后的话是对刽子手说的：“等等，刽子手，再稍等片刻！”她歇斯底里地朝着看热闹的人群大呼救命，刽子手唯恐会有暴徒生出事端，赶紧结果了她的性命。断头台的发明加快了处死犯人的速度，法国大革命期间被送上断头台的人多达 4 万人，据信其中四分之三都是冤死鬼。

'One moment more, executioner, one little moment!'

“你们要向人民展示我的头颅，它值得展示。”

对刽子手说的话

1789 年攻陷巴士底狱后，丹东脱颖而出，成为法国大革命的著名领导人。作为雅各宾党内的温和派，他遭到了主张“恐怖统治”的罗伯斯庇尔的排斥。党内极端分子希望将他逮捕，一段时间里罗伯斯庇尔未予允准。但是最终，迫于压力，加之怀有兜售自己政策的私心，罗伯斯庇尔还是同意了极端分子的要求。1794 年 3 月 30 日，丹东、卡米尔·德莫林及另一些志同道合者遭到逮捕，被送上特别革命法庭。法庭上，丹东大胆陈述自己的观点。为了让他闭嘴，法庭颁布了一条禁令，凡是侮辱国家正义的受审者，将被剥夺在法庭上讲话的权利。“我将不再为自己辩护，”丹东叫道，“你们处死我吧。我将光荣地睡去。”他的最后陈词直指罗伯斯庇尔的背叛：“我本可以拯救他的……我眼睁睁看着一切陷入混乱，这些人没一个懂得如何组建政府。罗伯斯庇尔将随我而来，他是被我拖下水的。嗨！当个渔夫都强似跟这些人在政府里瞎混！”丹东死后三个月，罗伯斯庇尔自己也上了断头台。卡利勒描述了处决丹东的情景：

> 在囚车上丹东昂首远眺。卡米尔则没有那么镇定。才不过一星期，一切都大变样了：天使般的妻子在哭泣；爱情、财富、革命名声，统统被监狱大门隔绝；暴徒们像食肉动物一样到处狂呼乱叫。这一切是那么不可思议，活生生地呈现在眼前，就像一场噩梦！卡米尔使劲挣扎，衣服垮下来缠在腰上。“叫我的朋友镇静些，”丹东说道，“别在乎那些暴民。”到了断头台下，丹东高叫道：“啊，我的妻，我最亲爱的，我再也见不到你啦！”然后他给自己鼓劲，“丹东，别趴下！”这时，他头上已被套上布袋，对上前跟他拥抱的赫罗特·塞

'Thou wilt shew my head to the people; it is worth shewing.'

赛尔说："咱俩的头颅将在这儿相聚。"他最后的遗言是讲给刽子手的："你们要向人民展示我的头颅，它值得展示。"然后，丹东，这个大无畏的革命英雄，这个铮铮铁骨的男子汉，气宇轩昂地走向了他的归宿。

“你们砍下他的脑袋只需一刹那，而在法兰西，像他那样的脑袋，百年内休想再长出一个。”

约瑟夫·路易·拉格朗日语

拉瓦锡既是化学家、生物学家、经济学家，又是一位公仆，因发现了氧在燃烧中所起的作用而声名卓著，被誉为“现代化学之父”。他提出了首版质量守恒定律，识别并命名气体“氧”，帮助建立了十进制，写出了更长的元素周期表。他还发现了钻石是碳的结晶体并为化学作出了许多根本性贡献。他为科学带来的革命性成果让科学家都意识到，任何理论都须通过实验予以验证。他提出了“化学平衡”的观念,否定了“燃素说”，创立了新的化学术语系统。

拉瓦锡是本杰明·富兰克林的朋友，是法兰西院士中对让-保罗·马拉在科学方面的见解持反对意见的一员。正因如此，马拉便转而投身革命理论研究了。他还代表许多在国外出生的科学家——其中包括数学家约瑟夫·路易·拉格朗日——出面干预、制止了当局随意剥夺外国人的财产和自由的行为。在法国大革命高潮中，马拉指控拉瓦锡贩卖淡味烟草。作为法国二十八名税官之一，他被加上叛国的罪名处以死刑。他提出上诉，请求保全他的性命以便继续从事科学研究，但被法官断然拒绝：“共和国不需要科学家，也不需要化学家。正义的事业才是当务之急。”他把私人物品留给了妻子，并附上一张字条：“给我的爱妻。拉瓦锡是被错判的。”十八个月后，法国政府为拉瓦锡平反。

'It took them only an instant to cut off his head, but France may not produce another like it in a century.'

“死亡犹如睡意，悄然爬上我的眼皮。”

临行前写的抑扬格诗第十首，未竟诗稿

青年诗人谢尼埃写诗赞颂暗杀马拉的夏绿蒂·科黛，并因之声名鹊起。巴黎的两名特工在搜寻嫌犯时，阴差阳错地将谢尼埃逮捕。在狱中的一百四十天里，他写下一系列诗歌，痛斥国民大会如同“浸透毒药的子弹，疯狂射杀无辜者”。罗伯斯庇尔记起谢尼埃曾在《巴黎杂志》上撰文抨击自己，决定要他的性命。7月24日，谢尼埃被强加上莫须有的“阴谋罪”，跟摩纳哥公主及另外三十六人一起被判处死刑，次日被斩首。罗伯斯庇尔自己也在三天后被处死。直到1819年谢尼埃的诗歌全集出版，他无辜殉难的真相才大白天下。

在狱中，面对日日逼近的死亡威胁，谢尼埃写下了若干抑扬格诗作。

抑扬格诗之七
当羊群被赶进阴森的屠场，
进入黑暗的死亡之门，
牧羊人、牧羊犬和羊群
都在思忖自己的命运……

抑扬格诗之八
谁将是受害者？
今天，利斧将落在谁的头上？
人人都在颤抖、倾听，
继而松一口气，因为叫到的不是自己的名字。
别高兴太早，傻瓜，明天叫到的就是你。

'The sleep of death will press upon my lids.'

抑扬格诗之九

夕阳的最后一线余晖消逝，
凉风从海上徐徐吹来，
庆幸又活过了一天，
我又一次弹响了七弦琴。
断头台在等待着我，
每一刻都像是最后一刻，
因为命运的手指，
正拨着时钟疾行。

抑扬格诗之十

死亡犹如睡意，
悄然爬上我的眼皮。

MAXIMILIEN FRANÇOIS MARIE ISIDORE DE ROBESPIERRE
马克西米利安·弗朗索瓦·马里·伊西多·德·罗伯斯庇尔
公元1758年5月6日—公元1794年7月28日

“死亡是永恒的开端！”

1794年7月26日在国民大会上演讲时语。次日他即遭逮捕，两天后被处死

共和国的敌人说我是暴君！我真要是暴君，他们就得匍匐在我脚下……我的性命？噢，我早已将生死置之度外！我看到了过去，也预见到了将来……死亡是永恒的开端！我的职业生涯已接近尾声，我要把遗言留给那些压迫人民的人。这遗言道出的是一个事实：“你们必死无疑！”

作为共和国公安委员会头目，罗伯斯庇尔与丹东、马拉一起负责“恐怖统治”，在法国大革命期间杀害了成千上万人。他的支持者称他“铁面无私”，敌对者则称其为“暴君”“嗜血的独裁者”。他的一任又一任副手都要求逮捕他，就在发表上述演讲两天后的一次会议上，议员们突然向他发难。面对突如其来的指控，他瞠目结舌。一位副手叫道：“他被丹东的血呛住啦！”国民大会下达了对罗伯斯庇尔的逮捕令，他的追随者聚集在市政大厅前久久不肯散去。7月27日凌晨两点开来了军队，罗伯斯庇尔的下巴似乎被流弹击碎。第二天，他和另外十二名追随者在革命广场被斩首。斩首时只有罗伯斯庇尔的脸是朝上的，刽子手扯掉他下巴上的绷带，他发出一声令人毛骨悚然的惊叫，直至铡刀落下，叫声才戛然而止。这年年初，他曾在全国代表大会上说：“恐怖统治不是别的，它是迅速、严厉而坚定的公正，所以也是合乎道义的。他跟民主原则殊途同归，是国家在非常时期之亟需。”

'Death is the commencement of immortality!'

ROBERT BURNS ('THE BARD OF AYRSHIRE', 'THE PLOUGHMAN POET', 'THE BARD' **罗伯特·伯恩斯（“艾尔郡诗人”，“农耕诗人”，“吟游诗人”）**

公元 1759 年 1 月 25 日—公元 1796 年 7 月 21 日

“你那一帮人太吓人了，别让他们在我面前开枪！”

死前说的话，暗指邓尼弗斯某个民兵组织，他也是成员之一，却对该组织颇不以为然

罗伯特·伯恩斯新近当选为“最杰出的苏格兰人”。这位吟游诗人、抒情诗人死时才 37 岁，死前几个月饱受心脏病的折磨，直接死因很可能是血液感染。阿兰·卡宁汉姆在《伯恩斯生平》（1815 年）一书中写道：

> 伯恩斯自知死期将至，但惯有的幽默使他心气平和，不失机趣。他见麦克斯韦尔大夫来到床前，说：“嗨，什么风把你给吹来啦？我不过是只可怜的乌鸦，没几两肉好吃的。”他指指自己的手枪，那是伯明翰的布莱尔自己制造，作为礼物送给他的。他想转赠给麦克斯韦尔，说这玩意再值得收藏不过了，只不过对他来说已经没用了。交代完毕，他感觉自己对这把枪尽到了责任，那颗骄傲的心总算放下了。过了一会，他看见民兵志愿队的战友吉布森眼泪汪汪地站在他床前，便笑道：“约翰，你那一帮人太吓人了，别让他们在我面前开枪！”
>
> 这个家里气氛沉重而压抑：诗人快死了；妻子心知他随时可能死去，一刻也不敢离其左右；四个孩子在屋子里漫无目的地跑来跑去，眼巴巴望着可怜的父母；没有足够的食粮，更找不出能给病人些许慰藉的酒。作为懂事的姐姐和孝顺的女儿，杰西·勒沃尔也只有干着急，她可以安慰大家，却无法驱除病魔。麦克斯韦尔这样描述他的病情：“震颤已波及他的全身，他舌头焦干，除了有人跟他说话时还能勉强打起精神，其余时间都处于谵妄状态。”从布劳温泉回来后的第二天他便高烧不止，浑身完全没有了力气。第四天，陪护他的詹姆斯·麦克鲁尔把一杯酒送到他嘴边，他急切地一口喝下，倏地坐起，眼看就要站起来了，却突然向前扑倒，死了。

'Don't let the awkward squad fire over me!'

CATHERINE II OF RUSSIA, CATHERINE THE GREAT (SOPHIE FRIEDERIKE AUGUSTE VON ANHALT-ZERBST-DOMBURG)
俄罗斯女皇叶卡捷琳娜二世，凯瑟琳大帝（索菲亚·弗雷德里卡·奥古斯塔）

公元 1729 年 5 月 2 日—公元 1796 年 11 月 17 日

“我将做一个独裁者，这是我的分内之事。仁慈的主会原谅我，这是他的分内之事。”

据信系其最后遗言

她最后所说的其他的话据说是对医生说的，当时医生对她讲：“陛下，你必须好起来！人民需要你！”她回答道：“不许对一位公主用‘必须’二字。”其实，她死前似乎什么都没说。“九点过了，侍从扎哈尔·佐托夫见女皇没像往常一样传唤自己，便朝她卧室里觑了一眼，没见女皇的人影。再仔细一瞧，发现女皇躺在地板上。佐托夫赶紧叫来两个人，想把女皇扶起来。但她眼睛睁了睁便又闭上了，含含混混地呻吟了一声，随即昏迷过去，再也没有醒来。”他们把她抬到床上，医生和牧师都赶来了。67 岁的凯瑟琳牙齿已经掉光，静脉曲张，虚弱不堪。死前两个星期她曾轻微中风。虽已重病缠身，甚至连神智都有点模糊了，她仍跟她的情人——皇家骑兵卫队的一位青年军官见面。7 月 16 日早上她还喝了咖啡，读了报纸。大约半个小时后她再度中风，于次日去世。

1761 年圣诞节，彼得三世继位沙皇，而他能干的妻子凯瑟琳则一直谋划着要搞政变。1762 年 6 月 28 日，她抵达圣彼得堡，支持者及普通群众纷纷拥护。第二天一早，彼得被迫逊位，一个星期后便一命呜呼。凯瑟琳成为欧洲最强大国家的统治者。她继续彼得大帝的改革，不断强化中央对地方各省的控制。晚年的她却日趋保守，广泛实施高压政策。

'I shall be an autocrat: that's my trade. And the good Lord will forgive me: that's his.'

“男孩站在燃烧的甲板上，所有人都已逃光。”

菲利希亚·多萝西·赫曼斯的诗，发表在1826年8月的《每月杂志》上

男孩站在燃烧的甲板上，
所有人都已逃光；
烈焰席卷战舰，
死尸上映着火光。
熊熊烈火中他昂首而立，
誓与风暴对抗；
虽然稚气未脱，
却一腔热血，英姿飒爽。
大火朝他扑来，但没有父亲的命令，
他绝不退让；
他已听不见父亲的声音，
父亲躺在舱里，伤重将亡。
他高声叫喊：“告诉我，父亲，
我的任务是否完成！”
他不知道父亲已经昏迷，
听不见他的喊叫。
“说话呀，父亲！”他又一次喊道，
“告诉我是否可以撤离！”
回答他的只有枪声，
还有火焰呼啦啦的咆哮。
火舌已然舔到他的眉头，
舔到他的发梢，

'The boy stood on the burning deck/Whence all but he had fled.'

而他不惧死亡，依然
坚守在岗位上；
他再次高喊：
“父亲，我是不是必须留下？”
大火铺天盖地，
横冲直闯，
火苗高高窜起，
把桅顶的旗帜烧光，
犹如一面面红旗，
在勇敢的男孩头顶猎猎作响。
突然间一声巨响……
男孩！啊，男孩，你去了何方？
狂风大作，
残片横飞，
桅杆、桅索、三角旗，
全都没了踪影；
那高尚忠诚的男孩已被烧焦，
仍屹然挺立在火海中央。

尼罗河（阿布基尔湾）[①]之战，年轻的乔康随同父亲卢克－朱利安·约瑟夫·卡萨比安卡舰长在法军旗舰“东方号”上作战，与纳尔逊的舰队对垒。法军战舰着火，弹药库爆炸，1100 名舰员中，包括父子俩人在内阵亡者达 1000 人。此战过后，英国掌握了地中海的控制权。

① 英国海军传奇将领纳尔逊最辉煌的胜利之一。1798 年 8 月 1 日至 2 日，也就是拿破仑远征埃及期间，英法海军在地中海尼罗河口的阿布基尔附近进行了一次海战，是世界历史上具有深远影响的战役之一，史称“阿布基尔海战”，又名“尼罗河口海战”。

“很好！”

死前对他的秘书和朋友托比亚斯·里尔说的最后一句话

1775年至1783年的美国革命战争中，华盛顿统帅大陆军取得最终胜利，毫无争议地当选为美国第一任和第二任总统（1789—1797）。1796年9月17日，他在国会发表卸任演说时，恳请大家原谅他无意间犯过的错误，演说的结束语是：“我希望我的国家一如既往地宽容我所犯的错误。四十五年来我呕心沥血地服务于国家，请把我因力有不逮而犯的错忘掉吧，因为我很快就要退隐山林了。”

华盛顿有一种病态的恐惧，总害怕自己还没真正死去就被人埋了。他隐居弗吉尼亚，每日清晨都要骑马去农场巡视一番。1799年12月12日这天，他冒着暴风雪巡视归来，午餐已备好，因为不愿让客人久等，他连衣服都没换就入席了。不一会儿医生就被请来，因为华盛顿病重了。托比亚斯·里尔是华盛顿的朋友，当他的私人秘书已有十五年，当时他就守候在华盛顿床边，事后他写道：

> 大约5点钟，大夫再次进入房间，刚走到床边，总统便道：“大夫，我这口气老也咽不下。但我并不害怕，从第一次病倒起，我就没想过还能活下来，我还能喘气儿的时间不多啦。”大夫摁摁他的手，一句话也说不出来，退到壁炉前坐下，陷入深深的悲痛之中。总统伸出一只手，我扶他坐了起来。他对大夫说：“我感觉得出我就要走了，感谢你对我的照料。请你不必再为我费心了，就让我安安静静地走吧！”……10点左右，他几次开口却说不出话来，费了好大劲才终于说：“我这就要走了。把我体面地埋葬。但一定记住，我死后至少三天再下葬。”我已经泣不成声了，只是向他鞠了一躬。然后，他看着我又加上一句：“你能理解我吗？”我回答：“当然。”“很好。”他说。

'Tis well!'

ALEKSANDR VASILIYEVICH SUVOROV, GENERALISSIMO OF RUSSIA'S GROUND AND NAVAL FORCES

亚历山大·瓦西里耶维奇·苏沃洛夫，俄罗斯陆军、海军大元帅

公元1729年11月24日—公元1800年5月18日

“苏沃洛夫长眠于此！”

苏沃洛夫的墓碑上只简单地刻了这么几个字。该墓在圣彼得堡亚历山大·纳夫斯基修道院的天使报喜堂。一年之后，沙皇亚历山大一世感念其功绩，为他塑了一座胸像

苏沃洛夫无疑是战绩最辉煌，却又最不被人们记得的将军。身为俄罗斯大元帅，他一生经历五十二场战役竟无一败绩。在他写的小册子《取胜的学问》中，有不少经典名句为人津津乐道。如“训练从难，取胜则易”“牺牲你自己，救出你的同志！”等等。他教育他的士兵出击要迅猛果断，在心理上先胜敌人一筹。“让冰冷的钢出击——用刺刀猛刺敌人……子弹可能错失目标，刺刀却刀刀中的。子弹是笨蛋，刺刀是英雄。”苏沃洛夫1742年从军，接下去的五十八年几乎全在疆场上度过，从列兵干起，直至升为俄罗斯军队最高统帅。他曾六次身负重伤，跟士兵以兄弟相称，他走到哪儿，士兵们就跟到哪儿。

1800年初，苏沃洛夫被召回圣彼得堡。他刚刚从法国人的猛烈炮火下拯救了俄军，赢得了“俄罗斯的汉尼拔”的绰号。然而，抵达圣彼得堡时，这位刚刚晋升的大元帅发现迎接英雄凯旋的欢迎仪式被取消了。不仅如此，他的指挥权和军衔都被褫夺，自己走到哪儿都有人监视。四个月后他因心脏病突发去世。沙皇想重振军威，仿效普鲁士的治国模式，但他强调的只是操练时的阵容齐整，而苏沃洛夫的小册子提出的要求更实际，不论枪战还是肉搏战，强调的都是速度、机动性和准确性。他培养出的将军们后来将拿破仑赶出了俄罗斯。差不多一百五十年后，约瑟夫·斯大林想起了在他之前这位俄罗斯唯一的大元帅，于是制作了“苏沃洛夫勋章”，借以在抵抗纳粹入侵的战斗中鼓舞士气。

'Here lies Suverev!'

“这里平卧着……”

朗斯顿一位钟表匠的墓志铭，德文郡利德福德，圣佩特洛教堂

这里平卧着钟表匠乔治·鲁特埃，
其技艺令他的行业生辉：
主发条刚劲，整时器精准，
犹如他的为人：
仁爱，慷慨，开明。
他从未停止劳作，
直至最后一息。
物如其人，
他造的钟表从来准时，
除非使用者发条没上好；
即便如此，他也能轻而易举地
重新校准。
他善于安排时间，
每时每刻都过得愉快而充实，
直至那不幸的一刻到来，
暂停了他的生命；
他于1802年暂别这个世界，
但如同他所做的钟表，
上紧了发条，
等待在未来的世界，
由它的制作者全面清洗、维修，
让指针重新转动起来。

'Here lies in the horizontal position...'

“你们推翻我，如同推断圣多明各自由之树的树干，它会重新生长起来，因为它成片成林，树大根深。”

他在被俘送往法国的战舰上说的话

1791 年，加勒比海上的伊斯帕尼奥拉岛西部（即今之海地）爆发了大规模奴隶起义，曾经的家奴杜桑·卢维杜尔率领 600 名黑人奴隶来到该岛东部（即今之多米尼加共和国）。他把黑奴们组织起来，协同西班牙殖民军对抗法军。取得赫赫战绩后，杜桑决定转而帮助法国人作战，条件是他们答应解放岛上的所有黑奴。从 1794 年 5 月开始，他率领主要由原来的奴隶组成的队伍打败了西班牙人。1798 年，他又打败了入侵的英国军队。1801 年，他统一了全岛，颁布宪法，宣布独立并废除了奴隶制。

卢维杜尔成立独立国家的举措让拿破仑大为震惊，他派出军队报复，并密令准备恢复奴隶制。但由于帝国战事频仍，拿破仑不得不把军队撤回。他给卢维杜尔开出条件，只要他答应退休并让他的队伍并入法军，就给他自由并同意海地独立。卢维杜尔同意了。1802 年，他跟拿破仑签下条约，在得到永不恢复奴隶制的承诺后，退休回到了自己的农场。三个星期后，他和他的家人被法军逮捕，驱逐出境到了法国。拿破仑命令将杜桑囚禁在深山的一座地牢里。经历几个月的审讯后，在寒冷、饥饿和孤独中他患上了肺炎，很快便离开了人世。半年后，占据了欧洲的拿破仑决定放弃新大陆，把所占的北美领土（亚利桑那）卖给了美国。拿破仑被流放到圣赫勒拿岛后，有人问他为何那样对待杜桑，他回答说：“死一个可怜的黑鬼，有什么大不了的？”

'In overthrowing me you have cut down in Saint-Domingue only the trunk of the tree of liberty, it will spring up again from the roots, for they are many and they are deep.'

“不要让任何人给我写墓志铭。”

1803年9月19日，在被告席上的最后陈述

埃米特领导爱尔兰民族主义者起义，在同英军的战斗中，英军伤亡20人，叛军伤亡50人。埃米特得以脱逃，但随后他又返回都柏林，为的是离未婚妻近一些，结果被捕，以叛国罪接受审判。他的管家安妮·德芙琳全家被投入监狱，九岁的儿子被折磨得奄奄一息，她自己也受尽酷刑，但就是不肯背叛埃米特。控方自知证据不足，花200英镑（相当于今天的16万英镑）和一笔退休金买通了他的辩护律师。埃米特自知必死无疑，他在法庭上的最后陈述其实是留给后人的。他成为了共和事业的英雄。

> 我愿意为我此生的所作所为负责，敢于直面这样的强权审判，难道我还会惧怕蒙冤屈死？你们这些权力部门就是一个污秽的池子，盛满了无辜者的鲜血，你们都可以在里面游泳了……天哪，你们是那么迫不及待地攫取牺牲品——受害者的血不会因为害怕而凝固，上帝出于崇高的目的会为它设好渠道，它将永远是温热的，循环不止，而你们却怀着不可告人的目的想把这渠道堵死。耐心点！我还有最后几句话要说。我将去往冰冷寂静的坟墓，我的生命之灯行将熄灭，我的路走完了。坟墓在欢迎我，我将投入它的怀抱！在离开这个世界之时我只有一个请求：发发善心，不要打扰我！不要让任何人为我写墓志铭，因为就连知道我抱负的人都不敢为我辩护。不要让偏见和无知玷污了我伟大的志向。就让我的抱负和我一起默默无闻地安息吧！我的墓碑上不需要任何文字，直到有一天有人为我讨回公道，直到我的国家自立于世界民族之林。到那时再来为我撰写墓志铭。我的话完了。

'Let no man write my epitaph.'

发表这番演说后两天，埃米特成为英伦三岛最后一个被吊死、开膛并肢解的人。为防止他的坟墓成为持不同政见者的集中之地，他是被秘密掩埋的。这座坟墓的地点成了永久之谜。

“我原谅所发生的一切。”

死前对牧师所言

汉密尔顿是一位杰出的政治家，是联邦制的坚定支持者和奠基人之一，作为华盛顿政府的首任财政大臣，他为美国这个新生的国家奠定了财政基础。1804 年，他协助摩根 · 刘易斯击败副总统阿伦 · 伯尔，使摩根成功竞选为纽约州州长。在一次晚宴上汉密尔顿嘲弄了伯尔，这一事件被发表在《奥尔巴尼官方记录》上。伯尔要求汉密尔顿道歉，汉密尔顿拒绝了，称不记得有过这事。伯尔向他下战书，要与之决斗。决斗的日期定于 7 月 11 日,地点在新泽西的威霍肯。这是一处很普通的决斗场，三年前汉密尔顿的儿子菲利普就死在这里。

决斗前夜汉密尔顿曾写过一封信，明确表示他不想伤害伯尔：“我决心已定，如果按照通常方式决斗，感谢上帝，这就给了我机会，我会让第一枪打偏，甚至第二枪也如此。”他射出的子弹打碎了伯尔头顶的树枝。伯尔开枪了，击中了汉密尔顿，子弹打断一根肋骨，击碎了汉密尔顿的肝和其他内脏。他的朋友纳森奈尔 · 彭德尔顿把他扶起靠在一块大石头上，大卫 · 霍萨克医生替他做了检查。汉密尔顿喃喃道：“我受的是致命伤，大夫。”

他们把他抬上一条小船，渡河去纽约求医。在船上他苏醒过来，说：“我看不清东西了……留神那把枪。子弹还没卸，机头还张开着。谨防走火伤人。彭德尔顿知道我没打算朝伯尔开枪。”到了曼哈顿，他告诉大夫：“快去把汉密尔顿夫人叫来。慢慢把事情告诉她，但要给她留点儿希望。”最后他对牧师说：“我对伯尔上校并无恶意。去决斗时，我就下定决心不伤害他。我原谅所发生的一切。”他在巨大的痛苦中咬牙坚持，直到次日才撒手西去。

'I forgive all that happened.'

“水，水，扇一扇，扇一扇，揉一揉，揉一揉。”

死前对托马斯·马斯特曼·哈迪说的话，当时哈迪在吻他的脸颊和额头。1805年特拉法尔加之战，哈迪是纳尔逊手下旗舰的舰长

纳尔逊以其英雄主义和大无畏的精神深受英国人崇敬。1797年尼罗河之战开战前，他对军官们说：“到不了明天的这个时候，我要么赢得爵位，要么在威斯敏斯特教堂的名人墓地赢得一席之地。”同年，他的舰队进攻圣克鲁什·德·特纳里夫失败，他受了重伤，说道：“我一个人能行，我还有两条腿和一只胳膊。你们快去叫医生，叫他带上器械来。我知道我的右臂保不住了，不如早点切掉好了。”1801年的哥本哈根之战中，舰队司令用旗语发信号，要他离开敌方的火力范围，他把望远镜凑到瞎了的那只眼睛上说：“我只有一只眼睛，我有权选择看不见……其实我是真没看到信号！”在特拉法尔加，向法国和西班牙舰队发起进攻前，纳尔逊给自己的舰队打出旗语：“今天，英格兰期待各位将士各担其责。”两个朋友就在他身边倒下，船的舵轮被炸飞，一块碎木片在哈迪的鞋扣上砸了个坑。纳尔逊评价道：“你这鞋做工也太差劲了，不经砸。”没过一会儿，他倒在了甲板上，对哈迪说：“哈迪，他们总算如愿啦……我的脊椎被射穿了。”后来哈迪到底舱去看纳尔逊，告诉他敌人的多艘战舰已经投降。纳尔逊说自己必死无疑，请他把自己的遗物交给其绯闻女友——威廉·汉密尔顿爵士的夫人艾玛·汉密尔顿。在提醒哈迪“务必照顾好可怜的汉密尔顿夫人”后，他又加上一句：“吻吻我，哈迪。”最后，他喃喃道：“感谢上帝，我尽到了自己的责任……水，水，扇一扇，扇一扇，揉一揉，揉一揉。”众人急忙给他拿来柠檬水和掺水的酒，一边给他扇扇子，一边按摩他的胸部以减轻其痛苦。他留下的最后一句话已含糊不清：“上帝与我的国家同在。”

'Drink, drink, fan, fan, rub, rub.'

“我想我还能吃下一块贝拉米的牛肉馅饼。”

他的遗言据传有多个版本，此为其一

人们都叫他小威廉·皮特，以区别于他的父亲老威廉·皮特。相同的是，这父子二人都当过英国首相。小皮特的职业生涯如流星般短促。1781年，年仅21岁的他就当选为下议院议员。听罢他在议会的首次演说，埃德蒙德·伯尔克说他“不仅仅是老木块上掉下来的一片，他简直就是一块老木头疙瘩。”他24岁就当上了财政大臣，当年晚些时候又升为首相。作为威廉·威尔伯福斯的朋友，他于1788年提出了反奴隶制度的法案。1805年，特拉法尔加战役之后，在一次宴会上，伦敦市长祝酒时称他是“欧洲的救世主”。他回答说谁也救不了欧洲，“英国靠自己的能力拯救了自己。我相信，这给欧洲树立了一个榜样，欧洲也会自己拯救自己。”

皮特总是负债，却拒绝任何经济援助。酒量甚大的他于1806年1月23日逝世，死因很可能是肾病加肝硬化。他身后留下的债务高达4万英镑，由对他心存感激的国家代为偿还。议院投票决定为他举行公开葬礼，而后将他安葬在威斯敏斯特名人墓地。他死时年仅46岁。

1773年，约翰·贝拉米在下议院开了一家餐厅，1834年被烧毁。他的牛肉馅饼配料包括牛骨、猪蹄、牛肩肉和猪油。小皮特死前到底说了什么，说法不一，除本文开头那一句，另外还有“啊，我的祖国！我怎能离开你（或我多么爱你）！”（斯坦霍普《威廉·皮特生平》）“我的祖国！啊，我的祖国！”（乔治·罗斯1806年1月23日日记，见《乔治·罗斯日记与通信集》，1860年）乔治·罗斯（1744—1818）是皮特的政界好友，皮特死后不久他就辞职了。他写下这则日记的时间就在皮特去世当晚。但也有人相信，他是为了维护皮特的美誉，用这句话取代了那句“吃馅饼”。

'I think I could eat one of Bellamy's veal pies.'

CHARLES JAMES FOX 查尔斯·詹姆斯·福克斯

公元 1749 年 1 月 24 日—公元 1806 年 9 月 13 日

“我死得很幸福！”

据传系其死前最后一句话

福克斯的父亲通往首相宝座的路被老皮特堵死，他自己则是小皮特的竞争对手。他是个激进分子，同情爱尔兰民族主义者，成了乔治三世的死对头。他认为国王是暴君，支持美国革命，还特意身穿跟美军军装颜色一样的衣服。1775 年，他谴责诺思勋爵的政府丢掉了美洲殖民地，他说：“亚历山大大帝再能征惯战也比不上诺思勋爵，因为同样一仗打下来，亚历山大赢得再多也没有高贵的勋爵失去的多——整个美洲大陆。”1782 年，他曾短暂出任罗金汉姆内阁的外交大臣，稍后又在诺思勋爵的联合政府任职。但就在这年年底，乔治三世逼迫福克斯和诺思双双退出，让小皮特取而代之。自此之后，长达二十二年里，福克斯一直跟皮特势不两立。

福克斯是废奴主义者，支持法国大革命，鼓吹个人自由和宗教自由。1806 年皮特死后，他再次成为外交大臣，但几个月后便死在任上。政府未能完成他的遗愿——同法国讲和、实现宗教自由。但他生前提交的《外国奴隶贸易法案》终获通过，使通过英国口岸进行的奴隶交易减少了三分之二。提交法案时福克斯曾说：“如果有幸达成此事，仅仅此事，那我就可以自认为做得够多了，我就可以心安理得地退出公职，因为我尽到了自己的职责。”

福克斯是个积习难改的赌徒、浪子和酒鬼，曾两度破产，死后留下了 10000 英镑的债务。尸检结果显示，他的肝已经萎缩，并有 35 颗结石，腹部积水达 7 品脱。在他生命的最后一年，王室本打算赐予他爵位，他回答说：“我不会以这么愚蠢的方式终结我的政治生涯。”

'I die happy!'

“此处葬着一具遗骸，他曾拥有美丽却不虚荣。”

1808 年 11 月 30 日，拜伦为爱犬写的墓志铭，纽斯特德修道院

还在剑桥读书时，学校规定不准养狗，拜伦很生气，便养了一头温驯的小熊。毕业后，他把小熊带回了老家——位于诺丁汉的纽斯特德修道院。他有很多宠物，包括一只狗与父亲养的狼杂交而产下的“狼狗”，名叫利昂。但他最宠爱的还是一条黑白相间的狗，叫做鲍特温，意为水手长。今天，在纽斯特德修道院仍能见到鲍特温的画像。

在曼斯菲尔德，鲍特温被一条疯狗咬伤，病倒了。拜伦的传记作者托马斯·莫尔说，鲍特温口吐白沫，伤心的诗人用手给它擦拭。虽然还负着债，拜伦还是给鲍特温立了一通大理石墓碑，并说自己死后希望葬在这位最好的朋友墓旁。

此处葬着一具遗骸，
他曾拥有美丽却不虚荣，
拥有力量却不傲慢，
拥有勇气却不残暴，
更拥有人的美德，却无恶习。
如许美誉若是刻在人的墓碑上，
也许是一文不值的阿谀之词。
但这里要纪念的是“水手长”，
一只名叫鲍特温的狗。
他 1803 年 5 月生于纽芬兰，
1808 年 11 月 18 日卒于纽斯特德……
立一通石碑以资纪念
我最好的朋友啊，他在此长眠。

'Near this spot are deposited the Remains of one who possessed Beauty without Vanity.'

MAJOR-GENERAL SIR WILLIAM ERSKINE **少将威廉·厄斯金爵士**

公元 1770 年 3 月 30 日—公元 1813 年 2 月 13 日

“天哪，我怎么会这么干？”

他在里斯本从一个阳台上跳下去后说的话

威灵顿不知该拿又近视又酗酒的威廉·厄斯金爵士怎么办才好。他打算取消对厄斯金的任命，托伦斯上校劝他道：“没错，他有时是有点疯疯癫癫，但清醒时他的脑瓜不是一般的好使。我相信，虽然他叫喊时显得有点狂，但大战在即，他不会犯病的。”难怪威灵顿忍不住写下这样的话：“真的，跟这样的军官打交道，我都有点发抖。”

厄斯金的一位同事说他“眼瞎得跟甲壳虫似的”。他统领轻骑兵队，威灵顿写道：“在关键时刻，绝不能相信他的判断。”1811 年 3 月，马森纳元帅率法军撤退，厄斯金在没有侦察兵探路的情况下带兵追赶，在卡萨·波瓦大败。萨布加尔之战中，雷奈尔将军的军团本已孤立无援，但厄斯金却接连犯了三个大错，使之侥幸逃过了灭顶之灾。富恩特·昂诺若的战斗中，法军守备部队已在艾米迪亚陷入重围，却生生让厄斯金给放跑了。原来，他把威灵顿下达的重要命令揣在兜里给忘了，责任被错误地加在了查尔斯·比文上校的头上。为了维护上司的名誉，上校勇敢地承担了罪责，自尽谢罪。1818 年，厄斯金因精神错乱被解职。

几乎所有资料都称这位英国陆军的奇葩将军厄金斯是 1813 年 2 月在里斯本跳楼自尽的。唯一例外的是《贝克贵族录》（1833 年第 4 版），说厄金斯“在半岛战争中奋勇作战，体力耗尽，加之高烧不止，不得不在布罗札思结束了英雄的行伍生涯。三年后，他死于旧伤复发。”

'Now, why on earth did I do that?'

“不准弃船！”

死前下达的最后一道命令

1798年，劳伦斯军校毕业后加入美国海军，先后在“恒河号”和“亚当斯号”上服役，对法作战。1803年，他被晋升为上尉，在“企业号”上同北非的的黎波里海军作战。不久，他被任命为“企业号”舰长，后又调到“大黄蜂号”，在1813年的海战中俘获英军的“孔雀号”。回到美国两个月后，他被任命为“切萨皮克号”护卫舰舰长，准备从马萨诸塞州波士顿出海作战。

1813年6月1日，“切萨皮克号”出港，立即同英军护卫舰“香农号”展开激战。英舰炮火精准，才几十分钟就打得“切萨皮克号”动弹不得。劳伦斯舰长被枪弹射中，重伤的他在被抬下去时命令他的军官们：“不准弃船。继续战斗，直到它沉没为止。”但船员们很快就被登上船来的英军士兵控制住了。“切萨皮克号”被英国皇家海军拖至诺瓦·斯科迪亚的哈利法克斯。当时的报纸报道说：“我海军再遭重创。‘切萨皮克号’被俘，劳伦斯壮烈牺牲。他是我海军的骄傲……劳伦斯的身躯可以被击倒，但他的精神永远屹立。他自知此战幸运之神不在自己这一边，仍命令‘不准弃船’……愿英雄劳伦斯的临终遗言‘不准弃船’成为每个美国人永远的座右铭。”

劳伦斯的好友、海军准将奥利弗·哈扎德·佩里得知他的死讯后，命人制作了一面大大的蓝色战旗，上书“不准弃船”几个大字。1813年9月，佩里率舰队在伊利湖击败英军，这面战旗就在旗舰上猎猎飘扬。此旗现陈列在安纳波利斯美国海军学院纪念馆。

'Don't give up the ship!'

MICHEL NEY, FIRST DUC D'ELCHINGEN
米歇尔·内伊，埃歇林根第一任公爵
公元 1769 年 1 月 10 日—公元 1815 年 12 月 7 日

“士兵们，听到我的命令后，直接对准我的心脏开枪。等我的命令。这将是我最后一次命令你们。我抗议对我的无端指控。我为法兰西参战上百次，从来没反对过她……士兵们，开枪！”

被枪决前的话。临刑时他拒绝被蒙上眼睛

内伊是法国大革命战争和拿破仑战争中的将领，拿破仑给他取了个绰号叫“勇敢者中的勇敢者”。他在埃歇林根的胜利直接导致乌尔姆的奥地利军队投降，打通了进军维也纳的通道。1812 年入侵俄罗斯，他坐镇博罗季诺指挥中心，并随胜利之师进入莫斯科。随后他又指挥殿后的队伍，最后撤离俄罗斯。他还参加过德累斯顿和莱比锡之战，在 1815 年的滑铁卢之战中发挥了重要作用，率领残部向英军发起了最后的冲击。1815 年夏，拿破仑第二次被放逐。内伊被钱伯斯议院以叛国的罪名逮捕审判。12 月 6 日，他被判罪名成立，次日便被枪决。1880 年出版的《现代欧洲史》中解释，内伊被迅速处死的原因是为了树一个样板，以便对拿破仑的其他元帅和将军们速判速决：

> 12 月 7 日早上，在一个难得启用的刑场（卢森堡花园的瞭望台附近），内伊被枪决。高官们弹冠相庆，以为这样一来就避免了爆发大规模游行示威的可能，却不料反对的声音仍不绝于耳。他们从未犯过如此之大的错误。就连“恐怖统治”的血腥镇压都比不上处死内伊所招致的怨愤。这对波旁家族是莫大的羞辱。受害者，这位有一半日耳曼血统的、有勇无谋的战士，顿时成了传奇英雄，其声誉甚至超过了皇帝本人。他殿后撤出莫斯科所表现出的英雄气概比达沃特的耶拿大捷和莫罗的霍恩林登大捷更令人难忘，公正地说，他当之无愧。再联想到波旁王朝借外国武装之力才得以复辟，法国人民就更忘不了这位“勇敢者中的勇敢者”了。

'Soldiers, when I give the command to fire, fire straight at my heart. Wait for the order. It will be my last to you. I protest against my condemnation. I have fought a hundred battles for France, and not one against her...Soldiers, fire!'

“除了死，什么都不需要了！”

1817年7月，卡桑德拉·奥斯汀致范妮·奈特的信，谈及简最后的病情

简·奥斯汀是史上最重要的小说家之一，一生在亲情浓浓的家中度过，主要作品有《理智与情感》《傲慢与偏见》《曼斯菲尔德庄园》《艾玛》和《诺桑觉寺》。她所接受的教育都来自父亲和兄长，她一生默默无闻，因为其小说都是匿名出版的，在19世纪中叶之前一直销路不佳。她去世之前卧病一年多，很可能是肺病、艾迪生氏病或霍杰金氏淋巴瘤。奥斯汀的侄子对她的最后时日是如此描述的：

> 她生病期间，由她姐姐（卡桑德拉·奥斯汀）照顾，她的嫂子，即我的母亲（玛丽·罗伊德，詹姆斯·奥斯汀牧师的妻子）也常会搭把手。她死时她俩都守在她身边……她口头上对记者们说没什么要紧，其实心里明白自己的病已经很危险了，但她并不畏惧。说实在的，这个世界上值得她留恋的东西太多：她家庭幸福；她刚开始对自己的成功有了点信心；当然，还有创作带给她的愉悦。我们有理由相信她希望活得更长久。不过，难能可贵的是，她面对死神却能做到既不悲观失望也不怨天尤人。她一生都在为家庭尽职尽责，她有着良好的家庭教养，即使在赢得赞誉后自己也从无所求……她温柔体贴，对照顾过她的人都心存感激。她只要感觉稍好一点，爱戏谑的天性便又显露出来，在大家替她难过时，她变着法子把大家逗乐。一次，她感觉自己大限将至，对周围的人说起了她想象中的临终遗言，还特别感谢了她的嫂子，说：“你一直都是我的好姐姐，玛丽。”当最后时刻终于到来时，她一下子垮掉了，护理的人问她想要什么，她回答：“除了死，什么都不需要了。”这便是她的临终遗言。1817年7月18日早上，她神态安详地呼出了最后一口气。

'Nothing but death!'

GEORGE III, GRORGE WILLIAM FREDERICK, KING OF THE UNITED KINGDOM OF BRITAIN AND IRELAND

乔治三世，乔治·威廉·弗雷德里克，大不列颠及爱尔兰联合王国国王

公元 1738 年 6 月 4 日—公元 1820 年 1 月 29 日

“有谁听说过，乔治三世有任何可取之处？”

沃尔特·萨维奇·兰德尔撰写的墓志铭

乔治三世在历史上名声很臭，但老百姓却喜欢他，他身上也有一些乔治家族中他的前辈和后辈都不具备的品质。然而，埃德蒙德·克莱里休·本特利对他的评价仍极差：

乔治三世，
根本就不该出现。
人们不禁纳闷，
这家伙怎会如此怪诞。

沃尔特·贝吉哈特在其洋洋巨著《论英国宪法》（1867 年）中说：“纵观乔治三世的大半生，他就是一个被神化了的障碍物。”谢利在 1819 年发表的十四行诗中称他是“一个又老、又疯、又瞎、让人鄙视的垂死的国王”。托马斯·杰斐逊在写给时任驻英大使的约翰·亚当斯的信中说：“我们希望采取中立以获益，但我很担心英国人，尤其是他们那位愚蠢的国王，会逼得我们改弦更张。”尽管失去了美洲殖民地，乔治在位期间仍使英国成为了欧洲头号强国。

'And what mortal ever heard/Any good of George the third?'

“他长眠在此，他的名字写在水上。”

济慈自撰墓志铭

这座墓冢
让一位年轻的英国诗人
成为永恒。
即使是在临死之际，
他也满心痛苦，承受着
敌人的恶意中伤。
他希望在他的墓碑刻上：
“他长眠在此，
他的名字写在水上。”

在盖伊医院完成学业后，济慈取得药剂师资格，并获准行医。作为最杰出的抒情诗人之一，他的诗作却一直遭到恶评。因为太穷，他没能迎娶挚爱一生的范妮·布劳恩。之后，又因为看护弟弟染上肺病，最终病死在罗马。他死前的最后一个要求是将他葬在罗马一处新教的无名墓地，墓碑上只刻“他长眠在此，他的名字写在水上”几个字。墓志铭的其余部分是他的朋友约瑟夫·塞维恩和查尔斯·阿米泰加上的。

济慈最好的朋友佩西·比什·谢利和拜伦爵士相信，压垮他的“最后一根稻草”是《黑森林爱登堡杂志》刊登的对他的叙事诗《月神》的批评，该文写道：“当一个贫穷的药剂师都比当一个贫穷的诗人更好更明智。所以，奉劝约翰先生，还是回到药房，去跟‘药膏、药片、药盒’为伴吧。”

'Here lies One Whose Name was writ in water.'

NAPOLÉON I, EMPEROR OF FRANCE (NAPOLÉON DI BUONAPARTE)
法国皇帝拿破仑一世（拿破仑·波拿巴）
公元1769年8月15日—公元1821年5月5日

“法兰西，军队，指挥官，约瑟芬。”

临终呓语

被流放到圣赫勒拿岛后，1821年2月，拿破仑发现自己的健康状况迅速恶化。5月3日，刚来岛上不久的一位英国医生给他做了检查，建议保守治疗。两天后，这位前皇帝去世。他在遗嘱中请求把他葬在塞纳河畔，但英国总督坚持将他在圣赫勒拿岛就地掩埋。拿破仑希望在墓碑上刻上他的全名“拿破仑·波拿巴”，但同为流放犯人的德·蒙索朗侯爵和贝特兰德将军宁可只刻“拿破仑”，因为只有这几个字能体现皇室的荣耀。结果到头来，只立了一座无字碑。1840年，法国人路易·菲利普将拿破仑的遗骸运回法国，现仍保存在巴黎荣军院。

尸检结果表明，拿破仑死于胃癌。他的父亲和姐姐都死于同一种疾病。但他的贴身男仆的日记却引出了另一种说法，认为他是死于慢性二氧化砷（砒霜）中毒。2009年11月23日，《国家地理》撰文称：

> 研究者遍查历史资料，未发现有支持砒霜中毒说的证据，譬如心脏大出血。但他们发现了拿破仑患胃癌的有力证据：体重迅速减轻、胃部充满颗粒状物质，表明曾有胃肠道出血——凡此种种，都是患胃癌的确凿证据……“这种物质的量很大，充斥了整个胃部……至少有十厘米（四英寸）长。单凭这一点就足以证明其死因是癌。”……拿破仑的胃肠道损伤系由幽门螺旋杆菌引发的慢性炎症所致，最后形成胃癌……“即便是用今天的医疗手段为其治疗，他最多也只能再活一年。”

'France, army, head of the army, Joséphine.'

VISCOUNT CASTLEREAGH, ROBERT STEWART, SECOND MARQUESS OF LONDONDERRY 卡斯尔雷子爵，罗伯特·斯图亚特，第二代伦敦德里侯爵

公元1769年6月18日—公元1822年8月12日

“我自行了断了，我割开了我的脖子。”

临终遗言

卡斯尔雷曾任英国外交大臣，是下议院议长，于1822年精神崩溃，很可能是没完没了地承受批评和工作过度劳累所致。看看拜伦为其撰写的墓志铭就知道人们对他的敌意有多深：

后人绝不会在乎
这位贵人的坟墓。
躺在这里的是卡斯尔雷：
停下来，过路人，朝它吐口唾沫。

他接受了医生的建议，回老家养病。他妻子把手枪、刀片都藏了起来，但还是被他找到了一把开信刀。克兰威廉爵士写道：

> 他说他觉得有人阴谋陷害他。四天前他曾对西摩（乔治·汉密尔顿·西摩爵士，卡斯尔雷的私人秘书）说他感觉自己劳累过度，边说边摸摸额头。当晚，他又对西摩说，还是摸着额头：“我的脑仁儿，我的脑仁儿，早就没了。”8月9日，他进宫觐见了国王，他的模样令国王大骇……12日早上，他一起床就去了更衣间，碰见罗宾逊先生（他的个人助理），我相信罗宾逊一直寸步不离地跟着他，他板着脸对罗宾逊说：“罗宾逊先生，我不要被人监视。赶紧走，去把班克赫德医生叫来。”几分钟后班克赫德赶到，一进更衣间，只见卡斯尔雷背对门站着，身体僵直，两手伸在半空中。班克赫德医生叫道：“我的天！大人，你在干嘛？怎么回事？”卡斯尔雷答道：“我自行了断了，我割开了我的脖子。”班克赫德一个箭步冲上去，把即将倒下的卡斯尔雷抱在怀里。以上所述千真万确。

'I have done for myself; I have opened my neck.'

GEORGE GORDON BYRON, SIXTH LORD BYRON
乔治・戈登・拜伦，第六世拜伦勋爵
公元1788年1月22日—公元1824年4月19日

“鼓起勇气，别做软蛋，至死都要像个男子汉！”

临死之言

诗人拜伦临死前，旁边的人听见他说：“难道我需要怜悯？”顿了一顿后，他又加上一句，“鼓起勇气，别做软蛋，至死都要像个男子汉！”在热病流行的梅索朗吉昂城（希腊），守在拜伦身边的是两个缺少经验的年轻医生：一个是拜伦的私人医生弗朗西斯科·布鲁诺，另一个名叫尤里乌斯·迈克尔·米林根。据后人记载：

> 弗朗西斯科·布鲁诺是“一位勤奋却束手束脚的医科学生”，两位新入行的外科医生面对的是一个大大的难题：他们治疗的对象是一位世界名人，而对于他所患的病他们却一无所知，两人只得采用当时通行的做法——给病人放血退烧。拜伦有时会拒绝，说“死在柳叶刀下的人比死在刺刀下的还要多”，但米林根警告他说“这种病有可能造成大脑神经紊乱，甚至使人丧失理智”，所以拜伦只得屈从。如拜伦所说，“两个可恶的屠夫”给病人放了几次血，其中一次搞得拜伦血流不止。4月16日放掉一磅血，次日又放了两次。米林根承认“没有达到预期的效果”。拜伦被放血整得虚弱不堪，失去知觉，最后死在了“可恶的屠夫”手上。

尸检过后两位医生互相推脱责任：“布鲁诺称责任在米林根，如果早点放血病人还可能有救，是米林根耽搁了放血的时机。米林根则忙着索要尸检费，他开出了100英镑的账单，这笔钱是他在希腊医学委员会领取的年薪的数倍。他还在报纸上撰文驳斥布鲁诺对他的指责，称拜伦的死因是‘化脓性脑膜炎’。”

'Come, come, no weakness; let's be a man to the last!'

GEORGE GORDON BYRON, SIXTH LORD BYRON

乔治·戈登·拜伦，第六世拜伦勋爵

公元1788年1月22日—公元1824年4月19日

“我饱经沧桑，身心疲惫，但死亡也休想封住我的嘴。”

诺丁汉郡哈克诺尔，圣玛丽·玛格达莱妮教堂外大理石碑上的铭文

拜伦的第一首诗发表于1807年。1812年，他在上议院发表了自己的首次演说，为诺丁汉的蕾丝工业辩护。同年，他的《恰尔德·哈罗德游记》第一部出版，用他自己的话来说，“我一觉醒来就成了名人”。他有过几段恋情，其中包括跟他同父异母的妹妹奥古斯塔·利。奥古斯塔·利还为他生了一个女儿。1816年，他被迫永远离开了英格兰。之后，他潜心写作七年，创作出数量惊人的诗作。拜伦于1823年去往希腊，投身希腊人抵抗土耳其帝国、争取独立的斗争。12月，他抵达地中海海滨城市梅索朗吉昂，着手扩充革命队伍，一次冒雨骑马后发高烧，从此一病不起。他有据可查的遗言中有这么一句：“我把我的时间、财产和健康全都给了她（希腊），现在又要把生命献给她！难道我做得还不够？”

拜伦辞世，希腊举国上下悲声一片。在英国，《早间纪事报》报道：“英国有史以来最伟大的诗人在年富力强之时辞世了。”他被安葬在家族墓地，大理石墓碑是希腊国王赠送的，碑上镌刻着他的长诗《恰尔德·哈罗德游记》第四章第137节：

> 但我生活过，没有枉活；
> 也许我心力已衰，但血仍在燃烧；
> 病痛折磨得我形容枯槁；
> 我饱经沧桑，身心疲惫，
> 但死亡也休想封住我的嘴；
> 有个神秘的声音在我耳边回响，
> 犹如记忆中的琴音，为那逝去的爱情哀伤。

'But there is that within me which shall tire
Torture and Time, and breathe when I expire.'

“今天是7月4日吗？”

弥留之际语

这是杰斐逊弥留之际问的最后一个问题，罗伯利·邓格里森医生答道：“很快就是了。”杰斐逊道：“我把我的灵魂交付给上帝，把我女儿托付给国家。”言毕便溘然长逝。时为美国独立纪念日，也是《独立宣言》签署五周年纪念日。威尔士裔美国人杰斐逊很可能是史上最廉洁、最勤奋的政治家。他当过第二任副总统和第三任总统，但如此辉煌的政治生涯在墓碑上并无说明。他曾说过，他只要求人们记住他曾经给过美国什么，而不是美国给过他什么。他被安葬在弗吉尼亚州的蒙蒂塞洛，墓碑上的文字是他亲自拟定的，而且特别嘱咐一个字都不许增添。

> 托马斯·杰斐逊在此安息。他是《美国独立宣言》和《弗吉尼亚州宗教自由法案》的作者，弗吉尼亚大学的创建者。

约翰·亚当斯去世的时间只比杰斐逊晚几个小时。他曾是杰斐逊政治上最大的竞争对手，后来跟杰斐逊书信往来，成为朋友。临死前他曾问杰斐逊是否还活着。杰斐逊1800年9月23日写给本杰明·拉什博士的信反映了他毕生未变的信条，他在信中坚决支持《宪法》，不承认所谓的“国教”——“我向上帝起誓，永远反对任何形式的主宰人们思想的暴行。”他起草《独立宣言》时年方33岁，随后又提交了《弗吉尼亚州宗教自由法案》。1796年，他并非情愿地成了总统候选人，后来接连参加了三次竞选。当上总统后，他让国债减少了三分之一。他派出舰队打击北非海盗，并于1803年从拿破仑手中收复了路易斯安那州的大片领土。杰斐逊博学多才，1962年4月29日，白宫举办晚宴招待49位诺贝尔奖得主，约翰·F·肯尼迪说：“天才们济济一堂，这样的盛况前所未有，只可惜托马斯·杰斐逊未能光临，他在独自用餐呢。”

'Is it the Fourth?'

“托马斯 · 杰斐逊……”

死前呓语

从总统任上退休后，亚当斯住在昆西自家的农场，开始了跟托马斯 · 杰斐逊长达 25 年的书信往来。他已年过九旬，重病缠身，居然还熬到了第五个独立纪念日。这天早上他神志清醒，女仆克拉克太太问他知不知道今天是什么日子，他回答说：“噢，当然知道。是光荣的 7 月 4 日。这是个伟大的日子。上帝保佑它。上帝保佑你们大家。”说罢，他就陷入了昏迷。过了一会他醒过来，嘀咕道：“托马斯 · 杰斐逊……”后来的转述者都把他的这句话说成是“托马斯·杰斐逊还活着”。他不可能知道，他的这位政治上的竞争对手、多年的笔友已先于他几个小时告别了人世。

约翰 · 亚当斯作为马萨诸塞州的代表，两次参加了立宪会议，在争取欧洲对美国革命的支持中发挥了重要作用。他博学善思，是一位资深律师和政治哲学家。他说“逆境如同炉火，锻造了人民和国家”，既借指美国的历程，也借以明志。他代表美国跟英国进行了和平谈判，当过乔治 · 华盛顿的副总统，最终当选为美国第二任总统。

1800 年，他来到新首都就任。入主白宫的第二天晚上，他在尚未装修完毕、还散发着潮气的房间里给夫人写信：“结束此信前，我祈愿上苍庇佑白宫，庇佑所有将入主这里的人。愿入主这里的都是忠诚的智者。”

'Thomas Jefferson...'

LUDWIG VAN BEETHOVEN **路德维希·凡·贝多芬**
受洗日公元 1770 年 12 月 17 日，卒于公元 1827 年 3 月 26 日

“可怜，可怜——太晚了！”

据安塞姆·胡腾布伦纳 1860 年称，此系贝多芬临死前语

贝多芬出生在德国波恩，20 岁出头时前往维也纳，师从海顿，以小提琴演奏崭露头角。从 1798 年开始，他听力下降，但直到后来全聋之后，也从未停止过作曲、指挥和演奏。许多人认为，他是有史以来世界上最伟大的作曲家和演奏家。在《未完成的旅行》（1976 年）中，耶胡迪·梅纽因称他是“一位大多数的杰出音乐家都无法望其项背的巨匠，他天赋异禀，无论对待音乐还是与人相处都毫无私念、毫不媚俗”。俄罗斯政治哲学家、无神论者米哈伊·巴枯宁评价贝多芬的作品时说：“一切都会过去，世界将会灭亡，但《第九交响曲》永垂不朽。”

贝多芬卧病多年，死前两天，在他姐姐和好友安塞姆·胡腾布伦纳的见证下接受了临终洗礼。在被告知最近收到的一份礼物是十二瓶酒时，他说了死前的最后一番话：“可怜，可怜——太晚了！”他的传记作者说他临死之时突然响起一声惊雷，“他突然从胡腾布伦纳的臂弯里抬起头来，伸出右臂——犹如一位将军在向队伍下达命令。但他旋即垂下手臂，颓然倒下。就这样，贝多芬走了。”贝多芬遗言的另一个版本是“Plaudite, amici, comedia finita est.”这是情景喜剧结束时常用的谢幕语，意思是“鼓掌吧，我的朋友们，演出结束了。”其他版本还有“到了天堂我的耳朵就不聋了”；“我觉得迄今为止我才不过写了几个音符”；以及“唔，听见钟声了吗？难道你们没听见钟声已经敲响？该落幕了。是的！我的大幕该落下了”。很可能他还对当时守在他身边的朋友、奥地利作曲家、小提琴演奏家约翰·胡梅尔（1778—1837）说过：“难道这不是事实，胡梅尔，我还算是有点儿天分？”

'Pity, pity—too late!'

“我见证了死亡，但死去的不是一个凡人，而是一位快乐的天使。”

一位女邻居谈及布莱克之死

威廉·布莱克是英国出类拔萃的画家和诗人，在生前不为人知，据说他是唱着歌死去的。据亚历山大·吉尔克莱斯特《威廉·布莱克生平》（1863 年）一书的记载：

> 史密斯在文章中称，他亲耳听布莱克夫人凯瑟琳说过，布莱克死的那一天，一直在念诗唱歌赞美上帝，凯瑟琳·布莱克站着倾听，他充满爱意地看着她，说："亲爱的，这不是我写的。不！不是我写的！"他告诉她，他们永远不分开，他会一直陪伴在她身边照顾她。在他临死前，布莱克夫人问他愿意葬在哪里，葬礼是由观点相异的牧师主持还是由英国教会的教士主持。他回答说，他本人对葬在哪里倒无所谓，但考虑到他的父母、婶婶和哥哥都葬在馒头山，也许还是跟他们长眠在一起为好。至于葬礼主持，就请英国教会的教士吧。他躺在简朴的里屋，哼着歌，有些没有歌词只有旋律，都是他灵感突发随口而就的，时间太久人们已无从记忆了。在这个夏日傍晚的六点钟，他哼着圣歌，平静地咽下了最后一口气，连坐在他身边的夫人都没有察觉。当时唯一陪在她身边的是一位家境贫寒的女邻居。事后，这位女邻居说："我见证了死亡，但死去的不是一个凡人，而是一位快乐的天使。"

还有人在一封信中谈到了布莱克之死："他说他就要去往他一辈子向往的那个国度了。他说他很幸福，希望能得到耶稣基督的拯救。临死之前，他的脸色突然变得红润，两眼炯炯有神，突然唱起歌来，唱的是他在天堂看到的景象。根据他身边的人的观察，他确实死得像个圣徒。"

'I have been at the death, not of a man, but of a blessed angel.'

GEORGE IV, GEORGE AUGUSTUS FREDERICK, KING OF THE UNITED KINGDOM OF GREAT BRITAIN AND IRELAND

乔治四世，乔治·奥古斯塔斯·弗雷德里克，大不列颠及爱尔兰联合王国国王

公元 1762 年 8 月 12 日—公元 1830 年 6 月 26 日

“当乔治四世驾崩，赞美我主，乔治家族终告完结！”

沃尔特·萨维奇·兰德尔撰写的墓志铭

乔治四世因生活淫荡、宫殿豪奢而臭名昭著。1811 年乔治三世疯了之后，他被封为摄政王，1820 年正式继位成为乔治四世国王。早在 1785 年他就秘密地与曾两度守寡的罗马天主教徒玛利亚·菲茨伯特非法成婚。1795 年，他正式迎娶了布朗斯威克的卡洛琳公主，条件是由议会帮他偿还超过 63 万英镑的债务。而菲茨伯特夫人仍以威尔士王子的妻子自居，坚持认为天主教教规高于国家法规，国王至死也未抛弃她。跟卡洛琳的婚姻是一场灾难。乔治第一眼见到她便飞也似地逃开，逃之前说的一句话后来广为流传：“哈里斯，我不舒服，求求你快给我弄一杯白兰地来。”就位后他曾试图离婚，但没能成功，直到 1796 年两人唯一的女儿夏洛特诞生后，他们才终于分开。在遇上菲茨伯特夫人之前，威尔士王子就已经有了好几个私生子，为他生过孩子的情妇中，能确认的有女戏子玛丽·罗宾逊、离婚女人格雷丝·艾略特、弗朗西斯·维利尔斯、伊莎贝拉·西摩－康维以及伊丽莎白·康妮哈姆。他 1820 年的加冕典礼极尽排场，耗资 24 万英镑，而他父亲当年的加冕典礼才花费了 1 万英镑。

乔治嗜酒如命，胸围达 50 英寸，每次在公共场合露面总会招来人们的嘲笑。他身患多种疾病：呼吸困难、白内障、动脉硬化、痛风，很可能还有卟啉症。死前他叫道：“上帝啊，这是怎么啦？”然后紧抓住自己的右手说：“噢，这手已经死啦。”《时报》报道说：“除了国王自己，没有任何一个国人对他的死感到惋惜。谁会为他流泪？谁会为他难受？……假如说他还有哪怕一个朋友的话，不管来自哪个阶层的真心朋友，我们永远也不要知道这个人姓甚名谁。”

'When from earth the Fourth descended/God be praised the Georges ended!'

“所有为革命奋斗过的人都将永垂不朽！”

玻利瓦尔在生命最后的日子里写下的话并在临终时不断重复

西蒙·玻利瓦尔将军是著名的南美政治领袖。他战胜西班牙，帮助玻利维亚、巴拿马、哥伦比亚、厄瓜多尔、秘鲁和委内瑞拉赢得了独立。拉法耶特侯爵代表乔治·华盛顿给他送来一封信和一枚金质勋章，这勋章是华盛顿在约克镇接受英军投降后铸造的。从此,他就被人们誉为“解放者”和“南美的乔治·华盛顿”。1810 年，他跟其他将领一起攻下委内瑞拉的首都加拉加斯，宣布从西班牙的统治下独立。1814 年，他指挥一小股军队拿下波哥大，之后前往牙买加，随后又卷土重来，再次解放了委内瑞拉并建立了哥伦比亚共和国（即今之厄瓜多尔、哥伦比亚、巴拿马和委内瑞拉），于 1819 年 12 月 17 日就任首任总统。之后，他解放了秘鲁。而玻利维亚也正是为了纪念玻利瓦尔的功勋而命名。

玻利瓦尔卸任后住在欧洲。12 月 8 日，即他死前九天，他对民众发表了最后一次演讲：“哥伦比亚人！我最后的愿望就是祖国昌盛。如果我的死能终止派系之争，实现联邦大团结，我将含笑九泉。”（托马斯·鲁尔克《光荣的西蒙·玻利瓦尔》，1939 年）。他患肺病住进哥伦比亚圣马塔的医院，在最后的日子里，他对医生说：“史上最伟大的三个傻瓜是耶稣基督、堂吉诃德——和我！”（约翰·J·约翰逊和多丽丝·M·拉德《西蒙·玻利瓦尔与西班牙美洲独立》，1968 年）《迷宫里的将军》一书（1990 年译本）的作者加布里尔·卡西亚·马奎兹相信，玻利瓦尔的最后遗言是：“见鬼！我怎样才能走出迷宫？”

'All who have served the Revolution have ploughed the sea.'

“一定要打开卧室的百叶窗，让屋里多些日光。”

临终语

这位博学的德国人写下了闻名于世的《浮士德》，他的作品对欧洲文学、音乐、戏剧、诗歌和哲学都产生了影响。他还是一位著名的科学家，留有关于动物、植物和色彩理论的著述，临终前还在跟人讨论视觉现象。P·休姆·布朗在其1920年出版的《生活》中描述了歌德的最后时刻：

> 19日晚，症状更严重了。他浑身发抖，疼痛由四肢逐渐蔓延至胸部，呼吸困难。第二天早晨，沃格尔发现他五官扭曲，面如死灰，胸部的疼痛使得他忍不住大声喊叫。到了傍晚，情况似乎有所好转，他甚至能坐起来，拿起一本他喜欢的书看起来。去世那天（22日）早上，他要奥泰利拿来文件夹，比对着图表跟她讲解了一会儿视觉现象。整个卧病期间他对自己的康复一直挺有信心，盼着天气暖和起来，那会对他的身体有好处。以往生病他总是急躁易怒，而这一次他像变了个人似的，镇定、温和而体贴，令护理他的人们大为感动。上午晚些时候，他还起来在床边的扶手椅上坐了半天。
>
> 他小睡了一会，还说了梦话，说有个美女的头在他面前飘过来飘过去。临近中午，他开始神思恍惚，他想起了席勒，看见地上有一张纸片，便问席勒的信怎么会被扔在那儿。他伸出食指在空中写着什么——那是他的老习惯了——而后在搭在他膝头的床单上划了一个大大的“W”。中午刚过，最后时刻到了。他坐在椅子一角，没有任何挣扎，就这么安安静静地走了。

'Do open the shutter in the bedroom, in order that more light may enter.'

“别哭，艾尔弗雷德。我20岁便将死去，这需要勇气。”

死前对弟弟所言

“现代代数之父”埃瓦里斯特·伽罗瓦生在巴黎附近，死于枪伤，死时还不满21岁。他两次报考埃科尔综合技术学院数学系均告失败，原因是他的答案“太奇怪”。在师范大学，他又因在报纸上撰文攻击系主任而被开除。他因发表威胁国王的言论被捕，无罪释放后又因非法穿着军装和携带武器入狱。出狱后六个月，他经历了一场灾难性的恋爱，之后接受了一位政敌的决斗挑战。

他明知次日的决斗没有胜算，但无法拒绝这一“事关荣誉的大事”。他通宵奋笔疾书，将他的数学研究心得写下来，以免被带进坟墓，其中许多问题他都在页边上注明“没时间去证明了”。早晨，他把写好的东西交给朋友奥古斯特·谢瓦里尔，走上了彼此距离二十五步、用手枪互射的决斗场。对方击穿了他的肠子，他被送到医院，对他弟弟说：“别哭，艾尔弗雷德。我20岁便将死去，这需要勇气。”他死于决斗的第二天，可能死于枪伤引发的腹膜炎。他拒绝牧师主持葬礼，最后被葬在一片普普通通的墓地。

E·T·贝尔评价道：“纵观整个科学史，像埃瓦里斯特·伽罗瓦这样桀骜不驯、愚顽短命的天才再也找不出第二个。”伽罗瓦死后二十四年，数学家约瑟夫·里奥威尔证明了他“先进的代数定理完全正确”。杰出的德国数学家赫尔曼·韦尔（1885—1985）评价伽罗瓦最后写下的文稿“新奇而深奥，也许是人类数学史上最重要的研究成果”。

'Don't cry, Alfred. I need all my courage to die at 20.'

"拉法耶特的名字将永垂青史！"

1834 年 12 月 31 日，约翰·昆西总统在国会的演讲

> 他把他自己，他的生命、财产、世袭的荣耀、远超他人的雄心、辉煌的希望，全都献给了自由解放事业。他不远万里来到另一个半球，为的就是捍卫自由。他成为我们独立事业的先锋之一，而当我们真正获得了独立，他却返回了他的国家，且从未参与我们两国的纷争……直到大天使的号角吹响，宣布他离我们而去。但拉法耶特这个名字将永垂青史，成为施恩不图报的高尚纯粹的人格的典范。

拉法耶特，法国贵族、军官，美国革命战争时期在乔治·华盛顿麾下作战，在布兰迪韦因战斗中负伤，仍坚持组织部队成功撤退。战争如火如荼，他返回法国谈判，请求法国更深入地参与战争。谈判结束后他回到美国，在约克镇阻击了科恩沃利斯的部队。在后来的法国大革命中，他成为国民卫队总司令。1824 年，蒙罗邀请他出席美国建国五周年庆典。活动完毕，在白宫为他举行的欢送会上，约翰·昆西站在杰斐逊、麦迪逊和蒙罗身边向拉法耶特致告别辞：

> 您是我们的，阁下。您为我们所作出的奉献令我们感激不尽，它将成为您留给我们的珍贵遗产。我们对您的爱将世代延续，它让您的名字跟华盛顿一起彪炳史册。在这依依惜别之际，让我们感到欣慰的是，我们深知您对我们国家的爱至死不渝。

'The name of Lafayette shall stand enrolled
upon the annals of our race.'

"上帝与德克萨斯同在——要么胜利，要么死亡！"

最后一封信，1836 年 3 月 3 日寄自阿拉莫

特拉维斯曾在墨西哥统治下的德克萨斯当过律师，后来成为反墨西哥组织"主战派"的重要成员。他在阿纳华克骚乱中发挥了关键作用，在贝尔围城之后晋升为骑兵团中校，并负责德克萨斯军队的新兵招募。阿拉莫被围，他率军誓死抵抗，1836 年 3 月 6 日，两百多名德克萨斯战士壮烈牺牲，其中就包括特拉维斯本人、吉姆·鲍伊和戴维·克罗克特。

2 月 24 日，特拉维斯送出一封求援信，信中说："致德克萨斯人和世界各地的美国人……我和一千多名德克萨斯士兵被围困在圣安娜。我们经受了 24 小时的狂轰滥炸，没损失一兵一卒。敌人要求我们投降，否则，城池陷落后将杀得我们片甲不留。我用一声炮响回应了他们的劝降，我们的战旗依然骄傲地飘扬在城墙上。我绝不会投降，也不会后撤。"3 月 3 日，他派信使送出了他的最后一份报告，报告是这样结尾的：

> 在这种情势下我将倾力而为。我满怀信心，相信我的勇士们会浴血奋战到最后一刻，他们可能会牺牲在敌人的炮火之下，但敌人将为此付出巨大的代价，这代价将比他们吃败仗还要惨重。我希望总部尽快为我们补充弹药及其他军需品……我们必须拒敌于圣安娜或者其他殖民地，最好不要让战火波及我们的休养生息之地。浸透鲜血的旗帜仍在贝尔教堂和我们的军营高高飘扬，象征着我们同反叛者势不两立。他们居然劝我投降，威胁说要血洗城池……上帝与德克萨斯同在——要么胜利，要么死亡！
>
> 又及：敌人的援兵仍在源源不断地赶到，可能有两到三千人。

'God and Texas—Victory or Death!'

"我死后把这一准则传之后人，永远相信你是正确的，勇往直前！"

1812 年战争期间给自己的座右铭

克罗克特是一位平民英雄、政治家和勇敢的斗士，有着"前线之王"的美誉。这位来自田纳西的神枪手在 1813 年至 1814 年与克里克印第安人的战争中担任旅长。1821 年和 1824 年他两度当选田纳西州立法委员会委员；他从 1824 年开始竞选，担任了三届（1827—1829、1829—1831、1833—1835）国会议员。作为众议院议员，他认为人人都有权在西部购买土地，反对原来"只有已经拥有一定数量的财产的人才能在西部购买土地"的规定。他反对安德鲁 · 杰克逊的《印第安人迁移法案》，令杰克逊在 1831 年连任总统的竞选中失败。这位"前线之王"解释说："我不针对任何人，不谋私利，我只希望称职的人入主白宫，不管他是谁。"1834 年，他的自传《大卫 · 克罗克特生平自述》出版。他去东部推销自己的书，在连任国会议员的竞选中以微弱劣势失败。1835 年再度竞选失败后他说："我告诉我那个地区的选民，我将一如既往忠诚地为他们服务。但如果你们不选我……那你们全都下地狱去吧，我去德克萨斯竞选就是了。"举国上下都知道，多年来他就一直是出了名的"跨州政治代表"。

在帮助德克萨斯从墨西哥统治下赢取独立的战争中，49 岁的克罗克特在阿拉莫壮烈牺牲。在敌人接连不断的进攻和炮轰下，两百壮士坚守了十一天。战斗结束，美国人悉数阵亡，而墨西哥人也留下了 2000 具尸体。克罗克特的遗体一直没找到，人们只在他的出生地立了一块粗糙的石碑，上书："大卫 · 克罗克特，先锋、爱国者、战士、捕猎者、探险家、州立法委员、国会议员，牺牲于阿拉莫。1786—1836。"

'I leave this rule for others when I'm dead,
be always sure you're right, then go ahead.'

“我躺着说的话更得算数。”

据传系其临终遗言

詹姆斯·麦迪逊是美国开国元勋中最年轻的一位，到他 85 岁去世时，他是仅存的一位《美国宪法》的签字者。1836 年 6 月末，一些伙伴聚在他位于弗吉尼亚的农场，建议他服用兴奋剂，以争取活到 7 月 4 日，赶上纪念《独立宣言》签署六十周年庆典。他拒绝了。他的侄女问他 :“你为什么不答应呢，詹姆斯叔叔？”

他回答道 :“再没有比更改主意更难的了，亲爱的。我向来如此，躺着说的话更得算数。”据传这便是他临终前的最后几句话。他在睡梦中辞世。

麦迪逊在 1801 年至 1809 年间担任杰斐逊的国务卿。在他的建议下，美国向法国购买了路易斯安那，使国土面积增加了一倍。他反对汉密尔顿的财政主张，力图控制北方资本家财富和权力的过度膨胀，促进了“民主共和党”，或者说是“杰斐逊党”的发展。在总统任上（1809—1817），他还领导了 1812 年爆发的第二次美英战争①。

麦迪逊被公认为“宪法之父”。1788 年的《联邦党人文集》中，超过三分之一都出自他的手笔，这些论文迄今仍被认为是对美国宪法精神最权威的解读。他还起草了许多基本法规，并主持拟定了宪法的前十条修正案。作为著名的政治理论家，他尤其引人瞩目的理论是“新生的共和国需要调控和维持平衡，不能横征暴敛，要注意保护个人权利”。在 1788 年给托马斯·杰斐逊的一封信中，他写道 :“凡政府权力之所在，都存在着压迫人民的危险。”

① 又称“第二次独立战争”，独立后的美国意欲兼并英属殖民地加拿大，遂于 1812 年 6 月 18 日向英国宣战。正是在此次战争中，英军曾攻占华盛顿并火烧白宫。这是美国首都第一次，也是唯一一次被外国军队占领。

'I always talk better lying down.'

ALECSANDR SERGEEVICH POUSHKIN
亚历山大 · 谢尔盖耶维奇 · 普希金
公元 1799 年 6 月 6 日—公元 1837 年 2 月 10 日

“我无法呼吸，我要憋死了。”

见大仲马关于普希金的文章

亚历山大 · 普希金是俄罗斯最伟大的诗人。在法国文学和英国文学独步世界文坛的时代，普希金给俄国文学带来了革命性的变化，其创作体裁丰富，有叙事诗、爱情诗、政治诗、短篇小说、长篇小说、戏剧、历史故事和童话故事等，不一而足。其中，最为人所熟知的作品有《叶甫盖尼 · 奥涅金》和《鲍里斯 · 戈都诺夫》。

1837 年 2 月，普希金给法籍近卫军军官乔治 · 丹特士送去了决斗挑战书，丹特士是普希金夫人的姐夫，却与普希金的妻子传出了绯闻。普希金在决斗中身负重伤，痛苦挣扎了两天两夜。他的朋友兼合作伙伴、辞典编纂者、作家、海军医生弗拉基米尔 · 达尔赶来照料他。普希金在痛苦中慢慢死去，身边堆满了书。俄罗斯科学院俄罗斯文学研究所的文献资料中有这样的描述 :“在莫伊卡大街 12 号普希金家的书房里，普希金对这些书说 :‘永别了，朋友们。’”

> 死前的最后挣扎开始了……他抓住达尔的手说 :“把我扶起来。高点，再高点。”这是谵语还是在向上帝靠拢？再次清醒时，他指着书架对达尔说 :“好像你和我都爬上了那书架，爬得太高，我脖子都发酸了。”少顷，他闭上眼睛，摸索着达尔的手，说 :“来吧，来吧，让咱们一起出发。”达尔冒着进一步伤害到他的危险将他扶起，他突然睁开眼睛，脸都变形了，说:“结束了。我要走了，我要走了。”边说边倒了下去。“我无法呼吸，我要憋死了。”这是他死前的最后两句话。他的呼吸越来越慢，直至停止。没人注意到，停止呼吸前他叹了口气。久科夫斯基（著名诗人，后来成了普希金作品代理人）沉默半晌，看了一眼达尔 ;“一切都结束了。”达尔说。

'I can hardly breathe; I am suffocating.'

WILLIAM IV, WILLIAM HENRY, KING OF THE UNITED KINGDOM OF GREAT BRITAIN AND IRELAND, KING OF HANOVER

威廉四世，威廉·亨利，大不列颠及爱尔兰联合王国国王，汉诺威国王

公元1765年8月21日—公元1837年6月20日

“我相信上帝会让我再多活九个月。”

1836年8月，在最后一次生日宴会上说的话

威廉是乔治三世的第三个儿子，因为父亲和兄长都没留下合法继承人，他便顺理成章地继承了王位。人们给了他两个绰号:“水手国王”和“傻子比利”。他登基时已经64岁了。

1791年，当时的威廉还是克拉伦斯公爵，已经跟一位爱尔兰女演员一起生活了整整二十年。女演员名叫多萝西·布兰德，艺名乔丹夫人。两人有十个孩子，全都姓菲茨克拉伦斯。威廉告诉一位朋友："乔丹夫人是个极好的女人，很顾家，很在乎孩子。当然，有时也会有点古怪，会发发脾气。但小吵小闹的事情哪个家庭避免得了呢？”两人的关系于1811年结束，乔丹夫人归咎于他的债务："钱，钱，我敢说，就是钱弄得他又可怜又可恨……”演艺事业结束后，她为躲避债务逃到法国，1816年在贫困之中于巴黎谢世。

债务缠身的公爵一门心思要娶一位富有的女继承人。1818年，50岁的他终于如愿以偿，娶了年方二十五的萨克森—梅林根公主阿得莱德，债务问题总算得到了解决。两人没有子嗣，他的侄女维多利亚便成了排位最前的王位继承人。但威廉很讨厌维多利亚的母亲肯特女伯爵。1836年，在他的最后一次生日宴会上他声称，他一定要活到维多利亚年满18岁，不给肯特女伯爵垂帘听政的机会："我相信上帝会再让我多活九个月……到那时，我就可以放心地把王位传给那位年轻女士了，而不致让大权旁落到我身边的某人手中，这个人成天被一些小人包围着，而她自己也没能力处理好复杂的宫廷事务。”十个月后，他因心脏病发作去世。

'I trust to God that my life may be spared for nine months longer.'

“世界末日到了！但我知足了！”

约翰·昆西·亚当斯是约翰·亚当斯总统的儿子，于 1825 年就任美利坚合众国第六任总统。在竞选期间，安德鲁·杰克逊无论在民意还是选票方面都略胜亚当斯一筹，但最终结果两人难分高下，遂由众议院拍板，任命约翰·昆西·亚当斯为总统。宣誓就职时他不用《圣经》，而是把手放在一本法律书和一本宪法上完成。亚当斯习惯一大早去波托马克河裸泳。安妮·罗亚尔是美国的第一位职业记者，她知道总统的这一癖好，在采访请求多次被拒后，她来到河边，将总统的衣裤坐在屁股底下，总统被逼无奈，只好接受了她的采访。

在致詹姆斯·麦迪逊的颂词中，他肯定了麦迪逊“联盟算不得国家”的观点。人们记忆中的他是一位“外交总统”，因为在担任门罗总统的国务卿期间，他曾在外交事务上卓有建树：跟英国共同占有了俄勒冈；让佛罗里达从西班牙分离出来；使所谓的“门罗主义”成型。他反对奴隶制，宣称：“奴隶解放的这一天终将到来。我们不知道具体时间，也不知道它会以何种方式到来，可能是和平的方式，也有可能流血牺牲。但不管是和平的还是血腥的，让它来吧……哪怕是以千百万白人的鲜血为代价，都让它来吧。就算天塌下来，我们也要伸张正义。”

1829 年，他再次参加竞选，输给了安德鲁·杰克逊，出人意料的是，第十一选区——他的家乡马萨诸塞州的选民们，推选他为众议院议员，他也成为卸任总统后当选众议院议员的唯一一人。十九年后，年届八十的他在议院中风倒地，被抬到新闻发言人办公室，两天后与世长辞。中风当日他说：“世界末日到了，但我并不慌乱。”这是他遗言的又一个版本。

'This is the last of Earth! I am content!'

公元1818年7月30日—公元1848年12月19日

“我生就不是胆小鬼！”

她的最后一首诗

我生就不是胆小鬼，
风雨如磐、雷鸣电闪，我不会抖颤：
我看见天国之光，
还有信仰之光，给了我勇气。
啊，上帝永在我心，
全能的、无处不在的上帝！
我的生命安息了，
却因你而永恒！

艾米丽·简·勃朗特是勃朗特三姊妹中的老二，《呼啸山庄》是其传世佳作，以笔名爱丽丝·贝尔出版。她的健康状况一向不佳，在参加她哥哥布兰威尔的葬礼时患了感冒，继而又发展成肺病。据伊丽莎白·加斯克尔的《夏洛蒂·勃朗特生平》（1857年）一书可知，她至死都拒绝药物治疗：

艾米丽的病情迅速恶化。我至今仍记得勃朗特小姐回忆起寻找“喷雾花”一事时浑身颤抖的样子。这种花有缓解疼痛的作用，当时，岩洞、石缝、野地里都找遍了，结果只找到一枝，而且已经枯萎。而当把这花递到艾米丽手上时，她发现那并非“喷雾花”，因为找花的人对这种花不熟悉，加之光线昏暗，结果给弄错了。直到生命的最后时刻，艾米丽都近乎固执地坚持万事不求人的习惯。她受不了别人帮忙……夏洛蒂和安妮虽然满心恐惧，但仍对她的康复抱着一线希望。那天早上夏洛蒂写了封信——很可能就在她垂危的妹妹身边写的。“星期二。哪怕还能说出一句有希望的话，我早就给你

'No coward soul is mine.'

写信了，但我看不到丝毫希望。她的情况一天比一天糟糕。大夫含糊其辞，尽说些没用的话。他送来一些药，但她拒绝服用。再没有比这更让人绝望的时刻了。我只有祈求上帝帮助，他老人家从来都不会拒绝我们的。”从早上熬到中午，艾米丽眼看着不行了，几乎连话都说不出来了。她对夏洛蒂说：“如果你叫医生来，我答应让他看看。”然而为时已晚，两点左右，她告别了人世。

“勇敢点，夏洛蒂，勇敢点！”

临死前对姐姐说的话

就文学成就而言，人们对安妮的评价不如对她两个姐姐的评价高。继《艾格尼丝·格雷》后，她又写出了现实主义风格的小说《威尔德菲尔庄园的房客》。她才29岁就死于肺病。姐姐艾米丽30岁去世，在她心里投下了巨大的阴影。她于当年圣诞节患上了流感，更糟糕的是她被送到斯卡伯勒养病。5月27日，她问姐姐夏洛蒂能否让她回到霍沃思，这样能让她死在家里。5月28日，医生告诉她的姐姐说她死期已近。看着夏洛蒂伤心的样子，安妮低声叫她“勇敢点”，说完这话没过一会，她就溘然长逝了。她没有跟家人一样葬在霍沃思，而是葬在了斯卡伯勒的圣玛丽教堂。安妮的最后一首诗就叫作《最后的诗行》，其中写道：

倘若死神来到门口，
我郑重起誓：
主啊！不论是什么命运我都接受，
啊，让我成为你的奴仆！

夏洛蒂写道：“写完这几句诗后，抽屉关上，笔放过一边，一切都结束了——永远。”1849年6月，她写下《安妮·勃朗特之死》：

在生少乐趣，死后无恐惧；
眼看着一个人永别，
恨不能自己代替。
平静地看着她断气，
好希望能痛快一些；
愿死神赶快降临，
让我至爱的人早点安息。

'Take courage, Charlotte, take courage!'

FIELD MARSHAL ARTHUR WELLESLEY, FIRST DUKE OF WELLINGTON

陆军元帅阿瑟·韦尔兹利，威灵顿第一任公爵

公元 1769 年 4 月 29 日或 5 月 1 日—公元 1852 年 9 月 14 日

“因为这是英格兰最伟大的儿子。”

丁尼生勋爵艾尔弗雷德《悼威灵顿公爵》，1852 年

在被授予骑士称号并当选为议员之前，韦尔兹利曾转战弗兰德斯和印度。归国后他参加了半岛战争，与拿破仑作战，迫使法国撤出了西班牙和葡萄牙。1814 年，拿破仑逊位，韦尔兹利获封威灵顿公爵。1815 年，他与普鲁士元帅布吕歇尔联手在滑铁卢打败了拿破仑。1828 年，他被拥上了首相宝座。因为反对议会改革，他得到了“铁腕公爵”的绰号。他在外交大臣任上辞世，丁尼生勋爵艾尔弗雷德赋诗赞颂他：

鼙鼓声声，
最伟大的战士冲向敌阵；
……
他是英格兰最伟大的儿子，
所向披靡，百战百胜，
从未让英格兰损兵折将；
……
在另一颗太阳下，
在其后的日子，
他宏图大略，排兵布阵，
铁桶般围住里斯本，
他傲然屹立在海湾，
一声令下，王者之师出击，
大获全胜。
他四处转战，
从荒芜的葡萄园

'For this is England's greatest son.'

到法兰西的高山,
仰望雄鹰翱翔,
俯听松涛阵阵,
军号嘹亮,
炮火轰鸣……
决胜只争朝夕!
势如破竹,
敌人灰飞烟灭。
终于,普鲁士人的号角吹响,
云开雾散,天地一片透亮,
锲而不舍的伟大战士,
在滑铁卢把敌人埋葬!

“难道你们没有刺刀？”

在英克曼之战中的最后一句话

在克里米亚战争中，拉格兰爵士指挥失当，白白损失了一支轻骑兵部队，为人诟病。没过多久，在英克曼山他再次指挥失误。当时俄军已准备撤退，他却还在那儿部署如何防御。全仗将士用命，兵力五倍于英军的俄军才未能进攻得逞。而作为一位成功的英国外交官，卡思卡特爵士正是在这次战役中死在大雾弥漫的战场上。据詹姆斯·海尼–斯基那《和斯特拉特福德老爷在克里米亚战争中》（1883年）一书记载：

> 英克曼之战，英军完全谈不上什么战略战术，但士兵们个个争先，军官们也深受感染……乔治·卡思卡特爵士率第四师火速前进，掩护近卫旅的行动，本汀克将军接应近卫旅撤回，他自己却身负重伤。坎布里奇公爵把各零散部队收拢，组成了最后一道防线。在此紧要关头，拉格兰命令乔治·卡思卡特带领四百人前去摸清受阻于戈德斯特里姆斯的敌军动向。就这样，他们脱离了大部队，很快就陷入赶来增援的俄军的包围之中。“没有子弹了！”士兵们叫道。“难道你们没有刺刀？”卡思卡特平静地答道，然后身先士卒，率领战士们杀出一条血路，回到第四师。刚一抵达，他就被一颗流弹射中心脏。他的副官查尔斯·西摩见状急忙下马将他扶起。西摩自己也受了重伤。两人血肉模糊，并肩挺立在战场上，诠释了战士的荣耀。

'Have you no bayonets?'

“我不会死的，对吧？他不会把我们分开，我们在一起是多么幸福啊。”

死前的最后几句话

夏洛蒂是勃朗特三姊妹中的老大，《简·爱》的作者。1854年6月，她嫁给了父亲的副牧师阿瑟·贝尔·尼科尔斯，很快便怀孕了。但她的健康状况迅速恶化，婚后九个月便怀着孩子去世了。勃朗特家兄弟姐妹六人，只有夏洛蒂差点活到了不惑之年。

1855年初，夏洛蒂持续呕吐，并伴有眩晕。硬挺了一段时间后，她终于答应丈夫看医生。医生来了，作了常规性处理，告诉她身体并无大碍，很快就会好转。夏洛蒂自知病得不轻，仍咬牙挺着。但情况却越来越糟糕，到后来，她一见到食物就会呕吐。“过去六个星期里她吃的那点儿东西，连一只小鸟都喂不饱。”一位朋友说。朋友们都给她打气，要她多想想肚子里的宝宝。“有时候我还是挺开心的，”夏洛蒂回答说，“可我病得太厉害了，怎么也打不起精神……”

她写道：“我不会诉说自己的痛苦，那毫无用处，只会徒增烦恼。我要说的话你听了就会放心了。那就是，从来没有哪一个女人像我这样，得到了丈夫最温柔的照顾、最大的支持和最贴心的安慰。他的病人尽管日日夜夜备受煎熬，但绝不会放弃。”恍惚中她偶尔会有片刻清醒，看着丈夫那张伤心欲绝的脸，听见他在为自己喃喃祈祷。“别这样，”她说，“我不会死的，对吧？他不会把我们分开，我们在一起是多么幸福啊。”

'I am not going to die, am I? He will not separate us, we have been so happy.'

HEINRICH HEINE **海因里希·海涅**
公元 1797 年 12 月 13 日—公元 1856 年 2 月 17 日

“上帝会原谅我。那是他的分内之事。”

最后遗言，摘自阿尔弗雷德·迈斯纳《忆海涅》，1856 年

德国抒情诗人海涅生命中的最后八年饱受病痛折磨，一直在巴黎卧床不起。他曾写道：“睡眠挺好，死亡更棒；当然，最好莫过于从未降生到这人世上。”1997 年，相关人员对他的头发进行了分析，结果表明，海涅死于慢性铅中毒。他的侄子写道：“死前三天，他呕吐不止，全身痉挛……他越来越虚弱，挣扎在濒死的痛苦之中。”

1858 年 3 月 2 日，海涅的护士凯瑟琳·鲍罗伊斯致夏洛特·恩姆顿夫人的信：

> 死前一天，我可怜的主人说：“很高兴我的家人来了，因为我以后再也见不到他们了。”他后悔星期三没有写信，因为之后他就连笔都拿不稳了。最后一晚，他不断重复星期五说过的话：“我完蛋了！”他去世的那晚有人跟我一起陪护，我知道主人快不行了，便跑去叫波琳小姐（海涅的管家）。我本可以去叫夫人的，但我害怕夫人会大放悲声，这会使临死之人更加痛苦。但到了最后一刻，波琳小姐还是去通知了夫人，她一到门口我就告诉她：“一切都结束了！”死前一刻钟，海涅先生神志完全清醒。我像以往一样鼓励他安慰他，但他跟我们一样清楚，知道任何药物都回天无力了……还有，星期六下午四五点钟，主人接连叫了我三次。他让我记录下他要说的话……但我听不清，又不忍让他重复，便回答说好的。后来我对他说：“还是等你呕吐停止了你自己来写吧。”他回答说：“我就要死了。”

'God will pardon me. It is his trade.'

“除非付出血的代价，这片罪恶土地上的罪恶永远无法清除。”

在弗吉尼亚临刑前写下的话

1837年，废奴主义长老派牧师、记者埃利亚·帕里西·拉夫乔伊在伊利诺斯被黑帮暗杀后，布朗成为了一个废奴主义者。他渐渐地偏离了和平主义，主张并实施暴力行动，制造了一系列暗杀事件，其中就包括1856年发生在堪萨斯的波塔瓦托米事件。事件中，五个奴隶制的支持者被枪杀。1859年，他占领了位于哈珀码头（在今西弗吉尼亚）的联邦军械库，组织黑奴武装叛乱。仅仅三十六个小时，叛军便土崩瓦解，他和他的士兵或死或伤，剩下的全部被俘。这次事件使得局势更加紧张，被称为“导致内战的临界点”。布朗被认定犯有叛国罪，被处以绞刑，但他的所作所为给予了废奴事业莫大的帮助。1859年11月2日出庭受审时他说：“为了促进公正的最终实现，我愿献出我的生命，让我的血跟我孩子们的血，跟那些在这个国家饱受邪恶、残忍和不公正对待的千百万黑奴的血流在一起。我服罪，随你们处置吧。”

北方各地为他举行了悼念活动，到处可闻教堂的钟声，美国作家亨利·梭罗和拉尔夫·沃尔多·爱默生对他的功绩大加颂扬。1861年流行的一首歌里有这么一句：“约翰·布朗的遗体在坟墓里朽烂，但他的灵魂在继续前进。”他死后十六个月内战爆发，这首歌被北方军定为军歌。内战结束后，著名的黑人人权活动家弗雷德里克·道格拉斯写道：“约翰·布朗失败了吗？约翰·布朗发动了一场战争，正是这场战争终结了奴隶制度，创建了这个自由的共和国。他为自由事业所作的贡献远胜于我。我奉献的只是一束烛光，而他奉献的是炽烈的阳光。我为奴隶们而活，而约翰·布朗为奴隶们而死。”

'The crimes of this guily land will never be purged away but with blood.'

“我是如何爱你的？让我细细道来。”

十四行诗第43首开头两行

上面的诗句概括了历史上一个伟大的爱情故事。1838年，女诗人病了，医生让她去托基疗养。在那里，他弟弟在玩帆船时不幸遇难。她的病情加重，遂返回伦敦温波尔街53号家中跟父亲同住，整整四年几乎足不出户。1844年的诗作使她闻名全国，诗人罗伯特·勃朗宁写信给她说自己很喜欢她的作品。在一位熟人的安排下，1845年，勃朗宁跟伊丽莎白见面，由是开始了一段著名的爱情，两人关系不断发展，最终秘密成婚。伊丽莎白比勃朗宁大六岁，且体弱多病，她简直不敢相信勃朗宁真的会像他所表白的那么爱她，她写道：“他宁愿……他说他是经过深思熟虑自愿作出的选择，只要我允许他每天在我身边坐上一个小时，他就会沉醉在甜蜜的梦想之中，绝不会打扰我。我到现在都怀疑，他所说的甜蜜的梦是否真的指我。感觉就像是太阳从西边出来了……我的这一生真是个奇迹。我敢肯定，从来不曾有人像我这么幸福。”

秘密结婚的伊丽莎白被剥夺了继承权。1846年，两人逃往意大利。45岁的她在无比甜蜜的婚姻生活中生下一个儿子。这期间一位友人和她的父亲相继去世，而她的健康状况也再度恶化。她死在丈夫的怀抱里，死因是肺功能衰竭。勃朗宁写道：

> 她的面容一刻不停地浮现在我脑海里，直到我再次见到她，久久地凝望着她——她对我的无限爱意明明白白地写在那张脸上。她一直都面带微笑，开开心心，像个小姑娘似的。几分钟后她就死在了我怀里，脑袋靠在我脸上……没有挣扎，没有剧烈的痛苦，没有生离死别的凄惨。上帝抱走了她，就像把一个孩子从一张不舒服的床上抱到他怀里，置于他的光辉之下。感谢上帝。

'How do I love thee? Let me count the ways.'

“驼鹿……印第安人。”

临终呓语

1835年，梭罗患上肺病，时好时坏，拖到1859年又并发了支气管炎，身体便彻底垮掉了。自知来日无多，他抓紧最后三年时间整理自己未及出版的作品，特别是《缅因森林》和《远足》。朋友们都为他担心，同时又感佩他面对死亡的豁达态度。梭罗的传记作者亨利·索尔特写道：

对于像梭罗这样性格的人来说，死亡本身并不可怕，可怕的是在等待死神降临期间备受煎熬。他每天都要散步，跟大自然交流，而在那个漫长的冬天，他剩下的只有对过去的回忆，就连一直坚持写的日记也中断了，因为已经没什么有价值的内容可记了。他仍像过去的二十五年一样外出散步，但他不再言语，不了解他的人很难想象，曾经“大自然就是他的朋友，不论在田间还是在林中他都能找到可与之倾诉的对象……”1862年5月6日，一个春光明媚的早晨，最后的时刻到了。8点钟，他嗅了嗅一位朋友送来的自家栽的洋水仙，让人扶他坐起来。他的呼吸越来越微弱，当着母亲和姐姐的面，没有痛苦、没有挣扎地死去了。死前他念叨着什么，能听清的就两个词“驼鹿”和“印第安人”——显然，他仍然难以忘怀那些曾经令他魂牵梦萦的地方。他被葬在一座宁静的墓园，跟他的哥哥姐姐并肩长眠。两年后，纳撒尼尔·霍桑也下葬于此。爱默生在葬礼上致了悼词，并朗诵了梭罗的诗《舍克·维塔》。

'Moose...Indian.'

GENERAL THOMAS JONATHAN 'STONEWALL' JACKSON

托马斯·乔纳森·杰克逊将军，绰号“石墙”

公元1824年1月21日—公元1863年5月10日

“咱们过河去，在树荫下坐坐！”

临死语

1861年，布尔朗战役第一仗，乔纳森就为自己赢得了“石墙”的美誉。当时，南方联盟军已开始溃败，乔纳森率部及时赶到。毕将军命令自己的部队重新集结，高声道：“杰克逊像一面石墙屹立在这儿。让我们决一死战，我们必胜。跟我来！”

1863年5月2日，在弗吉尼亚州钱塞勒斯维尔大战中，杰克逊被自己的哨兵误伤，只得截去左臂。南军主帅罗伯特·E·李将军决定将他转移到安全的地方，至少要距前线三十英里。在给杰克逊的命令中他写道：“如果事情能由我决定，为了国家利益，我宁愿断臂的是我而不是你。”大家都以为杰克逊能够康复，然而事与愿违，断臂引发了肺炎，他撑不了多久了。在他弥留之际，李将军给军中的牧师B·塔克尔·拉西写了一封信，说：“代我向杰克逊将军致以最热忱的敬意。告诉他，他失去了左臂，我失去了右臂。”

在病床上，杰克逊对医生说：“今天是主日，我的愿望终于实现了。我一直希望能死在礼拜日。”亨特·麦克基里大夫记下了他生命中最后几个小时的情况：“死前几分钟，痛苦不堪的他突然高声叫道：‘命令A·P·希尔准备战斗！让步兵疾速前进！霍克上校——’最后一句没说完，便戛然而止。随后，他脸上漾起难以名状的笑意，带着一种如释重负的神情，说：‘咱们过河去，在树荫下坐坐。’”他的死是南方联盟的重大损失，影响了军队的士气和公众的信心。

'Let us cross over the river and sit under the shade of the trees.'

BRIGADIER-GENERAL LEWIS ADDISON ARMISTEAD
刘易斯·艾迪生·阿米斯特德准将

公元1817年2月18日—公元1863年7月5日

“我们打得很漂亮，却失利了。感谢上帝，弗吉尼亚尽到了它的职责。”

1863年7月3日在盖茨堡战役中说的话。此战中他身负重伤

突然，南军皮克特少将手下一位名叫刘易斯·阿米斯特德的旅长率领一百名弗吉尼亚士兵越过墙头，他高声喊道：“前进，弗吉尼亚人！来吧，小伙子们，跟他们短兵相接！谁跟我往前冲？”士兵们捡起丢弃的枪，有人还把枪抡了个圈儿，但他们没法开火，因为没有子弹。彷佛是命运的捉弄，阿米斯特德最好的朋友温菲尔德·斯科特·汉考克此时正作为北军指挥官镇守着阿米斯特德攻击的阵地。跟阿米斯特德并肩作战的两位旅长是詹姆斯·马歇尔和理查德·加纳特。后者曾被“石墙”托马斯·杰克逊送上过军事法庭，现在显然是为了赎罪而拼死杀敌。然而两人相继阵亡。佩蒂格鲁和劳伦斯负伤，特里姆伯、肯帕和福莱则受伤被俘，他们全都拼尽了全力却已回天无术。一天下来，皮克特的伤亡、被俘人数达2655人，为总兵力的42%……（据厄尔·J·海斯《皮克特冲锋——对盖茨堡的最后一次攻击》，2001年）

重伤的阿米斯特德被俘，被送到联邦军的后方。1890年，明尼苏达州州长托马斯·H·普雷内尔在给朋友的信中写道：

交战结束，到处一片混乱。我一眼看出一个裹着毯子的人是联盟军军官，有人告诉我说他就是阿米斯特德将军。看上去他头部伤得很重，但意识还算清醒，还能说话，只是有点语无伦次。他问汉考克将军怎么样了，当他得知汉考克也受伤时，他说：“我很抱歉。他是个了不起的家伙。”记得他还说了一句：“我们打得漂亮，却失利了。感谢上帝，弗吉尼亚尽到了它的职责。”

'We made a good fight, but lost; thank God,
Virginia did its duty.'

“德克萨斯！德克萨斯！玛格丽特……”

死前呓语

休斯顿是弗吉尼亚人，在马蹄湾同英军作战时曾三次负伤。他在田纳西州当律师，跟切洛基族人一起生活，绰号“大乌鸦”。他先是当选为议员，并于1827年当选州长。1836年，德克萨斯宣布脱离墨西哥统治独立，休斯顿被任命为军队总司令，击败了圣安那将军，维护了德克萨斯的独立。他是德克萨斯共和国第一任总统，1845年德克萨斯改建制为州后，他当选为参议员，后又当选为州长。1861年他被免职，原因是他拒绝让德克萨斯从联邦分裂出去。他预言道：

> 从联邦分裂出去另立政府将会引发战争。如果你们硬要跟联邦作战，你永远不可能击败它，因为它财力雄厚、兵员充足。即使它不用刀枪炮火毁灭你，最终也会饿死你。你们将付出的代价是祖国的花朵——年轻人的生命……我以惨遭践踏的德克萨斯宪法的名义起誓，拒绝分裂。我是那么热爱德克萨斯，不愿看到它遍地硝烟和鲜血……我敢肯定，内战已迫在眉睫……而且将持续很久。

休斯顿患上肺炎，不久后死在亨特斯维尔名为“船屋”的宅邸里，为他送终的有他的第三任妻子和大多数子女。1863年8月5日的《达拉斯先驱报》刊登了讣告，其中有这么几句：“他是那么受人爱戴，我们不必流泪。把国人对他的苛求随他一起埋葬掉吧。”1936年，在德克萨斯建州百年之际，他的坟墓上安放了一块大理石纪念碑，碑文由他的好友安德鲁·杰克逊亲自撰写：“世界将维护休斯顿的美誉。”

'Texas! Texas! Margaret...'

“距离这么远，他们连一头大象都打不中。”

被子弹击中前说的话

塞奇威克是美国内战时期北方联邦军的一位将军。他身经百战，曾参加过塞米诺尔战争、墨美战争、犹他州战争和数次印第安战争。在格伦戴尔，他胳膊和腿都受了伤，在安提塔姆，他差点成为“石墙”杰克逊的瓮中之鳖，该战中他身中三弹，损兵2200人。他还参加过钱塞勒斯维尔、萨勒姆教堂和怀尔德尼斯的战斗。在斯波齐尔维尼亚法院大楼的战斗中，他指挥炮兵部队，可是士兵们被联盟军的神枪手打得抬不起头来。他被打死时，麦克马洪将军就在他身边，记录下了当时的情形：

> 我命令部队向右移。士兵们依令而行。正在这时，子弹“啪啪”地射过来，其中一些来自他们的神枪手。子弹的呼啸声中，一些士兵埋头躲避。将军笑道：“怎么啦，怎么啦，小伙子们，几颗子弹就吓成这样！要是人家全面开火你们怎么办？我真替你们害臊。距离这么远，他们连一头大象都打不中。”几秒钟后，一名士兵从将军面前走过，子弹长长的啸声复又响起，士兵连忙趴到地上。将军用脚踹踹他说：“瞧瞧，小子，屁股朝天也不嫌丢人，”然后他把刚才那句话又重复了一遍，“距离这么远，他们连一头大象都打不中。”士兵也不生气，站起来敬了个礼说：“将军，我刚躲过一劫。我要是不趴下，只怕脑袋就没了。还是趴下为妙。”将军被逗笑了：“行，小子，归队吧。”正在这时，又一阵震耳欲聋的枪声响起，打断了我们的谈话。枪声过后，我正待重拾话头，只见将军慢慢朝我转过头来，鲜血从他的左颊喷涌而出。他朝我这边倒下，我本想扶他，因为相距太近，连我自己也被撞倒了。

'They couldn't hit an elephant at this distance.'

“她啥都不会想……”

被暗杀前说的最后一句话

1865 年 4 月 14 日，恰逢耶稣受难日。晚上，林肯夫妇去福特大剧院观看《我们的美国表姐》，陪同的是一对已经订婚的情侣亨利·拉斯邦上校和克拉拉·哈里斯。玛丽·托德·林肯回忆道：“一路上他都很开心，我笑着对他说：‘亲爱的，看你高兴成这个样子，真让我吃惊。’总统回答说：‘我怎么能不高兴呢，玛丽？我在想，战争差不多该结束了。’”

约翰·威尔克斯·布斯却不甘失败，联盟军的失利、奴隶解放、林肯提议给予刚获解放的黑奴以选举权，凡此种种都令他怒不可遏，于是他便与人密谋暗杀总统、副总统和国务卿。虽然罗伯特·E·李将军的弗吉尼亚北部军队已于四天前投降，约瑟夫·约翰斯顿将军的联盟军却仍在负隅顽抗。因此，布斯决定趁乱再添把火，通过暗杀来动摇联邦的根基。

演到第三幕时，玛丽·林肯对丈夫耳语道：“我这样跟你手拉着手，哈里斯小姐看到会怎么想？”总统答道：“她啥都不会想……”而此时的布斯正穿过总统包厢与走廊之间的过道，堵住了进出包厢的门。他是个演员，福特大剧院的人都认识他，因而得以轻而易举地闯入。10 点刚过，他举起大口径短筒手枪，瞄准总统的后脑开了一枪。文武官员和医生蜂拥而入，玛丽·林肯哀求查尔斯·里尔大夫：“噢，大夫，一定要竭尽全力抢救我丈夫，一定要救活他。”

总统再也没能醒过来，于次日早上 7 点 22 分去世。当时守在他身边的国防部长埃德温·斯坦顿说：“现在，他归于永恒了。”布斯逃跑时被国旗绊倒，摔断了一条腿。十一天后他在藏身的烟草仓库被击毙。四个同谋者被绞死。丈夫被暗杀，加上之前痛失两个爱子，使林肯夫人备受打击，从此精神失常，一辈子都身着黑衣。

'She won't think anything about it...'

“告诉母亲，告诉母亲，我为国家而死……不行了……看不见了……”

临死语

约翰 · 威尔克斯 · 布斯是个成功的演员，曾在母亲的要求下答应不为南方联盟效力。1859 年，他参与吊死了废奴主义者约翰 · 布朗，内战中跟联盟间谍合作，企图绑架林肯用以交换联盟军的战俘。1865 年，李将军投降，但约翰斯顿将军仍在负隅顽抗，布斯则阴谋策划暗杀联邦军总司令尤利西斯·S·格兰特将军、国务卿威廉·希尔伍德、副总统安德鲁·约翰逊和总统林肯，准备一举除掉联邦四巨头。4 月 14 日，他听了林肯在白宫外关于废除奴隶制度的演讲，咬牙切齿地表示，这将是林肯的最后一次演讲。

射杀林肯后，布斯从十二英尺高的包厢跳到福特大剧院的舞台上，嘴里高喊着弗吉尼亚联邦的座右铭：“这就是暴君的下场！”在同谋者大卫 · 哈罗德的帮助下，他逃出了华盛顿，后来在弗吉尼亚被包围在一座烟草仓库。哈罗德放弃了抵抗，而布斯拒不投降，叫嚣道：“上尉，我敢打赌你拿我没办法。给瘸子一个机会吧。让你的人在距这道门二十码处停下，我保证把你们全干掉。”见士兵们不予理会，他又叫道，“那好，勇敢的弟兄们，给我准备一副担架。”因为有命令要生擒他，所以士兵们只向仓库开枪，意在将布斯赶出来。布斯狂呼：“杀了我！杀了我！”混乱之中，至少有一颗子弹误中了布斯，他被打断颈椎，瘫倒在地。

临死前他喃喃道：“告诉母亲，我为国家而死。”他要求士兵们帮他把双手举到眼前，想看看自己的手，同时说出了死前的最后一句话：“不行了……看不见了……”

'Tell mother, tell mother, I died for my country...
useless... useless...'

“我在这里明确表态，我痛恨北方佬的统治！”

1865 年 6 月 17 日，最后一则日记

拉芬是弗吉尼亚农民、农艺学家，他提出的翻晒叶片和施肥的新方法提高了烟叶产量，促进了南方经济的发展。1860 年他写了一本书，预言美国内战将在 1868 年打响，首仗是攻打南卡罗来纳州的福特·萨姆特，南方联盟军将取胜。他仇视北方联邦，因为它侵略了他深爱着的弗吉尼亚。1861 年内战爆发，大家普遍认为，他是在福特·萨姆特打响第一枪的人。当时发射了三枚加农炮弹，拉芬确实参与其事。据说攻陷福特·萨姆特后，他是冲进城的第一人。

1865 年 4 月 9 日，李将军投降，拉芬写下遗书自杀。在遗书中他写道：“与其在北方佬统治下苟活，毋宁死。”写毕，他将联盟旗帜裹在身上，对着自己的脑袋开了一枪。他的最后一则日记如下：

> 我在这里明确表态，我痛恨北方佬的统治，痛恨北方佬的一切政治制度、社会制度，痛恨所有北方佬。我恨不能把这种恨意传达给每一个南方人，遗传给尚未出生的南方人！望你们切勿忘记这深仇大恨。尽管敢怒不敢言，但我坚信有一天，北方佬的侵占、压迫和令人发指的暴行会得到报应，被征服、被奴役的南方各州再度联合起来，向北方佬复仇！……现在，在我最后的日记里，在我告别人世的时刻，我再次重申，我痛恨北方佬的统治，痛恨北方佬的一切政治制度、社会制度，痛恨背信弃义的、卑鄙恶毒的北方佬。

'I here declare my unmitigated hatred to Yankee rule.'

“那是第98款。再看下一款。”

弥留之际语

从1807年开始直至去世，帕姆（帕默斯顿的昵称）几乎不间断地在政府部门工作了五十八年，他曾两度出任首相，而且是唯一一位死在任上的首相。他在英国鼎盛时期实施的侵略性外交政策给人们留下了深刻的印象。在1864年的一封信中他写道：“那天，麦吉森送了我一根从非洲带回来的水牛皮鞭，在当地部族，只有酋长家里才能用这东西，当地人把它叫做‘和事佬’。我们的和事佬则是枪炮和士兵。”他还有一个绰号叫“磨石爵士”，因为他跟人谈判时一贯强词夺理。有一次，一位议员指出他“不介入”一词应用不当，他回答说：“我不会说什么‘不干涉’之类的，英语里没这个词。”

他的外交政策和行动给我们留下了一个词语：炮舰外交。在他生命的最后几个月，他还预见到“总有一天，俄罗斯会像古罗马帝国一般强大……而德国肯定会壮大自己以应对俄罗斯的威胁”。在他看来，将来唯一能与俄罗斯抗衡的就是普鲁士。威廉·爱德华·格拉斯通回忆说：“有个法国人想讨好帕默斯顿，说：‘我要不是一个法国人的话，我希望能做个英国人。’帕默斯顿冷冷地答道：‘我要不是一个英国人的话，我希望能做一个英国人。’”

1865年初，帕默斯顿因受风寒高烧不止，弥留之际他谈论的是外交条款。另一个未经证实的版本称他的遗言是：“死？大夫，那是我最不愿做的事。”继牛顿、纳尔逊和威灵顿后，他是第四个非王室成员而享受国葬待遇的英国人。他死后一个星期，沃尔特·贝齐哈特写道：“没人比他更善于行动，更没人能像他那样临机应变地行动……英国从来不缺政治家，但像帕默斯顿子爵这样的政治家只怕是后无来者了。”

'That's Article 98; now go on to the next.'

“给我八十个人，我就能把苏族人灭绝。”

战死之前的豪言壮语

1866年，印第安奥格拉拉苏族人的首领里德·克劳德拒绝同美国军队谈判，不允许将苏族人的最后一片大猎场用来安置移民。他派人袭击移民、军队的巡逻队、侨民，抢掠他们的牧畜。苏族人打了就跑的战术让驻军很是头疼，每当他们赶到事发现场时，苏族人早已没了踪影。常驻菲尔·基尔尼的美国步兵第十八兵团奉命保护移民前往蒙大拿金矿。指挥官卡林顿上校发现费特曼上尉是个不知天高地厚的刺儿头，自称能灭绝苏族。费特曼在内战中确实表现出色，但说到跟美洲土著打游击战他却毫无经验。

苏族人继续四处出击，想诱使美国骑兵落入他们的陷阱。美军派出巡逻队侦察苏族人的陷阱所在，12月7日，费特曼率领的巡逻队差点中了埋伏，被卡林顿派兵救出。几天后他夸下了那个致命的海口。12月21日，里德·克劳德亲率由夏安族人和苏族人组成的大队人马，包括深受尊重的战神克雷兹·霍斯，袭击目标是距菲尔·基尔尼不远的运木材的火车。费特曼仗着资格老，要求卡林顿派他前去救援，卡林顿同意了，但明确指示他切勿冒然追击。果真如同费特曼夸下的海口，他的队伍不多不少刚好八十人，二十七人来自骑兵队，其余的来自第十八步兵团。出发前上级曾命令他，不得越过罗基特赖峰。他却不管不顾，喝令队伍一直向前，翻过罗基特赖峰后，他们进入一片开阔地，被两千苏族人和夏安族人团团包围，不过二十分钟，八十人便被全部杀光，这便是后来让人谈之色变的“费特曼大屠杀”。当天晚些时候，特恩·伊科上尉带领巡逻队找到了士兵们被剥光衣服并被砍得支离破碎的尸体。在1876年的卡斯特大决战之前，类似的惨剧，美军还经历过一次。

'Give me 80 men and I'll ride through the whole Sioux nation.'

"我不需要原谅我的敌人，因为我已经把他们全杀光了！"

临终前牧师问他是否原谅他的敌人，他如是作答

从 1844 年开始，纳尔瓦埃兹曾六度出任西班牙首相。他出生在格拉纳达的洛哈，是第一代坎那大·阿尔塔伯爵的儿子，22 岁在卡塔洛尼亚从军。他晋升很快，从普通士兵做到将军，又成为一位政治家。1833 年，费迪南德七世驾崩，纳尔瓦埃兹成为他女儿伊莎贝拉二世的支持者，从 1833 年到 1839 年一直跟支持卡洛斯的军队交战，并在 1836 年的米格尔·戈麦斯·达马斯战役中大获全胜。卡洛斯是伊莎贝拉的兄弟，他的支持者们想拥戴他为西班牙国王，取代伊莎贝拉。费迪南德七世的遗孀玛利亚·德·波旁站在女儿一边，扮演了摄政王后的角色。1840 年，波多梅洛·伊斯帕特洛和进步党掌权，纳尔瓦埃兹在塞维利亚发动叛乱，失败后逃亡法国，在这里加入了摄政王后一党。1843 年，他返回西班牙，计划组织一支远征军推翻伊斯帕特洛。

1844 年，纳尔瓦埃兹当选为部长会议主席（相当于首相），并于 1845 年晋升为陆军元帅，次年获封第一代瓦伦西亚公爵。由于推行反动政策，1846 年他被免职，改任驻法大使。1847 年他回到西班牙，重新出任部长会议主席。1848 年，他又因为跟摄政王后之间闹了点误会而辞职，而后于 1856 年至 1857 年和 1866 年两度官复原职，直至在马德里去世。他是伊莎贝拉掌权时的铁腕人物，但他推行的强权政治埋下了隐患，他去世不久便爆发了起义，几个月后伊莎贝拉女王的政权被推翻。女王被迫移居巴黎，把王位让给了她的儿子阿方索七世。

'I do not have to forgive my enemies, I have had them all shot!'

HECTOR BERLIOZ **赫克托·柏辽兹**
公元1803年12月11日—公元1869年3月8日

“我总是对死神说：‘随时欢迎您光临。’可他为什么迟迟不来？”

死前五年写下的话

晚年的柏辽兹倍感孤独。两位夫人先后去世，相伴的年轻女友也离他而去，儿子在海上失踪。他的许多朋友和亲人都死了，包括他的两个姐姐。为了挣钱，他放弃了作曲，担任指挥之余写些评论文章。1863年，他患上神经性肠道疼痛，连评论文章也写不了了，总觉得死神随时会找上门来。1864年，他写道：“我已经61岁了，不再有希望，不再有幻想，不再追求荣华富贵。儿子总也不在我身边。我很孤独。对弱者的同情和对恶人的仇恨也不像原来那么强烈了。我总是对死神说：‘随时欢迎您光临。’可他为什么迟迟不来？”

儿子的死给他带来沉重的打击，死前不久他写道：“我什么都不相信了。”他的肠道疼痛也日益严重并波及到胃部，痉挛性疼痛搞得他永无宁日。这期间他第二次赴俄罗斯进行交响乐巡演，1868年，他回到巴黎时已精疲力竭，因为俄罗斯的严冬进一步加重了他的病情。去尼斯疗养期间他很可能又得了中风，只得病恹恹回到巴黎等死。据说他最后的遗言是：“他们终于要上演我的作品了。”这位浪漫主义作曲家的作品在法国从未受到过足够的重视，给人留下比较深刻印象的有《幻想交响曲》《罗密欧与朱丽叶》《赞美音诗》以及安魂曲《大弥撒》。他的《乐器法》堪称巨著。他曾说：“《乐器法》研究的是如何赋予音乐色彩。”其自传《回忆录》只在生前给少数朋友看过，被认为是音乐家自传中最令人着迷的一部。这位有争议的、被低估的、受尽磨难的作曲家的葬礼在三一教堂举行，之前几天，这里刚刚举行过罗西尼的葬礼。作曲家戈纳德在柏辽兹的葬礼上说：“这个从来不曾安静过的人，在这里终于安静下来了。”

'And I say hourly to Death: "When you will."
Why does he delay?'

"没用的！"

临死之前语

罗伯特·爱德华·李是一位杰出的将才，1861年初，林肯总统曾邀其出任联邦军总司令。他虽然不愿自己的家乡弗吉尼亚从联邦分裂出去，却最终忠于家乡的选择，跟南方的"美利坚联盟国"总统杰斐逊·戴维斯合作，并出任弗吉尼亚联盟军司令。他在安提塔姆成功阻击了麦克勒兰，在弗雷德里克堡击败伯恩赛德，继而又在钱斯勒斯维尔打败胡克尔。第二次进犯北方时，由于联邦军武器精良，他在盖茨堡吃了败仗。退役之前他在怀尔德尼斯到盖茨堡一线跟格兰特交战，充分发挥了壕沟的作用，被人称为"第一铲李"。他的部队最终陷入重围，但仍在里士满和盖茨堡坚守了十个月，撤退到阿波马托克斯后被迫投降。1975年，由弗吉尼亚州参议员拜尔德提议，经国会通过，恢复了李的美国公民身份，恢复时间从1865年6月13日算起。该决议于7月4日由福特总统签署。

有关他生命中最后几小时的情况，李夫人有这样的描述：

……除了说梦话，他几乎不开口，成天想的是他那些"在梦魇般的战场上"的士兵。他最后说的话中有一句是："告诉希尔，他必须赶上。"卡斯蒂斯将军安慰他说他会好起来的，他摇摇头，伸手指了指天。他的医生为让他情绪好一点，故意问他："今天感觉如何，将军？"他慢吞吞地回答："好些了。"医生说："你得快些好起来。'旅行者'（陪伴李多年的灰色战马）在马厩里待得太久了，该遛遛啦。"他没有接茬，摇摇头闭上了眼。有几次他把药扔到一边，说："没用的。"10月10日午夜时分，他受了点寒，第二天眼看就不行了。身边的人他都能认得出，但就是说不出话来。10月12日9点刚过，他永远地闭上了眼睛，他纯洁的灵魂飞向了上帝。

'It is no use!'

“给我搭个棚子，我好死在里边。”

最后的日子里对他的随员们说的话

大卫·利文斯通，苏格兰探险家、传教士。晚年他病魔缠身，却坚决不离开自己热爱的非洲。1871年斯坦利找到他时，他已与欧洲失去联系六年之久，之后不到两年，他因痢疾引起的内出血和疟疾去世。《纽约先驱论坛报》记者发自苏伊士的报道描述了他生命中最后的日子：

> 星期六夜里十一点，轮船载着利文斯通的遗体驶离苏伊士……这位伟大的旅行家此前患慢性痢疾已有好几个月，虽然得到了很好的医疗照顾，但他似乎已经预感到这回的病将会致命。起先他还能骑驴，后来就只能被人抬着走了。到了本巴湖对岸的一个叫做伊拉拉的地方时，他对随员们说："给我搭个棚子，我好死在里边。"棚子搭好了，还做了一张床。躺在棚子里的他极其痛苦，日夜呻吟不止。第三天他说："我好冷，在棚顶上再多加些草。"随员们既不敢跟他说话，也不敢靠近他。比萨的头领基唐波送来面粉和豆子，尽心尽力地照顾着一行人。第四天午夜，利文斯通在昏迷中辞世。为他送终的只有他忠实的仆人马加哈拉。
>
> 4月27日，他写下了最后一则日记，内容大多是表达对故乡和亲人的思念之情。犯病之初他就说过，他打算把所有财物换成象牙制品，送给他的随员们。他是强撑着走到吉吉和赞比亚的，因为他一心想回英国。他死的这天，随员们——全都是纳西克族小伙子——商量了一阵，决定瞒着首领把他的遗体保存下来。他的秘书把遗体移到另一个棚子里，将棚子用高高的篱笆围起来以防被人发现，然后掏出了遗体的内脏，装进一个白铁盒子，埋在篱笆内的一棵大树下。

'Build me a hut to die in.'

“送葬队伍中或许大多数会是小孩子，他们步子小，所以音乐的节拍不要太快。”

死前不久，他在为自己安排哀乐时说的话

丹麦童话作家安徒生创作了许多传世佳作，如《白雪公主》《美人鱼》《丑小鸭》《皇帝的新衣》《豌豆公主》《拇指姑娘》等等。他的诗歌和童话被译成了一百五十多种外国文字。安徒生的父亲是个贫穷的鞋匠，母亲是洗衣工，从小就给他讲丹麦的民间传说，这为他日后的创作奠定了基础。他的童话故事看上去是为孩子们写的，其实蕴含着对成年人的道德启迪。

难以融入社会，并且跟异性交往也鲜有成功经验的安徒生从社会的最底层爬到了最高层。罩上荣耀光环的安徒生成了跟他同时代的丹麦作家中游历最广的一个。他出国二十九次，有九年多都不在丹麦。62 岁时他去了巴黎，逛了妓院。这不是他第一次也不是最后一次逛妓院，他在日记中披露：“我突然去了人肉市场——第一个，满脸脂粉；第二个，姿色平平；第三个倒颇有点淑女相。我跟她聊了聊，付给她十二法郎便离开了，虽然心有邪念但并未付诸行动。她要我再来，说作为男人我算是够纯洁的了。”

1872 年，安徒生从床上跌下，伤得很重，从此再没恢复过来。他去世之前已享誉世界，丹麦政府更是视其为“国宝”，给了他一笔丰厚的政府津贴，甚至在他死前就计划好要为他塑一尊巨型雕像，安放在哥本哈根市政广场。

'Most of the people walking after me will be children, so make the beat keep time with short steps.'

BREVET MAJOR-GENERAL GEORGE ARMSTRONG CUSTER

乔治·阿姆斯特朗·卡斯特少将

公元 1839 年 12 月 5 日—公元 1876 年 6 月 25 日

“呼啦，小伙子们，我们咬住他们了！咱们干掉他们，班师回营。”

据小比格霍恩之战的最后一个幸存者查尔斯·温多尔夫（1851—1950）回忆，这是卡斯特战死前说的话

苏族和夏安族人拒绝白人移民，组织武装反抗。卡斯特奉命率领 655 名士兵前去侦察刚刚在玫瑰溪跟克鲁克将军作战的印第安人是哪个村子的。特里将军打算再从第二骑兵团抽调四个连作增援，卡斯特拒绝了，声称“单凭他的一个团就可以扫清平原上的印第安人”，认为人多了反而是累赘。他把一组大炮留在黄石，并让所有人，包括军官在内，把军刀全都留下，用马车送回大本营。通过野战望远镜，他发现十五英里开外有个村庄，他料定印第安人还在睡大觉，便开始组织进攻，顾不上急行军七十英里后已然人困马乏。他把人马分成三队，他自己带一队，本廷上尉和雷诺少校各带一队，对村子进行三面包抄。

雷诺少校率先发起攻击，但遭遇顽强抵抗，只好退到一条小河边，跟稍后赶到的本廷上尉会合，虽然伤亡惨重，但总算把土著们赶跑了。之后，卡斯特的队伍被迫退到东面的山崖间，在那里遭遇 4000 印第安人的突袭。他和两个弟弟、一个妹夫、一个侄子都阵亡了。土著的武器跟卡斯特的一样精良，一战下来，卡斯特全军覆没。雷诺和本廷被赶来的特里将军救出。格兰特总统说：“在我看来，卡斯特此举造成了重大牺牲，这样的行动完全没有必要。”

'Hurrah boys, we've got them! We'll finish them up and then go home to our station.'

JAMES BUTLER 'WILD BILL' HICKOK
詹姆斯·巴特勒·西科克，绰号“野蛮比尔”

公元1837年5月27日—公元1876年8月2日

“1876年8月2日，‘野蛮比尔’、J·B·西科克被麦克科尔暗杀于黑山的戴德伍德。老伙计，咱俩将在猎场快乐重聚，再不分开。再会，西科克。C·H·阿特尔。”

西科克的朋友写在他的木制墓碑上的话，于戴德伍德

西科克曾是一位神枪手，也是枪战能手，当过卡斯特的侦察兵，猎过野牛，在“野牛比尔”[1]的马戏团混过，还是个疯狂的赌徒。1876年8月2日，他去戴德伍德10号的纳塔尔与曼沙龙玩扑克，打算小赌一把。他去得晚了，发现他常坐的靠墙的座位已经被人占了，便在一个前后都对着门的座位坐下。杰克·麦克科尔用一把柯尔特45手枪朝正在玩牌的西科克开了一枪，因为西科克在阿比伦杀了他弟弟，他是来报仇的。当时西科克手里拿着一对A和一对8,这手牌后来被当地人叫做“死人牌”。

1876年8月5日，戴德伍德唯一一家报纸《黑山先锋报》率先报道了西科克的死讯：

> 星期三3点左右,有报料称J•B•西科克——“野蛮比尔”被杀。记者赶到纳塔尔与曼沙龙，证实报料属实。“野蛮比尔”的尸体躺在地板上。许多市民围追堵截，将凶手杰克·麦克科尔擒住，送往下城区一座大楼，交给一位警卫看守。很快，C·H·谢尔顿带领验尸官和陪审团赶到。稍后他们听取了证言，查明事实如下：“野蛮比尔”正跟另外几个人围坐玩牌，杰克·麦克科尔走了进来，绕到受害人背后，在距离他仅三码处停下，举起手枪叫道：“杂种，吃我一枪！”随后开枪。子弹从脑后射入，从右脸正中穿出，受害者当场毙命。根据上述事实，陪审团当即做出了裁决。

① 原名威廉·科迪，当过侦察兵，善于猎杀野牛，曾在八个月内杀死近五千头野牛，故此得名。其创建的马戏团里所有演员都是来自美国西部，其中不乏传奇人物，比如印第安酋长“坐牛”和“野蛮比尔”。

'Wild Bill, J.B.Hickok killed by the assassin Jack McCall in Deadwood, Black Hills, August 2, 1876. Pard, we will meet again in the happy hunting ground to part no more. Good bye, Colorado Charlie, C.H.Utter.'

“法官大人依例判处嫌犯死刑，宣判完毕说：‘愿主怜悯你的灵魂。’嫌犯说：‘我不仅要主的怜悯，我还要在我去的地方看到你。’”

审讯记录副本

1869年，年仅十四岁的澳大利亚少年内德被逮捕，罪名有二：一是殴打了一位名叫阿福的养猪农民，这位农民是华人，在当地口碑甚好；二是充当逃犯哈里·鲍威尔的帮凶。结果表明，两项指控都不成立。1870年，他因殴打他人再度被捕，被判服六个月苦役。出狱才三个星期，他就因盗马再次被捕，被判处三年苦役。被释放后，他和弟弟丹一起替人赶牲口。1878年，警官亚历山大·菲茨帕特里克盯上了内德的妹妹艾伦，并在艾伦去凯利家做客时将其打了一顿。其后，菲茨帕特里克指控说内德要杀他。内德躲了起来。警察找到他时，他和他的同伙杀了三名警察后逃跑。1879年2月，他们在尤罗阿和杰里尔德里抢了两家银行，自制了防弹衣和头盔防身。在此期间，由内德口述，请人写下了“杰里尔德里信件”，在为自己的所作所为辩解的同时，控诉警察以及英格兰和爱尔兰新教徒对他的家人，乃至对所有爱尔兰天主教徒的迫害。

1880年7月，警察在克伦罗万发现了内德，他劫持人质躲进一家旅馆。防弹衣护住了他的躯干，却没能护住四肢。他的同伙和人质全部被打死，旅馆被炸。内德多处受伤并落网，最终在梅尔波恩拘留所被处以绞刑。临刑前他要求给他照了一张相。据说他母亲给他留了一句话：“记住，要死得像个凯利家的人。”据《年代报》和《先驱报》的报道，他死前的最后一句话是：“这就是生活。”

'His Honour then sentenced the prisoner to death in the usual form, ending with the words, "May the lord have mercy on your soul." The prisoner: "I will go a little further than that, and say I will see you there when I go."'

本杰明·迪斯雷利，第一代比肯斯菲尔德伯爵

公元1804年12月21日—公元1881年4月19日

“不，最好不要。她来了肯定又会让我替她捎信给阿尔伯特。”

死前语

迪斯雷利是英国著名的小说家，曾两度出任首相，在议院跟威廉·格拉斯通是死敌。大家都知道他跟维多利亚女王关系甚笃，他曾对马修·阿诺德说：“你肯定听到过我自己骂自己是个爱拍马屁的人。这是事实。我就是个拍马屁的人。我发现拍马屁挺有用。人人都喜欢被奉承。你要是能进入王室，一样会学会阿谀奉承。”

因为小说热销，1881年1月，迪斯雷利租下柯曾街19号一套房屋，租期七年。这是他第一次有足够的钱自己租房。当时他的健康状况已经不佳，3月22日在回家路上又受了风寒，继而引发支气管炎，身体每况愈下。很多人，包括他的政敌格拉斯通，纷纷前来探视。维多利亚女王很是挂念，4月5日去奥斯本之前还派人给他送来一封信，这也是女王写给他的最后一封信。信中附上了一束报春花，还承诺从奥斯本回来时会送来更多的报春花。信中说：“我一直都挂念着你，只要能让你高兴，要我做什么都成。”有人问他要不要把女王请来，他回答——这也是他说的最后两句跟女王相关的话——“不，最好不要。她来了肯定又会让我替她捎信给阿尔伯特（女王的丈夫，于1861年去世）。”迪斯雷利于4月19日凌晨去世，这天正好是拜伦逝世一周年纪念日。给他送终的有刚去看望生病的姐姐后从阿尔及利亚赶回来的科里（他的私人秘书）、菲利普·罗斯爵士、巴林顿勋爵（德尔比勋爵的前秘书，代替科里前来值守）和三个医生：基德、布鲁斯和奎因。迪斯雷利说的最后一句话是：“我宁愿活着，不过也不怕死。”

'No, it is better not. She would only ask me
to take a message to Albert.'

“那是谁？是谁？”

中枪死去前说的话

比利小子又名亨利·安特里姆、安特里姆小子、威廉·安特里姆、比利·邦尼和威廉·H。仅在四年里他就参加了至少十六次枪战，亲手杀死的人至少四个，伙同他人杀死至少五人。他是亚利桑那州的一个盗马贼，1877年在酒吧杀死一人，这是他首开杀戒。之后，他逃到新墨西哥的林肯城，受雇于牧场主约翰·塔恩斯托尔，塔恩斯托尔曾参加过林肯城血战。1878年2月18日，塔恩斯托尔被人暗杀后，比利小子参加了一个名为“监管者”的复仇组织。他们开始追杀暗杀塔恩斯托尔的嫌疑人，被杀者包括林肯城的治安官威廉·布拉迪。比利被悬赏捉拿，在得到赦免的许诺后他向警方投降。很快他又重操旧业开始盗马，1880年12月，他的两个同伙被杀，他被新上任的治安官帕特里克·弗洛伊德·加雷特生擒。1881年4月，他以谋杀罪在新墨西哥受审，被判以绞刑，但他杀死两名看守后越狱逃走。

7月14日，加雷特带着两名副手在一间光线暗淡的卧室里蹲守。这是位于福特·萨姆纳的一座牧场，牧场的主人叫皮特·麦克斯韦尔，是比利的一个朋友。加雷特正在讯问麦克斯韦尔时，穿戴整齐的比利走了进来。光线太暗，他没认出加雷特。他一生中的最后两句话是“那是谁？是谁？”随后加雷特连开两枪将他当场击毙。加雷特得到了2500美元的犒赏，他用这笔钱买了一座牧场。比利死后两年，传记文学《比利小子的真实人生》出版，作者之一竟是亲手杀死他的加雷特治安官，另一个是酒鬼阿什·阿普森。书中大部分内容出自后者手笔，用的是化名。1908年2月，因为一个牛仔的羊群吃了加雷特家牧场的草，争执中加雷特被杀死。

'Who is it? Who is it?'

“痛悼爱子。他被一个叛徒、懦夫所杀，凶手的名字没资格出现在这碑上。”

詹姆斯的母亲泽雷尔达·詹姆斯为他撰的墓志铭

杰西·詹姆斯生前是个“名人”，死后更是声名远扬。他是在自己家里被同伙罗伯特·福特射杀的。杰西出生在密苏里，内战时跟他哥哥弗兰克一起加入了南方游击队。内战结束后，兄弟俩跟杨格兄弟一起组成了詹姆斯—杨格帮，专门抢劫银行、驿马车和火车。后来，许多同伙都死了，詹姆斯和弗兰克回到了密苏里。詹姆斯在圣约瑟夫租了一间房子住下，弗兰克则逃往弗吉尼亚躲藏。团伙的另一个幸存者查理·福特来跟杰西同住，还带来了他的弟弟罗伯特·福特。其实罗伯特早就在跟密苏里州州长托马斯·格里滕登秘密谈判，说好如果自己抓住杰西和弗兰克，可得赏金 1 万美元。

1882 年 4 月 4 日的《纽约时报》报道：

> 据说从十一月份开始，查尔斯就跟他同住在那间简陋的小木屋里。十天前罗伯特也来了，三人密谋外出抢劫，说好今晚（4 月 3 日）动身。今晨 9 点，詹姆斯和福特兄弟俩都在屋外，詹姆斯解下腰带，将手枪搁在床上准备洗澡，罗伯特·福特突然跳起，朝他后脑开了一枪。子弹从后脑右下射入，从眼睛穿出。兄弟俩当即向警方自首，现被看守在县法院。

'In Loving Memory of my Beloved Son, Murdered by a Traitor and Coward Whose Name is not Worthy to Appear Here.'

“好啦，出去。话没说够的傻瓜才会留什么遗言。”

临终时对管家说的话

马克思出生在普鲁士，于1849年定居伦敦，在贫穷中创立了自己的政治经济学。人们常说，他的著述如此之多，从来没有哪一个人全部读完过。有意思的是，他在给恩格斯的信中说：“我只知道我不是个马克思主义者。”他认为哲学应该应用于实践，用以改变世界。而他之所以名声响亮却并非因为他是个哲学家，而是因为他是个革命的共产主义者，因为他的历史观和历史唯物主义。他认为在发展的过程中，社会形态会不断更新，某种社会形态到了一定阶段都会阻碍生产力的发展。由此他断言资本主义必然灭亡，共产主义将会最终实现。他用劳动价值理论分析资本主义经济，结论是资本的所有利润都来自于剥削劳动者的剩余价值。著名历史学家诺曼·戴维斯全面研究了马克思主义，他说：“事实证明，马克思主义的情感力量远胜于严谨的理智分析……他为我们提供了另一种宗教。”

马克思患支气管炎和肋膜炎多年，去世后安葬在伦敦海格特公墓。他的墓碑上刻着两句话，第一句是“全世界无产者联合起来”，源自其《共产主义宣言》中的几句：“让统治阶级在共产主义革命面前发抖吧。无产阶级失去的只有锁链。他们将赢得整个世界。全世界的劳动者，联合起来！”另一句摘自他1845年发表的《第十一次论费尔巴哈》：“哲学家只是以不同方式诠释世界——而关键却在于改变世界。”

'Go on, get out. Last words are for fools who haven't said enough.'

ULYSSES S. GRANT (HIRAM ULYSSES GRANT)

尤利西斯 · S · 格兰特（海勒姆 · 尤利西斯 · 格兰特）

公元 1822 年 4 月 27 日—公元 1885 年 7 月 23 日

“我不想要任何人为我伤心……水。”

据 1885 年 7 月 24 日《纽约时报》报道，这是他死前对护士说的话

1864 年至 1869 年，格兰特任北方联邦军总司令，内战期间接受了罗伯 · 爱德华 · 李将军的投降，1869 年至 1877 年任美利坚合众国总统。一个军官曾问他在战场上害不害怕，他的回答是 :“我从来就没时间害怕。”1884 年，他受骗破产，又患上了喉癌晚期，为给家人将来的生活以保障，他开始写回忆录，马克 · 吐温是这部回忆录的出版者。格兰特在 1885 年 7 月 1 日给夫人的信中写道 :“毫无疑问，对于一个真正伟大而勇敢的男人来说，死算不了什么。”回忆录脱稿，格兰特对医生说他已经做好了死的准备 :“我现在只能听天由命了。所以，对于死，我现在比任何时候都更有心理准备。”他的最后一夜是这样的 :

> 昨天下午，见他的家人痛苦不堪，他说了一句发自内心却又无可奈何的话，声音很低但很清晰:“我不想要任何人为我伤心。”……格兰特夫人握住他的手问他还认不认识她。他已经说不出话来，只能用眼神作出了肯定的回答。格兰特上校（他儿子）问他是不是特别难受，他气若游丝般吐出一个字“不”。3 点左右，他看上去好像想要什么，护士把耳朵贴近他的嘴，听见他说“水”。这是他去世前说的最后一个字。

'I don't want anybody to feel distressed on my account...Water.'

“哪怕我有一丁点个性和优点也好，我都会凭借它们重新活一回。亨利对我的体贴和爱难以言表。”

摘自她给妹妹的信

亨利 · 亚当斯的夫人玛丽安绰号“三叶草”，是一位社交主妇和成功的摄影家，也是亨利 · 詹姆斯的画作《黛西 · 米勒》和《女士肖像》的灵感来源。她五岁时母亲就患肺病去世了，她侍奉父亲直至自己结婚。1872 年，她随丈夫沿尼罗河蜜月旅行，这也是她第一次长时间远离父亲，期间她有过短暂的精神崩溃。1885 年 4 月 13 日，她父亲去世，使她在好长时间内都陷于悲伤之中不能自拔，因此患上了抑郁症，再也没能康复。她母亲和外祖母都患有抑郁症，她小时候还亲眼见到她怀有身孕的婶子服砒霜自尽。除此之外，还有两件事令她烦恼不已：一是她总觉得自己在智力方面不如名声赫赫的丈夫；二是她总怀疑丈夫的心另有所属。

1885 年 12 月 6 日，亚当斯发现妻子死了，身边有一个开了盖的小瓶子，瓶子里装的是氰化钾，是她平时洗照片用的。他把她的大多数信件和照片都销毁了，只保留了她写给妹妹的未寄出的信。信中有这样的内容：“哪怕我有一丁点个性或优点也好，我都会凭借它们重新活一回。亨利对我的体贴和爱难以言表。上帝都会嫉妒他。他一直忍耐着我，对我抱有希望。亨利极尽温柔，无法用言语形容，他比你们所有人都强。”从此以后，亨利在公共场合再没有提到过她的名字或跟她相关的任何事情，甚至在他的自传《亨利 · 亚当斯的教育》里都对她只字未提。“三叶草”自杀两年后，她妹妹艾伦也因丈夫去世卧轨自杀。她弟弟爱德华因此而精神崩溃，从家中三楼跳下，不久之后因肺炎死在精神病院。

'If I had one single point of character or goodness,
I would stand on that and grow back to life. Henry
is more patient and loving than words can express.'

“哦，艾丽！艾丽！迈拉！好……”

临终未尽之言

将军病危，夫人昼夜守护在他床边。星期二一早，她准备去小憩片刻。她朝房门走去时，病人的目光一直追随着她。到了门口她回头一看，丈夫正艰难地张口叫她：“哦，艾丽！艾丽！迈拉！好……”他连说完一句话的力气都没有了，这句话是什么意思成了永久之谜。很快，他便失去了知觉……举国上下既震惊又悲痛。克利夫兰总统在给艾丽的信中说：“你丈夫是个英雄，他死得其所，全国人民都在为你哀恸。”谢尔曼将军——汉考克最亲密的朋友，说得十分中肯：“我是在平原地区认识汉考克的，那里没有建功立业的机会，没有出名的希望，有的只是含辛茹苦。但正直而又认真负责的他想的只是如何把工作做好，不辱政府赋予他的使命。无论交给他什么样的任务，他都尽心尽力去完成，而且总体说来做得很成功。”对于一位战士来说，这样的评价够高的了。（据大卫·乔丹《汉考克：战士的一生》，1988年）

他没说完的那句话显然不是什么豪言壮语，但它出自一位必将永垂不朽的人之口。谢尔曼将军给他的定论是“史上最伟大的战士之一”。威廉斯堡之战后，麦克莱伦将军在给华盛顿的电报中说“汉考克今天的表现超级好”，由是，“超级汉考克”的绰号伴随了他一生。在盖茨堡，他的机敏和勇敢使得联邦军转危为安，所以他又被人们称为“盖茨堡英雄”。他的一位下级给他提意见说：“将军，身为部队指挥员，您不应该像这样拿生命去冒险。”他的回答是：“有时候指挥员的性命不值一提。”1880年他作为民主党候选人竞选总统，败给了加菲尔德，两人的票数在美国总统竞选历史上是最接近的一次。

'Oh Allie! Allie! Myra! Good...'

“起雾了，我得进去了。”

已知的最后一句话

1884 年 6 月一个清晨，仍痴迷于诗歌创作的埃米莉突然间精神崩溃了，当时她父亲就在她面前。虽然她又活了两年，但“绿色的世界突然漆黑一片”，除了偶尔写张便条，她什么都写不出来了。她在给姐姐苏的信中说，“你必须让我先走，苏，因为现在的我活在大海里，而且我认识路。”精神好点的时候，她也会拿出诗稿作最后的修改，反复玩味她心爱的文字，但用她自己的话来说，家族积习难改，她一如既往的小心谨慎，“潮气越来越重了——起雾了，我得进去了”，这是她留给人世的最后一句话。也许她太注重自然，太追求本真，因而有异于常人。这天是 1866 年 5 月 16 日，给她举办葬礼时家人都松了口气，仿佛看到一只鸟儿终于摆脱束缚自由放飞了。简单的葬礼上，希金森上校朗诵了埃米莉·勃朗特的最后一首诗，说：“这首关于永恒的诗是埃米莉·狄金森最喜爱的，她刚刚获得了永恒——其实她早已不朽。”

对于母亲的早亡，埃米莉曾说：“就像一片雪花被风卷走，她现在是无限的时空的一份子了。尽管很多人告诉过我们，但我们确实不知道她去了哪儿。”作为一位具有创新精神的诗人，埃米莉却被困在了床上，越来越写不出东西了。她的病情越来越严重，终于与世长辞。医生给出的死因是布莱特症（现在叫做肾炎）。她一生中大多时间都隐居在家，随时都是一身缟素。她的诗作很少发表，直到她死后，她妹妹拉文尼亚整理遗物时才发现，她保存的诗稿竟达 1800 首之多。她的诗作跟当时的诗风格格不入，所以经过修改才得以出版。直到 20 世纪 50 年代，她的美国顶尖诗人的地位才得到承认。

'I must go in, the fog is rising.'

“我从没见过像他这样的男人，他是个最高明的赌徒，随身携带一只六响枪，是个最神经质、出手最快、最致命的枪手。”

怀亚特·厄普的回忆

因为干过五年牙医，霍利戴得到了“医生”的雅号。他是个赌徒、枪手，因为跟怀亚特·厄普交往甚笃而广为人知。厄普回忆道：“我发现他是个忠实的朋友，一个好伙伴。他是个牙医，因为手头拮据而成为赌徒；他是个谦谦君子，因为疾病而游手好闲；他是个哲学家，生活的磨砺使他变得机智而尖刻。这个高高瘦瘦的金发男人差点死于肺病。我从没见过像他这样的男人，他是个最高明的赌徒，随身携带一只六响枪，是个最神经质、出手最快、最致命的枪手。”“蝙蝠”马斯特森说：“‘医生’有三大特点：一是勇敢，天不怕地不怕；第二点尤其值得称道，那就是他的人生信条：对朋友绝对忠诚；第三点是他对怀亚特·厄普的深厚感情。”《丹佛共和党人》1887 年 11 月 10 日在报道他的死讯时称：“类似这种性格的人，很少有人能像他一样拥有如此之多的朋友和拥趸。”而欧米拉博士则说他“无疑是个冷血杀手、酒鬼、登徒子。据说他赌博时还作弊”（《枪手之枪：警察、歹徒与好莱坞牛仔》，2003 年）。《拉斯维加斯镜报》则称他是个“懒鬼、怂包——只会割喉的职业杀手，不长一点脑子，别说抢劫，连偷一只羊的本事也没有”。

霍利戴当上牙医不久就患上肺病，从亚特兰大迁到德克萨斯，希望那里的气候有助于缓解病情。在那里，他以赌博为生。在道奇城，他结识了厄普一家，稍后又迁到图姆斯通，1881 年在那里卷入了奥克·科罗尔之战。因为摩根·厄普被人杀死，他为厄普家寻仇，在弗吉尔负了重伤。据说他曾表示希望在打斗中死去，或者穿着靴子死去，结果却是死在了酒店床上。死前他的最后一句话是“真可笑”，说时盯着自己的一双光脚。

'The most skilful gambler and nerviest, speediest, deadliest man with a six-gun I ever knew.'

GEORGE ENGEL **乔治·恩格尔**
公元1836年4月15日—公元1887年11月11日

“无政府状态万岁！这是我一生中最开心的时刻！”

据《芝加哥日报》报道，这是他被处决前说的话，同时被处决的还有艾伯特·帕森斯、阿道夫·费希尔和奥古斯特·斯派斯

很少有人像今天被绞死的四个男人那样视死如归。恩格尔面带微笑看着围观的人群，然后回头看着监刑官彼得斯，满怀激情地对他耳语道：“无政府状态万岁！万岁！”这便是乔治·恩格尔临死前的最后一句话，也是他最后的开心一刻。

绞刑架下这最后一句话究竟出自谁之口还难以定论，罗伊德·柴森在《审判报道：轰动媒体的罪行与审判》（1997年）中说：

四个人的脑袋被黑色布袋罩上。突然，布袋里传出斯派斯的叫声：“总有一天，我们的沉默比你们的绞架更雄辩！”50岁的阿道夫·费希尔高喊：“无政府状态万岁！……”他的话音未落，又响起了乔治·恩格尔的喊声：“这是我一生中最开心的时刻！”联盟老兵、政治活动积极分子艾伯特·帕森斯连连叫道：“让我说几句好吗，美国的男子汉们？让我说几句，马特森治安官！让大家听听人民的声音……”帕森斯的话还没说完，脚下的地板就打开了，四个人被吊在空中，很快瘫软下来，在围观者面前晃来晃去。四人的死终结了刚刚开始席卷全国的“红色恐怖”……

1886年5月1日，全美各地举行了旨在要求实行八小时工作制的大罢工。工人们的参与热情令雇主们震惊。在芝加哥，警察开枪打死了四名示威者，于是，奥古斯特·斯派斯在海马克广场组织了抗议集会。彼时从一条侧巷里扔出一颗炸弹，炸死了八名警察，警察立即向人群发起攻击，当场打死三十人，伤两百多人。芝加哥工人大罢工后上述四人被杀，目的是以儆效尤。目击证人都认为，他们不可能扔过炸弹。

'Hurrah for anarchy! This is the happiest moment of my life!'

迈拉·梅贝尔·谢莉·里德·斯塔尔，绰号“土匪女王”

公元 1848 年 2 月 5 日—公元 1889 年 2 月 3 日

“不要为她流泪，也不必后悔。
躺在这里的不过是一具棺材，
棺材里的珍宝仍熠熠生辉。”

女儿为她撰写的墓志铭

迈拉出生在密苏里州的迦太基，是一位不错的钢琴师。她跟科尔·杨格一起长大，后来跟詹姆斯兄弟成了好友。詹姆斯—杨格帮的成员常在她家的农场藏身。1866 年，迈拉 · 梅贝尔 · 谢莉嫁给了前联盟游击队员吉姆·里德。里德发现靠经营农场难以谋生,便加入了一个名为“斯塔尔”的盗马团伙，这是个印第安切洛基族家族团伙。他们跟迈拉的朋友——詹姆斯—杨格帮联手，开始打家劫舍。里德在一次盗窃中失手被捉，后因在保释期间企图逃跑而被枪杀。迈拉遂接手成为团伙头目，负责制定抢劫计划并窝藏赃物。她采取行贿和色诱等手段买通警察，使团伙成员得以逍遥法外。1880 年，她嫁给斯塔尔，两年后，夫妻俩因盗马被指控，被判监视居住一年。

迈拉在差两天满 41 岁时被谋杀。事发地点在奥克拉荷马州的尤福拉。当时，她正从自家牧场的杂货店骑马回家，被一颗子弹从背后射中。她从马上摔下，又挨了第二枪。杀手是谁一直是个谜。最大的嫌疑人是逃犯埃德加 · 沃特森，那段时间两人正为租地的事争吵得厉害（她答应租地给沃特森，但当局警告她说，如果这么做的话，她的地就将被没收，她难得地听从了一回）。其他嫌疑人中包括一个名叫吉姆 · 朱里的切洛基人——不清楚是她的合伙人还是恋人——还有她的儿子埃德、女儿佩尔，这三人最近跟她常有龃龉。迈拉被安葬在自己的牧场，墓碑上刻有一只钟、她的马、一颗星以及女儿为她写的墓志铭。

'Shed not for her the bitter tear, nor give the heart to vain regret; 'tis but the casket that lies here, the gem that filled it sparkles yet.'

“什么是生命？生命就是夜晚萤火虫的亮光。”

1890 年 4 月 25 日，临死前对族人的讲话

“过不了一会儿我就要离开你们了。我不知道会去哪儿。我不知道我们从哪里来，也不知道要到哪里去。什么是生命？生命就是夜晚萤火虫的亮光；是冬天水牛的呼吸。它像一个小小的影子，飘过草地，消失在夕阳里。”他是地地道道的北美（加拿大）印第安人，在黑脚族长大。还是个小小少年的时候，他就在袭击敌对的克劳族时显示出过人的勇气。他也因此继承了他死去的哥哥的名字艾萨博－穆克西卡，意思是“克劳族印第安人的大脚”，简称“克劳脚”，读作克劳福特。他参战十九次，六次负伤。1874 年，骑警队前来打击私酒交易，他代表族人表示欢迎：

> 我的兄弟，你们的话让我很高兴。我不仅在用耳朵听，也在用心来听。长刀族的人带着烈酒和快枪到我们这儿来，我们斗不过他们，我们的好多兄弟姐妹被他们杀死。你们说这种事情再不会发生了。我们要和平。你们说要用强有力的法律来治理，会像对待白人一样对待印第安人，这话让我们很高兴。我的兄弟，我相信你们，谢谢你们。

在 1877 年的谈判中他扮演了重要角色：“骑警队保护了我们，就像在霜冻和寒风里，羽毛保护了小鸟。我希望我的所有族人都好，相信从此以后我们都会一心向善。我很满意。我会在条约上签字。”1881 年，黑脚族在保留地定居后，他对加拿大政府不再抱幻想，但也拒绝让自己的族人参加 1885 年的西北叛乱，因为他认为毫无胜算。他给族人提出的最后要求是好好生活，跟白人友好相处。

'What is life? It is a flash of a firefly in the night.'

“忧伤将无休无止。”

死前一天他对兄弟提奥说的话

荷兰后印象派画家梵高二十多岁时才开始画画，他的大多数名作都是在生命的最后两年完成的。1890年7月27日，他因受伤躺在了床上。原来，作为画家，他总觉得自己不够成功，内心很纠结，心情抑郁，加上精神疾患，他跑到附近的野地里朝自己的胸口开了一枪，他并没意识到这一枪是致命的。之后，他回到拉沃克斯旅馆自己的房间，被他弟弟提奥发现。提奥照料了他两天，苦口婆心地劝解他，要他相信一切都会好起来。文森特回答说：“忧伤将无休无止。”次日他便与世长辞了。他三天前才给弟弟寄去一封信，自尽前又另写了一封揣在身上，普遍认为，这就是他的遗书：

> 我亲爱的弟弟，来信及所附50法郎收到，谢谢。我有好多话想对你说，但觉得说了也没什么意思。希望那些好人能助你一臂之力。你说为求家庭和睦而费尽心机不值当，我想，看看我自己这一生所经历的甘苦……事实上，我们只能用自己的作品说话……我作画可谓呕心沥血，可一半都不成功，不提也罢。我知道，你跟画商也没什么交道，你有你的选择，继续从事你的人文科学研究吧。明白我的意思吗？

'The sadness will last forever.'

“我不会走。你们爱怎么样就怎么样吧。我不会走。来人呀！来人呀！动手！快动手！”

据传系其死前说的话

“坐牛”是达科他州苏族人的大头领，嗜血成性的卡斯特将军在小比格霍恩河被击败，“坐牛”功不可没。后来，他的部族被开矿者赶出家乡，只得在一处印第安保留地安身。1890 年，斯坦丁 · 洛克保留地的印第安代理人詹姆斯 · 麦克劳林派印第安保安队逮捕“坐牛”，罪名是他煽动骚乱，据后人记载：

> 接到命令，三十九名保安队员和四名志愿者于 12 月 15 日破晓直扑“坐牛”的住地，十个人进入他家，布尔 · 黑德上尉向“坐牛”宣读了逮捕令。一开始，“坐牛”平静地表示接受，并开始穿衣，准备跟他们去区公所……正在这时，他儿子“乌鸦脚”进来了，责备父亲不该就这样束手就擒，于是，“坐牛”的态度变得强硬起来，拒绝跟保安队走。
>
> “坐牛”大声呼叫他的人前来救援。只要干掉带队的两个人布尔 · 黑德和谢夫 · 黑德，其他保安队员就会自顾逃命。苏族人闻声赶到，最先冲进屋并开枪的是“捉熊”和“踢壶”，“捉熊”射出的子弹击中了布尔·黑德的右肋，而后者在倒下的瞬间开枪击中了“坐牛”，子弹从“坐牛”的第十和十一根肋骨间穿入。谢夫·黑德则被“踢壶”击中腹部，三个人遂同时倒地。之后，“捉熊”也被一个名叫劳恩 · 曼的保安队员击倒，紧接着便是一场混战……

'I am not going. Do with me what you like. I am not going. Come on! Take action! Let's go!'

“伟大的、唯一的巴纳姆——他想看到他自己的讣告——以下便是。”

在他死前两周，即1891年3月24日，《纽约夕阳报》便刊出了他的讣告

巴纳姆15岁时父亲去世，后来他成了出版商，再后来干起了演艺经纪人，推出了黑人女星“乔治·华盛顿将军161岁的护士”。他买下纽约城的美利坚博物馆并加以改造，专门展示畸形人和畸形动物，大为轰动。先后在这里展出过的有两个脑袋的羊、暹罗双胞胎、侏儒“汤姆·拇指将军”和骗人的“美人鱼”等等。他冒着风险将自己积攒下来的可观的资金悉数投入，请“瑞典夜莺”珍妮·林德来美巡演，获得巨大成功。自称“骗术王子”的他当选为康涅狄格州布里奇波特市市长，打击卖淫活动、反对歧视黑人。1855年，他的自传出版，售出一百万册后，他放弃版权任人翻印，只求扩大影响。60岁时，他跟詹姆斯·A·贝利合作，对贝利跟人合伙的马戏团进行大胆改革创新，使马戏风靡全美，成为“世界上最了不起的表演”。

年届八十，巴纳姆自知来日无多，他跟《纽约夕阳报》商量，能否让他在有生之日看到自己的讣告，因为他知道，对于已故之人，报纸只会拣好话说。有了他的授权，报社自然乐意，于是便有了这则讣告，上面的黑体引语便是讣告的大标题。两个星期后，在康涅狄格州的庄园里，巴纳姆在睡梦中辞世。据说他的遗言是：“问问贝利，昨晚在麦迪逊广场的演出票房怎么样？”（《独立报》，2004年1月10日）《泰晤士报》的讣告说：“他创立了一个新兴行业——演艺经纪人，并把它做到了极致……他意识到现代民主发展的趋势是人们对娱乐消遣的需求会大增。他成为娱乐业发展的指路人……他的名字已经并将继续被人们铭记在心。”

'Great And Only Bramum - He Wanted To Read His Obituary - Here It Is.'

“柴可夫斯基因为害怕被人发现他是同性恋而想自杀了事。可在今天，假如你是个作曲家却不是同性恋，你才会想要赏自己一粒子弹。”

谢尔盖·迪亚吉列夫语

俄国作曲家柴可夫斯基写过芭蕾舞剧《天鹅湖》和《睡美人》，管弦乐作品《1812 序曲》，七部交响乐，歌剧《叶甫盖尼·奥涅金》和一部著名的钢琴协奏曲。1879 年，其婚姻破裂，当他提出离婚时，夫人安东妮娜却不断改变主意，时而同意时而反悔。他似乎很害怕她会泄露他真实的性取向，他写道：“我是个骗子，我掩盖性取向而娶了她……我每天都在羞辱她，亲手给她造成了巨大的痛苦……我可耻的罪恶让她惊骇……”

传统的看法认为柴可夫斯基死于霍乱，但今日的专家们相信他是自杀的。据说他在圣彼得堡帝国法学院的同学组织了一个“名誉法庭”，认定他是同性恋，要他自杀谢罪。自 1979 年俄罗斯音乐学家亚历山德拉·奥尔洛娃来到西方，这一说法便流传开来，此后许多音乐学家和历史学家都表示认同。所罗门·沃尔科夫说，柴可夫斯基死前创作的最后一部作品《B 小调第六交响曲》（又称《悲怆交响曲》）其实就是他将告别这个世界时写给自己的挽歌。我们可以从作品本身找出一点线索：长号的主题跟它出现之前和之后的音乐都不相干。该主题采用的是俄罗斯东正教悼念亡人的弥撒，其歌词是：“愿他的灵魂跟所有圣人的灵魂一道安息。”柴可夫斯基死前九天亲自指挥了这部交响曲的首演。2001 年，罗兰德·约翰·威利写道：“关于柴可夫斯基死因的争论走进了死胡同……谣言从未止息……说到病症，没有类似诊断书这样令人满意的证据。目击者也说法不一，还有长期抽烟酗酒对他健康的影响也不容忽视。我们不知道柴可夫斯基的真正死因，也许永远都找不到答案……”

'Tchaikovsky thought of committing suicide for fear of being discovered as a homosexual, but today, if you are a composer and not homosexual, you might as well put a bullet through your head.'

"我这是怎么啦？我是不是看上去很奇怪？"

中风之后临死时说的话

罗伯特·史蒂文森，小说家、游记作家、诗人。主要作品有《金银岛》《化身博士》《巴伦特雷少爷》和《诱拐》等。从 1880 年开始，他的健康状况越来越糟，他于 1890 年定居萨摩亚，很可能死于脑溢血。他的传记作者写道：

萨摩亚的气候显然对史蒂文森大有裨益，他很少犯病，精力也愈发充沛……在萨摩亚生活期间，他只有过两三次轻微出血，几天就治愈了。肺病是肯定控制住了，但动脉硬化的症状却日益明显……他嗜酒如命，现在只好滴酒不沾。最让他难受的是，抽了一辈子的烟，现在也不敢再抽了。最后的时日里，他每天上午拼命写作。他有一部未完成的书稿《赫米斯顿的韦尔》，据他自己判断，这将是他所有作品中的翘楚，对成功的憧憬使他前所未有的既得意又开心……

黄昏时分他下楼了，他要给忧心忡忡的夫人打打气。他跟她谈起准备实行他渴盼已久的赴美讲学计划，因为他"现在身体好极了"。然后，为帮她排解忧愁，他还陪她玩了一会儿扑克牌。后来他说他饿了，求她陪他一起准备晚餐的沙拉。为了给这小小的家宴增添一点气氛，他还去地窖取来一瓶陈年白兰地。他陪夫人在阳台上忙活，聊得正开心时，他突然双手捂住脑袋叫道："我这是怎么啦？"他问夫人："我看上去是不是很奇怪？"边问边蹲了下来。他的贴身男仆索西摩闻声赶来，跟夫人一起将他扶进客厅。此时，他已经不省人事，躺倒在他祖父曾经躺过的扶手椅上……

'What's that? Do I look strange?'

“你有没有想到过死？”

去世前不久跟布鲁斯·格拉希尔的谈话

麦克凯尔跟莫里斯相熟，于 1899 年写了《威廉·莫里斯生平》一书。他在书中说，家庭医生分析莫里斯的死因是“为狂热宣传社会主义原则而死”。他相信，莫里斯是因为不断地四处奔波、不断地参加会议而染上肺病的。莫里斯是一位建筑师、家具和纺织品设计师、诗人、作家、艺术家、翻译家、中世纪研究家、印刷商、出版商、空想社会主义者、社会主义思想家，他跟爱德华·伯恩·琼斯一起成立了拉斐尔前派，吸引了许多志同道合者加入。他还创建了古建筑保护协会和社会主义学会，发起了“工艺美术运动”。

一天傍晚，我俩坐在书房里，很可能这也是我俩最后一次见面了。他突然问我：“你有没有想到过死？我不愿去想它，却又不得不想，真讨厌。是的，我讨厌死，但并不怕死。我爱生活，爱这个世界。这世界包含了一切美好的、让人开心的东西。我不知道还有什么比生活在这个世界上更让人感觉幸福的了。要是能除去人们的恶行、疾病和衰老，那就太完美了。人们梦寐以求的天堂——或者说来生——并不能让我在那里获得现实世界的享受，而现实世界和生活又没法让我跟已故之人和将故之人团聚——如果说真有来世的话。人的恶行，或许包括疾病，都有可能根除，惟独衰老无法避免。有时候我觉得死亡那么可怕、那么糟糕、那么残酷、那么奇怪，而有时候又觉得它甜蜜而又诱人。有时候我在想，要是躺在泥土下，与花草为伴，也能看见老教堂和草坪，能听见鸟儿啁啾和乡村民谣，那么，死未必不值得向往。不过，真要是那样的话，那就不叫死亡了，我会巴不得快点死。嗨，想不明白。没人说得清楚。”

'Do you ever think about death?'

LEWIS CARROLL (CHARLES LUTWIDGE DODGSON)
刘易斯·卡罗尔（查尔斯·鲁特维奇·道奇森）
公元1832年1月27日—公元1898年1月14日

“把那些枕头拿开——我再也用不着它们了！”

死前一天说的话

刘易斯·卡罗尔是《爱丽丝漫游仙境》《爱丽丝镜中奇遇》的作者，也是一位数学家。他死于支气管炎。他的侄子记录了他死前的最后时日：

他决定第二天去北方旅游——却永远也实现不了了。他突患流感，开始只是声音有点嘶哑，连日常的祈祷都做不了，第二天早上病情加重，根本无法旅行了。开始还以为伤风感冒算不了什么，可一个星期过去，支气管炎的症状开始显现，他的家庭医生加布大夫命令他卧床休息。他呼吸越来越困难，只能在背后垫几个枕头半躺半坐。死前几天，他要他妹妹给他读那首著名的赞美诗，该诗每句结尾都是“你完了”三个字。他对他的另一个妹妹说，这病对他的耐性是个巨大的考验。到底有多巨大，我们是无法体会的。他还有那么多工作没有完成，还一心想着用自己的作品给年轻人带去快乐，可为事业奋斗了一生的刘易斯·卡罗尔却不得不面对死亡。

他似乎知道一切都是徒劳了。“把那些枕头拿开。”他说。这是他卧病第十三天。“我再也用不着它们了。”第十四天两点半左右，最后的时刻到了。当时只有他的一个妹妹在房间里，她注意到他突然停止了呼吸，于是赶快叫来护士，护士一开始还抱着希望，以为这是他将要好转的迹象。他确实好转了——从一个不完美的、令人失望的世界转向另一个世界。在那里，上帝会让他的灵魂投入到更崇高更伟大的工作之中；在那里，他将学会理解那些在现实世界中令他困惑的东西；在那里，他在镜中见到的不确定的爱将真真切切地跟他“面对面”。

'Take away these pillows—I shall need them no more!'

“当‘伟大的老人’死去，
烈火熊熊的马车将载着他，
他屁股下
是通红的铁板，
他坐在比拉多和犹大之间。”

当时的打油诗，指责他对戈登将军之死负有责任

格拉斯通曾代表自由党四度出任英国首相，分别是1868年至1874年、1880年至1885年、1886年和1892年至1894年。1894年退休后他写道：“过去六十年里我能为劳工解放做一些事情，对此我心存感激。但是，假如我的生命现在才刚刚开始，我真不知该如何面对未来六十年将会遇到的错综复杂的问题。但有一点我一直深信不疑——这个黑暗的世界还有那么多艰难困苦，人想要浴火重生靠国家是不行的。”

格拉斯通患了口腔癌，但拖了整整一年才得以确诊。医生们认为他患的只不过是鼻腔黏膜炎，他只是夸大了自己的不适而已。帕特里西亚·加兰德在1996年出版的《维多利亚家族之死》中告诉我们，4月4日格拉斯领受了最后的圣餐，因为大家都认为他就要死了。“他感觉他的最后时刻到了，把能叫到的人全都叫到了身边，向我们作最后的告别……剧烈的疼痛让他的身体垮掉了，用他自己的话说就是：‘被击溃了，无能为力了。’但他的精神却完全没垮。”三周后，他又一次作“最后的告别”，“他提高声音，很清晰，他感激所有帮助过他的人。他好像很用心，特别提到了医生、护士、仆人、朋友和亲戚们的名字，以及他们曾为他做过的某些事情。”5月19日，“伟大的老人”陷入昏迷，但仍看得出他很痛苦，几番回光返照后，他终于在5月19日这天断了气。在威斯敏斯特大教堂为他扶柩的人里包括未来的爱德华七世和乔治五世。

'The G.O.M., when his life ebbs out, will ride in a fiery chariot, and sit in state on a red-hot plate between Pilate and Judas Iscariot.'

"跟我曾经活过一样，我行将死去。这不是我所能决定的。"

据传系其临终遗言

王尔德临终时，也许在一杯香槟之后说过这样的话，但他在生命的最后时刻皈依了天主教，为他送终的是一位神父，这不禁让人颇为怀疑这句遗言的真实性。死前一个月他还说过"我的墙纸在和我决斗。不是它死就是我亡"。转述者通常转述为"要么墙纸走，要么我走"。王尔德是在巴黎的阿尔萨斯酒店去世的，死于脑膜炎。他死后，墙纸被揭掉了，房间按他在伦敦公寓的风格重新做了装修，阿尔萨斯酒店直接更名为"酒店"。

王尔德是一位成功的剧作家、诗人和作家，以机智风趣著称。他作品中让人耳熟能详的俏皮话有："爱上自己是终身爱情的开端"，"除了诱惑，我什么都能拒绝"，"他知道一切东西的价钱，却不知道任何东西的价值"，"每个人都以经验不足为自己所犯的错误开脱"，"请不要对钢琴家横挑鼻子竖挑眼。他已经尽力了"以及"消除诱惑的唯一办法是屈从于它"等等。1895 年，他被控有同性恋行为，被关进瑞丁监狱。出狱后他去了法国，从此没再踏上英伦三岛半步。他死后葬在拉雪兹神父公墓，墓冢由雅各布·爱普斯坦爵士设计，墓志铭摘自其《瑞丁监狱之歌》：

> 为他洒泪的都是异类，
> 都是些破罐子破摔的人，
> 悲悼他的都是被抛弃者，
> 只有被抛弃者才总是伤心。

他的墓碑上雕有一个现代派风格的天使，长有男性生殖器。这个生殖器早已脱落，被守墓者的后人当镇纸用。天使塑像后来失落，后于 2000 年被重新复原。

'I am dying as I have lived: beyond my means.'

“我好久没喝过香槟了。”

临死时对妻子说的话

契诃夫是执业医师，是具有创新精神的剧作家，还是史上最伟大的短篇小说作家之一。由于 1896 年上演的《海鸥》未获好评，他终止了与剧院的合作。后来他说：“我要是听那些批评家的，不如喝醉酒死在阴沟里算了。” 1898 年，莫斯科艺术剧院将《海鸥》重新搬上舞台，又相继排演了他的《万尼亚舅舅》《三姐妹》和《樱桃园》。契诃夫在戏剧和小说创作中运用了意识流手法，不做道德说教，让观众和演员自己去思考他想要表达的主题。

1904 年，契诃夫身患重病，他弟弟回忆说：“来看他的人都暗忖他来日无多了，惟独他自己，似乎到死都未觉察。”去世前几个月他还对小说家伊万·布宁说，如果七年半之内读者还能读到他的作品就不错了，因为他觉得自己还能活六年。6 月，他跟妻子奥尔加去黑森林一个叫做巴登维勒的温泉小镇疗养。1908 年，奥尔加撰文回忆了契诃夫之死：

> 安东坐起来，身板笔挺，用德语说（尽管他几乎不懂德语）：“我要死了。”大夫让他平静下来，拿出注射器，给他注射了一针樟脑药剂，并叫人拿来香槟。安东喝下满满一杯，看看酒杯，笑着对我说：“我好久没喝过香槟了。”他把杯里剩下的酒喝干，静静地侧身躺下。我走到床前，俯身叫他，他已经停止了呼吸，就像一个睡得很香的孩子……

'It's a long time since I drank champagne.'

“恰恰相反！”

这是他人生的最后一句话。当时他听见护士对来探望他的人说他已经好些了

易卜生是挪威剧作家、诗人和戏剧导演，被公认为现代戏剧的奠基人，欧洲顶尖剧作家之一。1901 年，他的健康状况开始恶化，医生嘱咐他终止一切脑力工作。抑郁和精神疾患搞得他身体状况每况愈下，最终卧床不起。连续几次中风后，他最终在克里斯蒂安娜（今奥斯陆）去世，政府为他举行了隆重的公开葬礼。《卫报》报道了他的死讯：

> 我们沉痛宣告，亨里克·易卜生昨天下午在克里斯蒂安娜去世……他出生的房屋已在 1886 年的希恩大火中被毁。那座房屋正对着市政大厅、教堂、学校、监狱、疯人院以及其他一些足以代表国家权力的机构，而未来的诗人对这些机构深恶痛绝。附近两座瀑布响声如雷，几十家锯木厂成天发出刺耳的声音，给孩提时代的易卜生留下了难以磨灭的糟糕印象。“后来，”他告诉我们说，“我读到关于断头台的介绍，自然而然就想起了那些锯木厂。”他看上去似乎与世隔绝，实则比欧洲任何作家都更关注同时代人的心灵。别的作家看似忠实地记录现实，塑造的人物有趣而让人易于接受，表达的思想也更直白；而易卜生则令人惊讶地一眼就能洞穿人的本性并让人看到希望。没读过易卜生作品的人也许会觉得奇怪，他写了那么多揭露人性丑恶的东西，却从未放弃对美好的向往。正如哈兹里特所说“他没写过一句丧气的话”。

'On the contrary!'

GERONIMO, GOYATHLAY **杰罗尼莫，原名戈雅斯勒**
公元 1829 年 6 月 16 日—公元 1909 年 2 月 17 日

“我想我能忘记所有对我的不公。”

摘自他 1907 年的自传

杰罗尼莫是奇里卡华·阿帕契族法师，几十年来，他领导他的族人跟入侵的墨西哥人和美国人顽强不懈地斗争。在奥克拉荷马监狱里，他临死之时对侄子说，他后悔不该向美国人投降。他在自传里满怀忧伤地写道：

> 我们现在控制着科曼奇和奇奥瓦的土地，但这不是我们所需要的……在我看来，不论气候还是土质，没有哪个地方比得上亚利桑那。全能的神本来给了我们阿帕契人大量的肥田沃土、丰富的牧草、木材和矿物。那是我的土地，我的家，我祖先的土地。我现在要求归还。我要在那里度过我最后的日子，死后埋葬在那里的山上。如果我的要求能够实现，我将平静地死去。希望我的同胞能回归故土，在那里休养生息，而不是像现在这样被赶尽杀绝。希望我们种族的名字不被遗忘。我知道，只要我的同胞们能回到基拉河源头那片山地，他们一定会如总统所愿那样规规矩矩地生活。他们一定会快乐地耕种，学习他们所尊敬的白人的文明。这一切如果能够实现，我想我能忘记所有对我的不公，像一个幸福的老人那样毫无遗憾地死去。但这种事情我们自己无能为力——我们只能等待掌权者有所行动。如果我不能活着见到这一切变成现实，如果我死于囹圄，希望在我死后，幸存下来的阿帕契人的请求能得到满足——让他们回到亚利桑那。

'I think I could forget all the wrongs that I have ever received.'

“我的太阳落下了。我的日子到头了。黑暗正悄然把我笼罩。”

给拉科塔苏族人的告别语

我的太阳落下了。我的日子到头了。黑暗正悄然把我笼罩。听我说，我的朋友们，这种时候我不可能对你们说谎。伟大的神灵造就了我们印第安人，给予我们这片土地供我们生存。他给了我们水牛、羚羊和鹿作为我们的食物和衣料来源。我们的猎场从明尼苏达到普拉特，从密西西比河到一座座山岭。没人限制我们。我们像风、像鹰一样自由，没人对我们发号施令。我生为拉科塔人，死是拉科塔鬼。白人入侵之前，拉科塔是个自由的民族。他们制定的法律只适用于统治他们自己。牧师和传教士们告诉我们，说白人到来之前我们生活得很糟。这是谁的错？我们祖祖辈辈就是这么过来的。难道我们为此就该受到惩罚？我不知道这些白人说的话是真是假……我眼前一片阴影，又长又黑。我很快就会倒下，再也起不来。当我的灵魂还在躯体里，我的气息会去到太阳那里，因为它知道一切，知道我依然忠诚于它。

这位拉科塔苏族人的战争领袖是最得力的印第安土著首领之一，他指挥了1866年的“费特曼大杀戮”，取得过在怀俄明和蒙大拿的“红云之战”（1866—1868）的胜利。美国人最终同意撤出拉科塔，“红云”跟他们签署了协定，给他们留出一条安全撤离的波兹曼通道。但是，到了1873年，他却被迫在印第安保留地度过余生。查尔斯·A·伊斯特曼记录下了他的一句话：“他们给我们作出许多承诺，多得我都记不清了，却一条都没兑现。可他们说要抢占我们的土地，就说到做到了。”

'My sun is set. My day is done. Darkness is stealing over me.'

MARK TWAIN (SAMUEL LANGHORNE CLEMENS)

马克·吐温（塞缪尔·朗霍恩·克莱门斯）

公元1835年11月30日—公元1910年4月21日

“唯一永恒的是死亡，它对所有人一视同仁，它是所有人的安息之地，是所有人的庇护所。无论是肮脏的人还是纯粹的人，无论是富人还是穷人，无论是拥有爱的人还是没有爱的人，概莫能外。”

他去世后在他床边发现的笔记

美国报纸报道吐温的死讯时，他正好端端地在欧洲旅行。他的“死讯报道”有好多版本。1897年5月，吐温写道：“两三个星期前，我侄子詹姆斯·罗斯·克莱门斯在伦敦得了重病，但现在已经痊愈。有报道误认为是我重病了，再加以夸张，于是传出了我的‘死讯’。”吐温的这则声明刊登在1897年6月2日的《纽约时报》上。从1896年开始，他连续遭遇丧亲之痛：这一年，他最心爱的女儿苏茜去世；1904年，妻子奥利维亚离他而去；1909年，他失去了最好的朋友亨利·罗杰斯；1909年圣诞夜又失去了女儿简。1910年在百慕大，他心脏病二次发作，回到康涅狄格州休养。

1909年，吐温曾说过：“1835年，我伴着哈雷彗星的出现而诞生。哈雷彗星明年将再度光临，我将随它一同消失。万能的主说过：‘瞧这两个怪物，它们一起来，也必须一起去。’”他的预言真够准确，他在第三次中风几天后死去，而之前一天正是哈雷彗星距地球最近的时候。艾伯特·比奇洛·佩恩在为吐温所作传记中描写道：“‘再见，’他说，当时就站在他旁边的奎因塔德大夫认为他还说了句半截子话，‘如果我们相会……’后面的就模糊不清了。他盯着她看了一阵，没说话，然后便迷糊过去，继而进入深睡状态，再没搭理我们。”塔夫特总统赞道：“吐温把快乐——真正的充满智慧的快乐——给了千百万人，他的作品还将继续给后世的人带去快乐。”

'Death, the only immortal, who treats us alike, whose peace and refuge are for all. The soiled and the pure, the rich and the poor, the loved and the unloved.'

EDWARD VII, KING OF THE UNITED KINGDOM AND THE BRITISH DOMINIONS, EMPEROR OF INDIA

爱德华七世，联合王国及其殖民地国王，印度皇帝

公元 1841 年 11 月 9 日—公元 1910 年 5 月 6 日

“我很高兴！”

临死语

作为维多利亚的继承人，爱德华七世 1901 年才正式即位，之前他苦等了整整六十年。他是个出了名的花花公子。1861 年，20 岁的爱德华希望有点作战经验，便参加了在爱尔兰的演习。在同僚们的协助下，他把一个名叫奈莉 · 克里夫顿的女演员藏进军营。维多利亚女王和她丈夫阿尔伯特王子大为震怒，阿尔伯特抱病前往剑桥申斥他，两周后便辞别了人世。维多利亚女王悲痛不已，认为爱德华对她丈夫之死负有责任，其后四十年里女王一直身着黑衣。她厌恶这个儿子，在给大女儿的信中写道：“不管是过去还是将来，一看到他我就浑身发抖。”女王彻底告别公共生活，需要她出席的场合由爱德华代替，但不准他参与处理国家事务。他成天跟包括莉莉·朗特里在内的众多情妇厮混，大吃大喝、赌博、狩猎、观看赛马、乘帆船出海。1863 年，他跟丹麦公主亚历山德拉结婚，两人育有六个子女。

正式继位后，他一改父亲去世四十年来严格的君主政体，采取了灵活多变的政策，跟大多数欧洲王国保持联系。被称为“欧洲的叔叔”的他协助外交谈判，为 1904 年签订的《英法和平友好条约》铺平了道路。他每天要抽二十支香烟和十二支雪茄，最终患上了支气管炎。他曾几番心脏病发作，但拒绝卧床休息，他说：“不，我不能放弃，我得继续，我要工作到死。”在他临死之前，威尔士王子（后来的乔治五世）告诉他说，他的马“空中女巫”下午在肯普顿公园的比赛中获胜了。国王答道：“我很高兴。”片刻后国王驾崩。

'I am very glad.'

“把灯打开，我不想在黑暗中回家。”

临死前语，引用的是哈里 · 威廉斯 1907 年一首歌的歌词

欧亨利的短篇小说诙谐机趣，以结尾出人意料著称。他命途多舛，蹲过监狱，发妻去世，后妻又离他而去。再加上追求成功的压力，使他酗酒无度，死于肝硬化、糖尿病并发症和心脏肿大。他的传记作者写道：

> 末日临近了，不过我想，并不如他以为的那样近在眼前。他耸耸肩，脸上带着异样的笑容，对莫伊尔先生说：“很可能是在美好的夏日。”几年前，跟朋友偶尔聊起来世，朋友问欧亨利有何看法，他回答说：“我有一条小狗名叫‘流浪者’，它一死，就一了百了了。”
>
> 在他生命的最后一个月，这个问题被再度提出。欧亨利一个好朋友的父亲死了，他很想知道这位朋友怎么看待来世。“至于我的看法，”他说，“我觉得我们都像是待出壳的鸡雏。”6 月 3 日下午，吉尔曼 · 霍尔先生接到一个电话：“你能马上来一趟吗，上校？”欧亨利称呼他的朋友不是上校就是比尔。一放下电话他就瘫倒了，霍尔先生赶到时，只见他躺在地上。他立即请来查尔斯·拉塞尔·汉考克大夫，将欧亨利送到了位于三十四街东段的综合医院……他坚持要停下来跟卡利多尼亚的经理握手道别。他把家人叫来，平静地交代了处理手稿的事宜……“直到星期日早上去世前两分钟，他一直都很清醒，”汉考克大夫说，“他知道自己快不行了。我从没见过有人像他那么勇敢、平静地忍受痛苦、面对死亡。直到死，他都毫无忧戚之色。”太阳即将升起时，他微笑着对身边的人说道：“把灯打开，我不想在黑暗中回家。”他不是在黑暗中回家的，旭日把阳光投射在他脸上，至今仍照亮着他的名字。

'Turn up the lights; I don't want to go home in the dark.'

“我们都在展示……在表现……现在表现完了……一切都结束了……”

临死语

《战争与和平》《安娜·卡列尼娜》的作者托尔斯泰是最伟大的小说家之一，他在 82 岁高龄时离家出走，想寻求一种俄罗斯农民那样的俭朴的生活方式。在一个叫做阿斯塔波沃的小镇，他患上了肺炎，几天后死在火车站站长的屋里。据站长说，他最后说的话是：“可是农民……农民们是怎么死的？”他的朋友兼秘书弗拉基米尔·切尔科夫在一本小册子里描述了他辞世时的情况：

> 托尔斯泰去世前夜，大夫让我用一个橡皮袋子给托尔斯泰输氧。这事我已经做过好多次了。输氧后，托尔斯泰说：“毫无用处。”……托尔斯泰睡得那么平静、那么安详，这让我松了一口气。又过了几个小时，托尔斯泰的呼吸突然变得很轻很浅。几分钟后，呼吸完全停止。一片死寂。没有痛苦，没有挣扎。只有一声深沉的、长长的叹息……看着他已经不成人样的躯体，我不禁想起头天夜里我窥见的他的内心活动。当时我就坐在他的床边，他仰躺着，呼吸艰难。从表情不难看出他在思考着什么，突然——像在跟自己争辩似的——他高声叫道：“我们都在展示……在表现……现在表现完了……一切都结束了……”我还记得托尔斯泰对人生的看法，大概意思是，人生是上帝的精神的展示，它只是暂时被禁锢于某人的躯体内，随时准备跟其他人的精神，跟上帝的精神一起破茧而出。我强烈地感觉到，能如此理解生命是一种福分。一句话——死其实就是解脱。

'We all reveal...our manifestations...This manifestation is over...That's all...'

“我最后的祈祷是：愿上帝保护她，不让她受到伤害，并允许她跟我永远相伴。”

被处决前夕的陈述。“她”指的是他的同案被告埃塞尔·尼芙

这是一场轰动一时的审判，结果判定克里平医生谋杀妻子的罪名成立。他的情妇埃塞尔·尼芙被判无罪。一个世纪后，我们在2009年6月7日的《每日电讯》上读到：

> 在刑事案件审查委员会收到申请后，克里平医生一案应该可以移交给上诉法庭。果真如此，而且原判决被推翻的话，那就意味着克里平被绞死九十九年后，一桩冤案得以平反。这将创下英国司法史上一项新的记录。克里平是一位美国医生，他妻子科拉在伦敦家中举办派对后失踪，克里平被控谋杀了她。警察在他家地下室砖砌的地板下找到一具尸体。克里平试图逃跑，但终被擒获，被判有罪，于1910年被处以绞刑。本案的关键疑点是，通过DNA检测，警方当年找到的那具尸体并非科拉，而是一个男人。检察官于1910年提出的指控称，克里平将妻子毒死然后肢解。警察发现的尸体没有脑袋、没有骨头也没有生殖器。
>
> 克里平一直没认过罪，称他妻子是回美国去了。乔瓦尼·迪·斯特芬诺律师是帕特里克·克里平家族的亲戚，曾担任萨达姆·侯赛因的辩护律师。作为克里平的代理人，他对《观察家报》说：“我们已被明确告知，重审程序已经启动，我们现在在等待相关文书。那尸体是个男人的，翻案已是铁板钉钉的事了。”

'My last prayer will be that God will protect her and keep her safe from harm and allow her to join me in eternity.'

CAPTAIN LAWRENCE EDWARD GRACE OATES
劳伦斯·爱德华·格雷斯·欧茨上尉
公元1880年3月17日—公元1912年3月17日

“我正要到外面去，可能得待上一会儿。”

1912年3月17日日志（斯科特不能肯定是3月16日还是17日）

欧茨毕业于伊顿，先后在印度、埃及和南非服过役，在布尔战争中负过重伤。因为这伤，他的一条腿比另一条短了一英寸。1910年，他志愿参加罗伯特·斯科特带领的南极探险队，希望能成为第一个踏上南极洲的人。他能被接纳主要是因为他在饲养和使用马匹方面有丰富的经验，并且还为此次探险贡献了1000英镑。他在日记中写道：“就我个人而言，我很不喜欢斯科特这个人，要不是为了国家，我宁愿退出这次行动……他（斯科特）这人不耿直，一切只为自己着想，从不替别人考虑……”斯科特最终接纳了欧茨。作为五名成员之一，欧茨踏上了前往南极点的最后一段长达167英里的行程。

尽管装备笨重、天气恶劣，斯科特、威尔逊、鲍尔斯、伊万斯和欧茨五人还是于1月17日顺利抵达南极点，却意外发现挪威探险家罗尔德·阿蒙森已在一个月前捷足先登。极寒的天气和食物短缺使他们返回大本营的800英里行程变得异常艰难。2月17日，伊万斯牺牲，欧茨旧伤复发，四个人都得了坏血病，脚被冻伤，举步维艰。3月15日，欧茨告诉同伴们说他无法再走下去了，让他们把他装进一个睡袋留下，但遭到拒绝。17日，也就是他的32岁生日，他知道自己已是团队的负担，便悄然离开帐篷，决心一死。斯科特在日记中写道：“我们知道欧茨决心赴死，我们也试图劝说，但我们理解，这是一个勇敢的男人，一个英国绅士的选择。”剩下的三个人在距大本营仅11英里处被困在暴风雪中死去。

'I am just going outside and may be some time.'

“看在上帝份上，请照料我们的家人。”

最后一则日记

3月29日，星期四。从21号开始，大风持续不停，先是西—南—西方向，再转为东—西方向。20、21日两天，我们只喝了两杯茶，吃了一片面包，聊以补充体能。只剩下11英里就到大本营了，我们每天都做好出发的准备，可帐篷外一直是风雪弥漫。我们最盼望的是天气好转。我们会坚持到底，但我们的身体越来越虚弱，看来我们距末日已经不远了。很遗憾，我不能再写下去了。R·斯科特。最后一则日记。看在上帝份上，请照料我们的家人。

斯科特的第一次探险是在1901年至1904年，他和欧内斯特·沙克尔顿（著名南极探险家）前进到距南极点450英里处被迫返回。1910年6月，他再次率队乘坐“特拉·诺瓦号”开启南极之旅，并于1912年1月17日抵达南极点，却发现挪威探险家罗尔德·阿蒙森三十五天前就已经到了。当天，斯科特在日志里写道：“最糟糕的事情发生了”，“上帝！这真是个可怕的地方。”在800英里的归程中，队员埃德加·伊万斯和劳伦斯·欧茨分别于2月17日和3月16日牺牲。3月19日，斯科特、威尔逊博士和鲍尔斯上尉最后一次宿营。23日，斯科特写下上面那则日记后罢笔。他还给公众留下一封信，为这次探险辩护，其结尾相当鼓舞人心：

我们自知冒险……但我们遵从神的意志，决心竭尽全力，直至最后一刻……要是我们有幸活下来，我一定把同伴们所遭遇的艰险、他们的坚持和勇气讲给你们听，肯定会令每一个英国人心潮澎湃、热血沸腾。如果我们不幸遇难，这封草草而就的信和我们的遗体将代我讲述。我相信并且确信，我们这样一个伟大而富饶的国家，一定会有人踏着我们的足迹继续前行。R·斯科特。

'For God's sake look after our people.'

“女士们，该你们了……抓牢船帮。”

在“泰坦尼克号”上指挥妇孺上救生艇时说的话

1912年4月22日《纽约时报》发表了题为“妇女们说：是阿斯特救了我们”的文章：

> “泰坦尼克号”幸存者艾达·S·希帕奇夫人和她女儿简于今日平安抵家。她们说，是约翰·雅各布·阿斯特上校强令最后一条救生艇等着她们，救了她们一命。“我们看见阿斯特上校把他夫人送上救生艇，并向她保证说，他随后就到。”希帕奇夫人说，“他微笑着转向我们说‘女士们，该你们了’。负责那条救生艇的船员抗议说已经满员了，并开始将救生艇往下放。阿斯特上校喝道：‘抓住那条船！’那声音让人不能不服从，几个人上前抓住了那条救生艇。上校领着我们到下一层船舱，让我们爬出舷窗上了救生艇。”希帕奇夫人说，“撞击发生后，‘泰坦尼克号’前舷一侧被冰山抵死，那冰山足有一百英尺高，长得看不到尽头。”

阿斯特是世界上最富有的人，其身家按如今的市值折算高达400亿美元。他在曼哈顿拥有700处最好的房产，是二十多家公司的董事会主席。1897年，他建造了当时世界上最豪华的酒店——阿斯托里亚，跟他侄子威廉·华尔道夫·阿斯特的华尔道夫酒店相邻，两者合称“华尔道夫—阿斯托里亚酒店”。他的新夫人玛德琳怀孕后，阿斯特订了“泰坦尼克号”处女航的船票，准备从瑟堡出发返回纽约。“泰坦尼克号”撞上冰山后，玛德琳上了最后一批救生艇，阿斯特问大家，由于他夫人“身子不方便”，他可不可以也上那条船，被告之得等妇女儿童全部脱险后再说。他脱下手套扔给玛德琳，告诉她待会儿见。玛德琳幸存下来，而阿斯特则跟另外1500名乘客一起，随同“泰坦尼克号”沉入了海底。

'Ladies, you are next...hold that boat.'

EMILY WILDING DAVISON **埃米莉·怀尔丁·戴维森**
公元1872年10月11日—公元1913年6月8日

“她是那么热爱自由，乃至为之献身。”

克莉丝塔蓓尔·潘克赫斯特在戴维森去世后两天发表的悼念文章

戴维森靠教书攒够学费，进入圣休学院学习，毕业考试得了一等奖。而当时女性是不能获取学位的。她开始在伯克郡当家庭教师，并于1906年加入妇女社会与政治同盟，为女性的选举权及其他权利奔走呼号。她七次入狱，在斯特兰奇韦监狱，她绝食抗议，被强行灌食。有一次，她躲进小号逃避灌食，小号被冰冷的水淹没，当监门被打开时她已经浑身透湿。尽管遭受非人待遇，她的斗争意志却越发坚定。在霍洛维监狱，她从铁梯上跳下试图自杀以引起关注，却被下面的电网拦住没能如愿，她的脊柱受伤，疼痛从此相伴余生。

1913年6月4日，在埃普桑赛马场，她冲到国王的马前，被马踢倒，颅骨破碎并受了内伤。她本以为马会停下，想把妇女社会与政治同盟的会旗披到马身上。她外衣口袋里还揣着返程火车票，显然并未打算自杀。

她昏迷四天后去世，被葬在诺森伯兰郡莫帕森的圣玛丽处女教堂。墓碑上刻着她的竞选口号“不要光说不做”。当时骑在马上的是国王的赛马骑师赫伯特·琼斯，他只摔了个轻微脑震荡，但据说他“被女人的那张脸吓坏了”，于1951年自杀。戴维森去世后十一年，在妇女参政权活动家潘克赫斯特的葬礼上，琼斯献了一个花圈，上面写着“悼念潘克赫斯特夫人和埃米莉·戴维森小姐”。潘克赫斯特曾在《我自己的故事》一书中说，埃米莉早就认定，只有献出她的生命，才能结束妇女的磨难。

'So greatly did she care for freedom that she died for it.'

“我明天就离开这里，不知会去哪儿。”

最后一封信的最后一句话，1913年12月26日写给布兰奇·帕廷顿

另一封“最后的信”，邮戳表明寄自奇瓦瓦城，也是写于1913年12月26日，寄往华盛顿，收信人是比尔斯的秘书兼合作伙伴卡丽·克莉丝汀森。克莉丝汀森把信撕掉了，理查德·奥康纳在为比尔斯写的传记中称，这封信是这么结尾的：“每天都有满载大兵的列车驶出奇瓦瓦。我准备明天去奥西纳加，其中一段路程会乘火车。”奥西纳加在奇瓦瓦东北125英里处，与德克萨斯的普雷西迪奥隔河相望，联邦军曾在此陷入潘乔·比利亚的革命军的重重包围。

1913年10月，年逾七旬的记者、作家比尔斯决定离开美国，前往墨西哥观察潘乔·比利亚领导的革命。这场革命从1910年开始持续了整整十年。临行前他写信给侄女罗拉：

> 亲爱的罗拉，我明天要出趟远门，也许会很久，所以特地跟你道别。我想别的没什么值得一说了。如果我们都只挑值得说的话说，这个世界将让人多么难以忍耐！还有，就是什么傻事都不要做，譬如去墨西哥和南美。你肯定渴望看看山……对我来说，文明就在山间，在大漠。再见——如果你听说我站在墨西哥某一面石墙前，被子弹打成碎片，要知道，我认为那是我告别生命的最佳方式。它比老死、病死或坠楼摔死都强。以一个陌生人的身份死在墨西哥——啊，那该是多么惬意！爱你的安布罗斯。

11月6日，罗拉收到他的另一封短信，说他在德克萨斯的拉雷多。信的末尾写道：“我在这儿待不了多久，等不到你的回信了。我也不知道下一站将去哪儿。我想这对你来说也不重要。再见，安布罗斯。”之后她就再没收到过像这样幽默的来信了，而他的死因一直是个谜。

'As to me, I leave here tomorrow for an unknown destination.'

ARCHDUKE FRANZ FERDINAND OF AUSTRIA
奥匈帝国皇储弗朗兹·斐迪南大公
公元1863年12月18日—公元1914年6月28日

“这没什么……没什么……”

大公遇刺失去知觉前对哈拉赫伯爵说的话

弗朗兹·斐迪南的最后一句话是：“索菲，索菲！不要死！为我们的孩子们活下去！”然后接连说了六七句“这没什么……”，随后喉咙咯咯作响，到了总督府后方才咽气。十分钟后，夫人索菲也死了。早些时候，曾有人朝他乘坐的汽车扔手榴弹，斐迪南躲过一劫，手榴弹在汽车驶离很远后才爆炸。在萨拉热窝市政大厅，他打断市长的欢迎辞，愤怒地吼道：“你们用炸弹欢迎客人，这会儿说得再漂亮又有何用？我来萨拉热窝访问，却有人朝我扔炸弹。是可忍孰不可忍！”大公夫妇决定去医院看望伤者，但半道上司机莫名其妙地不见了踪影，夫妇俩被沿途埋伏的六名杀手之一盯上。

弗朗兹·斐迪南是弗朗西斯·约瑟夫皇帝的侄子，奥匈帝国的王位继承人，一直致力于通过兼并塞尔维亚将奥匈帝国由奥地利、匈牙利组成的二元帝国扩展为由奥地利、匈牙利与南斯拉夫组成的三元帝国。这让塞尔维亚民族主义者大为恼怒。其中一个名叫加弗里诺·普林西普的人认出了大公夫妇的车，抢上前去连开两枪，一枪击中索菲腹部，另一枪打断了弗朗兹的颈动脉，救援者赶到时他还没断气。

塞尔维亚政府不仅默许，甚至还可能资助了这次暗杀。奥匈帝国向塞尔维亚发出了最后通牒，两国都开始调动军队。俄罗斯也迅速作出反应，宣布将跟塞尔维亚并肩作战。眼见俄罗斯军队大量集结，德国也开始准备起来，并要求俄国的盟友法国不要轻举妄动。法国未予理睬，德国便越过比利时进军，第一次世界大战就此爆发。

'It is nothing... It is nothing...'

“如果我死了，请这样去想……”

他的最后一首诗《士兵》，1914

如果我将死去，请这样去想：
异国田野的某个角落
从此将永远属于英格兰，
在那丰饶的土地下将播下一颗良种；
英格兰孕育了它，让它成形、苏醒，
送它远游，开出爱之花，
它来自英格兰，呼吸着英格兰的空气，
家乡的河流滋润着它，阳光照耀着它。
想一想，这颗心与邪恶隔绝，
在永远的脉动中思念着故土，
故乡的美景、故友的音容笑貌
令他魂牵梦绕，
仿佛置身英格兰的天空之下，
他的心平静而安宁。

布鲁克长眠在希腊的斯基罗斯岛。坟墓呈橄榄状，大理石墓碑上镌刻着他这首最著名的十四行诗。他作为新入伍的海军军官赴达达尼尔海峡参战，途中因食物中毒死在利姆诺斯岛附近的海上。他坟墓的白色十字架上原来用铅笔写着：“长眠于此的是上帝的仆人，英国海军准尉，他为从土耳其人手中解放君士坦丁堡而死。”布鲁克还写过一首激情洋溢、歌颂故乡的诗——《格兰切斯特老宅》，诗中有这样两行：“教堂的钟差十分三点？/ 钟楼上还能否找到沏茶的蜂蜜？”

'If I should die, think only this of me...'

CHARLES FROHMAN **查尔斯·弗罗曼**
公元 1860 年 6 月 17 日—公元 1915 年 5 月 7 日

"何必惧怕死亡？那是人生最美丽的冒险。"

随同"卢西塔尼亚号"沉入海底前的遗言

弗罗曼是美国著名的戏剧经纪人和制作人，以善于发掘好剧本和演艺人才著称。1897 年，他租下伦敦的约克公爵大剧院，在英美两地成功推出若干出新剧并进行交流。去世之前，他手上已掌握了纽约的六家剧院、美国其他地方两百多家剧院和伦敦的五家剧院，由他担任制作人的戏剧多达七百多出。1915 年，因为一出戏票房不景气，他最喜欢的一位剧作家 J · M · 巴里敦请他急赴伦敦救急。正是在这一年，德国的新式潜艇威胁着整个欧洲，美国政府告诫自己的人民不要乘坐外国注册的船舶旅行。演员约翰 · 德鲁恳求他不要前往已卷入战争的英国，说如果他因此葬身海上，自己将永远不原谅他。弗罗曼不予理会，订了"卢西塔尼亚号"的船票。

历尽艰险，"卢西塔尼亚号"终于跨越大西洋，却在爱尔兰海域遭到鱼雷袭击。船上本来有足够的救生设施，无奈乘客惊惶失措，船员又人手不足且缺乏训练，船上一片混乱。弗罗曼帮女演员丽塔 · 乔里维特穿好救生衣后说道："何必惧怕死亡？那是人生最美丽的冒险。"这句话改自巴里的剧作《彼得·潘》："死亡是最可怕的冒险。"他平静地吸着雪茄，勇敢地面对死亡。乔里维特得以生还，弗罗曼的遗体后来被找到。有好几个人本来是打算陪他一起去英国的，因为种种原因没能成行而躲过一劫。这些人中包括著名词曲作家杰罗姆·科恩、女演员埃塞尔·巴里摩尔、演员兼剧作家威廉·吉勒特和剧作家爱德华·谢尔顿。弗罗曼曾对人说过，他死后，要在他的墓志铭里写上"这个人把《彼得 · 潘》带给了世界"。

'Why fear death? It is the most beautiful adventure in life.'

“我还必须做到不怨恨任何人。”

被德国人处死前一天，对一位英国国教牧师说的话

1914 年 8 月 20 日，德军攻陷比利时，英国护士伊迪斯·卡维尔被允许留在一个教学点当看护。后来，这个教学点被改作红十字医院。在德国人的监视下，她在救治德国兵的同时也救治盟军伤员。在此期间，她帮助了大约两百名盟军士兵逃往中立的荷兰。一年后事情败露，德军军事法庭在布鲁塞尔以间谍罪对她进行了审判。虽然她并未从事过任何间谍活动，仍然被德国人枪决。英国方面将她的案子大肆渲染，以改变当时征兵不顺的窘况。加恩牧师转述了她的最后遗言：

10 月 11 日，星期一。晚上，我得到德国人的特别许可进入圣基尔斯监狱，伊迪斯·卡维尔小姐被关押在这里已长达十个星期。最终判决是下午作出的。我吃惊地发现，我的朋友竟是那般平静、那般从容。但这并不能减缓我心中的疼痛。我们的交谈进行了将近一个小时……她说她希望她所有的朋友们知道，她是心甘情愿为国献身的。她说：“我不害怕，不畏缩。我见过太多的死亡，对我来说，死并不奇怪，也不吓人。”她还说：“感谢上帝，让我在生命的最后时刻享受了十个星期的宁静。人生总是匆匆忙忙，充满了困难。上天垂怜，让我好好休息了一阵。这里的人待我都很好。在就快见到上帝之时，我得说，我意识到了单有爱国主义情操还不够，我还必须做到不怨恨任何人。”

'I must have no hatred or bitterness towards anyone.'

JOE HILL (JOEL EMMANUEL HÄGGLUND, JOSEPH HILLSTRÖM)
乔·希尔（乔尔·伊曼纽尔·哈格朗德，约瑟夫·希尔斯特罗姆）

公元 1879 年 10 月 7 日—公元 1915 年 11 月 19 日

“我将像一个真正的反叛者那样死去。不要浪费时间为我悲伤。组织起来。”

临刑前发出的电文

瑞典裔美国人希尔是一个四处打工的工人，劳工运动积极分子，还是诗人，也是歌曲作家，是世界产业工人联盟（IWW）的发起者之一。他被控犯有谋杀罪，但证据并不充分。按照美国犹他州法律，对犯有谋杀罪者可判枪决或绞刑。他自己作出了选择 ：“我选择枪决。之前我就遭到过两次枪击，我已经见惯不惊了。”包括瑞典大使海伦 · 科勒尔和美国总统伍德罗 · 威尔逊在内的许多名人都请求对他宽大处理，但均告徒劳。他最终被判枪决。在行刑指挥官喊出“预备，瞄准”后，他自己喊出了此生最后两个字 ：“开枪！ ”临刑前，他给著名的 IWW 组织者大个子比尔 · 海伍德发去一份电报 ：“再见，比尔。我将像一个真正的反叛者那样死去。不要浪费时间为我悲伤。组织起来。从这里到怀俄明有上百英里路程。能否安排人把我的遗体运出州界再行安葬？我不想被人发现我死在犹他州。”

此案缘起一位商店店主被杀。而事发当晚，希尔因为跟一个已婚女人睡觉被人发现，争执之中受伤，但他为了维护名声，拒不解释受伤原因，只是一口咬定自己跟店主之死无关。他的律师说 ：“本案的关键在于希尔是 IWW 组织者，这就注定了要判他有罪。希尔不愿让 IWW 受到牵连……加上报纸纷纷造势，使得他百口莫辩。”临刑前一天，希尔写下遗嘱 ：

我的遗嘱很简单，
因为我没留下任何遗产，
亲人们不必为我悲伤。

'I die like a true blue rebel. Don't waste any time in mourning. Organize.'

"苔藓不会附着在滚落的石头上。"

我的遗体？——噢——如果我能选择，

我愿被烧成灰，

任快乐的微风吹散。

我的骨灰所到之处，

花种将发芽生长，

即使是将谢的花蕾，

也将重生怒放。

这便是我最后的遗愿。

祝你们好运平安，乔·希尔。

THOMAS MACDONAGH (TOMÁS MAC DONNCHADHA)
托马斯·麦克唐纳（托马斯·麦克·唐查哈）

公元1878年2月1日—公元1916年5月3日

“只要认识托马斯·麦克唐纳，你就不可能变坏。”

1916年，麦克唐纳的朋友——演员、作家詹姆斯·斯蒂芬所写颂词

托马斯·麦克唐纳，诗人、剧作家，曾领导1916年的复活节起义，是1915年爱尔兰共和国开国宣言的签字者之一。他和妻子穆雷尔·基佛德育有两个孩子——芭芭拉和唐纳。麦克唐纳被处死几个月后，穆雷尔失足淹死。约瑟夫·普朗克特也是起义领导人之一，在他被处死前几分钟，麦克唐纳的妻妹嫁给了他。麦克唐纳在放下武器投降时说：“只要能再看穆雷尔一眼，付出什么样的代价我都愿意。”他的妻子来不了，当修女的妹妹则在他死前不久赶到了基尔梅哈姆·高尔。一进牢房，她发现连水都没有一滴，便请求狱卒去打点水来，狱卒以不敢违令为由拒绝了。妹妹把母亲留下的一串念珠送给麦克唐纳，说希望他死后能把念珠再收回来。麦克唐纳把念珠戴在脖子上，说：“只怕会被子弹打碎。”事实上，只有四颗珠子被打飞，他妹妹后来还真把那串念珠找了回来。在写给妻子的遗信中，麦克唐纳说：“我做好了牺牲的准备，感谢上帝让我为如此神圣的事业献身。我所做的一切将得到祖国的褒奖。我知道我这么做是要付出代价的，我早有准备。”

麦克唐纳的预言诗《一个诗人爱国者》收录在他的诗集《我自己的诗》里，于1910年首次出版：

在诗歌的长河里，
他的歌不过是一朵小小的浪花，
被巨浪滔滔的大合唱所淹没，
转瞬即逝。
他的行为
如暗夜里一声孤独的呼号，

'No person living is the worse off for having known Thomas MacDonagh.'

激不起任何欢笑或叹息。
但当黎明到来，合唱止息，
他的歌将唤起新生命的悸动，
他的行为将激起巨大反响。

“自治是我们自己的权利，它与生俱来，不再是谁的恩赐，也没有谁能剥夺，正如我们有权生存，有权感受阳光，有权欣赏鲜花，有权爱我们自己。”

他被控犯有反叛罪，在被告席上发表的演说，1916年6月29日

审判恰恰证明了爱尔兰不曾无理对待过任何人，不曾伤害过任何国家，从来没想到过要凌驾于别人之上。然而，在世界上所有国家中，唯有爱尔兰被当作罪犯一样对待。如果说因为遭遇如此不公而抗争就叫做反叛的话，我为自己是个反叛者而自豪！我要反叛到底，直至流尽最后一滴血……你们所谓的权利就是愈演愈烈的暴行，我们生活在自己的土地上，想自己之所想，唱自己的歌，采摘自己辛勤劳动的果实，却不得不在你们面前低三下四、苟且偷生。而且，即使我们不断祈求，却仍只能眼睁睁看着自己的劳动果实被掠夺。在这种情况下，反叛比逆来顺受更需要勇气，是更明智、更实在的选择……

凯斯门特，爱尔兰民族主义者、诗人、外交官。第一次世界大战期间，曾任英国领事的凯斯门特试图从德国偷运武器以发动爱尔兰起义。但要以此指控他又缺乏法律依据，于是，所谓的“黑色日记”被炮制并刊登出来。给他加上同性恋的罪名，使得他在各阶层的支持率骤然下降。他在本顿维尔监狱被处决，并被褫夺了骑士封号。刽子手阿尔伯特·埃里斯回忆道：“他是我见过的最英勇无畏的男人，轮到我来执刑，也是活该我倒霉。”他的遗体被埋在生石灰里，1965年被运回爱尔兰举行了隆重的国葬，前来吊唁者达五十万之众。

'Self-government is our right, a thing born in us at birth, a thing no more to be doled out to us, or withheld from us, by another people than the right to life itself—than the right to feel the sun, or smell the flowers, or to love our kind.'

“把那该死的烟灭掉！”

据传，此系其最后一句话

门罗出生在缅甸，之后举家返回英国。在他两岁时，母亲被一头狂奔的奶牛撞死。他由两位姨妈抚养成人，却经常被她们殴打。他度过了郁郁寡欢的童年，长大后又是个同性恋——这在当时被定为刑事罪，使得他对人类抱有偏见。他厌恶女人，是个反犹太分子、保守主义者，鄙视上流社会，终身未婚。

门罗笔名萨基，据说这源于欧玛尔·海亚姆的《鲁拜集》，诗集中有一部分是写给侍酒人萨基的。他的专栏文章和短篇小说辛辣地嘲讽了爱德华统治下的社会，既幽默又令人毛骨悚然。短篇小说《托伯莫里》颇能反映他作品的特点。文章的主人公是一只猫，见惯了乡间客栈里的种种丑闻，慢慢地学会了说话，客人们的互相攻讦，他都会学说一遍。他的作品中许多佳句让人过目难忘，譬如“厨师是个好厨师，因为厨师已经走了。厨师一走，她也走了”，“稍稍的不准确有时能省去无休止的解释”，“人们也许会说他们喜欢基督教的衰败，能酿造出查特酒（法国查特修道院僧侣酿造的黄绿色甜酒）的宗教体系永远不会消亡”，“我常说美是深藏不露的罪孽”，“有些人到死才会向善，瓦尔多便是其一”，“咱们都知道，首相们都娶了真理为妻，但跟别的夫妻一样，有时他们也会离婚”。

第一次世界大战爆发，门罗虽已超龄，仍志愿报名从军，但拒绝了授予他的官衔。他几次受伤，几度重返战场。1916 年 11 月 14 日，躲在索姆河一个掩体里的门罗说出了人生的最后一句话："把那该死的烟灭掉！”不知是他的声音，还是升起的烟圈引起了德军狙击手的注意，一记冷枪射来，门罗立时毙命。他死后，他妹妹埃塞尔把他的手稿全毁了，

'Put that damned cigarette out!'

然后写了一篇回忆他们童年的文章。

1915 年圣诞节，门罗曾寄给她一首小诗：

入夜，牧羊人围坐一起，
守护着他们的羊群，
一枚炸弹落下，顿时
羊肉雨点般纷纷扬扬。

MATA HARI (MARGARETHA GEERTRUIDA ZELLE)
玛塔·哈里（马贾雷莎·基尔特鲁伊达·泽尔）
公元1876年8月7日—公元1917年10月15日

“难以置信！”

面对枪口时说的最后一句话

18岁的马贾雷莎离开荷兰远赴荷属西印度群岛，她是冲着一则征婚启事来的。征婚者名叫鲁道夫·约翰·麦克利奥，是一名脾气暴躁、嗜酒如命的军官，在西印度服役。她的婚姻生活并不幸福，麦克利奥还把梅毒传染给了她，连两个孩子都受到了感染。马贾雷莎学习印尼文化，加入了一个舞蹈团。21岁时她在写给亲戚的信中说，她新起了个艺名，叫做玛塔·哈里，意思是“天之眼”，即太阳。1899年，她痛失爱子，三年后她离开了丈夫。身无分文的她来到巴黎，先是在马戏团表演马术，给画家当模特，最后当上了脱衣舞女。她做有钱人的情妇，派头像个印度公主。除了头饰、首饰，她什么都敢脱，但胸罩是从来不脱的，因为她知道自己的乳房太小。她承认：“我的舞跳得并不好。观众来看我，是因为我是第一个敢于当众裸体的女人。”

第一次世界大战开始，因为是中立国荷兰的公民，玛塔仍能自由出入边境演出或是跟情人幽会。1917年2月13日她被逮捕，罪名是为德军充当间谍刺探情报，导致盟军5万名士兵阵亡。经过漫长而磨人的申诉，她仍被判处死刑。10月15日凌晨5点，她身穿灰色囚衣，站在了执刑队的枪口前。

当被问及还有什么话要说时，她只说了一句“难以置信”。她拒绝被捆绑和蒙眼，枪响前，她微笑着向行刑的士兵们送去一个飞吻。据说她死前曾对前去安慰她的修女说：“死不算什么，活着也不算什么。死就是睡着了，就是进入虚无，有什么要紧？一切都是虚幻。”三十年后，当时起诉她的人之一承认：“其实证据并不充分。但现在说这些还有什么用呢。”

'It is unbelievable!'

“我就是你杀掉的敌手，我的朋友。”

摘自欧文的诗稿《奇怪的相遇》，写于 1918 年

没有伤口，额头却在流血。
我就是你杀掉的敌手，我的朋友。
虽在黑暗中我却认识你；所以你皱起了眉头。
就在昨日，你一刀刺杀了我。
我想躲闪，冰凉的双手却不听使唤。
好了，让我们安眠……

欧文是出类拔萃的战争诗人，他笔下所描述的战地生活触目惊心。在《麻木》中我们读到这样的句子：“阵亡前的士兵们是快活的，/ 他们热血沸腾，/ 他们的腿不会发软，/ 踏着弟兄们的尸身前进。/ 阵线崩溃，/ 他们如花儿般凋零。”在《致苦难的青春》中他愤怒地诘问：“是什么将他们像牲口一样射杀？ / 是恶毒的带着怒火的枪弹。/ 突突的机枪声 / 盖过了他们仓皇的祈祷。”《徒劳无益》则发出了对死亡的喟叹：“把他抬到阳光下——/ 阳光温柔的抚摸让他暂时苏醒，/ 即使是在法兰西，/ 在这个大雪纷飞的清晨之前，/ 故乡荒芜的土地呢喃，/ 在梦中将他召唤。”

从 1918 年 10 月 1 日开始，欧文率领曼彻斯特第二团的部分队伍，连续攻克了敌人若干坚固的堡垒。就在战争结束前一个星期，在部队渡河时，他被一颗子弹射中头部牺牲。他被授予十字勋章，授勋证书上写道：

> 此十字勋章授予曼彻斯特第二团中尉威尔弗雷德·爱德华·索尔特·欧文，他在 1918 年 10 月 1 日至 2 日方索莫前线的战斗中表现神勇。部队指挥员牺牲后，他主动接过指挥权，表现出卓越的领导才能，击退了敌人的凶猛进攻。他单枪匹马缴获敌人一挺机枪，带领部队重创了敌人，自始至终都表现出了大无畏的英雄气概。

'I am the enemy you killed, my friend.'

“我亲爱的宝贝，让我为你做什么都可以，但就是别让我做胆小鬼。”

临死语

约翰·塞拉斯·里德，诗人、记者，一代激进知识分子的典范。他是列宁的密友，亲眼见证了1917年的十月革命，并在《震撼世界的十天》一书中作了描述。他反对美国的资本主义制度，在芬兰蹲了四个月大牢。监狱条件恶劣，大大损害了其健康，回国前他又染上了斑疹伤寒。他跟别的布尔什维克英雄一起长眠在克里姆林宫宫墙下，由十四名士兵日夜守卫。他下葬之日，苏维埃政府特地给莫斯科的工人们放了一天假以便他们前来吊唁。1920年11月14日，他的伴侣露易丝·布莱恩写了一封信，描述了他死前几日的情况，该信发表在1921年2月的《解放者》上。

> 杰克（约翰·里德）病倒已有二十天了。斑疹伤寒带来的痛苦简直无法描述，病人被折磨得不成人样……他身上的衣服完全成了破布条……他告诉我说，牢房又黑又冷又潮湿，三个多月与世隔绝，只靠吃生鱼维持生存。有时发烧烧糊涂了，他会以为我已经死了。有时他又感觉自己快死了，所以在书页上，在任何能写字的地方都留下了一首小诗："夜以继日地思念，/夜以继日地梦想，/无法排解的忧伤——/你和我/我们失去了彼此。"……他刚病倒那阵子，我要他向我保证，先好好休息一下，不要急着回家，因为回家意味着再度锒铛入狱。我觉得，他要是再坐牢，肯定熬不下去。记得他用一种奇怪的眼神看着我说："我亲爱的宝贝，让我为你做什么都可以，但就是别让我做胆小鬼。"其实我不是这个意思。我感觉很受伤害，泪水夺眶而出，告诉他说，不论他去哪儿，不论是去受苦还是去送死，我都跟他一起去。听了这话，他开心地笑了……

'My dear little Honey, I would do anything I could for you, but don't ask me to be a coward.'

MICHAEL 'MICK' COLLINS **迈克尔·柯林斯，昵称米克**
公元 1890 年 10 月 16 日—公元 1922 年 8 月 22 日

“无论发生什么，我的同胞都不会杀我。”

8 月 20 日，有人提醒他不要在科克县周围出没，说那儿不安全，上面那句话便是他的回答

1916 年，柯林斯参加了爱尔兰共和党兄弟会起义，被关押在威尔士。后来，在爱尔兰独立战争中，他出任爱尔兰共和军总司令。他积极推广城市游击战，使得英国皇家警察大受刺激，厉行反恐，而反恐行动促使民族主义事业进一步走向了极端。他和新芬党的创始人阿瑟·格里菲斯一起通过谈判签订了“盎格鲁 - 爱尔兰条约”（英爱条约），将爱尔兰划分为归属英国的北部六郡和半自治的爱尔兰自由邦两部分，但这个结果并不能使所有民族主义者满意。柯林斯希望先由南方二十六郡的自治而走向最终的独立。在举行全民公决的过程中，柯林斯坚持维护“条约”，他领导自由邦军队，跟持反对意见的伊芒·德·瓦勒拉指挥的爱尔兰共和军的部分队伍展开了爱尔兰内战。德·瓦勒拉要的是完整的爱尔兰独立，反对柯林斯和格里菲斯的妥协政策。

刚刚签署了“盎格鲁 - 爱尔兰条约”的柯林斯在一封信中写道：“想一想吧！我为爱尔兰赢得的是什么？是她七百年来梦寐以求的东西。会有人满意这个协议吗？有吗？告诉你吧，今天一早，我签署的其实就是我自己的死刑执行令。当时我就在想，这好奇怪好荒谬——这颗子弹五年前就可能射出，竟一直拖延到了今天。”次年，他出席英国向爱尔兰自由邦移交军事管辖权的仪式时迟到了七分钟，他说：“我们等这一天等了七百年，你们等七分钟算得了什么。”

1922 年，就在柯林斯断言爱尔兰人不会杀他的两天后，他在科克县的布兰登遭遇到了伏击。他没有强行闯关，也没有进装甲车躲避，而是命令卫队就地还击。这位伟大的爱国者被一颗达姆弹夺去了生命，年仅 31 岁。

'Whatever happens, my fellow-countrymen won't kill me.'

“上前一步，小伙子们，那样更有准头。”

对行刑队说的话

爱尔兰作家柴尔德斯是通俗小说《沙岸之谜》的作者。《沙岸之谜》被认为是第一部现代间谍小说，它预言了即将同德国发生的战争，同时也是一部讲述航海和航海技术的出色作品。柴尔德斯志愿参加了布尔战争，从 1903 年开始直至第一次世界大战爆发，他一直致力于爱尔兰自治运动，出版小册子、发表演讲并往爱尔兰偷运武器。他母亲是爱尔兰人，父母去世后，他一直跟爱尔兰的亲戚一起生活。1914 年大战爆发，他应征为英帝国作战。1918 年返乡，继续为爱尔兰自治奔走呼号。

柴尔德斯曾竭力为和平的立法自治辩护，但后来他的观点改变了，他希望立即实现共和的目标，遂成为德·瓦勒拉的爱尔兰共和军分裂派的鼓吹者。暗杀是分裂派的重要行动之一，暗杀对象包括爱尔兰议会议员、法官及“自由邦”的警察。新生的自由邦临时政府对这些暴力活动作出了强硬反应。为了不失去控制，保持新政府的稳定和经济发展，临时政府成立了军事法庭和行刑队，对共和军分裂派实施严厉镇压。他们认定柴尔德斯是分裂派恐怖活动的幕后军师，派兵四处缉拿，终于在柴尔德斯去都柏林会见瓦勒拉时将其捕获。他被送上军事法庭，以反叛罪被判处死刑。被枪决前，他跟行刑队的士兵一一握手，并申明他依然爱着他父亲的祖国英格兰，而不列颠报纸在报道他的死讯时却称他为叛国者。1973 年，柴尔德斯的儿子小厄斯金当选为爱尔兰共和国第四任总统。

'Take a step forwards, lads. It will be easier that way.'

JOSÉ DOROTEO ARANGO ARÁMBULA 'PANCHO' VILLA

何塞·多罗迪奥·阿兰戈·阿拉布拉·比利亚，昵称“潘乔”

公元 1878 年 6 月 5 日—公元 1923 年 7 月 20 日

“不要让事情就此结束。告诉大家我留下了只言片语。”

据说此系其最后遗言

墨西哥民间英雄潘乔·比利亚，有人说他是革命将军，有人说他是土匪。他给穷人撑腰，主张土地改革。年轻时他为一个庄园主干活，庄园主强暴了他姐姐，他杀了庄园主后逃进深山，加入了反对独裁者波菲里奥·迪亚兹和维克多里亚诺·胡尔塔的起义队伍。1912 年他逃离墨西哥，次年返回，建立了有名的北方师。1914 年，他的队伍与维纳斯蒂亚诺·卡兰扎的队伍合并，击败胡尔塔，他以革命领袖的身份率胜利之师开进墨西哥城。之后，比利亚与卡兰扎的合作告吹。几战下来，他和艾米利亚诺·扎帕塔逃进墨西哥北方的深山老林。1916 年他袭击了新墨西哥州的哥伦布，这是自 1812 年以来美国领土第一次遭到袭击。他处死了十六个美国公民，威尔逊总统派佩尔辛将军捉拿他，却始终未能成功，因为他熟悉山区地形，老百姓又不愿出卖他。卡兰扎手下的一个士兵说：“我有义务通知你们，比利亚无处不在，却又哪儿都不见踪影。”

1920 年革命结束，比利亚退休回到奇瓦瓦的庄园。因为他放下了武器，承诺不再过问政治、不再组织游击战，作为回报，当局特赦了他。而他的老对头阿尔瓦洛·奥布里冈将军的支持者却怀疑他会东山再起。1923 年 7 月 20 日，比利亚开着他的道奇车从帕拉尔河边返回时遭到伏击。这位革命者临终时发现自己已无话可说，于是对闻讯赶来的记者说：“不要让事情就此结束。告诉大家我留下了只言片语。”

'Don't let it end like this. Tell them I said something.'

“挺好。继续，再读一点。”

临死时对夫人说的话

哈丁的突然死亡很可能使他避免了被弹劾的命运。他一直抱怨严重抽筋和消化不良，却被错误地诊断为食物中毒。全国巡视令他精疲力竭，于是他取消了余下的演讲，在旧金山卧床休息。他的病情很快好转，躺在床上满意地听夫人给他念《星期六晚邮报》上的文章《一个冷静男人的冷静观点》，作者塞缪尔·布里斯勾勒了总统阁下的形象，颇多阿谀之词。“挺好，”哈丁说，“继续，再读一点。”读完文章，哈丁夫人去了自己的套房。不一会，护士走进房间，发现总统鼻眼歪斜，大张着嘴巴，耷拉着脑袋。哈丁夫人拒绝了尸检请求，这让人怀疑是有人对总统下了毒（他有好几个情妇）。

哈丁死了，看他不顺眼的人纷纷庆贺。他在任期内贪污腐败丑闻不断，他讲话的风格跟美国最近的这位前总统如出一辙。“那个人死了，写一个简单句子竟能出现七个语法错误，无论男女老幼，除了他没人能做得到，”这是诗人门肯在评价他的就职演说时说的话，“他是我所见过的英文最差的人。他的英文让我想到了一绺湿漉漉的海绵；想到了阴沟里咕噜噜的脏水；想到了变味发臭的豆汤、校园里的喧闹和疯狗彻夜的狂吠。言之无物、大而无当、喋喋不休、空话连篇。”马尔科姆·格拉德威尔讽刺说，哈丁之所以当上总统是因为“他看上去像个总统”，就连哈丁自己都说：“我不适合当总统，本不该坐在这个位子上的。”

'That's good. Go on, read some more.'

“我最亲爱的马克斯，我最后的请求：我留下的所有东西——日记、手稿、信件（我自己的和别人的）、速写等等，都不要看，统统烧掉。”

给朋友马克斯·布劳德留的字条

幸好布劳德没有遵从这位二十世纪最有影响力的作家的遗愿，他整理并出版了卡夫卡的大量文稿，其中有许多都是未竟稿。卡夫卡生前只出版过少量中短篇小说，包括 1912 年问世的《变形记》。在这篇小说里，一个年轻人变成了一只巨大的令人恶心的虫子。卡夫卡出生在布拉格市中心——当时还是波西米亚的一部分——一个讲德语的中产阶级家庭，他的所有作品都是用德语写的。他的主要作品有《在流放地》、《审判》、《城堡》和《美国》等等。1917 年他患上肺病，一生中的最后几年，他心情抑郁，辗转各疗养地。最后，他死在维也纳附近的一所疗养院里，显然是被活活饿死的，因为病痛折磨得他根本吃不下东西。

1913 年 12 月，卡夫卡写道：“死亡没有任何意义可言，不过就是向虚无投降罢了，而且无解，因为虚无本身就是无法理解的。”他的三个姐妹被关进罗兹集中营和奥斯维辛集中营，死在纳粹手上。德国作家贝尔托特·布莱希特写道：“卡夫卡以非凡的想象力描述了未来的集中营、未来法律的不稳定性和未来的国家解体。”（1983 年 7 月 18 日《泰晤士报》）卡夫卡被葬在斯特拉什尼兹犹太公墓，墓碑上刻着：“写作是比死亡更深的睡眠。/ 就像人不会把尸体从坟墓里拽出来一样，/ 没人能把我从夜晚的书桌前拽开。”他父母后来也被安葬在这座公墓。

'Dearest Max, my last request: Everything I leave behind me...in the way of diaries, manuscripts, letters (my own and others'), sketches, and so on, [is] to be burned unread.'

“因为它在那儿。”

被问及为什么要攀登珠穆朗玛峰时的回答

马洛里曾参加过英国探险队的两次珠峰探险，1924年6月他跟安德鲁·欧文一起第三次攀登珠峰，试图登顶而成为首次征服这座世界最高峰的人，但结果他们在东北坡失踪。有人说，最后看到他俩时，他们距峰顶已经只有几百码了。一位名叫诺伊尔·奥戴尔的同事报告说：

> 12点50分，我刚从首次在珠峰找到化石的兴奋中平静下来，突然间云开雾散，整个珠峰，包括它的顶端都无比清晰地呈现在眼前。我看见一块岩石下的雪脊上有一个小小的黑点。黑点在动。又一个黑点出现了。两个黑点先后爬上了那块岩石。就在这时，云团涌起，将一切都吞没了。

马洛里时年37岁，他知道这是他攀登珠峰的最后一次机会了。欧文年仅21岁，但身体格外强健。之前，马洛里跟登山队队长乔弗里·布鲁斯、诺顿和萨默维尔先后尝试过冲顶，均告失败。6月8日，马洛里和欧文决定经由北坡再次尝试，两人使用了氧气，此时的马洛里已经从之前失败的阴影中走了出来。两人失踪后，几支探险队都试图寻找他们的遗体。1999年，马洛里的遗体在北坡海拔8160米处被发现，而早在1933年，威尔士登山家佩西·怀恩·哈里斯就曾在上边不远处找到过欧文的斧子。要是能找到欧文的遗体和相机，就能确定他俩是否在装备简陋的情况下，早于亨特①三十年抵达过峰顶。

①约翰·亨特，英国登山家，1953年5月29日成功登顶珠峰。

'Because it is there.'

“死亡并不新鲜，/ 虽然活着更不新鲜。”

上吊自尽前一天，蘸着自己的血写给朋友的诗

再见，我的朋友，再见，
我的爱，你在我心间。
希望编织着命运
经线纬线分分合合。
再见，我亲爱的，无须握手，无须语言，
不必伤心，不要眉头愁云深锁，
死亡并不新鲜，
虽然活着更不新鲜。

叶赛宁 9 岁便开始写诗，1915 年，他迁居圣彼得堡，名气渐响。他于 1915 年和 1916 年接连出版了两本诗集，成为当时最有名的诗人之一，以善写爱情和寻常生活著称。有一段时间他曾经是布尔什维克的支持者，后渐渐对其失望，转而予以抨击。1922 年，他娶了第三任妻子伊莎多拉·邓肯，偕其漫游欧洲，但因为他酗酒且酒后无德，这段婚姻只维持了一年。回到莫斯科，他的行为举止更趋古怪，他不停地写诗，至少又再婚两次（还有另外一个女人很可能也是他的妻子，于 1926 年在他的墓前殉情）。

叶赛宁精神崩溃，住院月余。他出院过圣诞节，两天后割破手腕，蘸着自己的血写下遗诗。次日，在圣彼得堡安格勒特雷酒店，他用箱子上的皮带上吊自杀，死时年仅 30 岁。在斯大林时代和赫鲁晓夫时代，他的诗作遭禁，但他波西米亚式的爱情生活和英年早逝引发了人们的无限遐想。作为一位伟大的抒情诗人，他没有受到文化当权派的珍视，他曾写道：“我在自己的国家里是个陌生人，连我自己都不待见自己。”

'There's nothing new in dying now / Though living is no newer.'

“不用担心，老板，我没事。”

死前对制片厂董事长说的话

1926 年 7 月，《芝加哥论坛报》刊登了一篇文章，称瓦伦蒂诺是个“女性化的男人”，令其大为震怒。1926 年 8 月，就在这位影星去世前一周，诗人门肯在《巴尔的摩太阳报》上撰文为瓦伦蒂诺辩护：“他是千百万男人的偶像，是女人的梦中情人。他有钱有名，却很不开心。”瓦伦蒂诺向诋毁他的那个匿名作者发出挑战，要求两人来一场拳击比赛，以证明他的男子气概。但那位作者没有应战，比赛也就没能进行。郁闷之极的他来到曼哈顿，出席其最后一部电影《酋长之子》的纽约首映式。在这里，他跟体育记者弗兰克·奥尼尔来了一场娱乐性的拳击赛，两拳便将奥尼尔打翻在地。为示庆祝，他跟朋友们彻夜狂欢。8 月 15 日，瓦伦蒂诺在大使酒店的套房里突然倒地不起，大家发现他时，只见他无比痛苦地在地上翻滚。

据《娱乐》杂志 1969 年 12 月 31 日的回顾文章记载：“他急性阑尾炎发作，被送进手术室时，发现他还是一个非常严重的尿毒症患者。瓦伦蒂诺表现得非常勇敢，他无视危险，对前来探视的制片厂董事长约瑟夫·M·申克说：‘不用担心，老板。我没事。’这也是他死前的最后一句话。”8 月 23 日，瓦伦蒂诺陷入深度昏迷，死于腹膜炎和脓毒性心膜炎。死时身边只有三名大夫和两个泣不成声的护士。年仅 31 岁的“拉丁情人”、《酋长之子》和《启示录四骑士》的主演去世，影迷们悲恸万分，两名女影迷甚至企图在医院外自杀。一首悼念他的歌迅速出炉，由流行歌星鲁迪·瓦利灌成唱片，销量惊人。葬礼当天，超过 10 万人伫立纽约街头，送这位影星最后一程。

'Don't worry, Chief, I will be all right.'

“我厌倦了争斗、奔忙。我想这会要了我的命。”

死前一天对他弟弟西奥说的话

胡迪尼是匈牙利裔美国魔术师，因擅长表演中国的水牢逃遁以及被紧身衣捆绑后吊在空中逃遁等节目而闻名于世。肯尼思 · 西弗曼在《胡迪尼：埃里克 · 韦斯的职业》一书中回忆了这位魔术师最后的时日：

> 1926 年 10 月 22 日中午，胡迪尼正在蒙特利尔剧院的化妆间休息。他躺在长椅上，跟来自麦克基尔大学的三个学生闲聊。其中一个面色红润、身高六英尺的小伙子，听说胡迪尼的腹部无论多重的打击都能承受，问他这是不是真的。“不介意试着打你几拳吧？”他问。胡迪尼的逃生术需要有超常的忍耐力才能完成，为保持强健的体魄，多年来他坚持跑步、游泳、体操，但他现在毕竟已是 52 岁的人了，每天得坚持完成两个半小时的表演，腿上还绑着夹板……那个学生拉开架势，一拳又一拳狠狠击打胡迪尼的腹部，打得胡迪尼忍不住拿起枕头抵挡。根据后来的宣誓证言，另一个学生当时就向击打胡迪尼的小伙子提出抗议：“嘿，你疯啦？你在干嘛？”
>
> 那晚演出中场休息时，胡迪尼已是浑身冷汗。演出结束，他连换衣服的力气都没有了。次日晚，在蒙特利尔的最后一场演出结束后，他跟助手一道乘火车赶往底特律。在车上他就感觉腹部时时作痛。早上，他们在底特律一家旅馆刚刚安顿下来半个钟头，他就浑身发冷，筛糠似的抖个不停，但他还是决心咬牙坚持完成晚上的首演。大幕拉开时，他的体温已升至华氏 104 度……他坚持完成了余下的演出……次日下午，胡迪尼接受了切除阑尾的手术。他的阑尾已经破裂，引发了腹膜炎。大夫给他做了血样分析，四天后又做了第二次手术。但脓毒已遍及全身。“我挺不下去了。”他对他弟弟说。

'I'm tired of fighting, Dash. I guess this thing is going to get me.'

“即便你们能处死我两次，只要我能再生，我依然会投身于我为之献身的事业。”

1927 年 4 月 19 日，在曼彻斯特诺福克县法院对法官韦伯斯特·塔耶说的话

> 我无罪，却强加给了我那么多的痛苦，这样的痛苦即使是一只狗、一条蛇，或者是任何不幸的低等动物都不该承受。我之所以受苦，就因为我是个激进分子，我也确实是个激进分子；我之所以受苦，就因为我是意大利人，我也确实是意大利人……即便你们能处死我两次，只要我能再生，我依然会投身于我为之献身的事业。

范泽迪和费迪南多·尼科拉·萨科（1891 年 4 月 22 日出生）是意大利裔美国劳工，激进分子，无政府主义者，底层劳工的代言人，鼓吹社会革命。两人因武装抢劫和发生在 1920 年的两桩命案被送上电椅。塔耶法官对来自加州的辩护律师抱有极大的偏见，整个审判过程一片混乱，起诉的证据漏洞百出。被判死刑后，两人申诉抗辩达七年之久，闹得满城风雨。萨科给他儿子丹特写下了遗言：

> 儿子，不要哭泣，要坚强，好好安慰你母亲……带她到宁静的乡下散散步，采摘野花，在树荫下歇息……但是记住，丹特，强装笑颜只是为了你的母亲，你绝不要忘乎所以……你要帮助那些受害者，因为他们是你最好的朋友……在生存斗争中你将找到更多的爱，你也会得到人们的爱戴。

被处死前，范泽迪对一位记者说：“为了宽容、正义、人与人之间的理解而斗争，穷其一生都不够。我们的语言，我们的生命，我们的痛苦，全都算不了什么！他们剥夺了我们——一个优秀鞋匠和一个贫苦鱼贩的生命，如此而已！最后时刻属于我们。痛苦就是我们的胜利。”

'If you could execute me two times, and if I could be reborn two other times, I would live again to do what I have done already.'

ANGELA ISADORA DUNCAN **安吉拉·依莎多拉·邓肯**
公元 1878 年 5 月 26 日—公元 1927 年 9 月 14 日

“再见了，我的朋友们。我去极乐世界了！”

据玛丽·德斯蒂讲，这是邓肯留下的最后一句话

依莎多拉·邓肯出生在旧金山，被认为是现代自由表现主义舞蹈的创始人。她表演的一种全新风格的舞蹈，自称灵感来自于希腊花瓶上的人物画像，这种舞蹈在美国并不叫好，却风靡欧洲。她蔑视传统道德，因其双性恋生活而丑闻不断。邓肯有两个私生子。1913 年，两个孩子跟保姆一道乘车外出，为避让来车，汽车熄火。司机拿着曲柄下车去启动引擎却忘了拉上手刹，结果，汽车翻下莱茵河，孩子和保姆都淹死了。1922 年，邓肯嫁给年长他 18 岁的俄国诗人谢尔盖·叶赛宁。叶赛宁嗜酒如命，一醉酒便发疯、摔东西，进一步败坏了邓肯原本就不怎么好的名声。1922 年至 1923 年，她最后一次进行美国巡演，在波士顿的舞台上她挥舞着红头巾，袒露双乳，高声叫道：“这头巾是红色的！我也是红色的！”去世时她的身份是俄国公民，苏维埃公民的遗嘱却在美国公证，这是破天荒第一次。

去世前一天，在尼斯，邓肯上了一位名叫本诺特·法切托的英俊的机修工的车，上车前她对朋友玛丽·德斯蒂等人说：“再见了，我的朋友们。我去极乐世界了！”但据美国小说家格伦韦·威斯科特说，玛丽后来承认她撒了谎。实际上邓肯说的是“我享受爱情去了！”德斯蒂觉得把这当做邓肯的最后一句话被人记住会很尴尬，因为她认为，当时邓肯是跟法切托去旅馆风流去了。法切托启动了汽车，邓肯脖子上那条大大的丝绸围巾——德斯蒂送她的礼物——缠在了车的后轮轴上，邓肯被拖下来，当场毙命，也不知是被围巾绞缠致死还是摔死的。

'Farewell, my friends. I go to glory!'

“1952年公开的他的私人文件让他在死后二十五年又自杀了一回。”

比弗布鲁克勋爵评价黑格时如是说

谢天谢地，史学家们已不再把自己国家的军队领导人不问青红皂白地标榜为英雄。第一次世界大战期间，黑格采取政治手腕并凭借跟乔治四世的私人关系将约翰·芬奇爵士赶下台，自己成了一名军队高官。他跟不上形势发展，不善于使用新式武器，在他眼里除了骑兵还是骑兵。他反对使用坦克，1915年还曾说过“机枪的威力被过分夸大了”这样的疯话。1916年的索姆河战役，他冒然决定发起进攻，结果死伤6万人，创下了英国战争史上一天之中伤亡人数的最高纪录。从7月1日开始一直打到11月18日，几乎没什么收获，他的队伍付出伤亡42万人的代价才向前推进了七英里，而且没过多久便又得而复失。次年的帕斯尚尔战役（伊普尔第三战），从7月打到11月，总算击溃了德军的抵抗，而英军也兵员锐减。此战的最后一个月，黑格要求加拿大军团司令阿瑟·库雷攻占帕斯尚尔大桥，库雷回答：“那无异于自杀。我可不愿让1.6万名优秀士兵做无谓的牺牲。”果然，最终伤亡人数达1.5万人。其后德军发起进攻收复失地，幸好美军及时参战，才使得英法联军免受灭顶之灾。黑格被称为“索姆河屠夫”，却从来没上过前线，丘吉尔指责他“用无畏士兵的胸膛去阻挡德国人的炮火”。罗伊德·乔治将他比作“克雷西战役中的瞎子波西米亚国王”。

1928年2月6日，《泰晤士报》报道：“上周在他的庄园，他出席了他一生中最后一次正式活动，其表现倒很符合他的性格。他对童子军训话道：‘如果听到对英格兰的不敬之词，你们就要挺身而出！’次日傍晚，爵士正站着穿睡衣，突然跌坐床沿，因心脏病发作当即死去。”

'With the publication of his Private Papers in 1952, he committed suicide 25 years after his death.'

“你们坚持你们的原则，我坚持我的……是我的马干的。”

临死前警察问他是谁向他开的枪，他如是回答。其实是在坚守黑手党的“缄默原则”

罗斯坦是纽约一位犹太商人，一个老赌棍，是禁酒令期间有组织犯罪的领导者。据信还是 1919 年棒球世界系列赛代号“黑袜”的作弊丑闻的幕后策划者。当时芝加哥白袜队在比赛中放水，但大陪审团相信了罗斯坦的辩解，认为他是中了别人设下的圈套。他把流氓暗杀当成生意来做，像打理公司一样管理有组织犯罪，而他自己则是公司的最高领导。1910 年，年仅 18 岁的罗斯坦就在曼哈顿开了一家赌场，在实施禁酒令期间又买下多家地下酒吧。他还在马里兰拥有一处赛马场，通过操纵比赛大肆捞钱。他不断拓展业务范围，非法酿造和贩卖私酒、买卖毒品，成为美国有组织犯罪的精神领袖。他有很多绰号,如“终结者”“小男人”、“住家男人”“大先生”“放贷大王”“智囊”等等，不一而足。他的律师这样形容他的委托人 :“阿诺德 · 罗斯坦是等候在门口的人——就像一只老鼠躲在门口，静等它的奶酪出现。”

罗斯坦是出了名的什么都能搞定的人——在“罗斯坦时代”，共发生 6902 起私酒案，其中 400 起从未被起诉，6074 起开庭审判，结果却是不了了之。1928 年 9 月，一场马拉松式的扑克牌赌博从 9 月 8 号一直持续到 10 号，罗斯坦输了 3.2 万美元，他以对手作弊为由拒付。此事惊动了整个黑社会，罗斯坦被射杀。虽然看上去与之赌博的人像是疑犯，但此案更像是另一个帮派头目荷兰人舒尔茨所为。罗斯坦在中枪后次日死去,拒绝指认凶手。他从没受到过任何违法指控。梅耶·兰斯基和拉基·卢西亚诺接替他出任黑手党教父。罗斯坦的多彩人生激发了小说家和电影人的灵感，小说《伟大的盖茨比》里的梅耶 · 伍尔夫舍姆和电影《红男绿女》里的纳森 · 迪特罗伊特都是以他为原型虚构出来的。

'You stick to your trade, I'll stick to mine...Me mudder did it.'

“没有什么比忠诚更神圣，没有什么比爱情更忠诚。”

加州科尔马犹太公墓，怀亚特与乔西·厄普合葬墓墓志铭

厄普是个驿马车车夫和猎牛人，后改行盗马、开妓院，再后来当上了威奇坦·道奇城的副治安官，跟“蝙蝠”马斯特森和“医生”霍利戴过从甚密。在亚利桑那州图姆斯通镇，他盘下了东方沙龙的赌场，在那里结识了他的第三任妻子——德国犹太人乔西·马库斯。1881 年，由于长期积怨，他的帮派跟克兰顿帮爆发了有名的“科拉尔枪战”。克兰顿帮三人被杀，厄普帮的三个人和霍利戴侥幸活了下来。克兰顿帮伺机寻仇，在一家沙龙向怀亚特和摩根·厄普开枪，打死了摩根·厄普。怀亚特·厄普和霍利戴疯狂报复，他们藏身隐匿之处，向疑似打死摩根·厄普的人打冷枪。怀亚特说:“对付肌肉发达、身手敏捷的家伙就得动脑子，最好的办法就是打冷枪。”“蝙蝠”马斯特森说：“厄普帮首领怀亚特·厄普最突出的一点就是从来不知什么叫害怕。他只听自己的，从不管别人怎么说，自尊就是他的信条。”

1885 年到 1887 年间，怀亚特和乔西来到圣地亚哥，在如今被称作“煤气灯街区”的一带大量投资房地产和赌场。1897 年，他们又在阿拉斯加的诺姆镇经营一家酒吧。1901 年，随着掘金潮的掀起，两人移居内华达，死前最后几年，厄普一直在莫哈维沙漠开采金矿。夏天，夫妇俩就去洛杉矶避暑，跟许多好莱坞早期电影明星交往甚笃。他下葬时，西部片影星汤姆·米克斯和威廉·S·哈特都为其护柩。乔西因为伤心过度没有参加葬礼。

'Nothing's so sacred as honour and nothing's
so loyal as love.'

THOMAS ALVA EDISON **托马斯·阿尔瓦·爱迪生**
公元1847年2月11日—公元1931年10月18日

“那里太美了！”

去世前几天说的话

一般认为，上面那句话是爱迪生临死时说的，实际上，据他的医生赫伯特·S·豪讲，这话是他死前几天说的，当时他刚从午睡中醒来，眼睛直愣愣地盯着天花板。爱迪生只受过三个月的正规教育，却成为了史上最伟大的发明家和工业家。他拥有1093项美国专利，创下了个人拥有专利数的最高纪录。他最大的贡献是发明了电力照明，发明了电灯泡并建立了第一家电力传输公司。他发明了留声机，改进了电报、电话和电影技术。他还创建了第一所现代科研实验室。他是个出色的商人，在世界各地创办公司、出售专利，帮助美国发展成为世界工业强国。他鼓励亨利·福特用汽油作汽车燃料，跟福特成了好朋友。他性格刚强，对竞争对手从不留情。

爱迪生相信，发明有用的产品不仅能让人名利双收，更有利于社会发展。他坦承发明离不开辛苦劳作。在1929年的一场记者招待会上，他说：“我的发明没有哪一项是偶然得来的。我看出有什么需求，就不断尝试，直到能满足这种需求的东西被发明出来。成果来自于百分之一的灵感和百分之九十九的汗水。”他还说道：“多年来我不断试验研究，但我从来没发现过什么。我只是在前人的基础上加以推论改进，最后的发明只是水到渠成而已。”下面一句话充分体现了他的工作准则，他说：“不安就会不满——而不满正是进步的原动力。如果一个人没有任何不满，那等待着他的肯定是失败。”

'It is very beautiful over there!'

“如果说这就是死，我倒觉得也没什么。”

死前对多拉·卡林顿和朋友们说的话

斯特拉奇写过《杰出的维多利亚家族》（1918年）和伊丽莎白一世及维多利亚女王的传记，他让传记文学的写作发生了革命性的变化，即力求真实，不再一味地隐恶扬善。这位作家兼批评家是个同性恋者，是布鲁姆斯伯里沙龙的成员，在这个沙龙里，许多知名的作家和艺术家如肯尼思、弗吉尼亚·伍尔芙、福斯特、邓肯·格兰特、罗杰·弗莱和范尼莎·贝尔等常聚在一起，无拘无束地讨论文学艺术。斯特拉奇跟画家多拉·卡林顿关系特殊，同时又迷恋着她的丈夫。尽管他是同性恋，却跟卡林顿同居了十六年，而卡林顿虽已结婚却风流韵事不断，而且至少跟一个女人有染。

1931年，斯特拉奇腹痛得厉害，但直到他去世都没检查出是患了胃癌。始终对他不离不弃的卡林顿在1932年2月16日的日记里写到了他的死：

> 终于剩下我一个人了。我俩之间终于什么都没有了……什么都没留下。你的文稿全被拿走了，你的衣物也没了。你的房间空空如也。不出几个月，这里将不再留下你的任何痕迹，只留下几张还夹在书里的书签。我的目光投向窗外，可无论我怎么张望，都再也见不到你那高高瘦瘦的身影走过低矮的松树，绕过树桩，翻过矮墙，穿过草坪向我走来。我俩的那些说说笑笑已随风飘散……我感觉像是置身梦中，虽无知觉，但我整个身心都在你怀中……再过几年，关于他还能留下什么？恐怕只有书架上的几本书而已。而那些我深爱的、让人倍感亲切的东西全都不见了。很快，即使是熟悉他的人都会将他忘掉，忘掉他苍白瘦削的双手、稀疏闪亮的头发、浓密的胡须……

'If this is dying, I don't think much of it.'

一切关于他的记忆都将消失得无影无踪。我冷眼旁观，除了利顿，

一些朋友之间渐渐开始疏远，让人无法相信这世界会一成不变……

没过多久，卡林顿试图吸入汽车废气自杀，被她丈夫及时发现。但失去了心灵伴侣的她实在没法生活下去，最终于3月11日开枪自尽。

“朋友们，我的工作已经结束，还等什么呢？”

自杀前写的留言条

1880年，伊斯特曼完善了干片制作方法，成立了伊斯特曼干片与胶片公司。他发明了胶卷，使摄影得以普及，促进了电影产业的发展。他还发明了一种简单而易于操作的盒式相机，1888年，首批柯达相机投放市场。这种相机售价25美元，内装一百片感光相纸。用户拍完后将相机送回公司洗印，补充相纸。伊斯特曼亲自设计了广告语：您只需摁下快门，剩下的事我们来做。然而，截至1896年，柯达相机只卖出了一百部。1900年，他的另一款名叫布朗宁的相机问世，原本是针对儿童设计的，没想到却风靡全球。从此，柯达相机和胶卷垄断市场许多年。他深知国际市场的需求和品牌的作用，便注册了柯达商标。自此以后，只要有新品推出，商人们总要听听他关于营销的建议。他创立品牌的三原则是：广告语要短小精悍；品牌名读音无歧义；不与任何同类产品雷同。

伊斯特曼一生捐资一亿美元，他通常化名史密斯先生进行捐赠，其中大多数都捐给了麻省理工学院和罗切斯特大学。他将利润与员工分享以激发他们的积极性，仅1924年一年，他向员工赠送的礼物价值就达七千五百万美元，占到他财产的一半。在他生命的最后两年，他患上了因功能退化导致的脊柱疼痛，使他无法站立，行动困难，心情越来越沮丧。他希望能由自己支配死亡，于是在胸口垫上一块折叠好的毛巾，用一支鲁格尔自动手枪自杀了。

'To my friends, My work is done, why wait?'

“我感觉自己已经不适应这个时代了。”

心脏病发作猝死前对一位老朋友说的话

听闻柯立芝的死讯，幽默作家多萝西·帕克（参见 P324 词条）俏皮地说：“他们怎么知道？”说这样的话对这位还算不错的美国总统来说有点不公。柯立芝刻意低调，相信自己不如他为之服务的这个国家重要。他是一位职业律师，和妻子格雷斯常应邀参加派对，低调寡言的他得到了“沉默柯立芝”的绰号。即使在私人场合他也寡言少语，据说在一次晚宴上，坐在他旁边的多萝西·帕克对他说：“柯立芝先生，我跟人打了个赌，他说我不可能让你说出超出两个词的话来。”柯立芝的回答是：“你输了。(You lose.)”只要置身于华盛顿时尚的社交圈他似乎就浑身不得劲，人家问他既然如此为什么还频繁出席晚宴，他回答说：“总得找个地方吃饭呗。”事后他写道：“身为总统一言九鼎，不能随随便便张口就来。”他告诉埃塞尔·巴里莫：“我想美国人民需要一位严肃的总统，我得听他们的。”

柯立芝为非裔美国人和天主教徒的权利奔走呼号，在他任职期间，三 K 党的影响力大大减弱。他拒绝第三次竞选连任，他说：“在华盛顿待了十年，比任何人都呆得长——太长啦！”柯立芝在他的《回忆录》里解释了不再竞选连任的原因：“总统办公室可不是那么好坐的，你得殚精竭虑，付出沉重的代价。如果做不到耗尽心血为国家服务或者力有不逮，就不该勉强为之。”柯立芝虽然言辞甚少，甚至有点孤僻，但在任职期间他却充分利用无线电这个新媒体，好几次让收音机发挥了历史性的作用。

'I feel I am no longer fit in these times.'

“真幸运！这里有重大事件发生。”

最后一则日记

希特勒被任命为总理时，这位威尔士调查记者正在莱比锡，几天后，他随同“元首”飞赴法兰克福，对希特勒受到疯狂追捧的场面进行了报道。他遍访乌克兰，是外国记者中报道俄罗斯大饥荒的第一人。他采访了列宁遗孀，他所报道的情况跟那些同情俄罗斯的人报道的情况大相径庭。这些同情者包括萧伯纳和曾获普利策奖的《纽约时报》记者沃尔特·杜兰迪。这些人从来不敢走出莫斯科去看看现实。

琼斯在内蒙古验证日本将侵略中国的报道是否属实时，被一颗子弹击中后脑，几乎可以肯定凶手是日本秘密特工而不是中国土匪。苏联秘密警察也是被怀疑的对象，因为跟琼斯同行的还有一个德国纳粹党人，而这个人却毫发未伤。琼斯还披露过斯大林的五年计划造成的恶果——饿死人数有 600 万至 1000 万。他还预言第二次世界大战的战火将在波兰走廊点燃，整个欧洲都将卷入，日本也会参战。他在被暗杀前的日记是这样结尾的：“真幸运！这里有重大事件发生。我亲眼见证了中国大片地区的变化……我们返程的路途有两条，一条路上有超过两百辆日军汽车往来奔忙，另一条路则时有土匪出没。”1935 年，罗伊德·乔治评论道：“那个地方就像一锅大杂烩，敌对势力在那儿互相较量，而双方都知道加雷斯先生了解的内情太多……他热衷于弄清楚外国的土地上正在发生什么，为调查真相他不惜冒险……我总担心他迟早会出事。”

'What luck! There are great events here.'

HUEY PIERCE LONG JR, 'THE KINGFISH'
小休伊·皮尔斯·朗，绰号“石首鱼”
公元1893年8月30日—公元1935年9月10日

“上帝，别让我死。我还有那么多事情要做。”

临死语

人们缅怀这位路易斯安那州州长、美国参议员，因为他在大萧条时期提出了“分享我们的财富”的政纲。他的格言是“人皆帝王”，主张通过向大公司和富人巨额征税实现财富的重新分配。在有钱有势的大公司和腐败政客眼里，他是革命党。事实上，他就是一个捍卫平民百姓利益的斗士。在美国这样一个大国，朗的理想是人人都能受教育，人人都有汽车和住房，人人都有一份足以维持最低生活水平的工作。他在路易斯安那推进现代化，实施前所未有的改革——修建公路桥梁、提供免费公共教育、让每个公民都享有选举权、为穷人和失业者创造挣钱的机会。他率先推行社会保险和退休人员福利保障，为学生提供经济资助，大兴市政工程建设。1933年6月，他跟罗斯福闹翻，批评总统的新政“力度太小”。总统私下里对人说，美国最危险的人物有两个，一个是道格拉斯·麦克阿瑟将军，另一个便是朗。他的第一本自传《人皆帝王》于1933年出版，为让穷人买得起，书的定价很低，书中详解了他的财富共享计划。1935年7月，有人在新奥尔良的德索托旅馆密谋暗杀朗，未遂。他的第二本自传《在白宫之初的日子》在他死后出版，他雄心未泯，在书中宣称他将参加1936年的总统竞选。

1935年9月8日，朗在路易斯安那首府巴吞鲁日主持州议会特别会议，旨在革掉他的竞争对手本杰明·帕维的法官职务。在走廊上，帕维的女婿卡尔·韦斯博士朝朗迎面走来，近距离朝他腹部开了一枪。朗说了一句“我不明白他为什么要杀我”，然后赶快避到安全处，这时卫兵已经开火。韦斯被当场打死，朗被紧急送往医院，两天后因内出血死去。

'God, don't let me die. I have so much left to do.'

GEORGE V, KING OF THE UNITED KINGNOM AND THE BRITISH DOMINIONS, EMPEROR OF INDIA

乔治五世，联合王国及其殖民地国王，印度皇帝

公元 1865 年 6 月 3 日—公元 1936 年 1 月 20 日

“去你妈的！”

生前最后一句话，对护士所说

乔治 12 岁加入皇家海军，威尔士王子去世后，他成为王位继承人，不得不退伍。他娶了哥哥的未婚妻特克公主玛丽，夫妻俩都崇尚简单的生活。哈罗德 · 尼科尔森在日记中提到还是约克公爵时的乔治："他年轻时是个不错的海军军官，年老时是个睿智的国王，但还是约克公爵时……他成天什么正事都不干，只知道猎杀动物和集邮。”公爵为集邮花费的钱财创下了世界纪录。1913 年，他在六个小时内就猎杀了 1000 只野鸡。1911 年对印度作正式访问时，他猎杀了 21 头老虎。他于 1910 年继位，第一次世界大战期间他经常到前线、医院、工厂和码头视察，越来越得人心。德皇威廉二世是他的大侄子，向来深为英国民众痛恨，而 1917 年，由于英国人民的反德情绪日益高涨，乔治将王室改称“温莎”，舍弃了自己的德国姓氏萨克斯 - 科堡 - 哥塔。

他抽烟太凶，肺病反复发作。1928 年，他自觉病情严重，暂时放下政务，去伯格诺 · 里奇斯海滨养病。在他最后的日子里，他被告知很快就能康复，重返伦敦，据说他答道：“混账伯格诺！”1936 年，他已是气息奄奄。御医道森爵士发布公告说：“国王的生命即将平静结束。”道森在日记里披露，国王驾崩当晚，护士给他送上镇痛药，他嘟囔了一句“去你妈的！”这也是他死前的最后一句话。道森还说，他给国王注射了一针可卡因和吗啡混合剂，加速了国王的死亡，好让亲人们早点得到解脱，也让《泰晤士报》来得及在晨版刊出国王的死讯。

'God damn you!'

“朋友们，用梦之石为阿尔罕布拉的诗人树一通碑。”

摘自安东尼奥·马查多为被暗杀的诗人写的诗《格拉纳达的罪行》

在西班牙内战期间及其后一年里，佛朗哥将军处决了13万人，洛尔卡便是其中之一。时至今日，西班牙仍随处可见尸骨。据信，在2009年10月发现的一处乱葬坑里，可能就埋有洛尔卡的遗骸。2007年，西班牙通过“历史记忆法”，由国家出资，帮助受害者亲属找回亲人的遗骸。弗朗西斯科·加拉迪家族认为，他们家族的一位先人，一位斗牛士，是跟洛尔卡一起被处决的，要求在一处山坡上的墓坑挖掘寻找。洛尔卡是“失踪者”中名气最大的一位，是西班牙最伟大的诗人和剧作家之一。他的“罪行”一是同性恋，二是他的作品激怒了保守党人。他在30年代发表的作品包括《贝尔纳多·艾尔巴的屋子》《血腥的婚礼》和《耶尔玛》。其中《耶尔玛》讲述了一个不信上帝的农妇谋杀亲夫的故事。

1936年6月10日，马德里《太阳报》刊登了路易斯·巴加利亚对洛尔卡的访谈，洛尔卡宣称：“正如我不为出生担忧一样，我也不为死亡担忧。”而在佛朗哥眼里，知识分子都是危险人物。洛尔卡和一位小学校长、两个斗牛士一起，被拉到内华达山脉的一处野坡执行枪决，然后被扔进一个没有标记的坟坑。之前不久，他曾对一位西班牙记者说：“我认为我真的还是一个新手，只是在学习写作……人只能一个台阶一个台阶地往上走……不论天性、精神还是知识，都不可能突飞猛进，任何一位作家都只可能随着年岁的增长逐渐成熟……我的写作生涯才刚刚开始。”洛尔卡死后，他的作品遭禁被焚，连他的名字都不准被提起。很快，这位青年诗人就成为受政治迫害者的象征，并因此名扬世界。但他的剧作直到1940年代才重返舞台，而对他的某些禁令则一直持续到1971年方才解除。

**'Friends, carve a monument out of dream stone
for the poet in the Alhambra...'**

“诸位，我不得不暂停一下，因为我已经说不出话来了。这是我亲眼见证过的最可怕的事件。”

目睹“兴登堡号”飞艇在空中爆炸的赫伯特·莫里森通过电台现场报告空难发生的经过

它待在空中不动了。他们已从机首发现绳子，下面的人也已经把绳子抓住了。雨又下起来……雨稍稍小了点。艇尾的发动机刚够维持……突然着火了！烈火熊熊，飞艇开始坠落，爆炸！小心！小心！躲开，快躲开！快拍下这个画面，查理。快拍，查理！火势越来越……爆炸，可怕的爆炸！啊，天哪！快快避开！它燃烧着飞速坠落，落到了拴绳子用的柱子上。这是世界上最可怕的灾难，大火……

坠落了！噢，从五百英尺的高空坠落……女士们，先生们，骇人听闻的空难！浓烟滚滚，火势越来越猛，一团火球坠落到地上，迅速蔓延。啊，惨不忍睹！乘客到处乱窜，尖声惊叫。我告诉你，这——我顾不上跟守在这儿的乘客们的朋友交谈！啊，人人都几乎无法呼吸、没法说话，只有满耳的尖叫声。女士，我……我……对不起。说真的，我……我快喘不上气了。我……我得进去了，我实在没法再看下去。查理，太可怕了。噢，噢，我不能。听着，诸位，我不得不暂停一下，因为我已经说不出话来了。这是我亲眼见证过的最可怕的事件。

事故发生在新泽西。当时“兴登堡号”飞艇在试图降落时突然起火坠毁，三十六人遇难，六十二人幸存。

'Listen folks; I'm gonna have to stop for a minute, because I've lost my voice. This is the worst thing I've ever witnessed.'

“再会了，咱们天堂见！”

临死之时向亨利·福特道别

荣·切尔诺在其为洛克菲勒所作的传记里这样描述这位工业家的性格：“事实上，小约翰·洛克菲勒身后留下了这样的名声——仁慈又贪婪、凶残而狡诈。”在长达四十年的退休生活中，洛克菲勒用于慈善事业的资金上千万，他建立了洛克菲勒基金，创办了洛克菲勒大学、芝加哥大学和普及教育委员会。他的基金会促进了医药研发，为消灭黄热病和钩虫病发挥了重要作用。切尔诺写道：“一个劫掠大鳄变成了头号慈善家。”97岁高龄、身体孱弱的洛克菲勒死前不久见到亨利·福特，他说：“再会了，咱们天堂见。”福特答道：“你会见到我的，如果你进得了天堂的话。”

洛克菲勒的父亲是一位药商，母亲则是虔诚的教徒，父母间互相矛盾的影响奠定了他的行为基础。他曾说：“我相信，能赚的钱要全部赚到手，多多益善，这是宗教义务。要尽可能敛财，也要尽可能散财。”1870年，他创立了标准石油公司并使之不断壮大，他亲自管理公司直至1897年退休。1882年，巅峰时期的标准石油托拉斯占据了全国石油精炼和销售市场百分之九十的份额。洛克菲勒成了美国第一位亿万富翁，他有可能是美国历史上最富有的人。后来，西奥多·罗斯福总统发起反垄断运动。1911年，标准石油公司被美国高等法院判令分拆。

洛克菲勒一生烟酒不沾（他说烟酒是“魔鬼的右手”）。86岁那年，他写了一首诗概括自己的人生：

从小我就知道要会工作也要会玩耍，
我的一生就是长长的幸福的节假；
拼命工作，开心玩耍——
把所有的烦恼都扔下——
每天每日，上帝对我都眷顾到家。

'Goodbye, I'll see you in heaven!'

“我们应该在你们上方，但看不见你们——燃油越来越少啦！”

最后一次无线电通话

作为第一个独自驾机飞越大西洋的女飞行员，埃米莉亚·埃尔哈特荣膺杰出飞行员十字勋章。她创下过多项飞行纪录，出版过几本讲述自己经历的畅销书。1937年，她和导航员弗雷德·努南合作，驾驶一架洛克希德L-10型伊莱克特拉飞机尝试环球飞行。6月1日他们从迈阿密出发，途中分别在南美、非洲和亚洲加油，于29日到达新几内亚的莱城。他们已飞行了2.2万英里，余下的7000英里将全部在太平洋上空飞行。

7月2日，他们从莱城起飞，目的地是2556英里之外的豪兰岛。这座小岛长不足一英里，宽五百码，高出海面仅十英尺。美国海岸警卫队的快艇“艾塔斯卡号”等在那里，准备为他们导航。但飞机没能在豪兰岛降落。“艾塔斯卡号”听到了她的无线电呼叫，知道她就在附近空域，但埃米莉亚却听不到“艾塔斯卡号”的呼叫。早上7时42分她呼叫说：“我们应该在你们上方，但看不见你们——燃油越来越少啦。无线电联络不上。现在的飞行高度为1000英尺。”她的下一次呼叫是在7时58分，说她没听到“艾塔斯卡号”回话，请他们发出声音讯号以便她作无线电定位。而“艾塔斯卡号”无法在她指定的频段上发出声音讯号，于是改发莫尔斯电码。埃尔哈特收到了，却无法通过莫尔斯电码辨别方向。8时43分她发出最后一次呼叫：“频率157 337。我们将重复这一信息。我们将在6210千周重复这一信息。请等待。”飞机就此失去联络，至今没有音讯。

'We must be on you, but cannot see you--but gas is running low!'

GEORGE GERSHWIN (JACOB GERSHOWITZ)
乔治·格什温（雅各布·格尔肖维茨）

公元 1898 年 9 月 26 日—公元 1937 年 7 月 11 日

“乔治·格什温于上周去世。我甚至不愿相信这是真的。”

作家约翰·奥哈拉听闻其死讯后的反应

格什温的创作风格多样，既有流行音乐也有古典音乐，他的一些最著名的作品风靡全世界。他写了许多歌曲和音乐剧，包括跟他哥哥——抒情诗人艾拉·格什温合作的十多部百老汇舞台剧。1924 年，他创作了他第一部重要的古典音乐作品——管弦乐与钢琴协奏曲《蓝色狂想曲》。同年，他跟艾拉合作完成了音乐喜剧《窈窕淑女》，其中一些“令人着迷的旋律”为他其后的创作定下了高标准。接下去他佳作不断，1931 年的《为你而歌》成为第一部荣获普利策奖的音乐剧。乔治住在巴黎时，写了《一个美国人在巴黎》，之后于 1935 年创作出巨著《波吉与贝丝》，剧中的一些歌曲如《我得到很多》《夏日时光》和《不必如此》至今仍广为传唱。当时的一位评论家写道：“一个绝不会被采用的剧本，一个绝不会被人接受的主题，一位看上去绝不会为之谱曲的作曲家，却用它写出了一部相当成功的音乐剧。”

1937 年初，格什温不断抱怨头疼，而且总闻到一股烧橡胶的臭味。医生们发现，他患上了脑癌。但是，近年来有人对这一诊断提出质疑。根据医生所描述的症状，格什温患的更像是一种普通脑瘤——星形纤维细胞瘤。格什温肠胃不适达二十年之久，他自嘲长了个“作曲家的胃”。他在手术切除脑瘤后去世，年仅 38 岁。在他死后，他的电影插曲《他们不能把它从我这儿拿走》获得了奥斯卡奖提名。著名舞蹈家弗雷德·阿斯泰尔在给她姐姐阿黛勒的信中说，格什温弥留之际一直念叨着阿斯泰尔的名字。2005 年，《卫报》通过评估作曲家的终身收入认定乔治·格什温是史上最富有的作曲家。

'George Gershwin died last week. I don't have to believe it if I don't want to.'

“我看见那个黑影已经离我很近了。”

1938年8月12日致麦克斯韦尔·帕金斯的信

威廉·福克纳认为沃尔夫是他们那个时代最杰出的作家，但在他的有生之年，他的作品中已经发表的还不到一半。其杰作《你不能再回家》也是在他死后两年才出版的。他先是患了肺炎，后来又诊断出患了脑结核。沃尔夫的老编辑麦克斯韦尔·帕金斯很是担忧，尽管因为一次创作上的争论，沃尔夫已有三年没跟他说话，他还是一封又一封地致信问候。沃尔夫临死时帕金斯守候在侧，直到这时沃尔夫才意识到，帕金斯是他最好的朋友和最坚定的支持者。8月12日，在西雅图的医院里，他终于给帕金斯回信了：

> 亲爱的麦克斯：我背着医生偷偷给你写信，因为“我有一种预感”，有些话必须跟你说说。我刚刚作了一次长途旅行，到了一个陌生的国度，看见那个黑影已经离我很近了。我感觉并不是很怕它，却还是一心想着永生——我一直非常想活下去，现在仍然如此。我老是想着你，想再见到你。让我无比痛苦和懊悔的是我还有那么多工作没有完成，还有那么多的作品想写——可是现在，我知道我不过是一粒微尘，仿佛有一扇大大的窗户在我面前大开着，窗户外面的生活是我前所未知的——如果我迈出去了，我希望上帝知道，我是以一个好人的身份过去的。我无法解释，但我就是知道，我会是个更深沉、更有智慧的人。如果我起身走出去，至少几个月不能回来，但我一定会回来……

帕金斯立即赶到沃尔夫病床前。作家的病已经发展为结核性脑膜炎。医生希望结核只有一块，可以通过手术拿掉。但检查结果显示他脑部的结核已经“聚沙成塔”，医生也回天乏术了。三天后，他在昏迷之中辞世。

'I've seen the dark man very close.'

“今天我并不悲伤，因为十五年来国家的发展让我相信，阿塔图尔克永远不会死。”

一位年长官员参加阿塔图尔克逝世十五周年纪念活动时说的话

阿塔图尔克是第一次世界大战期间唯一未吃过败仗的土耳其军队指挥官。土耳其战败后，在土耳其独立战争中，他领导并开展了土耳其民族运动。他解放了土耳其，成为第一任总统，并大张旗鼓地推行政治、经济和社会改革。

> 上周的一天早上，九点过五分，在首都安卡拉，随着号声吹响，在 29.6 万平方英里的国土上，2100 万土耳其人肃立五分钟。唯闻喷气飞机编队飞过时发出的巨大啸声。而后，每隔五分钟鸣炮一响。炮声中，去世已十五周年的国父凯末尔·阿塔图尔克开始了他的最后行程……军乐队奏起了肖邦的葬礼进行曲，乐队后面，80000 人缓缓而行，他们当中有总统、总理、所有内阁部长、国会议员、各省省长以及各国外交官。7000 名土耳其士兵走在队伍中，十位陆军将领和两位海军将领扶柩，另一位海军将领护卫着一枚独立勋章，这也是阿塔图尔克获得过的唯一一枚勋章。三个多小时后，队伍来到一座山上。它俯瞰着阿塔图尔克亲手建立的现代化城市安卡拉。队伍在一座方柱围拱的陵墓前停下。陵园占地 148 英亩……一扇巨大的铁窗透出灯光，照亮了棺椁。上周就备好了从全国 64 个省取来的泥土，国父终于可以安息了。他给这个古老的国家带来了现代化和民主，心存感激的土耳其人斥资 1200 万美元，耗时九年为他修建了这座陵寝。一位年老的官员低声对身边一位朋友说：“十五年前为他的葬礼忙碌时，我忍不住泪水长流。但今天我并不悲伤，因为十五年来国家的发展让我相信，阿塔图尔克永远不会死。”

'Today I am not sad, for 15 years have taught me that Atatürk will never die.'

“我亲爱的舒尔，还记得我俩的第一次谈话吧。当时你承诺，在我大限到来时你不会放弃我。现在，这承诺已经没用了，只会徒增痛苦。”

临死时对他的医生麦克斯·舒尔说的话

西格蒙德·弗洛伊德出生在摩拉维亚的弗莱伯格，即今捷克共和国的普利波尔。他是神经学家、心理学家、精神分析的创始人。其家庭先是迁至莱比锡，后定居维也纳，弗洛伊德在此接受教育。弗洛伊德一家是犹太人。1930年，他因对精神病学和德语文学传统的卓越贡献荣膺歌德奖。三年后，纳粹上台，弗洛伊德的著作被禁被焚。1938年3月，纳粹吞并奥地利，弗洛伊德流亡伦敦，决心“死在自由之中”。当弗洛伊德听到广播里一厢情愿地称这是最后一次战争时，他说：“是我的最后一次战争。”

弗洛伊德每天要抽二十支烟，1923年被查出下颚长有恶性肿瘤后，他前后接受了三十次手术，包括清除瘤子、安装假牙。专家最终宣布，再做手术已无必要，弗洛伊德回答说：“一个人比他的躯体长寿，这真是个悲剧。”9月22日，他正在看巴尔扎克的《驴皮记》，他的朋友兼私人医生麦克斯·舒尔走了进来，躺在床上的弗洛伊德疼得实在受不了，一定要舒尔帮他解脱。舒尔分三次给他注射了大剂量吗啡，帮他实施安乐死。接受注射后的弗洛伊德陷入深度昏迷，于次日辞世。据说他断气前喃喃道：“太荒唐了！太荒唐了！”也有人说他说的是：“人想从现实中得到一点点满足就得忍饥挨饿。”

'My dear Schur, you remember our first talk. You promised me then not to forsake me when my time comes. Now it is nothing but torture and makes no sense any more.'

“我只有一个请求——让我做完我的工作。”

受审时的最后陈述

1905年，还是孩子的巴别尔在俄罗斯东正教邻居的帮助下躲过了敖德萨大屠杀，长大后他成为一名苏维埃记者、剧作家和短篇小说作家。按照他女儿纳萨利·巴别尔·布朗的说法：“年轻作家如文坛升起的一颗新星，很快红透了莫斯科。俄罗斯历来尊崇诗人和作家，巴别尔就此成为苏维埃文坛新贵。尽管是在一个贫穷而且专制的国家里，少数人仍享有名望和种种优待。1930年代末，他在莫斯科郊外的皮雷德尔金诺作家聚居区得到了一幢别墅。”而他竟和内务人民委员会头目尼古拉·叶若夫的妻子有了风流韵事，被暗中监视起来。除此之外，还有人听见他评论托洛茨基说：“无法想象他在反对他的人中也会具有魅力和影响力。”

新任内务人民委员会头目贝利亚决心在消灭“斯大林的敌人”方面胜过他的前任。1939年5月，巴别尔被捕，受尽酷刑，他的“认罪书”上的斑斑血迹就是明证。他的女儿讲述了他被审判和处决的情形：

> 我们现在知道了，审判于1940年1月26日在贝利亚的秘密住所之一进行。审判只用了二十分钟，判决是早就定好了的：枪决，立即执行。对巴别尔的指控是“积极参加反苏维埃的托洛茨基组织的活动”和“系恐怖阴谋组织成员，为法国政府和奥地利政府充当间谍”。巴别尔在接受审判时的最后陈述有案可查：“我是无辜的。我从没当过间谍。我从不赞成任何反苏活动。我对自己的指控是假的。我是在被强迫的情况下指控我自己和其他人的……我只有一个请求——让我做完我的工作。”他于次日被枪决，尸体被扔进乱坟坑。

'I am only asking for one thing-let me finish my work.'

利昂 · 托洛茨基（列夫 · 达维多维奇 · 布隆施泰因）

公元 1879 年 11 月 7 日—公元 1940 年 8 月 21 日

“我感觉这回他们成功了。我不要他们脱我的衣服。我要你给我脱。”

临死时对妻子说的话

列宁去世后，斯大林成为苏联最高统治者，他开始大肆屠杀竞争对手。列宁的主要助手托洛茨基于 1929 年逃离苏联，墨西哥同意他前往避难。斯大林下达了暗杀他的命令。托洛茨基和弗兰克 · 杰克逊交上了朋友，殊不知此人是斯大林派出的西班牙共产党员，真名叫拉蒙·梅卡德尔。一天，托洛茨基在自己家里会见“杰克逊”，梅卡德尔操起登山用的冰斧砸在他后脑勺上。托洛茨基夫人娜塔莉亚写道：

> 最多过了三四分钟，我听见一声撕心裂肺的惨叫，但一时没听出是谁的声音。我循声跑去，只见在餐厅和阳台之间，靠门柱站着列夫 • 达维多维奇。他满脸是血，眼镜掉了，垂着双手……“你知道，在那儿，”他眼睛瞟向卧室门，“我就感觉到了……知道他要干什么……他要袭击我……还想再来一下，但我跑开了。”他很平静，但声音已经嘶哑……
>
> 救护车开到医院门口停下，周围全是人。“没准这里面有我们的敌人。”我一闪念，因为这种事情经常发生。“我们的朋友在哪儿？肯定在担架旁边……”他们开始脱他的衣服，他对我说：“我不要他们脱我的衣服……我要你给我脱。”他说得很伤心，但声音非常清晰。这是他对我说的最后一句话。给他脱完衣服，我俯身吻他的嘴唇。他也回吻了我……我俩都没想到，这竟成了我们的永别之吻。

'I feel this time they have succeeded. I do not want them to undress me. I want you to undress me.'

“我不怕历史学家的裁决。”

死前几天写下的话

张伯伦从 1937 年至 1940 年代表保守党出任英国首相，给人印象深刻的是他对希特勒的绥靖政策，特别是 1938 年签订《慕尼黑协定》一事。纳粹德国把捷克的斯台德区划入自己的版图，张伯伦说了一句著名的话：“我相信我们这个时代的和平到来了。”希特勒不断侵略扩张，张伯伦继续予以放任，直至在 1939 年纳粹入侵波兰后才对德宣战。近期的历史学家一致认为，张伯伦的政策为不列颠做好战争准备赢得了时间。

在宣战演讲中张伯伦说：“我们清醒地认识到，我们跟别的任何一个国家一样，已经为和平尽到了一切努力。现在的局势是：德国领导人的话已不可信，没有哪个民族和国家还有安全感，我们不能容忍局势再这样发展下去……愿上帝保佑我们。愿他保护我们的权利。谁都不愿意打仗，但面对恶势力，面对邪恶的信仰和它们对正义的践踏、侵略和迫害，我们不得不奋起反抗，这是我们应有的权利。”当天晚些时候他又在议会发表演说：“我在任职期间所做的一切，所希望的一切和所相信的一切已轰然崩塌。我现在唯一能做的事情是：倾举国之力去赢得胜利，捍卫我们已经为之付出并牺牲了那么多的事业。”

卸任后六个月，张伯伦死于肠癌。死前几天他写道：“至于我个人的名声，我完全不在乎。我现在仍收到大量的来信，信中所表达的观点完全一致。他们都认为假如没有签订《慕尼黑协定》，我们此战必败，帝国早在 1938 年就灭亡了……我认为相反的观点迟早会销声匿迹。即使有关那两年的内幕不再公开，我也不怕历史学家的裁决。”

'I should not fear the historian's verdict.'

FRANCIS SCOTT KEY FITZGERALD

弗朗西斯·斯科特·凯伊·菲茨杰拉德

公元 1896 年 9 月 24 日—公元 1940 年 12 月 21 日

“于是我们划呀划，小船逆流而上，不停地驶回过往。”

《了不起的盖茨比》最后一句，刻在菲茨杰拉德和他妻子泽尔达的墓碑上

菲茨杰拉德 1919 年患上肺病，1929 年妻子在精神病院自杀，遭遇严重精神打击的他从此患上失眠症，精神抑郁。他开始酗酒，部分原因是胰岛素分泌过盛。1936 年，他形容自己是“一个破盘子……常规治疗解决不了实际的贫穷和身体的病痛。我感觉不分昼夜，眼前总都是一片黑暗，尤其是在凌晨三点，安眠药也不起作用，灵魂仿佛坠入了黑暗的深渊”。一位记者问他在《天堂的这一边》里描写的沉湎于爵士乐和酒精的那一代人结局会是怎样，他回答说：“一些成了股票经纪人，从窗口跳了出去。一些成了银行家，吞枪自尽。还有一些成了记者。少数人成了成功的作家。”

1940 年底，菲茨杰拉德两度心脏病发作。第一次发作后医生告诉他哪怕费一丁点力气的事都不能做了，他便搬到了谢拉·格拉汉姆家，格拉汉姆的公寓位于一楼，也在好莱坞。第一次心脏病发作后三个月，两人一道去剧院。菲茨杰拉德只觉得天旋地转，连离开剧院的力气都没有了，据说他当时对格拉汉姆道：“他们都以为我喝醉了，是不是？”第二天，格拉汉姆看见他突然从扶手椅上跳起，伸手去抓壁炉，却猝然倒地，因心脏病大面积发作死去。菲茨杰拉德死时，税收查验官认为，他的作品版权分文不值。他的四部小说有三部没有再版，《了不起的盖茨比》虽在 1925 年重印了 3000 册，销售状况也不乐观。马修·布鲁克里写道：“菲茨杰拉德去世十五年后，《了不起的盖茨比》都还有一些没有卖出……这部小说从未脱销，它只是被撤架了……F·斯科特·菲茨杰拉德去世前就认为自己是个失败者……死讯传出，他的作品更加不被看重，在文学上，他似乎注定默默无闻。”

'So we beat, beats against the current, borne back ceaselessly into the past.'

“就没有一个人看得懂吗？”

在苏黎世去世前最后的谈话

乔伊斯曾被问及《尤利西斯》的写作计划，他的临终遗言似乎给出了答案：“如果我当时就放弃，那我就失去了名垂千古的机会。我在小说中设置了那么多难解之谜，足以让学者们争论几百年，而这也是我让自己的名声经久流传的唯一途径。”他的小说艰涩难懂，但颠覆了传统小说的形式，在英国文学史上是一个突破。斯坦利·库尼茨说，1902 年乔伊斯离开爱尔兰后，“在接下来的四分之一个世纪里，他的故事就是为争取出版而奋斗的历史，这在英国文学史上很可能是独一无二的。”乔伊斯的《都柏林人》1902 年就完稿了，一直到 1914 年才得以出版。从 1914 年到 1921 年，他本打算从《都柏林人》衍生出另一个短篇，却不料越写越复杂，写完最后一个“是”字，已成了一篇卷帙浩繁的文章，这就是《尤利西斯》。待到英文版通过审查正式出版，已经是 1934 年的事了。《芬尼根守灵夜》的写作和修改耗时八年，直到 1939 年乔伊斯觉得满意了才予付梓。乔伊斯的女儿死于疯病，他在死前十年双目失明。1940 年因为德国人占领了爱尔兰，乔伊斯流亡法国。

1941 年 1 月 11 日，乔伊斯在苏黎世因溃疡穿孔接受手术，两天后去世。爱尔兰政府拒绝了他的遗孀将他的遗体送回国的请求。据理查德·埃尔曼报道，安排乔伊斯的丧事时，一位天主教神父试图说服他的遗孀为他举行一次弥撒，她回答说：“我不能这么对待他。”乔伊斯曾写道：“当灵魂的宫殿已被罗马暴君占领，抨击英国暴君又有何益。”

'Does nobody understand?'

“我感觉我肯定还会发疯。”

自杀前给丈夫留言的开头一句

弗吉尼亚·斯蒂芬于 1912 年嫁给作家兼出版商莱昂纳德·伍尔芙。1937 年，她在日记里写道：“我们相爱已有二十五年，依然难舍难分……作为妻子仍被需要，让人无比开心。我俩的婚姻是如此完美。”她曾几度精神失常，1941 年 3 月，她感觉自己已经到了崩溃的边缘，于是在衣袋里装满石头，在住家附近投河自尽，直到 4 月 18 日尸体才被找到。自杀前她给丈夫留了一张字条，说她宁可死也不愿再忍受疯病的折磨了。

> 我感觉我肯定还会发疯。我俩都不能再忍受这样的磨难了。我耳边总有什么声音在响，精神无法集中。所以，我现在作出的是最佳选择。你给了我最大的幸福。凡能做的你都做到了。要不是这可怕的病，没人比我俩更幸福了。我再也没法坚持了。我知道我这样做会毁了你的生活，但没有了我这个羁绊，你可以安安心心地工作。我知道你肯定会的。你看，我现在连写个条子都写不好了，更甭说读书了。我想说的是，因为有了你，我这辈子够幸福的了。你对我万般体贴，好得无以复加，这一点人人都知道。如果说还有人能拯救我的话，这个人就是你。除了你对我的好，一切都已离我而去。我不能继续毁掉你的生活了。我相信，没有任何一对夫妻比我俩更幸福。弗吉尼亚。

'I feel certain that I'm going mad again.'

“虽然我因病不得不退役，但我已经拥有了一个完美的人生。”

1939年7月4日在纽约扬基体育场向61808名激动的球迷做退役演讲

球迷们，过去两周你们已经读到了我生病的消息。但我还是要说，我是这个世界上最幸运的人。我驰骋棒球赛场十七年，最大的收获就是来自你们的关爱和鼓励。想想那些如雷贯耳的名字吧，能跟他们合作，哪怕只有一天，你们难道不认为，这便是人生职业巅峰？我真的是太幸运了。我有幸认识了雅各布·鲁珀特以及棒球最大帝国的奠基者埃德·巴卢；跟出色的“小个子”米勒·哈金斯搭档六年；接下来的九年，又跟棒球界著名的领军人物，如今最好的经纪人乔·麦卡锡合作，这一切的一切，难道不是我最大的荣耀？我真的好幸运。那么多事情让我难以忘怀：当我们遭遇像纽约巨人队那样强劲的对手并战而胜之；当球场维护工、穿白衣的小球童和高举奖杯的我们一起欢呼雀跃；当你有一个鼎力支持你的岳母；当你的父母操劳终身，让你受到良好的教育，拥有强健的体魄；当你有一个善解人意的贤妻做后盾，使你勇气倍增——所有这些都是上帝的厚爱，我将铭记终身。所以，最后我要说，虽然我因病不得不退役，但我已经拥有了一个完美的人生。谢谢大家。

绰号“铁马”的格里克创造了连续参赛五十六年的纪录和本垒打最多的纪录。他总计参赛2130场，之后因肌肉疾病不得不退役。该病学名为“肌肉萎缩性脊髓侧索硬化症”，自从格里克患上此病，该病又被称为“卢·格里克症”。

'So I close in saying that I might have been given a bad break, but I've got an awful lot to live for. Thank you.'

“啊！我摆脱了大地的束缚。”

摘自他 1941 年 9 月 3 日写的诗《高飞》

啊！我摆脱了大地的束缚
银色的翅膀在欢笑声中舞动
我向着太阳飞升，在白云间
升腾、旋转、俯冲
在寂静的蓝天
追逐呼啸的劲风
在无边无际的深蓝之中
我身姿优雅地上升，上升到
云雀和雄鹰都无法抵达的高空
置身圣洁的天际
我默默地、虔敬地伸手
抚摸“上帝”的脸庞

马基是出生于上海的美国人，18 岁加入加拿大皇家空军。在接受了一年的飞行训练后，他被分配到 412 战斗机中队，于 1941 年到达英国。在英国和法国执行若干次任务后他被擢升为少尉。1941 年 9 月 3 日，他奉命试飞一种新的高空机型——“喷火 5”，在飞行中他灵感突发，作了一首诗。回到地面后，他给父母写了封信 :“附上小诗一首，是我试飞那天写的。我在 3 万英尺的高空开始酝酿，回到地面后一挥而就。”仅仅三个月后，12 月 11 日（美国参与二战后三天），他驾着心爱的“喷火 5”在林肯郡上空跟别的飞机相撞，壮烈牺牲。他被葬在林肯郡，墓碑上刻着诗的首尾两行。1988 年 1 月 28 日，“挑战者号”航天飞机爆炸，里根总统在悼念仪式上引用了马基的《高飞》。

'Oh! I have slipped the surly bonds of Earth.'

“我们必须知道。我们必将知道。”

他的墓志铭

1930 年 9 月 8 日，希尔伯特在科尼斯堡向德国科学与医学协会发表退休演讲，他的墓志铭就取自演讲的结尾：“如今有这么一些人，打着哲学的旗号，故作审慎地宣扬不可知论，我们绝不能相信这些人的话。在我们看来，没有什么是不可知的。依我之见，在自然科学方面亦如此。跟那些愚蠢的不可知论者相反，我们的口号是：我们必须知道——我们必将知道！”19 世纪曾有一种思潮，认为对科学的认知是有限的，并以拉丁格言“我们不知道，也不会知道”作为其依据。希尔伯特认为这句格言不适用于被他称为“全球文化”的数学领域。1929 年，纳粹将犹太人全部逐出他所在的哥廷根大学，希尔伯特怒不可遏。在一次宴会上，新任教育部长坐在他旁边，问他：“摆脱了犹太人的影响之后，哥廷根大学的数学研究进展如何？”希尔伯特勇敢地答道：“哥廷根的数学研究？没有了，消亡了。”正如他所言：“数学没有人种和地域的界限。就数学而言，全球只有一个国家。”

希尔伯特是 19 世纪至 20 世纪初世界上最有影响力的数学家，提出和发展了诸多基础理念，包括“希尔伯特空间理论”（泛函分析的基础之一）、证明论、数理逻辑和不变量理论。1888 年他提出的“有限性原理”遭到恶评：“这不是数学，是神学。”但后来终被理论界接受。希尔伯特说：“一项研究成果如果刚问世就受到过分吹捧，其重要性就值得怀疑了。”他的逻辑思维能力从下面这句话中可窥一斑：“如果把世界上最聪明的十个人聚到一起，问他们世上最愚蠢的东西是什么，他们将无法发现最愚蠢不过的就是占星术。”

'We must know. We will know.'

“我们会变老，而他们不会。”

在1914年的荣军纪念日上他朗诵了自己的诗《致逝者》，此为其中一句

我们会变老，而他们不会：
年纪不再增长，岁月不再留痕。
每当日落日出
我们就会记起他们。

这是宾扬最有名的诗中的一节，该诗写于1914年，为在一战中阵亡的将士而作，发表在九月份的《泰晤士报》上。在之前的马恩河战役中，双方共两百万将士参战，死伤竟达五十万之多。11月11日11时，在纪念一战结束的各种活动和宗教仪式上，人们也纷纷朗诵了这首诗。1915年，宾扬早已过了应征的年龄，但他还是志愿到一所为法国士兵专设的英国医院服务。1985年，威斯敏斯特大教堂为十六位一战诗人专设了“诗人角”以资纪念，宾扬也在列。石碑上刻有威尔弗雷德·欧文撰写的铭文：“我的主题是战争，诗歌让我们永远铭记战争的伤痛。”

宾扬是诗人，也是戏剧家、文学家和艺术学者。作为众望所归的日本艺术和中国艺术专家，他成为大英博物馆东方艺术部的负责人，他的朋友埃兹拉·庞德和叶芝都曾受到他的提携。从大英博物馆退休后，他在哈佛大学教授诗歌。

'They shall grow not old, as we that are left grow old.'

LORENZ MILTON 'LARRY' HART **洛伦茨·弥尔顿·“拉里”·哈特**
公元 1895 年 5 月 2 日—公元 1943 年 11 月 22 日

“人活着是为了什么？”

死前对护士说的话

在不幸的人生接近终点时，这位抒情诗人说：“天才是美丽的。”哈特认为，尽管自己是个天才，但模样丑陋给他带来了太多的伤痛。他身高仅五英尺，脑袋大小如常人，却有一副孩子般的身躯，短胳膊短腿。著名抒情诗人阿兰·杰伊说：“因为身材的缘故，他得不到异性的青睐，不得不在同性中去寻求生理安慰。”弗雷德里克·W·诺兰在哈特的传记里说，性事上的矛盾与痛苦使哈特不得不在没完没了的派对和酒精的麻醉里寻找解脱。说到他跟好莱坞作曲家理查德·罗杰斯的合作关系，诺兰援引哈特一位“密友”的话说：“可怜的拉里，竟爱上了同性，真是丢人现眼。”情感混乱使哈特苦不堪言，他试图用酗酒来摆脱同性恋，可是他跟罗杰斯之间却绯闻不断。1943 年，两人曾短暂分手，之后罗杰斯开始与哈特的同学奥斯卡·汉默斯泰因二世合作。但到了秋天，为了将《康涅狄格州的美国佬》重新搬上舞台，罗杰斯和哈特又走到了一起。首场演出后五天，哈特因劳碌过度和饮酒过量突发急性肺炎去世。

从 1920 年到 1930 年，罗杰斯和哈特为百老汇和伦敦西区创作了为数惊人的音乐喜剧，平均每年达四部之多。1930 年，两人在回纽约前先去了好莱坞，为几部喜剧电影写歌配曲。哈特为美国流行音乐所作的贡献不容低估。他创作了数百首歌曲，包括《女人是陷阱》《蓝月亮》《世上最美的女人》《谁说这不浪漫》《绿山》《爱上爱情》《这不是爱》，以及《我的有趣的情人节》等等。他的抒情诗充满智慧，技巧细腻，韵律与复合节奏完美交叠，从下面几句可窥见一斑：“我再次被诓，再次发狂 / 孩子般傻笑，孩子般哭闹 / 我迷茫，惆怅而又彷徨。”

'What have I lived for?'

“一颗子弹终止了他的歌声。”

摘自他的诗《大雨竟日》

刘易斯最著名的一首诗是为纪念他所崇敬的诗人爱德华·托马斯而作。托马斯死于第一次世界大战。

记忆之中什么最让我刻骨铭心
是星期日孩子们开心玩耍的情景
他们在操场上摇落栗树上火红的果实
还有那条毛茸茸的病犬
尾随我爬上陡峭的山岭
爱德华·托马斯在那里思考死亡与美丽
——直至一颗子弹终止了他的歌声

许多人认为，刘易斯是描写二战的英国诗人中最优秀的一位。尽管是个和平主义者，他仍于1940年报名参军，并于1942年随同南威尔士边防军开赴印度，再转战缅甸。作为一名文职军官，他完全可以留在指挥部，但他多次要求前往前线。据第六旅战地日志披露，他去河谷边如厕时，匆忙之中重重跌倒，佩枪走火，子弹恰巧射中了他的脑袋。

一些批评家视刘易斯为最后一位浪漫派诗人，称他为20世纪的济慈。他有抑郁症倾向，1944年2月，他在给妻子格温诺的最后一封信里写道：“长期以来我饱受折磨，现在好了，我的思维开始有条理了，首先想到的就是我俩的感情和共同的憧憬……我好久不曾有过这样的感觉了，思路开阔而清晰。但愿这不是假象，我一切皆好，要的就是能正常思考。”

'A bullet stopped his song.'

FIELD MARSHAL ERWIN JOHANNES EUGEN ROMMEL
陆军元帅埃尔文·约翰尼斯·尤根·隆美尔
公元 1891 年 11 月 15 日—公元 1944 年 10 月 14 日

“不出半个小时，乌尔姆就会来电话，说我出意外事故死了。”

死前对助手赫尔曼·奥尔丁格尔说的话

隆美尔曾在一战和二战中入侵法国，因在北非战功赫赫而被誉为“沙漠之狐”。1944 年 7 月 20 日，冯·斯陶芬伯格刺杀希特勒未遂，隆美尔被指为同谋，但因其功勋卓著，被特许自行了断，而不像其他谋杀案参与者那样，被行刑队用钢琴琴弦勒死。据《隆美尔档案》（1953 年）一书记载：

> 过了一会，伯格多夫将军说他想跟元帅（隆美尔）单独谈谈……他（隆美尔）被人从妻子身边带离时，他十五岁的儿子曼弗雷德快活地走了进来，看出了父亲的异样。将军们正等着他，隆美尔向儿子道了别，然后转身进了隔壁的房间。隆美尔叫来勤务兵，要他去叫奥尔丁格尔。他对奥尔丁格尔解释了所发生的事情。隆美尔非常平静，房间里传出的弗劳·隆美尔的哭声却让奥尔丁格尔受不了。他完全没料到事情竟会是这样。
>
> 奥尔丁格尔提议把伯格多夫和梅塞尔干掉。“不，”隆美尔说，“他们也是在执行命令。我得替曼弗雷德和我太太着想。”然后他告诉我说，他已得到承诺，如果他自行了断，他们就不会伤害他的妻儿，还会给他们一笔养老金，并为他举行隆重的葬礼，他也将被送回他的家乡赫尔林根安葬。“我决心已定，已经跟我太太谈过了，”他说，“我绝不能让那个人，那个叫希特勒的家伙将我勒死。我没有策划暗杀，我只是想服务于我的国家，就像我毕生所做的那样。而现在我已经没有别的选择。不出半个小时，乌尔姆就会来电话，说我出意外事故死了。”

'In about half an hour there will come a telephone call from Ülm to say that I have had an accident and am dead.'

“这世界上要是再没有别人就好了。”

被捕前三天，即1944年8月1日写下的最后一则日记

……我再也受不了了，身边全都是人，我又生气又难过，我一会儿想想身边这个世界，一会儿想想内心这个世界，身边这个世界那么坏，内心这个世界却这么好，这世界上要是再没有别人就好了，我可以想成为什么样的人就成为什么样的人……

安妮·弗兰克是第二次世界大战中被纳粹迫害至死的德国犹太人之一。1940年，德国占领荷兰，在那里强制推行一系列反犹措施。弗兰克一家试图躲藏起来，以免被驱逐出境。1942年7月，奥托·弗兰克、伊迪斯·弗兰克-霍兰德尔以及他们的两个女儿马格特和安妮躲进了奥托在阿姆斯特丹的办公室后面隐蔽的侧屋。没过多久，达安夫妇带着儿子彼得和达塞尔先生也躲了进来。他们在这里平安藏身两年多，最后还是被人出卖，被分别押送到几座纳粹集中营。

1945年3月，就在贝尔根·贝尔森集中营被解放前几周，安妮和姐姐马格特死于斑疹伤寒。一起被抓的人中只有她们的父亲得以幸存。躲藏期间，安妮坚持写日记，记录了在侧屋里的日常生活，描述了她的孤独和恐惧。他们被抓走后，奥托·弗兰克原来的秘书，经常给他们帮助的米耶普·基耶斯找到了这本日记。当确信安妮再也回不来后，他把日记交给了奥托。日记的荷兰语版本于1947年出版，自那以后，它被译成五十五种语言在世界各地出版。安妮·弗兰克的家现在已成了旅游点。安妮曾希望成为一名职业作家，在日记里她写道：“犹太人所受的苦难也许会让这个世界懂得什么叫作向善。”

'If only there were no other people in the world.'

DIETRICH BONHOEFFER **迪特里希·邦霍伊夫**
公元 1906 年 2 月 4 日—公元 1945 年 4 月 9 日

“这是结束——对我来说也是生命的开始。”

请狱友转致奇切斯特主教乔治·贝尔的口信

邦霍伊夫是德国路德教会牧师、神学家，在反纳粹运动中发挥过重要作用。他宣称上帝相信犹太人是他的子民，反对纳粹支持的日耳曼基督教教会。虽然反对他的教会领导人甚多，但他拒不妥协。他建立了新的“认信教会”，坚持教会的首脑是基督而不是元首。从 1935 年开始，由于纳粹压制新教会并关闭了神学院，他反对希特勒的活动大多只得在暗中进行。因为在柏林遭禁，邦霍伊夫于 1939 年去了美国。朋友们要求他就待在美国，但他决心返回德国，并登上了横渡大西洋的最后一班客轮。

回到德国后，当局禁止他在公共场合发表谈话，并要求他一切活动都要向警方报告。他秘密参加了一个德语名为“抵抗”的军事情报组织，该组织同时也是反希特勒的核心抵抗力量。1943 年 4 月 6 日，邦霍伊夫被捕，被关进集中营。希特勒自知败局已定，决定对那些被怀疑为曾经策划针对他的阴谋暗杀活动的人士进行疯狂报复。1945 年 4 月 8 日，邦霍伊夫被判处死刑。次日，在弗洛森堡，他跟其他一些共犯被剥光衣服，用电线绞死。集中营的一位医生目击了死刑执行的全过程，写道：

> 我看见邦霍伊夫牧师……跪在地上向上帝祷告。这位受人爱戴的牧师祷告的样子让我深受感动，他是那么虔诚，坚信上帝能听到他的祈祷。到了刑场，他再次作了简短的祷告，然后从容不迫地走上了绞刑架，勇敢而又镇定。我从医差不多有五十年，从没见过有谁像他那样死得那么平静，因为他相信那是上帝的旨意。

'This is the end-for me the beginning of life.'

“小心点！”

死前对女儿说的最后一句话

康拉德·布莱克在《罗斯福传》里说，总统正坐着让人替他画像，突然用左手摸着后脑勺说：“我头疼得厉害。”众人七手八脚把他抬上床，他神智已经模糊，低声对女儿劳拉说了句“小心点”。他死于大面积脑溢血，这是他死前说的最后一句话。罗斯福 1921 年就患上了脊髓灰质炎，但他表现出了超凡的勇气，尽可能不让公众知道他的残疾和病痛。

罗斯福是唯一一位任职超过两届的美国总统，他连任四届，首任时正值美国大萧条期。他承诺将采取迅速而果敢的行动，给美国人民带来了希望，在就职演说中他说道：“唯一值得害怕的就是害怕本身。”当时失业人口达一千三百万，银行几乎悉数倒闭。在他的第一个“百日行动”中，他提出并由国会颁布了一项重大计划，以期恢复商业和农业，稳定失业者以及面临失去农场和家园的百姓的情绪。他宣称他的“新政”为的是那些“身处经济金字塔底层的被遗忘的人们”。尤其值得称道的是，他成功地让国家避免了因经济危机而引发政治危机。

第二次世界大战爆发后，罗斯福让美国保持中立，但为盟军提供了大量军援。1940 年法国沦陷，英国独自对抗德国的扩张，美国虽然没有直接参战，但尽可能向英国提供援助。罗斯福说：“只要大不列颠能捍卫自己，就等同于美国有了最好的、最直接的防卫。”1941 年 12 月 7 日，日本偷袭珍珠港，罗斯福下令美国参战，就在战争接近尾声时，他猝死于总统办公室。

'Be careful!'

“我期待着悲剧结束。”

1945 年，墨索里尼在被抓获处死前不久接受玛德琳·莫利尔采访时说的话

七年前我是一个有意思的人。现在的我是一具僵尸……没错，女士，我完蛋了。我的星辰已经坠落。我努力了，可我知道，这一切不过是一出闹剧……我期待着悲剧结束——奇怪的是我仿佛置身事外——我感觉自己不再是演员。我感觉自己只是最后一名观众。

1943 年，盟军在西西里登陆后，墨索里尼被法西斯党罢免，成为意大利最受痛恨的人。新政府害怕德国人前来营救他，便将他多次转移，最终把他藏在一处偏僻的滑雪场。然而，到了九月份，德国人发动了一次奇袭，用一架滑翔机将他从临时监狱接走。两周后，一架从德国空军借来的战斗机又将他送回意大利，让他充当了希特勒控制之下的傀儡政府的首脑。德国人立即将犹太人驱离罗马，并逼迫墨索里尼处决了那些当初罢免他的人，包括他的女婿。在得知判决执行后，墨索里尼对妻子说：“从那天早上起，我就已经死了。”

1945 年，墨索里尼和他的情妇克拉拉·贝塔西一起随德军撤退，准备去瑞士乘飞机逃往佛朗哥控制下的西班牙，但身穿德军军装的墨索里尼还是被人认了出来。他们一行共十五人，第二天大多被共产主义爱国者枪决。看着贝塔西倒下，墨索里尼掀开外衣前襟尖叫道：“朝这儿开枪吧！”他倒下后，又被补了一枪才毙命。1945 年 4 月 29 日，他们的尸体被倒吊在米兰一座广场上，市民们纷纷朝尸体扔石头。

'I await the end of the tragedy.'

“我和我妻子——为避免受审或投降——选择自尽。”

摘自他的遗嘱

1945年4月29日凌晨4点,希特勒在地堡里用打字机留下遗嘱。次日,他跟爱娃·布劳恩一起自尽。

因为我多年来忙于斗争，无法承担婚姻责任，所以从未考虑过结婚。现在，鉴于我在人世的事业已经结束，根据她自己的意愿，我将跟这个忠实陪伴了我多年的女子步入婚姻的围城，以便让我俩的命运紧紧相连。她自愿同我一道赴死。我因常年服务于人民而失去的感情，也算得到了补偿。我的遗物——如果它们还有一定价值的话——交给党。如果党不再存在，就交给国家。如果国家也灭亡了，我也就没必要再作什么决定了。我收藏名画从来不是为了自己，而是想为我的家乡——多瑙河畔的林茨——的美术馆增加藏品。我真诚地希望这批画能得到妥善处理。我指定我最忠实的党内同志马丁·伯曼做我的遗嘱执行人。

他有合法的权力作出任何决定。他可以留下有纪念意义的东西，也可以留下一些以帮助一些人维持基本生活所需，这些人包括我的兄弟姐妹，特别是我妻子的母亲和我忠实的战友，尤其是跟随我多年的秘书弗劳·温特等等。我和我妻子——为避免受审或投降——选择自尽。十二年来我大部分时间都在这里为我的人民服务，所以我们希望就在此地将我们的遗体立即火化。

'I myself and my wife-in order to escape the disgrace of deposition or capitulation-choose death.'

“因为孩子还小，我哪儿也去不了。”

跟海军副司令沃思诀别时说的话

5 月 1 日较晚时，海军副司令汉斯 - 埃里克 · 沃思见了戈培尔一家最后一面。“从地堡突围前，大约有十位将军和军官，也包括我自己，逐一去戈培尔的住处道别。我请求他跟我们一起走，但他回答说：‘船要沉了，船长绝不能走。我考虑过了，决定就留在这儿。因为孩子还小，我哪儿也去不了。’”

戈培尔以一篇关于 18 世纪的爱情剧的论文获得博士学位，1933 年至 1945 年任纳粹德国宣传部长。他在柏林地堡伴随希特勒直到最后。元首自杀后，他当了一天的第三帝国总理。他是希特勒遗嘱的见证人之一，希特勒自尽后戈培尔说：“德国的心脏停止了跳动。元首死了。”

海军副司令沃思回忆道：“听到希特勒的死讯，戈培尔情绪非常低落，他说：‘他再也不能跟我们在一起了，这太遗憾了。但这也是没办法的事。对我们来说，一切都完了，唯一可走的就是希特勒选择的这条路。我将随他而去。’”5 月 1 日晚 8 点，戈培尔安排党卫军医生毒死他的孩子。他们先给孩子们注射吗啡，等他们失去知觉后，再将氰化物灌进他们嘴里。然后，戈培尔和妻子马格达走出地堡，来到总理府花园自杀。约阿希姆 · 费斯特评论道：“他最怕的是死得没有戏剧性……他的一切行为无不为了自我陶醉，包括毒死自己的子女……这个人至死都极端利己，孩子们是这个自大狂的最后一批受害者。”

'I have nowhere to go because with little children I will not be able to make it.'

“莎士比亚，我来了！”

死前对H·L·门肯说的话

德莱赛是美国小说家、记者，是现实主义和自然主义文学流派的推手之一。他尤擅塑造底层人物形象，甚至为此不惜突破道德规范。晚年的他对美国社会的关注更多是基于他的政治观点而不是为了文学创作。1941年，他出版了反战的讽刺文学作品《美国值得拯救》，而写作的动因部分是出于对苏联的崇拜。因为当时的苏联跟德国是同盟，他觉得联合英国对抗法西斯会导致美国与共产主义的苏联为敌。但日本偷袭珍珠港和希特勒进攻苏联的事件使他不得不修正了自己的观点。

1944年，他因《嘉莉妹妹》《十二个人》《美国悲剧》等作品荣获美国文学艺术学院颁发的优秀奖。1945年7月，他加入共产党，并宣称：“相信人类的伟大与尊严是我生活与工作的指导原则。生活与工作的经历使得我提出了入党申请。”作为一位出色的小说家，他为取消审查制度、实现社会公平与言论自由而不懈斗争，甚至不惜以牺牲个人名誉和作品销量为代价。

就在《苦行僧》只差最后一章就完稿时，德莱赛因心脏病突发辞世。在悼念仪式上，他的朋友查理·卓别林朗诵了他的诗——《我的来路》。H·L·门肯赞道：“事实是，他是一个伟大的艺术家，与他同代的美国作家中，没有哪一个像他那样，在美国文学史上留下了如此辉煌的印记。就像达尔文开创了生物学的新时代一样，德莱赛开创了美国文学的新时代。他是一位风格独到、情感深厚、勇气十足的作家。他的生活、成就和希望激励着我们所有以写作为业的人要更上层楼。”

'Shakespeare, Here I Come!'

BLESSED CARDLNAL CLEMENS AUGUST GRAF VON GALEN

真福红衣主教克莱门斯·奥古斯特·冯·加伦伯爵

公元 1878 年 3 月 16 日—公元 1946 年 3 月 22 日

“没错，没错，这正是上帝的愿望。愿上帝因此而祝福你们。愿上帝保佑亲爱的祖国。继续为他工作吧……啊，亲爱的救世主！”

在医院临终时语

他被称为“明斯特雄狮”，出生于威斯特伐利亚的一个名门望族，2005 年被宣布升入“真福品位”。从 1933 年开始，在天主教势力强大的威斯特伐利亚和下莱茵地区，这位德国伯爵出任明斯特主教。他一贯大力倡导反对第三帝国。1935 年，他组织了一次大规模示威活动，抗议法西斯首脑在明斯特发表演讲。警察阻止人们前来声援，奥古斯特在教堂圣坛上说：“牧羊人怎能跟他的羊群分开？警察的绳索和锁链岂能把教徒跟他们的主教分开？”他在柏林的布道被认为是“几十年来对德国政坛领导人最强有力的抨击”。

1941 年 7 月 13 日，他公开谴责盖世太保的种种恶行：许多人未经审判就莫名其妙地失踪、关闭神学院、让所有正直的德国人惶惶不可终日。1941 年 7 月 20 日，他告诉教徒们说，纸上谈兵的抗议活动已经不起作用了，各阶层的宗教领导人仍在遭到驱逐和监禁。他断言，毁掉德国人民的不是盟军的炸弹，而是德国内部的负面力量。他的布道词被印刷出来，分送到德国各地的家庭和东、西部前线的士兵手上。连盟军都把他的布道词印成传单，用飞机在德国上空抛撒。一位纳粹官员建议将他处死，希特勒想将他逮捕，但盖世太保警告说，这样做会影响信奉天主教的士兵的斗志，会遭到四千万讲德语的天主教徒的反对。反纳粹组织“白玫瑰组”可能就是在他的布道词的激励下成立的。1946 年 2 月，他在罗马被任命为红衣主教，赢得全场热烈的掌声。回到德国几天后，他因阑尾感染去世。

'Yes, Yes, as God wills it. May God reward you
for it. May God protect the dear fatherland.
Go on working for him...oh, you dear Saviour!'

“可惜我没多喝一点香槟。”

临死时被问及还有没有什么遗憾，他如是回答

凯恩斯是在经济理论与实践方面都产生过重大影响的著名经济学家。他主张政府干预，利用财政和货币政策来缓和经济危机。他认为资本主义社会存在着因为有效需求不足而导致的“非自愿失业”，推翻了认为自由市场会自动提供就业机会的新古典主义经济理论，呼吁政府调节，从而帮助世界走出了经济低谷。他的经济政策被西方发达国家广泛接受，在20世纪50年代和60年代尤为流行。但从70年代开始，在弥尔顿·弗里德曼的影响下，政府鼓励市场“这只看不见的手”自行调控，凯恩斯的理论被打入冷宫。而当2008年的金融危机导致全球经济大幅度下滑时，世界各国又开始重新启用凯恩斯的经济政策以挽回颓势。

作为布鲁姆斯伯里沙龙的一员，凯恩斯常跟弗吉尼亚·伍尔芙和E·M·福斯特这样的文化名人共进晚餐。他一生从事过多种职业，当过大学教授、外交官，同时又是一位极其成功的货币投机商。1925年，他娶了美丽的俄罗斯芭蕾舞演员莉迪亚·洛波科娃为妻，两人的婚姻一直持续到他去世。二战结束后，他呕心沥血，出面担保，为英国争取一笔美国贷款，用他自己的话来说“就像去地狱走了一遭”。由于过度紧张劳累，其间他曾数次心脏病发作。最严重的一次是在1946年3月19日去华盛顿的火车上。1946年4月22日，《泰晤士报》刊出了他的讣告，其中有这么一句：“要想再找到一位像他那样有影响力的经济学家，只能回到亚当·斯密的时代了。”1999年，《泰晤士报》将他列入“20世纪最具影响力的100人”，称他是“提倡政府花手头没有的钱，也许正是这一大胆的理念拯救了资本主义”。凯恩斯告诉我们：“用长期的观念来指导当下的事务是一种误导。因为在长期的等待之中我们全都死了。”

'I should have drunk more champagne.'

“诊断结果如何？”“我的胃到底出什么问题了？”

死前向爱丽丝·B·托克拉斯的问话

斯泰因是美国作家，但她一生大多数时间都生活在法国，是现代派艺术与先锋派文学发展的引导者。她在巴黎弗勒吕斯街27号办了一个文化沙龙，先是跟他弟弟利奥共同拥有，但从1903年开始，合作伙伴改为爱丽丝·B·托克拉斯，直至1946年斯泰因去世。沙龙也是她的收藏馆，她收集了大量现代艺术藏品，其中不少作品的作者都跟她是朋友，如毕加索、布拉克、马蒂斯、雷诺阿、塞尚、劳德里克、道米尔、勃纳尔和高更等等。F·斯科特·菲茨杰拉德和欧内斯特·海明威也是沙龙的常客，在一定程度上，斯泰因对海明威的写作风格也产生过影响。1925年，她在给菲茨杰拉德的信中说：“一个人不见得会比原来做得更好，但能有所变化，能够更成熟，这就足以令人感到欣慰了。”

尽管她父母都是德裔犹太人，她却声称希特勒应该被授予诺贝尔和平奖：“我说希特勒应该被授予诺贝尔和平奖，因为他为德国去除了竞争和争斗的因素。通过驱逐犹太人和民主势力及左翼势力，他为德国消除了隐患。这就意味着和平……通过压制犹太人……他结束了德国的争斗。”（《纽约时报》，1934年5月6日）整个二战期间斯泰因一直住在法国。她和托克拉斯都是犹太人，却都处在贝当元帅的保护之下。她的作品如《爱丽斯·B·托克拉斯传记》（该书为她赢得了国际声誉）《三条性命与温柔的纽扣》，都被认为是对她钟爱的立体主义的反叛，评论界对作品的评价褒贬不一，有人认为是杰作，有人认为是败笔。

斯泰因死于胃癌，被安葬在巴黎拉雪兹神父公墓。被推进手术室时，她执拗地问托克拉斯：“诊断结果如何？”托克拉斯正不知如何作答，她又追问道：“我的胃到底出什么问题了？”

'"What is the answer?" (I was silent.) "In that case, what is the question?"'

“这是无可辩驳的事实。”

摘自国际军事法庭对纳粹战犯的判决

对戈林的指控共有四项。证据表明，他是纳粹政权中仅次于希特勒的二号人物。他是纳粹德国的空军司令，“四年计划”的全权代表。他对希特勒有着重要影响，直至1943年两人关系恶化，并于1945年被希特勒逮捕。他供认，但凡有重大军事和政治问题，希特勒都会知会他……尽管种族灭绝行动由希姆莱执行，戈林也在作证时竭力撇清自己，但不等于他对该行动没有兴趣、没有积极参与。1941年7月31日，他命令希姆莱和海德里希“在全欧洲德国势力所及的范围内彻底解决犹太人问题”……这是无可辩驳的事实。因为戈林经常是，而且总是纳粹德国仅次于希特勒的发号施令者。他是侵略战争的头目，是政治和军事领导人，是奴隶劳工计划的指导者，是镇压国内外犹太人及其他人种计划的制定者。他已坦率地承认了上述种种罪行。在某些特殊事件上的证词或许还有争议，但总体说来，仅他自己的供词就足以为他定罪。其罪行罄竹难书。没有可宽恕的情节记录在案。

从第一次世界大战起，戈林就是希特勒最亲近的助手之一。在被告席上他表示接受死刑判决，但请求采取枪决的方式执行，而不是像普通战犯那样被绞死。他的请求被法庭拒绝。在执行死刑的前夜，他服氰化钾自杀，氰化钾藏在他治皮炎的药膏里躲过了检查。他的尸体被放在绞架旁展示，以证明罪犯已被处决。

'There is nothing to be said in mitigation.'

“我相信德国。”

最后一名被处决的战犯临刑前说的话

1945 年至 1946 年，经纽伦堡军事法庭审判，下列战犯在同一天被处决。斯大林曾提议处死 5 万至 10 万名德国军官，但最终只有十名战犯被执行了绞刑。马丁 · 伯曼被缺席判决，戈林在被处死前夜服毒自尽，约德尔将军在被绞死六年后改判无罪，跟戈林一样，他也曾请求以枪决的方式执行死刑。

“我最后的愿望是德国能认清自己的本质，东西方能相互理解。我祝愿世界和平。”

——凌晨 01:11。约阿希姆 · 冯 · 里宾特洛甫

“我请求万能的上帝垂怜德国人民。超过两百万德国士兵已在我之前为祖国战死。现在,我也将随孩子们而去了……我们都是为德国而死。”

——凌晨约 01:22。陆军元帅威廉 · 凯特尔

“我曾经衷心热爱德国人民和我的祖国。我曾经按照人民的法律履行我的职责，但遗憾的是，这一次领导我的人民的人不是战士，我对他们所犯下的罪行一无所知。祝德国好运。”

——凌晨 01:36。欧内斯特 · 卡尔腾布鲁纳

“没有。”（被问及是否要留遗言）

——凌晨 01:47。阿尔弗雷德 · 罗森博格

“我对被羁押期间所受到的优待表示感谢。望上帝垂怜我，接纳我。”

——凌晨约 01:56。汉斯 · 弗兰克

“德国万岁！”

——凌晨 02:05。威廉 · 弗里克

'I believe in Germany.'

“希特勒万岁！”执行官问他的姓名。“你们明明知道我是谁。尤里乌斯·斯特莱彻！现在，这个名字跟上帝在一起了。总有一天布尔什维克会吊死你们！我跟上帝同在。阿黛尔，我亲爱的妻子。”

——凌晨 02:12。尤里乌斯·斯特莱彻

“我死得冤枉。这是错判。上帝保佑德国，让德国重新强大起来。德国万岁！上帝保佑我的家人！”

——凌晨 02:20。弗里茨·绍克尔

“向你致敬，我的德国。”

——凌晨约 02:09。阿尔弗雷德·约德尔将军

“我希望这次处决是二战这出悲剧的最后一幕。希望各国能从这次世界大战中汲取教训，和平共处，互相理解。我相信德国。”

——凌晨 02:38。阿图尔·赛斯 - 英夸特

DAMON RUNYON (ALFRED DAMON RUNYAN)
戴蒙·鲁尼昂（阿尔弗雷德·戴蒙·鲁尼恩）
公元1884年10月4日—公元1946年12月10日

“你们可留下我的青铜和石头藏品，每年想起我一回就足矣。”

死前不久留给朋友们的字条

鲁尼昂是一位记者、幽默作家，因为印刷错误将名字排成了鲁尼恩，他便将错就错，从此改名鲁尼恩。他是新闻界的传奇人物，擅长报道赌博、竞赛和刑事犯罪，曾跟阿尔·卡彭、杰克·邓普西、巴布·鲁斯、阿诺德·罗斯坦和沃尔特·温切尔[①]等人过从甚密。奥托·伯曼是他最好的朋友，也是一个犯罪团伙的会计。鲁尼恩曾将他写进几篇小说，用的当然是化名。后来，这个犯罪团伙的头目——荷兰人舒尔茨遭到袭击，伯曼不幸身亡。鲁尼恩立即在报道中将伯曼的身份做了改动，说他是舒尔茨手下的一名枪手：“作为保镖，奥托像个两岁孩童一样不称职。”

实行禁酒令期间，他描写百老汇的短篇小说最为出名。他塑造了许多栩栩如生的人物形象，如莱蒙·基德、花花公子戴夫、野马哈里、梦游者罗斯和奶油蛋糕伊奇等等，通过他们反映纽约的社会生活，其中十六篇小说和一部话剧被搬上了银幕。鲁尼恩警告我们：“如今你走在街上，很可能会有一个家伙来到你跟前，拿出一副还没开封的扑克牌要你跟他打赌，说他能让黑桃J自己从盒子里跳出来，还会朝你的耳朵里喷苹果汁。你可要小心了，千万别跟他赌，因为无论如何，最终结果都将是你的耳朵被灌满苹果汁。”

因为长期抽烟，鲁尼恩于1938年患上了喉癌。他常在晚上跟朋友、同事在林迪餐厅开会。1944年接受手术后，他连话都不能说了，但仍坚持开会，用书写与人交流。1946年12月10日，这位闻名全国的作家去世，一架一战退役的飞机载着他的骨灰，将之抛撒在百老汇上空。

① 五人分别为芝加哥黑帮教父、拳王、棒球明星、纽约黑帮大亨和专栏作家。

'You can keep the things of bronze and stone, and give me one man to remember me just once a year.'

W.C.FIELDS (CLAUDE WILLIAM DUKENFIELD)

W·C·菲尔兹（克劳德·威廉·达肯菲尔德）

公元1880年1月29日—公元1946年12月25日

“W·C·菲尔兹长眠在此。我宁愿生活在费城。”

他建议以此作为自己的墓志铭

20世纪上半叶，菲尔兹成功地塑造了一个酒鬼的形象。这位集演员、杂耍艺人、作家于一身的人塑造的厌世者形象将永远活在人们的记忆之中。这个人厌恶一切人，尤其讨厌政客、女人、小孩和宠物。从1940年代开始，菲尔兹的演艺事业开始走下坡路。他罹患多种疾病，大多跟酗酒有关。这一时期，他只能在别人主演的影片里客串一个小角色。他最后一次在电台亮相是1946年。他录制了独角戏唱片《戒酒课》和《那天我只喝了一杯水》。因为视力严重下降，给他印的提词卡只能用大号字。

因为肝硬化和肺炎，菲尔兹的最后几个星期是在医院里度过的。他是个无神论者，一位朋友去看他时却见他正在读《圣经》，问他这是怎么回事，他回答说："我在给它挑毛病呢。"菲尔兹临死前，他相伴多年的女友卡洛塔将屋顶的水管打开，好让他听到他最喜欢的滴滴答答的雨声。据说他的最后一句话是"这整个世界什么都是那么可恨，但是你除外，卡洛塔！"在纪录片《直击W·C·菲尔兹》里，我们看到，他微笑着朝一位护士眨眨眼，把手指放在嘴唇上，断了气。这天正是圣诞节，他在表演中常表示他看不起这个节日。他非常希望自己的墓志铭是："总的来说，我宁愿生活在费城"，费城是他的家乡。他在《我的小山雀》里还说过："我想在死前看看巴黎……看看费城也行！"有人说，他之所以想在自己墓碑上刻上这句话，是因为在旧时的歌舞杂耍剧中，常出现这样一句台词——"我宁愿死，也不愿去费城演出"，因为喜剧在费城不受欢迎，那里是出了名的"喜剧的坟墓"。

'Here lies W.C.Fields. I would rather be living in Philadelphia.'

MOHANDAS KARAMCHAND GANDHI 莫罕达斯·卡拉姆昌德·甘地
公元 1889 年 10 月 2 日—公元 1948 年 1 月 30 日

“我们的生命之光熄灭了。”

1948 年 1 月 30 日圣雄甘地被暗杀后，贾瓦哈拉尔·尼赫鲁发表的广播讲话

朋友们，同志们，我们的生命之光熄灭了，到处是一片黑暗，我不知道该说什么，不知道该怎样说。我们爱戴的领袖、民族之父——没有了。也许我这样说是错误的，但不管怎么说，我们再也看不到他了，再不能像这么多年以来那样向他讨主意，向他寻求安慰了。这是一个可怕的打击，是对我个人，更是对全国人民的打击。

甘地是印度的政治和精神领袖，他领导印度人民脱离英国殖民统治，赢得了独立，被尊为“国父”。在印度独立的影响下，世界各地争取人权的运动风起云涌。1921 年，甘地当选为印度国民代表大会主席，致力于废除“不可接触的贱民”这一歧视性的阶层，改变国家的贫穷面貌，争取妇女权益，提倡不同种族和宗教和谐相处，实现经济独立。从 1930 年开始，他发起了著名的“非暴力不合作”的独立运动，他说：“我不能教你们使用暴力，因为我不相信暴力。我不能教你们向人低头，哪怕付出生命的代价也不能”；“我反对暴力，因为依靠暴力取得的成功是暂时的，而暴力的罪恶是永久的。”

甘地晚间在新德里街头散步时被暗杀，凶手是印度教教徒，一个极端分子，他认为甘地希望向巴基斯坦作出补偿的做法将削弱印度的国力。1946 年，甘地就预见到了即将发生的印巴冲突和印度教徒与穆斯林之间的冲突，他说：“不同宗教殊途同归，只是走的路不同而已。既然目的地都一样，选择的道路不同又有什么关系呢？何苦争执不休？”他的墓碑上刻着“噢，神啊”，据说是他临死说出的最后几个字。

'The light has gone out of our lives.'

“嬷嬷，你希望有奇迹出现，让我起死回生，但我已经不行了，我完了，就要死了。”

临终语

1950 年，《时代》杂志报道了萧伯纳的最后时刻：

“嬷嬷，”老人对护士格温多琳·霍维尔说，“你希望有奇迹出现，让我起死回生，但我已经不行了，我完了，就要死了。”次日天亮前萧伯纳已进入弥留状态。二十四小时后，这位哲学家、剧作家、职业精灵、自称“走到哪儿都是主教”的 94 岁老人辞别了这个世界。他死在赫特福德郡阿亚特·圣劳伦斯寓所，走得安详平静。噩耗传来，举国悲痛。过完 94 岁生日他就说过：“我渴盼永久休息的那一天。”去年 9 月，他在花园里滑了一跤，摔断了腿骨，被送进医院。他恢复的情况好得出乎医生预料，但精神却从此垮掉了。萧伯纳估计自己会卧床不起，对工作也失去了兴趣。上周阿斯特夫人从伦敦驱车前来看他。阿斯特夫人轻轻抚摸着他皱巴巴的布满胡须的脸，他对这位老友喃喃道：“噢，南希，我想睡觉，想睡觉。”之后他就几乎说不出话来了。最后时刻终于到来时，萧伯纳挤出一丝淡淡的微笑，看上去他是真的解脱了。

萧伯纳告诉阿斯特夫人：“我想要我的骨灰跟我太太的骨灰合在一起，然后随你埋在哪儿。”在他居住了四十四年的小村庄，在他家客厅里，由戴维斯牧师主持了一个简短的追思仪式。事后牧师说：“萧伯纳先生并不是真正的无神论者。我宁愿就称他爱尔兰人。”据说萧伯纳曾为自己撰写过墓志铭——“我知道，就算我活得再久，这事迟早会发生。”他写过六十个剧本，1925 年荣获诺贝尔文学奖。

'Sister...you're trying to keep me alive as an old curiosity, but I'm done, I'm finished, I'm going to die.'

GEORGE VI, KING OF THE UNITED KINGDOM AND THE BRITISH DOMINIONS, EMPEROR OF INDIA, HEAD OF THE COMMONWEALTH

乔治六世，联合王国及其殖民地国王，印度皇帝，英联邦首脑

公元 1895 年 12 月 14 日—公元 1952 年 2 月 6 日

“替我照顾好莉莉贝特。”

最后遗言

乔治六世的生日正巧是他曾祖父阿尔伯特王子的忌日。他父亲当时还是威尔士王子，知道维多利亚女王很忌讳这个日子。女王只是在得知有人建议给新出生的宝宝也命名为阿尔伯特时，心情才好转起来，她写道：“我急不可耐地想看看这个宝宝，因为他刚巧出生在这一天，好在他也叫阿尔伯特，让我倍感亲切，因为这个名字就意味着伟大与优秀。”他的尊称是约克郡的阿尔伯特王子，在王室内部昵称“伯蒂”。乔治五世不喜欢他的继承人、阿尔伯特的哥哥爱德华八世，因为他跟许多已婚女人关系暧昧。他觉得阿尔伯特当国王远比他哥哥合适，再说他也很爱阿尔伯特的大女儿伊丽莎白公主。国王昵称她为“莉莉贝特”，她则称他为“英国爷爷”。说到爱德华时乔治五世预言：“一旦我死了，不出一年他就会垮掉……祈求上帝，让他一辈子别结婚，不要有孩子，这样在伯蒂、莉莉贝特与王位之间就不会有障碍。”

1936 年，哥哥爱德华八世娶了辛普森夫人，突然宣布退位，阿尔伯特继位，成为乔治六世。他支持首相内维尔 · 张伯伦的政策，不与德国和意大利为敌。但在丘吉尔出任首相后，他一改初衷，积极主战，直至二战结束。他抽烟太凶，从 1948 年开始健康状况恶化，1952 年因肺癌接受了手术。1952 年 1 月 31 日，伊丽莎白公主经由肯尼亚出访澳大利亚，将她从小带大的保姆“波波”麦克唐纳随行，阿尔伯特前往机场送行。飞机起飞前，他叮嘱麦克唐纳：“替我照顾好莉莉贝特。”六天后他溘然长逝，女儿继位，是为伊丽莎白二世。

'Take care of Lilibet for me.'

MARÍA EVA DUARTE DE PERÓN, 'EVITA'

玛利亚·爱娃·杜阿尔特·德·庇隆，“埃维塔”

公元 1919 年 5 月 7 日—公元 1952 年 7 月 26 日

“爱娃要走了。”

死前对妹妹艾丽萨说的话

她是阿根廷总统夫人，深受人民爱戴，人们亲切地称她“埃维塔”（意为小爱娃）。她从未忘记自己出生卑贱，一贯为穷人、为 descamisados（衣不蔽体的人们）奔走呼告。经过七年多的不懈努力，劳动人民的政治地位空前提高，她也因之招来了上层阶级和军方的仇视。直到她短短的一生结束，她一直致力于慈善事业，致力于为妇女争取选举权。她并不知道自己患上了子宫颈癌（总统胡安·庇隆的前妻和埃维塔的母亲都死于同一疾病），去世时体重仅三十六公斤。她最后一次公开亮相是在丈夫的第二次总统就职典礼上。她在总统官邸的阳台上发表了演说，演说前注射了吗啡止痛，演说时丈夫扶着她，在她的毛皮大衣里还加了石膏和金属框以作支撑。七个星期后爱娃去世。

1952 年 7 月 26 日星期六，一个潮湿阴暗的冬日，一大早，埃维塔对她的女仆艾尔玛说：“我这一生从来没感觉幸福过。所以我才离家出走。要不然，我母亲会把我嫁给某个普通人，那我可受不了。在这个世界上，一个好女人就应该努力向上。”成千上万的人从全国各地赶来参加她的葬礼。1955 年，在一场军事政变后，庇隆下台，爱娃经过防腐处理的遗体神秘失踪。原来，作为人民独立的象征，她的遗体被偷运到了意大利，化名埋葬。十六年后庇隆逃亡归来重新掌权，带着她的遗体回到阿根廷。1976 年，她被安葬在布宜诺斯艾利斯的杜阿尔特家族博物馆。墓碑上的一行字“阿根廷，别为我哭泣”取自 1978 年上演的音乐剧《埃维塔》。

'Eva is leaving.'

“然后注定的那一天到来。”

在他死去的车上找到的歌词草稿

我们相遇相爱
然后注定的那一天到来
曾经拥有的甜蜜爱情
消失得无踪无影
今夜你我都倍感孤独
但是我要说
我依然爱你，永远爱你
而孤独的代价无可逃避。

在田纳西州的诺克斯维尔和俄亥俄州的坎顿之间的某个地方，汉克·威廉姆斯死在一辆车上，年方二十九。之前不久，他刚被“盛大经典”除名，原因是他吸毒酗酒。“盛大经典”是每周一次的乡村音乐会，从1925年以来一直在纳什维尔电台播出。如果不是被开除，按原定计划他将在坎顿演出。“盛大经典”歌星罗伊·阿卡夫曾对他说过：“你有一副价值连城的嗓子，可脑子却只值十美分。”威廉姆斯的司机停下来给车加油，加完油回来发现他已经死在后座上，身边有几个空啤酒罐，还有一首尚未写完的歌——《注定的那一天到来》。他的死一直是个谜，有人说他是死后才被抬到车上的。官方宣布的死因是心脏病突发。

这位乡村音乐偶像是创作型歌手，发表的歌曲多达三百首，迄今仍受到诸如鲍勃·迪伦、莱昂纳德·科恩这样的大明星的尊崇。他最为流行的作品有《孤独的人早已去了》《你骗人的心》《相思》《你为什么不爱我》《叹息》《嗨，美人》《冰凉的心》《什锦饭》《去掉锁住我心的铁链》《我如此孤独，欲哭无泪》，以及一语成谶的《我决不会活着走出这个世界》。

'Then came that fateful day.'

他长眠在阿拉巴马州蒙哥马利的橡树公墓，墓志铭是：

谢谢你给我们的爱

它比任何人的爱都更强烈

谢谢你给我们那么多优美的歌

这些歌将被世代传唱

JOSEPH HILAIRE PIERRE RENÉ BELLOC
约瑟夫·希拉尔·皮埃尔·勒内·贝洛科
公元1870年7月27日—公元1953年7月16日

"当我死后，希望人们会说'他罪孽深重，但书写得不错'。"

他自撰的墓志铭，摘自《他的书》

1953年7月27日，《生活》杂志刊出贝洛科的讣闻，文中说："他是爱德华时代的最后一位巨匠，是同时代作家中最多才多艺的一位。他总共出版了一百五十三部书，有时一年就出版三到四部——'因为，'他解释道，'我的孩子们亟需珍珠和鱼子酱。'"A·P·赫伯特称他是"写了一图书馆书的人"。在他的葬礼弥撒上，罗纳尔多·诺克斯主教说："为惩恶扬善，他比同时代的任何人都工作得更加卖命。"贝洛科的作品表现出他对当时的政治、文化和社会制度的轻蔑，时至今日他才被公认为是英语文学中最杰出的诗人、作家之一。他对政党政治倍感失望，愤而辞去议员之职，他要求议会对各党的财政进行公开审查。他写过一首诗叫《政客墓志铭》：

政客的尸体躺在那里，
极备哀荣。
熟人嗤之以鼻，
我失望哭泣：没看到他被吊死。

他用诗歌表达了他对威斯敏斯特的厌恶：

它象征着该被诅咒的特权
（伴随着女人、香槟和桥牌）
破产——以及民主使得它香火兴旺
（伴随着桥牌、女人和香槟）

他还是个出色的喜剧作家，下面这首小诗让人忍俊不禁，难以忘怀：

我枪击河马，用的是白金子弹，
如果我用铅弹，肯定被它的屁股夹扁。

'When I am dead, I hope it may be said / "His sins were scarlet, but his books were read."'

"生在该死的酒店房间，死也死在酒店房间。"

自撰讣告

奥尼尔，剧作家、诺贝尔奖获得者，死在喜来登酒店（今波士顿大学希尔顿大厦）401 房。死前他已为自己写好了讣告。也有人说他的最后遗言是："我知道，我知道。生在酒店房间，见鬼，死也死在酒店房间。"（路易斯·谢弗尔《奥尼尔：儿子和艺术家》，1973 年）波士顿大学的学生们把许多无法解释的事件归结于他的幽灵作祟。

奥尼尔出生在时代广场百老汇四十三街的一家酒店，父亲名叫詹姆斯·奥尼尔，是一位著名演员，午后场的偶像明星。酒店墙上钉有一块牌子，上书："此地系当年的巴雷特酒店，美国最伟大的剧作家尤金·奥尼尔 (1888.10.16—1953.11.27) 在此出生。时代广场敬立。" 奥尼尔的父母和哥哥杰米（醉酒而死，年仅 45 岁）在短短三年内相继亡故，他只有埋头写作以排解忧伤。长年酗酒加上抑郁，他患上了帕金森病，他双手颤抖，再也无法提笔。他非常恼火，因为他还有一项大工程没有完成——描述一个家庭在一个多世纪内的变迁，由十一部戏组成的系列剧。在生命的最后十年，他忍着病痛完成了其中的两部——《诗人的气质》和《更庄严的大厦》，又完成了另外三部大型自传体剧本——《冰人来了》《月照不幸人》和《长夜漫漫路迢迢》。按照他的要求，妻子卡洛塔将他其余未完成的手稿悉数销毁。后来才发现，他患的不是帕金森病而是小脑皮质萎缩症。

'Born in a goddam hotel room and dying in a hotel room.'

“我愿意走的时候就走。人为地延长生命没有意思。我已经做完了我分内的事，到了该走的时候了。我会优雅地告别人世。”

拒绝接受手术时说的话

1955 年 4 月 12 日，因为腹部动脉瘤破裂，爱因斯坦同意就医，被送进了普林斯顿医院，他不想再在家里成为家人的负担。五年前他曾动过一次手术，这一次，医生建议采用全新的动脉移植术。爱因斯坦拒绝了，说是到了他该走的时候了。次日，爱因斯坦逝世。尸体解剖时，医生在未经爱因斯坦家人允许的情况下把他的大脑留了下来，希望随着神经科学的进步，有朝一日能研究出爱因斯坦成为如此伟大的天才的原因。直到四十年后，这份大脑标本才归还给他的家人。爱因斯坦入院时，还随身携带着他为庆祝以色列建国七周年写的演讲稿，最后一句还没写完：

> 实质上，今日的冲突跟过去没什么两样，依旧是强权之争，只是披着宗教的外衣罢了。不同的是，此次冲突笼罩着原子弹的阴影。冲突双方都知道并且承认，一旦冲突发展为战争，人类就将终结。尽管如此，双方政客仍竞相引入核技术，希望增强军力以威慑对方。为达此目的，他们甚至甘冒开战和毁灭人类的危险。双方政治家竟没有一人敢于选择唯一的安全之道——握手言和，因为对于政客来说，这无异于政治上的自杀。政治热情一旦被煽动成仇恨的怒火，真正的受害者……

'I want to go when I want. It is tasteless to prolong life artificially. I have done my share, it is time to go. I will do it elegantly.'

“现在是 1955 年 9 月 23 日，星期五，十点钟。如果你上了这辆车，下周的这个时候，人们会发现你死在车里。”

詹姆斯·迪恩死于车祸前一周，亚力克·吉尼斯曾这样警告过他

迪恩只演过三部电影：在《无因的反叛》里扮演问题少年，从而奠定了他的偶像地位；另外两部是《伊甸园之东》和《巨人传》。他是唯一一位在死后两度得到学院奖提名并获得奥斯卡最佳男演员奖的演员。他酷爱赛车。《巨人传》片方以合同的形式禁止他在拍摄期间赛车。拍摄《无因的反叛》时，他为了参加将在加州萨林纳斯举办的赛车比赛，专门买了一辆保时捷 550Spyder。这辆车是后来为电视连续剧《蝙蝠侠》设计了蝙蝠车的那位设计师为迪恩定制的，车身上还印着这辆定制车的昵称“小杂种”。在一家餐厅外，迪恩向亚力克·吉尼斯做了自我介绍，请吉尼斯看看自己的新车。吉尼斯觉得这车不吉利，告诉迪恩说，一周之内，这车会害死他。

一个星期后，迪恩和他的机械师出发前往萨林纳斯。迪恩得到特许，可在科恩县限速 89 公里 / 小时的路段以 105 公里 / 小时的速度行驶。当他行驶到加州乔莱姆附近时，一辆 1950 年产的福特轿车迎面驶来，驾车者是一位 23 岁的学生，他想驶上一条岔路，便让车拐上了迪恩的车道，结果两车迎头相撞。迪恩的机械师被甩出车外，下颚碎裂，但其他地方只是受了一些轻伤。迪恩被送往帕索·罗伯斯战争纪念医院，医生宣布他已经死亡。在撞车前他说的最后一句话是：“那小子怎么不刹车……他没看见我们的车么！”学生只受了点擦伤，警方没追究他的责任。机械师几番自杀未遂，于 1981 年在德国死于车祸。

'It is now ten o'clock, Friday the 23rd of September, 1955. If you get in that car you will be found dead in it by this time next week.'

“再见了，斯宾塞！”

去世前夜对斯宾塞·屈塞说的话

在一次接受采访时，凯瑟琳·赫本讲述了她和斯宾塞·屈塞在亨弗莱·鲍嘉去世前夜最后一次探视他的情形。斯宾塞拍拍他的肩膀说：“晚安，鲍吉。”鲍嘉平静地看着斯宾塞，迷人地微笑着摸摸斯宾塞的手，说：“再见了，斯宾塞。”斯宾塞的心都揪紧了。他知道这意味着什么。

影星鲍嘉是个老烟客、老酒鬼，但从不看医生，一直拖到1956年。几周后诊断结果出来了，他患上了淋巴癌。3月5日，他通过手术切除了淋巴、一条肋骨和两块淋巴结。后来进行了化疗和又一次手术。然而肿瘤却继续扩散。他忍受着剧烈的疼痛却毫不抱怨，当身体虚弱得上下楼都困难时他还开玩笑说：“把我放在一个小升降机里，我就可以风风光光地下楼了。”病重期间，辛纳特拉、赫本和屈塞等好友不断前来探望。弥留之时，他的体重已降至八十磅。好莱坞所有明星都赶来参加了他简单的葬礼。鲍嘉的妻子劳伦·巴克尔请斯宾塞·屈塞致辞，但他太过悲痛，遂改由约翰·休斯顿致辞：

> 他对待工作严肃认真，却不把自己当回事。他明明是一位明星，却有点玩世不恭地自称“花花公子”。鲍嘉深受尊重……在凡尔赛的每一口喷泉池里都放有一条梭鱼，为的是让泉里的鲤鱼保持活力，不至于因太肥而死。在好莱坞这口喷泉池里，鲍嘉承担起了梭鱼的职责并从中获得了特别的乐趣，“鲤鱼们”也并不厌恨他，即便略有不满，过一阵子也就没事了。他的矛头所向只及皮肉，从不深及内心，从不给人造成伤害……鲍嘉不可替代。再也找不到另一个像他这样的人了。

'Goodbye, Spence!'

'BUDDY' HOLLY, BORN CHARLES HARDIN HOLLEY
巴迪·霍利，原名查尔斯·哈丁·霍利
公元 1936 年 9 月 7 日—公元 1959 年 2 月 3 日

“希望你们的车冻得开不了。”

1959 年 2 月 3 日，跟韦伦·詹宁斯的最后对话

巴迪·霍利是来自德克萨斯卢伯克的创作型歌手，他的成功虽然只有十八个月，却推动了摇滚乐的发展，影响了无数的音乐团体。他的经纪人常常拖欠他的唱片版税，为了挣钱，他组建了“冬季舞会巡演团”，演出安排十分密集，三个星期里他的足迹遍及二十四座城市。韦伦·詹宁斯和汤米·埃尔萨普都是他的伴奏乐手。他的乐队成员中有红极一时的里奇·瓦伦斯，其代表作有《来吧》、《让我们出发》和《唐娜》；有被粉丝们昵称作“大乐迷”的朱尔斯·P·理查森，此人 1958 年以《尚蒂利蕾丝》一曲成名；还有迪昂、贝尔蒙特等人。

巡演途中，车子的供暖系统出了问题，抵达爱荷华州清湖的海浪舞厅时，一行人都冻了个半死，又因为睡眠不足而疲惫不堪。霍利受够了那辆没暖气的车，决定包一架飞机，由他带上两个人先行赶往下一站演出地明尼苏达州的莫尔黑德。韦伦·詹宁斯把自己的座位让给了理查森，因为理查森正发着烧，他个子又大，坐在车里很不舒服。听说詹宁斯不能跟他同行，霍利开玩笑说，“嘿，希望你们的车冻得开不了。”詹宁斯笑着回了一句：“我希望你们的飞机栽跟头。”就因为这句话，此后多年詹宁斯都寝食难安。里奇·瓦伦斯让巴迪的另一个朋友汤米·埃尔萨普掷硬币，以决定剩下的一个座位给谁，结果瓦伦斯赢了。半夜 1 点，飞机起飞，准备飞往北达科他州的法戈。因为大雪弥漫，飞机在快到机场时坠毁，机上所有人——霍利、瓦伦斯、理查森和飞行员全部遇难。唐·麦克里恩在他的著名歌曲《美国派》中写道：“这是美国音乐死亡之日。”韦伦·詹宁斯后来成了乡村音乐巨星，而汤米·埃尔萨普在距其首演整整六十年后仍活跃在舞台上。

'Well, I hope your ol'bus freezes up.'

ERROL LESLIE FLYNN **埃罗尔·莱斯利·弗林**
公元 1909 年 6 月 20 日—公元 1959 年 10 月 14 日

“我这就回来！”

突发心脏病去世前说的话

弗林常挂在嘴边的一句话是：“威士忌要陈，女人要新。”他跟贝弗利·阿德兰约会时，后者才 15 岁。弗林死后，阿德兰的母亲弗洛伦斯撰文披露了两人的关系。1959 年 10 月 9 日，弗林携阿德兰飞往温哥华，将他的“扎卡号”游艇出让给百万富翁乔治·卡尔杜。10 月 14 日，弗林和阿德兰准备回美国，卡尔杜开车送他们去机场。途中，弗林感觉身体不适，被送到卡尔杜的朋友格兰特·戈尔德医生家。派对开始，弗林恢复如常，绘声绘色地给大家讲述逸闻趣事。讲着讲着，他感觉又不对劲了，说了句“我这就回来”，便去了卧室休息。半小时后阿德兰去看他，发现他已经人事不省。他死于心脏病突发。之后弗林被送回美国，安葬在加州格伦戴尔的弗雷斯特·罗恩公墓，据说棺材里还放了六瓶朋友送的威士忌。

英俊潇洒的弗林是澳大利亚塔斯马尼亚人，电影演员。但他从影却纯属偶然。他参拍的第一部电影叫《赏金风波》，三周后完工时他说：“我原来一点也不知道自己将来会做什么，只是觉得有可能会当个演员。”他浪漫多情、体魄强健、霸气十足，在好莱坞电影圈以生活豪奢著称，连菲德尔·卡斯特罗都是他的酒友。在他容颜渐老，事业也开始走下坡路时，他对《纽约时报》的记者说：“我大手大脚惯了，最大的问题是如何维持收支平衡。”大卫·尼文说：“他是个迷人的家伙。所有人加起来，都不如他那么让我开心……他能不停地带给我乐趣。”在 1959 年出版的自传《淘气，永远淘气》里弗林写道：“年轻人，大家都来吧。淘气，淘气，永远淘气。趁年轻把种子播好，老了才活得开心。亲爱的，把臂膀给我，让我们相偎相依。是的，让我们相偎相依，相偎相依。”

'I shall return!'

“啊，上帝，我走了！”

心脏病突发去世前最后一句话

“疯帽马克斯”当过演员、艺人、职业摔跤手和裁判，还曾是重量级拳击世界冠军。1933 年 6 月，在洋基体育馆，他在第十个回合上击败了德国的重量级拳击家马克斯·施梅林。当时，贝尔身上纹着六芒星，他发誓从此每场比赛都要以这种形象上台。贝尔参加拳击赛只是为了挣钱，他说：“有的人靠架电线谋生，我靠的则是用拳头打人。”1934 年，在比赛中他不下十一次将大块头普利莫·卡恩纳拉击倒，荣获世界冠军。但因为懒得训练，这个头衔只保持了一年，在一场十五个回合的比赛中，他输给了詹姆斯·J·布拉多克。

1959 年 11 月 18 日，在亚利桑那州凤凰城举行了一场向全国电视直播的拳击赛，贝尔出任裁判。比赛结束，他跳下赛台，到鸡尾酒吧跟拳迷们一起狂欢。第二天，他按计划赶到好莱坞，住进罗斯福酒店，准备参加几条商业广告的拍摄。21 日一早，他正在刮胡子，突然感觉胸痛，便打电话到前台叫医生。前台值班员问他家庭医生行不行，他开玩笑说：“家庭医生？不，笨蛋，我要的不是给家庭治病的医生，是给人治病的医生。”医生给他服了药，并用消防急救队的氧气袋为他输了氧。他的胸痛得到了缓解。他还告诉医生，之前他在加州萨克拉门托曾有过两次心脏病的轻微发作。尽管看上去他已经差不多恢复了，可是没料到病情又突然发作。他叫了一声：“啊，上帝，我走了！”身子一侧，脸色发青，不到一分钟就停止了呼吸。

'Oh, God, here I go!'

“他们怎么会想到要毁掉我的头脑，抹去我的记忆——那可是我的本钱啊——让我无法写作？那种治疗方法很棒，却把病人给毁了。”

对他的朋友，传记作家哈奇纳说的话

因为长期酗酒、高度紧张、偏执（总觉得联邦调查局在监视自己）、抑郁和血色素沉着，海明威罹患多种疾病，包括糖尿病、高血压和肝脏疾病。他的视力也在不断下降，在古巴的房屋和财产也失去了。他去明尼苏达州的梅奥医院，用电击疗法治疗抑郁症，其间又去太阳谷医院求医，然后再回到梅奥医院。在接受了第二个疗程的电击治疗后，他抱怨说他的头脑“被毁掉了”。出院后他回到爱达荷凯彻姆家里，将心爱的猎枪枪管插进嘴里，扣动了扳机。在凯彻姆的海明威纪念碑上刻有他 1939 年为友人基尼·盖尔德写的颂词：

他最爱秋天
金黄的杨树叶纷纷扬扬
漂浮在鳟鱼嬉戏的小溪
在山丘上盘旋
飞舞在无风的蓝天
现在，他已融入其间，永远。

海明威是作家、记者，1953 年因小说《老人与海》荣膺诺贝尔文学奖。1951 年他仅用八周就完成了小说初稿，并认为这是“我终其一生能写出的最好作品”。颁奖典礼于 1954 年举行，他因身体太差没能出席，由美国驻瑞典大使代他致获奖感言：“写作人生是孤独的。作家协会能帮助一个作家减轻孤独感，却不能促进其创作。他声望日高，却因为穷于对付孤独而笔力渐弱。如果他是个好作家，他的作品将流传千古，反之……”

'Well, what is the sense of ruining my head and erasing my memory, which is my capital, and putting me out of business? It was a brilliant cure but we lost the patient.'

“我毕生付出的努力，以及我人生的写照，都可以概括在我的讣告和墓志铭里：他完成了他的作品，死了。”

摘自他 1949 年 2 月 11 日写给马尔科姆·考利的信

就在写这封信的那一年，福克纳荣获诺贝尔文学奖，虽然晚了些，但终于被承认是美国文学史上最重要的作家之一。1949 年之前他还不甚知名，多数作品都以其家乡密西西比州为背景。1940 年代，他应霍华德·霍克斯之邀去好莱坞写电影剧本，除长篇小说外，他还写过短篇小说和诗歌。福克纳纵酒无度，经常边写作边饮酒，说这能激发他的灵感。而批评家们则认为，福克纳之所以酗酒是持续的经济压力所致。《纽约时报》上的讣闻实在不太厚道：“福克纳先生的作品中充斥着谋杀、强奸、乱伦、自杀、贪婪和腐化堕落，这些东西其实都是子虚乌有，只存在于作者心中。”

福克纳曾两次从马上摔下，两次住院，之后一直浑身疼痛，1962 年 7 月 5 日不得不再次入院治疗。入院八个小时后他心脏病突发，再也没能醒过来。他被安葬在密西西比州牛津的圣彼得公墓。葬礼上大批记者麇集，嚷嚷着向他的家人询问死因。亲属选了一位代表回应道：“入葬前他属于家庭；现在，他属于世界。”

'It is my aim, and every effort bent, that the sum and history of my life, which in the same sentence is my obit and epitaph too, shall be them both: He made the books and he died.'

“臻于完美的女人 / 虽已死去 / 脸上仍带着满足的微笑。”

自杀前最后一首诗的开头

在马萨诸塞州波士顿，诗人普拉斯以自己的自杀企图为动因写成了半自传体小说《钟形罩》。大学三年级时，她在一次比赛中胜出，成为《小姐》杂志的客座编辑，这期间她第一次精神崩溃，消失了一段时间，成为轰动一时的新闻。接着，她又于1953年服安眠药自杀未遂。之后她被送进精神病院，接受电击治疗。她这样描述接受电击治疗的感觉："那真是个黑暗、绝望、幻灭的时刻——其黑暗只有人内心的地狱堪比——那是死亡、麻木的象征——然后你又在痛苦中慢慢重生，精神复苏。"她在剑桥大学获得奖学金，在那里结识了诗人特德·休斯，并于1956年结婚。两人婚后关系一直不好，休斯跟阿西亚·韦维尔有了婚外恋。普拉斯和休斯于1962年分道扬镳。

1963年初，普拉斯用湿毛巾和湿布将自己跟睡梦中的孩子隔离开来，孩子当时才一两岁。然后，她吞下一瓶安眠药，再打开煤气炉，把脑袋凑到炉子上。煤气从地板缝钻到楼下人家的屋里，邻居以为她希望有人施救，便跑上来敲开了她的房门。在赫普唐斯托教堂她的墓碑上写着："即使在烈焰之中，金荷花照样开放。"墓碑遭到她的一些支持者的破坏，他们将碑上休斯的名字铲掉，因为他们认为他应该对普拉斯的死负责。韦维尔一直跟休斯和他的孩子同居，1969年，她跟两人所育的已经四岁的女儿舒拉一起吸煤气自杀。休斯独自抚养着两个孩子弗雷达和尼可拉斯。1998年，特德·休斯死于癌症，2009年，尼可拉斯·休斯教授患抑郁症上吊自尽。

'The woman is perfected / Her dead / Body
wears the smile of accomplishment.'

POPE JOHN XXIII (ANGELO GIUSEPPE RONCALLI)
教皇约翰二十三世（安吉洛·朱塞佩·朗科利）
公元 1881 年 11 月 25 日—公元 1963 年 6 月 3 日

“我能跟上死神的脚步。现在，我正轻轻地走向终点。”

死前两天自述

1958 年 10 月 28 日，约翰当选为史上第二百六十一位教皇，成为梵蒂冈的最高统治者。约翰二十三世平易近人，呼吁所有教派都应该像一个自我完善的人一样，仁爱、热心、幽默、平和而善良。他以威尼斯教长的身份当选教皇，出乎很多人的意料，有人猜想，他年事已高，应该只是个“临时教皇”，起个过渡作用而已。当选两个月后，时值圣诞节，他出巡罗马，成为自 1870 年以来亲自访问罗马的第一位教皇，期间他去了两家医院看望患脊髓灰质炎的儿童。次日，他又去了科里女王监狱，他对囚犯们说：“你们没法来见我，所以我来看你们。”他在日记里写道，“此举令罗马、意大利乃至世界各大报纸惊愕不已。官方、摄影记者、囚犯、典狱长……各界人士都予以高度关注。”

1962 年伊始，约翰教皇时不时地胃出血，9 月份被确诊患了胃癌。消息被保密，他在公共场合亮相的次数也减少了。1963 年 4 月，面带病容的他对来访者说：“每个人身上都会发生的事，也许很快就将发生在正在跟你们谈话的教皇身上。”5 月，他再次胃出血，接受了输血。但肿瘤已经扩散并造成胃穿孔和腹膜炎，死神已近在眼前。6 月 3 日上午 11 点他说：“我很荣幸生在一个信奉基督的家庭，这个家庭虽然卑微贫穷，但懂得敬畏我主……我的人生就要结束了，但基督长在，基督教长在。灵魂，灵魂，它们将合而为一……”圣器管理人彼得拉斯·坎尼休斯·里尔德给教皇的眼睛、耳朵、嘴唇、双手双脚涂上圣油，因为太伤心，他忘记了涂油的正确顺序，约翰教皇予以纠正，然后向里尔德和在场的其他人诀别。

'I am able to follow my own death step by step. Now I move softly towards the end.'

ÉDITH PIAF (ÉDITH GIOVANNA GASSION)
伊迪丝·琵雅芙（伊迪丝·乔凡娜·加辛）
公元 1915 年 12 月 19 日—公元 1963 年 10 月 10 日

“她死了，如同火焰燃尽。”

让·科克托通过法国广播电台所致悼词

在 1963 年 10 月 23 日的《巴黎来信》中，《纽约客》杂志报道了这位偶像级歌手的死讯：

> 星期五早上 7 点，伊迪丝·琵雅芙在巴黎逝世，几个小时后，她的挚友让·科克托受此刺激，心脏病发作，于午后 1 点在自己的乡村别墅辞世。就在中午，听众还在广播里听到他那熟悉的声音，只是已显得有气无力。他表达了对琵雅芙的敬意和悲悼之情，说：“她死了，如同火焰燃尽。”因为琵雅芙的情况早已不容乐观，他的悼文几个月前就已经录制好了。孰料就在这个星期五，这篇悼文竟仿佛是为他俩共同备下的，真是天意弄人。

琵雅芙被认为是法国最伟大的流行歌手，代表作有《大人物》《士兵》《手风琴师》和《你别后悔》等。1961 年，她几乎已无法站立，却仍在巴黎奥林匹亚体育场亮相，十八个月后死于肝癌。她曾遭遇过一次车祸，使得她多年忍受着疼痛的折磨，她写道：“四年来我活得像一头困兽，像个疯女人，对我来说什么都不复存在了，只有注射毒品才能给我一点点安慰。”她说她在登台前都会隔着裙子或袜子给自己打上一针。当被问及为什么要用吗啡时，她回答说：“因为它能让我忘记自己的身体。”（《命运之轮：伊迪丝·琵雅芙传》，1958 年）因不满其生活方式，巴黎大主教禁止为她做弥撒，但仍有 4 万巴黎市民参加了在拉雪兹公墓为她举行的葬礼。这一天巴黎的交通完全瘫痪，这是自二战结束以来从未发生过的事。

'She died as if consumed by the fire of her fame.'

“总统先生，你当然不能说达拉斯不爱你。”

总统死前听到的最后一句话

内莉·康纳利（1919—2006）跟她丈夫——德克萨斯州州长约翰·康纳利坐在总统专车的前排，她回头让总统看夹道欢迎的人群，说出了上面这句话。在2003年接受福克斯电视台采访时以及在她同年出版的书中，她都证实了自己说过这样的话。这本书是依据她当年的笔记写的，该笔记被尘封了三十三年。那句话的前一句则是“你当然不能说达拉斯没有热情欢迎你，总统先生”。

至于总统确切的回答是什么，至今依然存疑。一种说法是“显而易见”，另一种说法则是“嗯，当然不能这么说”。话音刚落，他就被杀手的子弹射中。接受电视采访时康纳利夫人说，肯尼迪笑得很开心，不断向人群挥手。她还说她听见总统对他夫人说了一句:“上帝啊,我中弹了。”在2003年11月21日的采访中，福克斯电视台的记者问她对于那一天记忆最深的是什么，她回答说：“对那一整天我都记忆深刻，永远都不会忘记。我永远忘不了总统夫人的红玫瑰撒得满车厢都是，我的黄玫瑰也撒得满车厢都是，花瓣上撒满了约翰和杰克的鲜血。太可怕了。太骇人了。”

约翰·菲茨杰拉德·肯尼迪（杰克·肯尼迪），美国第三十五任总统，在总统车队行驶在达拉斯街上时被李·哈维·奥斯瓦尔德暗杀。他是去达拉斯为即将到来的大选拉票的。内莉·康纳利的丈夫约翰·康纳利也受了重伤，但侥幸活了下来，后来当上了财政部长。当时，中枪后的康纳利喊了一句：“我的天哪，他们要把我们全都杀死！”

'Mr president, you certainly cannot say that
Dallas does not love you.'

“你犯了个错误。你嫁给了我。”

临死时对妻子说的话

酗酒让比汉付出了代价。读者希望这位富有机趣的作家有一个良好的公众形象,而他却一贯蔑视权威,也从不在乎别人怎么看待自己。他说:“只有讣告才是最糟糕的自我宣传。”因为酗酒,他的健康状况十分糟糕,时常晕厥,因糖尿病而昏迷,还会规律性地发作心脏病。在生命的最后时日,他经常醉醺醺地被人从酒馆里扔出来,令爱戴他的读者既难过又不解。他知道自己的写作生涯行将结束——他连一篇散文,一首小诗都写不出来了。人们争论不休,他到底生来就是个酒鬼呢,还是只是在借酒消愁?

他因严重肝病瘫倒在“航标灯”酒吧,被送往医院急救。他对正在给他量脉搏的修女护士说:“祝福你,嬷嬷,愿你的儿子们全都当上主教。”他的一个酒友把一瓶白兰地偷偷带进医院,比汉喝下后再次陷入深度昏迷。医生给他做了气管切开术以帮助他呼吸,之后他曾短暂清醒,对妻子说,她犯了个错误,不该嫁给他。

作为爱尔兰共和军的成员,比汉曾被送进感化院。1950年从巴黎返回都柏林后,他成了酗酒无度的煽动家。1954年,他完成了剧本《怪人》的创作,1956年该剧在伦敦公演后,他开始受到媒体的持续关注。他的另一个剧本《人质》(1958年)由琼·利特伍德担任制作人,在伦敦和纽约上演,引起了更大的轰动。剧中有一句著名的台词:“我回到都柏林,军事法庭缺席审判我,缺席判我死刑,所以我说,他们可以缺席枪毙我。”同年,他的传记《感化院的少年》出版。人们为他举办了爱尔兰历史上规模最大的葬礼,为他护柩的是爱尔兰共和军仪仗队。

'You made one mistake. You married me.'

“对我来说，阴影越来越长了。”

最后一次亮相时说的话

1962年，麦克阿瑟因功勋卓著在西点军校接受表彰，发表了毕生最后一次演讲：

对我来说，阴影越来越长了。黄昏已经来临。我过去多姿多彩的岁月已经逝去。灿烂的梦想也已消失。记忆是美好的，浸透了泪水，昨日的笑容是对这记忆的抚慰。我徒劳地拉长耳朵，渴望再听到起床号那迷人的旋律，听到那鼓声中的点名。只有在梦中，我还能听见炮声隆隆、子弹尖啸，听到人喊马嘶。在梦的末尾，我总会来到西点军校。这里总有三个词萦绕耳际：职责、荣誉、国家。今天标志着我最后一次跟你们在一起点名，但我要你们知道，当我跨过那条河时，我最后清醒地想到的是部队，部队，还是部队。在此，请允许我向你们道别。

1942年，他是驻菲律宾的美军司令，接到将部队撤至澳大利亚的命令后，他说了一句广为流传的话：“我离开巴丹半岛，但我一定还会回来。”他在后来的谈话中再次重复：“我从哪儿撤离，就还会回到哪儿。”1944年在莱特岛登陆，他高声宣布：“菲律宾人民，我回来了。”1951年，麦克阿瑟向中国发出最后通牒，要求他们从朝鲜撤军。哈里·杜鲁门总统对他此举大为恼火，以“不服从命令”为由褫夺了他的兵权。杜鲁门的顾问们建议索性让麦克阿瑟退休，杜鲁门答道：“这婊子养的不会在我任期内退休，我要他挨枪子儿。”麦克阿瑟征战十一年后才第一次回美国，他向国会作告别演讲：“‘老兵永远不会死，他们只是隐退……’就像这首关于老兵的民谣唱的，我现在也将结束我的军旅生涯隐退——一个老兵尽职尽责，因为上帝让他明白了自己的职责。再见。”

'The shadows are lengthening for me.'

LADY NANCY WITCHER ASTOR, née LANGHORNE
南希·威切尔·阿斯特夫人，娘家姓兰霍恩
公元1879年5月19日—公元1964年5月2日

“杰基，我这是在过生日，还是要死了？”

死前片刻清醒时，见孩子们都围在身边，便这样问儿子约翰·雅各布·“杰基”·阿斯特

南希出生在弗吉尼亚一个富有的家庭，丈夫华尔道夫·阿斯特是第二代阿斯特子爵。南希·阿斯特是英国历史上第一个女性上议院议员。1919年，在普利茅斯·萨顿选区，她作为保守党代表成功当选。她机智但为人尖刻，固执己见，到1954年为止她已当了二十四年议员，却搞得自己的党内成员和家人都跟她格格不入，劝她不要再继续参加竞选。她虽然强烈反对天主教，却跟老约瑟夫·P·肯尼迪关系甚笃，因为两人有着相同的观点：“老肯尼迪和南希反对共产主义跟反对犹太人一样坚决，认为希特勒正好可以解决这‘两大世界难题’（南希语）……”肯尼迪回答说，他预料“美国的‘犹太传媒’也是个问题，纽约和洛杉矶传媒界的犹太人已经开始煽风点火，试图‘点燃世界这根雷管的引信’”。

第二次世界大战开始，南希承认她支持希特勒是错误的，但党内同志仍对她抱有敌意。当上议员的前二十年她鲜有政绩，有人甚至称她是“柏林在上议院的忠实代言人”。更有甚者，她一生耽于宴饮，加上不够理性，在议院的讲话常常让人不知所云。因为越来越厌恶天主教，她声称有天主教徒正在密谋推翻外交部。战争期间，她还攻讦身为盟友的斯大林。她在议会发言越来越像梦呓，1943年，哈罗德·尼科尔森注意到，跟她辩论“就像是在用煎鸡蛋当拍子打壁球”。她不仅厌恶同性恋、反犹反共，还出言不逊，辱骂在缅甸抗日的军人。

'Jakie, is it my birthday or am I dying?'

“肿瘤是个有意思的玩意儿。”

患癌症后写的诗

霍尔丹是一位进化论生物学家、遗传学家，是种群遗传学奠基人之一，还是著名的无神论者：“作为一名科学家我是无神论者。也就是说，我在确定一项实验项目时，首先认定没有上帝、天使或魔鬼来干扰我的研究进程。我在事业上所取得的成功证实了我的假设是正确的。所以，如果我在别的事情上不秉持无神论的观点，就是自欺欺人。”他在生命的最后一年因癌症住院，写了一首小诗《肿瘤是个有意思的玩意儿》：

真希望我有荷马的歌喉
好为直肠癌高歌一曲，
它杀死了好多人，事实上
比特洛伊屠城死的人还要多……
我知道肿瘤是杀手，
而汽车和安眠药也是杀手；
它让人疼得冷汗直流，
牙疼和债务同样让人发愁。
我相信，一点点笑声
也是一剂良药；
所以，病人们，让我们笑一笑
配合医生提高疗效。

霍尔丹说：“我不怀疑，在现实世界里，未来比我所能想象的要令人惊讶得多，而宇宙远比我们以为的更奇特。”谈到科学进步的问题时他说：“接受一个新事物通常会分成四个步骤：1. 这是毫无价值的胡说；2. 这观点还有点意思，只是有点怪异；3. 这是真的，但不是那么重要；4. 这成了我常引用的观点。”

'Cancer's a Funny Thing.'

温斯顿·莱昂纳德·斯宾塞·丘吉尔爵士

公元1874年11月30日—公元1965年1月24日

"我已做好了见上帝的准备。上帝是否准备好了见我就是另一回事了。"

1949年11月30日，他在75岁生日时说的话

1955年3月1日，丘吉尔在下议院发表重要演讲，演讲的结尾体现了著名的"丘吉尔雄辩术"："公平、互爱、尊重正义与自由将使饱受折磨的一代人能够走出困境，向着胜利前进——这一天已曙光初现。所以，不要畏缩，不要厌倦，不要绝望。"他以记者的身份亲历了在印度和苏丹的战争、第二次布尔战争和第一次世界大战，而后从政，领导英国历经最黑暗的岁月，最终赢得第二次世界大战的胜利。在其所著的《第二次世界大战回忆录》第三卷"珍珠港"一节中，他谈到美国参战后，他松了一大口气：

> 如果我声称我最高兴的是美国能站到我们这一边，不会有美国人认为我错了。我不可能未卜先知。我不能假装确切了解日本的军力，我只知道，在这生死攸关的时刻，美国参战了。也就是说，我们终于胜利了！……希特勒的命运已然注定。墨索里尼的命运已然注定。至于日本人，他们将被碾成齑粉。

丘吉尔于1940年至1945年、1951年至1955年两度出任英国首相，他同时也是历史学家、作家和画家，曾荣获诺贝尔和平奖。1784年，拉法耶特成为美国荣誉公民，他是第一位获此殊荣的英国人，而丘吉尔是继他之后的第二位。1949年，他轻微中风，1953年再次中风，比上一次更严重，两次中风的消息都向公众和议会保密。随着权力的削弱，他于1955年在首相任上退休。1956年，他再次中风，1965年最后一次中风逝世。

'I am ready to meet my Maker. Whether my Maker is ready for the ordeal of meeting me is another matter.'

“牺牲的时刻到了，如果我必须牺牲，一定是为了兄弟会的事业。唯有如此才能拯救这个国家。”

1965 年 2 月 19 日，被暗杀前两天在纽约发表的演讲

马尔科姆·X 是穆斯林神职人员，人权活动积极分子。他 13 岁那年，父亲被人谋杀，母亲进了精神病院。他曾被捕入狱，但在狱中找到了超越之路，成为宗教组织“伊斯兰国度”的代表人物。他斥责白人迫害黑人的罪行，被许多人看作是维护非裔美国人权利的斗士，被描述为非裔美国人历史上最具影响力的人，但也有人指责他宣扬黑人优越论，鼓吹暴力。1965 年，就在他被暗杀前两天，他在跟戈登·帕克斯谈话时说:“纳赛尔（埃及总统）、本·贝拉（阿尔及利亚总统）和恩克鲁玛（加纳国父）等领导人的讲话让我觉察到了种族主义的危险性。我意识到种族主义不仅是白人与黑人之间的问题，它还会给世界各民族带来灾难性后果。”

由于和组织领导人意见不合，马尔科姆于 1964 年脱离了“伊斯兰国度”，之后，他开始反对一切形式的种族主义。一年后，马尔科姆 · X 在他新成立的非裔美国人联盟的会议上讲话，四百人的会场突发骚乱，有人高喊：“黑鬼！把你的手从我们的衣袋里缩回去！”两个男人假装争吵吸引别人的注意，掩护三个杀手朝马尔科姆 · X 靠近。马尔科姆带着警卫准备上前平息事端，一个杀手用锯短了枪管的猎枪朝他当胸开了一枪，另外两个杀手也冲上主席台，双枪齐发。马尔科姆身中十六枪，未及倒地就已经死亡。

'It is a time for martyrs now, and if I am to be one, it will be for the cause of brotherhood. That's the only thing that can save this country.'

“因为发明了一只老鼠而让全世界缅怀，这感觉真棒！”

病中言论

迪斯尼是一位电影制片人，是动画和主题公园的创始人，先后荣获二十六项奥斯卡金像奖和七项艾米奖。他是个老烟客，每次去工作室，老远便传来咳嗽声，正在偷懒的员工闻声就会赶快忙碌起来。他喜欢抽不带滤嘴的“鸿运”牌，后来改抽法国的“吉普赛人”牌。

1966 年，迪斯尼身体很不好，他抱怨背痛脖子痛，却将病情拖了几个月，直到 11 月 2 日才去医院。X 光检查显示，他脖子上生了肿瘤，肺部也有几处胡桃大小的肿瘤。他是个工作狂，因为工作室还有些事情没做完，便又急着赶了回去。歌曲作家罗伯 · B · 谢尔曼写道：

> 将《幸福的百万富翁》通看一遍后，他上到主题公园大楼的三楼。通常看完一部片子后，他会在门厅召开一个短会，跟相关人员谈谈自己的意见。他谈了哪些地方他比较喜欢，哪些地方还需要改进，然后，他转向我们，开心地笑着说：“干得不错，小伙子们，继续加油。”说罢去了他自己的办公室。谁知这竟是我们见到他的最后一面。

11 月 6 日，他再次去医院，次日接受了手术，左半叶肺被切除。11 月 30 日，迪斯尼在家中昏倒，被送回医院。沃特 · 迪斯尼死前做的最后一件事就是写下了“科蒂 · 拉塞尔”几个字，演员科蒂 · 拉塞尔是电影界的不老传奇。他的葬礼没对外公开，只有近亲参加。他女儿援引父亲的话说：“我死后不需要葬礼。我要人们记住我活着时候的样子。”

'Fancy being remembered around the world for the invention of a mouse!'

“怎么都开不出去……我什么都看不见了……终于出来了……啊！”

出事前片刻说的话

坎贝尔当时正在比赛，准备创造水上行驶速度的新世界纪录，他通过对讲机传出的最后一段话的完整版如下：

> 这儿起伏有点大……也许是因为我自身的阻力……回到赛道上……离皮尔岛很近了……颠簸太厉害了……噢……拼尽全力……颠簸得厉害……我几乎看不见……这儿的水况太恶劣了……我越不过去……怎么都开不出去……什么都看不见了……终于出来了……啊！

1950年代和1960年代，坎贝尔共打破八项竞速世界纪录，是唯一一位在一年之内（1964年）同时创造了陆地和水上世界纪录的运动员。而回溯到1920年代和1930年代，他父亲马尔科姆·坎贝尔爵士在赛车和赛艇两方面共创造了十三项世界纪录，其中陆地九项、水上四项。1955年到1963年，唐纳德·坎贝尔的“蓝鸟K7”创下了六项水上世界纪录。1964年7月，坎贝尔驾汽车创造了时速690公里的世界纪录，冲刺时时速高达710公里。遗憾的是这一纪录很快就被克雷格·布里德洛夫打破，但后者驾驶的“美国精神号”是喷气式汽车，而坎贝尔驾驶轮式驱动汽车创下的世界纪录直到2001年才被打破。1964年12月31日，坎贝尔还在西澳大利亚创造了另一项水上速度世界纪录，时速高达445公里。1966年，他决定再创新高，遂将“蓝鸟K7”作了改造，装上喷气发动机。1967年，冲击新纪录的行动在康尼斯顿湖开始，当时的水况并不理想。坎贝尔第二圈时速超过了480公里，“蓝鸟K7”却腾空而起，船体断裂，坎贝尔遇难。他之前一圈跑得非常漂亮，平均时速478.9公里，峰速达到了507公里。直到2001年，船只残骸和坎贝尔的遗体才被发现。

'I'm getting a lot of bloody row in here...I can't see anything...I'm going...oh!'

DOROTHY PARKER, née ROTHSCHILD
多萝西·帕克，娘家姓罗斯柴尔德
公元 1893 年 8 月 22 日—公元 1967 年 6 月 7 日

“原谅我的骨灰。”

她自己建议的墓志铭之一

“这墓碑压着我”是她建议的另一条墓志铭。她在《纽约客》上撰文（1929 年）说：“在墓碑上刻这样一句话挺好：‘不管埋在哪里，都非她所愿。包括这儿。’”

她是一位讽刺诗人、电影剧本作家、戏剧作家、著名的短篇小说作家，以戏剧批评家的身份在《名利场》开始其职业生涯（1917—1920），后成为《纽约客》的戏剧与文学评论员。她在政治上态度左倾，是好莱坞反纳粹联盟的发起人之一，二战结束后被非美活动调查委员会列入了黑名单。有人问她为什么在一项智力竞赛中用了“园艺学家”的身份，她回答说：“你可以领导一位园艺学家，但不可能主宰她的思想。”她的著名的格言警句还包括：“这本小说不应该被轻轻放到一边，应该大力扔掉”，“好奇心没治”，“男人很少跟戴眼镜的女孩调情”，“那女人会十八种语言，就是不懂得说‘不’”以及“凯瑟琳·赫本的表演情感丰富，喜怒哀乐俱全”。

帕克死于心脏病，她把房地产遗赠给了马丁·路德·金基金会。马丁·路德·金遇刺后，这笔财产转给了全国有色人种进步联合会。1988 年，该组织在巴尔的摩总部外为她建了一个纪念花园，安葬了她的骨灰。碑铭如下：

> 多萝西·帕克（1893—1967），讽刺作家、批评家、人权卫士。她毕生为天下一统、为黑人与犹太人永恒的友谊奔走呼号，彰显了崇高的精神，特建此公园以做纪念。全国有色人种进步联合会敬立。1988 年 10 月 28 日。

'Excuse my dust.'

“我知道你们是来杀我的。开枪吧，胆小鬼。你们能杀掉的不过是我一个人而已。”

对行刑者说的话

据报道，格瓦拉的最后这句话是对行刑的中士杰米·特兰说的。格瓦拉是在玻利维亚负伤后被捕的，此事中央情报局也插了手。他挨了九枪，最后一颗子弹射进了他的喉部。据监刑官帕拉达上校提交的正式报告，格瓦拉死前对他说的话是：“我早就知道你们会枪毙我，你们不可能让我活着。告诉菲德尔，一次失败并不等于革命失败了，革命一定会在其他地方取得胜利。告诉阿莱达（他的第二个妻子），忘掉这一切，重新嫁人，开开心心活下去，让孩子们好好念书。告诉你的士兵，瞄准一点。”早些时候，玻利维亚军队总司令奥万多将军曾宣布格瓦拉已经战死，死前说了一句：“我是切·格瓦拉，我失败了。”

格瓦拉是阿根廷人，革命家、政治家、作家、医生、军事理论家和游击队领导人。1956年，他偕同菲德尔·卡斯特罗及另外一小群人进入古巴，推翻了独裁统治者富尔亨西奥·巴蒂斯塔。格瓦拉在游击战中显示出了出色的指挥才能，被称为“司令官”。两年后，他们攻入哈瓦那。

格瓦拉死后成为全世界反主流文化的偶像。1965年4月1日，他发表了一封给菲德尔·卡斯特罗的告别信，信中说：“干革命，你要么胜利，要么牺牲（如果是真正的革命的话）……我觉得在古巴革命中我的职责已经完成，所以我向你道别，向同志们、向你的人民——他们现在也是我的同胞——道别……我在古巴的这段日子过得意义非凡……世界上其他国家在召唤我，我将为它们尽绵薄之力。”他写给子女的最后一封信在他死后公开，结尾写道：“最重要的是，对于世界上任何地方的任何人所遭遇的不公正，你们都要感同身受。这是一个革命者最美好的品质。”

'I knew you have come to kill me. Shoot, coward. You are only going to kill a man.'

“主正向我们走来，我已亲眼看到了他的光辉。”

被暗杀前他发表了题为《共和国战歌》的最后一次演说。此为演说结束语

金博士飞赴孟菲斯的航班因炸弹威胁而延误，最终抵达后，在向他的支持者和罢工工人发表演说时，他似乎对第二天将要遇刺已有预感：

> ……就这样，我来到了孟菲斯。有人说威胁依然存在，有人说威胁已经解除。我们那些病态的白人兄弟们究竟想要对我做什么？我不知道将会发生什么，只知道我们未来的日子会很艰难。但对我来说已经无所谓了。因为我已经登上了山巅。我不在乎。跟任何人一样，我也希望长寿。长寿是可能的，但我现在已经不在乎了。我只想遵从上帝的意志。他已经让我登上了顶峰。我四下环顾，已经看到了他许诺给我们的土地。也许我不会跟你们一同到达那里了。但今晚，我想让你们知道，作为一个民族，我们一定能够到达那片许诺给我们的土地。所以，我感到非常幸福。我不再有任何担心。我不再畏惧任何人。主正向我们走来，我已亲眼看到了他的光辉。

因为在布道时宣扬种族平等，金不下二十次被逮捕。他是最年轻的诺贝尔和平奖得主，而后他把奖金捐给了人权运动。为了纪念他，1986年，“马丁·路德·金纪念日”被定为美国的法定假日（每年一月的第三个星期一）。他是站在孟菲斯的汽车旅馆阳台上时被暗杀的。杰西·杰克逊说，他对当时在他身边的乐手本·布兰奇说的最后两句话是：“本，今晚的集会上你一定要演奏《敬爱的上帝，请拉着我的手》。要演奏得漂亮。”金的家人相信，被指控的詹姆斯·厄尔·雷（1928—1998）并非暗杀金的真凶。因为太遭人厌恨，厄尔请求重审被拒绝，死后其骨灰被运到了爱尔兰。

'Mine eyes have seen the glory of the coming
of the lord.'

ROBERT FRANCIS 'BOBBY' KENNEDY
罗伯特·弗朗西斯·“鲍比”·肯尼迪
公元1925年11月20日—公元1968年6月6日

“不！不！”

失去知觉前喊出的最后两个字

他是约翰·F·肯尼迪的弟弟，1961年至1964年任美国司法部长，去任后当选纽约州参议员。他公开反对约翰逊总统发动越战，在1967年2月6日的一次会议上，约翰逊对他说：“我要毁掉你和你的那些鸽派朋友。不出六个月你的政治生命就将完蛋。”同年晚些时候接受电视采访时，肯尼迪说：

> 我们去到别人的领土，屠杀南越人民，我们屠杀妇孺，滥杀无辜，就因为我们不想战火燃烧到美国本土，或者说，就因为（越共）远在万里之外。我们美国有权杀死成千上万的人，让千百万人流离失所吗？有吗？

1968年，他开始竞选总统。杰基·肯尼迪在纽约对阿瑟·施莱辛格说：“你知道我觉得鲍比身上会发生什么吗？”施莱辛格答说不知道，她说：“跟发生在杰克身上的事一样。”威廉·W·特纳相信，肯尼迪一旦当选，就会重新调查他哥哥被刺一案，很可能还会重新调查他的朋友马丁·路德·金被暗杀一案。

6月4日，肯尼迪在加州的初选中击败了尤金·麦卡锡。午夜刚过，他在洛杉矶大使酒店发表了简短的获胜演讲，然后赶往殖民大厅召开新闻发布会，听从别人建议，他走的是穿过厨房的捷径。枪声就在这时响起，一共八枪，随行五人受伤，肯尼迪自己身中三枪。一个名叫塞尔汉的巴勒斯坦移民被当场制服，但目击者说，他一直面对着肯尼迪，而且距离较远，不可能近距离朝肯尼迪后脑勺开出致命的一枪。医护人员赶到，将他抬上担架，他连呼“不！不！”随即昏迷过去，二十六小时后不治身亡。

'No! No!'

“事情没完没了地一错再错。”

自杀前写给爱德华·约菲的字条

这位喜剧演员留下过两份简短遗书，都是留给他的朋友兼制作人爱德华·约菲的。第一份写道：“亲爱的艾迪，我是在神智完全清醒的情况下写这张条子的，请向我母亲转达我的爱，其他就没什么好交代的了。事情没完没了地一错再错。托尼。”第二份只在前一份的基础上作了补充：“艾迪——请将这张条子转交给我母亲，她已经吃了那么多的苦，我还要再来给她增加痛苦，我对不起她——一定要告诉她——……灵魂是不可毁灭的……请向她转达我最深最深的爱。”2005 年 12 月 24 日的《独立报》披露，遗书上还有这样几句：“没人知道我曾经存在过。我没有任何遗物。谁都别为我悲伤，那是我最无法承受的打击。”

约菲回忆道：“我发现他坐在桌子上，桌子乱得像货场，扔满 200 支装的空烟盒，还有几个伏特加瓶子。我永远忘不了他那深陷的眼眶和呆滞的眼神。” 1989 年，喜剧演员斯派克·米利根回忆说：“汉考克这个人很难相处。他酗酒无度，你看着都替他揪心。他自己断送了自己。他放弃了所有人，也准备放弃自己。他果然那么做了。” 在另一个场合他说：“他把所有通向熟人的门都关死了，到头来把自己的门也给关死了。”

汉考克的舞台生涯开始走下坡路时，便去了澳大利亚拍一部十三集的系列影片，拍摄进展得并不顺利，因为他老忘台词。他在悉尼一间公寓房里服药自杀，人们发现他时，他已经死了，身边有一个空酒瓶和一个装安眠药的空瓶。格里夫·古德温写道：“拍摄结束那天剧组作出决定——汉考克并不知道——不管已拍成的片子有多糟，还是值得冒一次险，再拍第二个系列。制片人得到了通知。剧组多数人也都知道。可是没人想到应该通知男主角……”

'Things seemed to go too wrong too many times.'

MEHER BABA, born MERWAN SHERIAR IRANI
米赫尔·巴巴，原名梅尔万·谢里阿尔·伊拉尼
公元 1894 年 2 月 25 日—公元 1969 年 1 月 31 日

“别忘了我是上帝！”

用手势表达的临终遗言

巴巴是波斯一位琐罗亚斯德教教徒的儿子，曾经是苏菲派托钵僧，在印度浦那娶了一位琐罗亚斯德教徒为妻，他跟通灵大师们训练了七年才开始工作。米赫尔·巴巴这个名字是他首批信徒中的一位给他取的，意思是“慈悲的父亲”。从 1925 年 7 月 10 日开始直至他去世，整整四十三年他沉默不语，用一块字母板或者是用独特的手势跟信徒们交流。他经常长时间隐居、冥思，还经常禁食。他为慈善机构，为穷人、麻风病人和精神病人劳碌奔波。

他曾多次出访西方，第一次是在 1931 年。他经常用电文告诉西方的信徒们“别发愁，要开心”，以至于这六个字成了 60 年代嬉皮士们的口头禅（Don't worry, be happy.）。他写道：“最幸福的人是那些不指望从别人那里获得幸福的人。爱在给予而不是索取中才能得到升华。所以，学会爱与给予吧，不要期望从别人那里得到任何东西。”1954 年 2 月 10 日，他宣称他是神的化身——阿凡达，是从天国降临人间行善的。他告诉他的女信徒们：“我是二十四个轮回的最后一位阿凡达，因此最伟大最有力量。我兼具五个特征：我像琐罗亚斯德一样纯洁，像罗摩一样真诚，像克利须那一样调皮，像耶稣一样温柔，像穆罕默德一样热情似火。”

巴巴在一次车祸中身受重伤，行走不便，健康状况每况愈下，但他仍坚持苦修，禁食冥思。1968 年 7 月末，他结束又一轮苦修后走出隐居地，说工作已经“百分之百令我满意”地完成了。他肌肉痉挛疼痛，七个月后辞世，他的陵墓成了朝圣圣地。

'Do not forget that I am God!'

“我听说中国人可能会埋我……我可能会变成神，对一个无神论者来说这可真是个华丽的转身。”

摘自他的自传

罗素是一位博学的天才，生在威尔士也死在威尔士。他是全球著名的数学家、哲学家、逻辑学家、社会理论家、社会主义者、和平主义者，为他的信仰奋斗了终身。仅在1969年一年里，97岁高龄的他就做了好几件大事：抗议发生在捷克斯洛伐克的刑讯逼供、抗议美国人在越南犯下的战争罪行、抗议索尔仁尼琴被逐出作家协会。1970年1月31日，即他死前两天，罗素发表了一份声明，谴责以色列在中东的侵略行径，这份声明于他死后第二天在开罗的一个会议上宣读。声明的结尾写道：“以色列今日的所作所为不可宽恕，以昨天所受的苦难来证明今天的行为正当纯属诡辩。”第一次世界大战期间，罗素因从事反战活动被捕，然而二战时他却放弃了这一立场，全力主张对纳粹开战，他声称与大魔头希特勒相比，战争“在这种极端情势下反而是为害较小的那个魔鬼”。1950年，他获得诺贝尔文学奖，因为他“通过题材多样、意义深远的作品捍卫了人道理想和思想自由”。84岁时，罗素为其自传的新版加了一个短序《我为什么而活》，部分内容如下：

> 三种简单但无比强烈的情感主宰了我的一生：对爱的渴望、对知识的渴求和对人类苦难的同情……同情之心总会让我直面现实……饥饿的儿童、高压政策的受害者、被子女视作负担的无助老人，以及遍布世界的孤独、贫穷和痛苦，这一切都是对人生本义的嘲弄。我渴望减轻世界上的罪恶，但我有心无力，我同样也是这些罪恶的受害者。这就是我的人生。但我仍然发现活着是值得的，如果有机会，我还想再活一次。

'I was told the Chinese might bury me...I might have become a god, which would have been very chic for an atheist.'

“我才刚过40，人生还长着呢！”

有人问劳埃德高寿，77岁的他如是作答

这位电影演员兼制片人在默片时代名气最响，也是彩色影片的先驱。他跟巴斯特·基顿和查理·卓别林一样，在电影史上留下了不可磨灭的印记，留下了将近200部默片和有声片作品。在1920年代的美国影坛，他塑造了一个令人难忘的“眼镜哥”的形象，此人机智勇敢，追求成功，无所不能，他的影片大多有大量的追逐、打斗场面，往往会有一个“令人惊叹”的结尾。1924年，劳埃德创办了自己的电影公司。他始终把版权抓在自己手上，成了好莱坞最富有的人，比卓别林挣的钱还要多。1953年，他荣获学院奖，颁奖词称他是“喜剧大师、好公民”。卓别林却没能得到“好公民”的称号，他当时正被非美活动委员会调查，私生活也遭人诟病，连他的美国入境签证都被注销了。

1971年3月，劳埃德死于前列腺癌。《时代》杂志简短报道了他的死讯：

> 哈罗德·劳埃德，77岁，喜剧演员，20年代因成功塑造“眼镜哥”的形象成为好莱坞片酬最高的演员。因患癌症在好莱坞辞世。他常扮演与命运抗争的普通人。“我的角色是中产阶级的代表，他们累遭挫折却仍不断努力去完善自己，”他解释说。剧中的高难度动作通常由劳埃德自己完成，在《终极安全》里，他高悬在街边的一口时钟上，只有两层楼下的一个木制平台作为保护。

1919年，在拍《恐怖幽灵》时，道具炸弹炸掉了他的右手拇指和食指，但他仍坚持完成了一系列高空悬挂动作，令人感佩。一只特制的手套掩饰了他右手的伤残。

'I am just turning 40 and taking my time about it.'

“荣誉奖章”

墓碑上的词语

奥迪·墨菲

德克萨斯

步兵少校

第二次世界大战

1924.6.20—1971.5.28

荣誉奖章

作战奖章——银星奖章与枫叶奖章

功绩奖章——铜星奖章与枫叶奖章

荣誉奖章是对勇敢者的最高嘉奖，除碑上所列，墨菲还获得过32枚美国及外国颁发的奖章和奖状。

墨菲是德克萨斯一个贫苦佃农的儿子，隐瞒年龄参军，是二战中获得军功章最多的军人。日军偷袭珍珠港后他报名参军，当时他才15岁，他姐姐帮他涂改了出生年月，改成了接近18岁，故墓碑上的出生日期与实际不符。刚入伍时，因为他身体单薄，身高只有五英尺六英寸，又长着一张娃娃脸，海军陆战队和伞兵部队都不要他，最后被陆军接纳。他的连长打算给他安排一个非战斗性岗位，他拒绝了，在他的坚决要求下，终于批准他上了前线。他杀敌240人以上，还打伤和俘虏多名敌军，成了步兵第三师的传奇人物。他从列兵升为上士，并在执行一次作战任务时被升为准尉。他参加了欧洲九大战役，三次负伤。由于负伤遗留下来的应激障碍，他不得不退伍，通过自己的努力当上演员，参演了四十四部美国电影，其中最知名的是《红色勇士奖章》和《地狱来回》，后者表现的是他真实的战斗经历。他在弗吉尼亚一次飞机失事中丧生。

'Medal of Honor.'

“亲爱的世界，我要离开了，因为我已经厌倦。我感觉自己已经活得够长了。我就要离开你，把你这个污水坑的忧愁一并带走。祝你好运。”

自杀前留下的遗言

1975 年，大卫·尼文在其自传中披露，1937 年，他的朋友，时年 44 岁的乔治·桑德斯就曾预言，他将在 65 岁时自杀。1972 年 4 月 23 日，桑德斯入住巴塞罗那海滨的一家酒店。两天后他被发现死在酒店房间里，死因是服下五瓶巴比妥钠药片。他死时正好 65 岁。鲜为人知的是，他还给自小跟他一起在圣彼得堡长大的妹妹玛格丽特留有一封遗书：“亲爱的马古琳卡。不要悲伤。我几年前就预料到必有这一天。”

桑德斯从影四十年，主演过《蝴蝶梦》《除却巫山不是云》《彗星美人》等，并因主演《彗星美人》荣获奥斯卡奖。他结过四次婚，四位妻子中有两位是嘉宝的妹妹——莎莎和马格达。马格达是他的第四任妻子，两人的婚姻只维持了六个星期。从那以后，他开始酗酒。晚年的他精神迷乱易怒，疾病缠身。在 1979 年出版的桑德斯传记里，他的朋友布莱恩·艾亨说，桑德斯时常嘀咕：“我没法思考，连话都说不明白了。”

桑德斯的妹妹玛格丽特去照顾他。一天早上她发现他命令仆人将钢琴拖到花园里，然后他用斧子劈成碎片。玛格丽特表示抗议，他一把将她推开，说:“这该死的玩意我弹不了了，留它干什么？”他死前一个月，艾亨去看他，他正在大口大口地喝伏特加，他问艾亨：“一个人要自杀，吃多少片巴比妥钠才起作用？……我什么事都干不好，怎么做都不对。我肯定是疯了！”在 1937 年写给艾亨的一封信中，桑德斯谈到演员这个行当，说:“演员，就是用动作和台词耗尽自己的青春和健康，远离现实，难觅真诚，演员是自恋狂，就像是一只傻头傻脑追逐彩虹的孔雀。”

'Dear World, I am leaving because I am bored. I feel I have lived long enough. I am leaving you with your worries in this sweet cesspool. Good luck.'

“替我干杯，为我的健康干杯，你们知道我不能再喝了。”

据说这是他生前最后几句话，是对来访的朋友说的

毕加索的传记作者奥布莱恩还在传记里引用了毕加索死前的另外两句话，是对他的医生、一位单身汉说的 ：“你不结婚是错误的。婚姻有用啊。”毕加索的第二任妻子没让她跟前夫生的两个孩子克劳德和帕洛玛参加他的葬礼。毕加索的死令她过度悲伤，她遂于 1986 年吞枪自尽，时年 60 岁。除了妻子，毕加索终其一生情人不断，她们为他育有四个子女。

毕加索是 20 世纪最伟大的画家，跟乔治 · 布拉克一起创立了立体主义画派，他同时也是一位雕塑家。大多数人觉得他的抽象主义作品难以理解，对此他自己曾作如下解释 ：

> 人人都试图理解画作。他们为什么不尝试着去理解鸟儿的歌声？为什么他们热爱夜色、鲜花，热爱身边的一切，却从没想到过要去理解它们……那些想对一幅画作出解释的人大多会搞错方向……你怎么能指望一位观画者有着跟我相同的体验？一幅画作成之前需要长时间的构思，有谁知道这构思的时间有多长，这期间我感觉到了什么，看到了什么？更何况画作完成后，第二天就连我自己都不明白我画了些什么。那么，又有谁能读懂我的梦、我的直觉、我的渴望、我的思想？而正是这些东西最终编织成了我的作品，有谁，哪怕是偶然之间，能读懂我想要表达的东西？

'Drink to me, drink to my health, you know I can't drink any more.'

"智利万岁！人民万岁！工人万岁！"

被杀那天上午他在电台发表的讲话的结尾

阿连德是社会主义者，1970 年 11 月就任智利总统，死于 1973 年发生的流血政变。皮诺切特将军的军队肆虐全国，阿连德对全国人民发表广播讲话说："我对智利充满信心，对她的未来充满信心。这是个黑暗痛苦的时刻，叛贼已经失控，另一些人将会登台。愿你们继续前进，要记住，用不了很久，那条伟大的道路将会重新开启，沿着那条道路，自由的人民将为建设一个更加美好的社会奋勇向前。"2003 年 7 月，非盈利组织拉丁美洲北美议会（NACLA）发表社论指出，阿连德的"人民政府试图建立一个真正民主的社会主义的政府——因为脱胎于人民，这个社会主义政府便有可能摆脱官僚独裁，实现民主自治"。

阿连德让智利实现了土地和财产的重新分配，实现了银行和铜矿国有化。而在亨利·基辛格看来，他的政府损害了美国的利益："在该地区所有的国家领导人中，最有损美国利益的首推阿连德。他的反美言论比卡斯特罗尤甚。他的国内政策对智利的民主自由和人权是个威胁。"1970 年，尼克松总统授意基辛格策划政变推翻阿连德。中情局试图说服智利军队总参谋长施奈德出面，施奈德拒绝了，同年 10 月 22 日，他乘车出行时遭遇伏击身亡。之后，皮诺切特将军发动了军事政变，大批平民被杀或者遭到监禁。一位将军劝阿连德出逃，阿连德说："智利总统绝不当逃兵，他是个战士，知道该怎样完成自己的职责。"位于圣地亚哥的总统府遭到飞机的猛烈轰炸和地面部队的攻击，阿连德在战斗中牺牲（也有说是自杀）。随之而来的是皮诺切特若干年的军事独裁统治。

'Long live Chile! Long live the people! Long live the workers!'

JACK BENNY (BENJAMIN KUBELSKY)

杰克·本尼（本杰明·卡贝尔斯基）

公元 1894 年 2 月 14 日—公元 1974 年 12 月 26 日

“杰克·本尼这回没掌握好时机。他离开我们太早了。”

鲍勃·霍普的悼词

本尼这样解释自己人生与事业的成功：“发生在我身上的好事全都是意外。我这个人没有野心，也没有一个清楚的奋斗目标。我从来不知道自己会朝哪个方面发展。”他从歌舞杂耍起步，成为史上最伟大的喜剧演员，其塑造的经典角色是个倒霉蛋，随身带着一把小提琴，不论怎么卖力却总也拉不好。直到 80 岁他仍在演出，却总是声称自己只有“39 岁”。除了扮演那个虚荣而吝啬的经典角色，他还参加别的公益演出，为慈善事业募集了数百万美元。他的一句搞笑台词给人留下了深刻印象：一个劫匪将他高高举起，喝道：“打劫！要钱还是要命？”劫匪连问了两遍，本尼磨蹭许久后回答：“我得好好琢磨琢磨。”

1974 年 10 月，本尼因头晕取消了一场演出，也没查出是什么病。12 月，他开始抱怨胃疼，检查后发现患上了胰腺癌，仅仅两周后便与世长辞。病重期间，好友鲍勃·霍普、乔治·伯恩斯、约翰尼·卡尔森和弗兰克·辛纳特拉等都曾前往探视。原定由伯恩斯致悼词，但他伤心过度已经崩溃，鲍勃·霍普接替了他，声音颤抖地念道：“作为一位精于掌握时机的喜剧大师，我们不得不说，杰克·本尼这回没掌握好时机。他离开我们太早了。”

本尼的妻子玛丽回忆道：“我认为杰克并没有真正意识到自己的价值。他知道人们喜欢他，但不知道人们对他有多崇拜、多爱戴。他是我见到过的最有耐心、最有涵养的男人。不管走到哪里，只要有粉丝拦住他，他都会停下来跟他们聊聊，人家想聊多久他就陪多久。”本尼在遗嘱里做出安排：在玛丽的有生之年，每天给她送一朵红玫瑰。

'Jack Benny's timing was all wrong. He left us much too soon.'

“我不需要保镖。”

失踪之前，在会见杰里·斯坦内斯基时说的话

司法部长罗伯特·肯尼迪称国际卡车司机兄弟会是“除美国政府之外势力最大的组织”，还说，霍法领导的工会拥有卡车司机和仓库工人1700 万，“它从来就不是真正的工会，而是霍法操纵下的一个罪恶的阴谋组织”（罗伯特·肯尼迪：《内部的敌人》，1960 年）。《生活》杂志则称霍法是美国的“头号公敌”。

密歇根有一家叫“红狐”的餐厅，霍法是经常光顾那里的名人。1975 年 7 月，霍法在该餐厅的停车场失踪。三十年后，在 2006 年 5 月 21 日的《纽约时报》上，杰里·斯坦内斯基回顾了霍法失踪的前前后后：

> 霍法非常愤怒。他因行贿而入狱时，书面告知黑手党和兄弟会那些背叛了他的人，他还会回来掌管工会。他说他决定孤注一掷，拼个鱼死网破，当时是在他刚刚重新装修过的厨房里，他跟我隔桌而坐，喝着速溶咖啡。“告诉那些老鼠滚下船去，因为我回来了。”他说。他很倔强，以为谁也奈何不了他。而恰恰是这种过分自负要了他的命。1975 年 7 月 30 日，霍法失踪，街上有传言说，他给我留有“预案”，指示我万一他出了事我该怎么做。只有我知道，并没有这回事。坐了一会儿，我就发动汽车落荒而逃，心想就算断掉一条胳膊，总比被打成筛子好。

'I don't need bodyguards.'

“虽然这几年我活动不便了，但我要你们知道，我还是那个保罗，一如既往地献身于争取人类自由、和平与友爱的事业。”

在卡内基音乐厅，3000 人与会庆祝他的 75 岁诞辰，会上播放了他的最后一次录音讲话

保罗·罗伯逊是非裔美国人，著名歌唱家、演员和人权斗士。他是拉特格斯大学接收的第三名黑人学生，体育出众，学业优良，后来又考入哥伦比亚大学法学院。因为一个白人秘书拒绝执行他交办的事，一怒之下他辞去律师事务所的工作，转而从事表演和歌唱，在他的带动下，黑人纷纷进入娱乐圈。1937 年，在反对西班牙内战的群众集会上，他发表演讲：“艺术家必须作出选择，要自由还是当奴隶。我已作出了我的选择。而且是唯一的选择。”

罗伯逊长期健康不佳，他患有严重的心血管疾病，最终死于中风。他的儿子相信，1961 年中情局曾对他下过毒，他被视为共产主义者，对他的监视长达三十年，非美活动委员会对他的攻击差点毁了他的职业生涯。马丁·杜伯曼说：

> 骚扰罗伯逊几十年后，白人报纸开始在社论中谨慎地向这位“伟大的美国人”表示敬意，把几十年来对罗宾逊的谩骂归咎于冷战时期那个“糟糕的时代”，而对种族歧视的事实只字不提。白人拿这位不屈不挠的持不同政见者毫无办法。

一份非裔美国人办的名叫《纽约阿姆斯特丹新闻》的报纸称罗伯逊是“小人国里的格列佛”，说他的人生“是对白人和黑暗的美国的挑战和谴责”。

'Though I have not been able to be active for several years, I want you to know that I am the same Paul, dedicated as ever to the worldwide cause of humanity for freedom, peace and brotherhood.'

ELVIS AARON (born ARON) PRESLEY
“猫王”埃尔维斯·亚伦（原名阿伦）·普雷斯利
公元 1935 年 1 月 8 日—公元 1977 年 8 月 16 日

“他说‘我要去浴室看书’，没想到这竟是他对我说的最后一句话。我不愿去想他已经死了。上帝不会这么快就把他带走。”

金杰·奥尔登回忆“猫王”的最后时刻

埃尔维斯的最后一个夜晚到底发生了什么，至今仍不清楚。据说，在 1977 年巡演的最后一场演出时，他对观众说：“希望我没让你们厌倦……也许今晚我看上去不太好，不过，等我躺进棺材里，或许看上去会好一些。”当时他体重 104 公斤。他的家在格雷斯兰，回家前他的最后几句话是有关演出安排的，是对他的表弟兼助手比利·史密斯说的：“比利，这将是我最棒的一次巡演。”8 月 15 日 10 点 30 分，埃尔维斯去看牙医，回到格雷斯兰已是半夜了。8 月 16 日凌晨 2 点 15 分，他要医生再给他点止痛药。四点钟，他叫醒比利，跟他一起玩手投式壁球。从五点钟到八点钟，他前后服了三包处方药。9 点 30 分他进了浴室。下午 1 点 30 分，他的女友金杰·奥尔登起床去浴室，发现他躺在地上，已经不省人事，急忙叫来救护车将他送到医院。

埃尔维斯说他睡不着，便去浴室“看书”。金杰和另一些人都认为，其实他是想躲进浴室服更多的药。关于他最后的话还有一个版本——金杰叮嘱他：“可别在浴室里睡着了。”他答道：“放心，不会的。”金杰便又回去睡了。《招商报》称，在去医院的路上，医生一直在叫他：“吸气，普雷斯利，吸气呀！”下午 4 点，他父亲出现在家门前的台阶上，告诉记者们：“我儿子死了。”验尸报告称他死于“心律不齐”，真正的死因其实是他混合服用了十种处方药，这是医生绝对不会允许的。这十种药是：两片止痛片、两片安定、一片抗组织胺药、两瓶鸦片制剂、一片安眠药、一片巴比妥酸盐和一瓶镇静剂。

'He said "I'm going into the bathroom to read" and that's the last thing he ever said to me. I didn't want to think that he was dead. God wouldn't want to take him so soon.'

“躺在这里的是格劳乔·马克斯——就这么一直躺下去。还有，他从没吻过丑女孩。”

他自拟的墓志铭

除老大夭折外，马克斯家几兄弟全都成为了著名艺人，不是歌舞杂耍明星，就是广播明星或电影明星。他们是：赫伯特·“齐科”（1887—1961）；阿道夫，后更名阿瑟·“哈珀”（1888—1964）；格劳乔；弥尔顿·“古莫”（1892 或 1893—1977）和赫伯特·“泽波”（1901—1979）。格劳乔主演了二十六部电影，齐科和哈珀出演配角。他扮演的是一个油嘴滑舌的骗子，雪茄不离口，戴一副大框眼镜，抹得油光光的头发，还有夸张的眉毛和胡须，标志性动作是走路时身体前倾。许多插科打诨的台词都是即兴发挥，取笑和捉弄由玛格丽特·杜蒙扮演的一位傻乎乎的贵族遗孀。颇有代表性的一句台词是：“也许他模样和说话像个傻子，但别让他给蒙蔽了，事实上他就是一个傻子。”

博学机智的格劳乔后来成了著名的电台和电视主持人，主持《告诉格劳乔》和《你拿性命作赌注》两档节目。他开玩笑说：“我发现电视真是太富有教育意义了。每次只要有人打开电视，我就躲进另一个房间去看一本好书。”伍迪·艾伦称他是“我们国家有史以来最伟大的喜剧演员……跟毕加索和斯特拉文斯基一样不同凡响。”在马克斯的晚年，他的子女们认为他面对同行艾林·弗莱明的竞争压力已然力不从心。不过当他 1972 年重新登台演出时，整个卡内基音乐厅座无虚席。他最后一次公开亮相是在 1974 年，代表马克斯几兄弟和玛格丽特·杜蒙接受奥斯卡奖。他在洛杉矶死于肺炎，享年 86 岁。他自拟的墓志铭还有“请原谅，我站不起来了”，但实际上墓碑上只刻了他的艺名、生卒年月和一颗大卫王之星。

'Here lies Groucho Marx—and lies and lies and lies. ps He never kissed an ugly girl.'

“他就是一个普普通通的、唱歌不跑调的人。”

自拟墓志铭

克劳斯贝从 1926 年开始他的歌唱生涯，直至去世，持续了整整五十一年，是摇滚时代之前最畅销的歌唱家，唱片总销量超过五亿。他对摇滚时代的评价是：“我认为通俗音乐是音乐的大踏步倒退，这样的事在我国还为数不多。”谈到他热卖的单曲《白色圣诞》，他说：“一只五音不全的乌鸦都可以唱得这么好。”在他的鼓励下，弗兰克·辛纳特拉、佩里·科莫和迪恩·马丁都成了浅唱低吟的歌手。1948 年的民意调查显示，他是“在世的歌唱家中最受欢迎的一位”。从 1934 年到 1954 年，他的唱片巨量销售，电台和电影公司令他财源滚滚。他很善于投资，是好莱坞巨富之一。除了《白色圣诞》等影片，他还跟鲍勃·霍普联袂主演了七部《……之路》系列电影。克劳斯贝拿自己跟霍普的关系开玩笑说：“我愿为霍普做世界上任何事情，霍普也愿为我做世界上任何事情……但我俩却什么事情都没为对方做过。”来而不往非礼也，在一档叫做《杰克·本尼秀》的节目里，霍普也对克劳斯贝的富有打趣道：“内华达州的博尔德大坝(胡佛大坝)里翻腾的都是克劳斯贝的金元。他太富有了，霍华德·休斯只不过是他的门童。”

2003 年 5 月，《高尔夫文摘》撰文纪念克劳斯贝诞辰一百周年，文中说，在西班牙马德里附近的一座高尔夫球场，他打出了八十五杆的成绩，赢了十美元，一出球场他的心脏病就发作了，当时他还说了一句，“这场球打得真过瘾，伙计们。”之前他曾笑言：“我的球技臭得很，但我绝不投降。”之前两天他跟格雷西·菲尔德一起开了最后一场演唱会，然后飞到西班牙度假。死后，他被葬在地下九英尺，为的是给他的第二位妻子留出空间，待她死后跟他合葬在一起。

'He was an average guy who could carry a tune.'

ARCHBISHOP ÓSCAR ARNULFO ROMERO Y GALDÁMEZ

奥斯卡·阿努尔福·罗梅罗大主教

公元1917年8月15日—公元1980年3月24日

“让我的鲜血成为自由的一粒种子。”

在被暗杀前的陈词

罗梅罗1977年被任命为圣萨尔瓦多大主教，他反对政府侵犯人权，帮助穷人和内战的受害者。1977年，罗梅罗的朋友，耶稣会教士儒蒂利奥因帮助穷人成立自救组织被暗杀，逼使他采取行动：“当我看见儒蒂利奥陈尸地上时，我就想，如果他们因为他所做的事情就将他杀死，那么，我将追随他的脚步。”他敦促当局追查此事，但没有结果，而新闻检查使得他在国内无法发声，于是他去了欧洲，希望引起国际关注。1980年2月2日，他在比利时鲁汶大学发表演讲，控诉萨尔瓦多当局的宗教迫害：

> 不到六年时间，超过五十位教士遭到攻击、威胁和诽谤，其中六位被暗杀，成为殉道者；许多人被迫害，还有一些人被驱逐出境。女教士也成为他们迫害的对象。教区电台、天主教教育学院和基督教神学院经常遭到袭击、恐吓和炸弹威胁。多家修道院被洗劫。

同样是在2月，罗梅罗致信美国总统卡特，请求军事支援圣萨尔瓦多，因为在那里，恐怖统治和暗杀已然成为合法行动，而且“对群众组织的压制愈演愈烈，而人民组织起来只是为了争取最基本的人权”。

罗梅罗在一家医院的小教堂主持弥撒时被人枪杀，子弹正中心脏，鲜血溅满圣坛。之前一天他号召萨尔瓦多的军人和基督教徒遵从上帝的旨意，不再忍受政府的压迫。25万人参加了他的葬礼弥撒，而就在葬礼上，又有30至50人被枪杀。

'Let my blood be a seed of freedom.'

“我中枪了！”

倒地前说的话

作为最伟大的演唱及创作组合的成员和“披头士”乐队的创始人，列侬让流行音乐的面貌发生了永久性的改变。1980 年 12 月 6 日，在被枪杀前两天，列侬接受 BBC 安迪 · 皮波尔斯采访，皮波尔斯告诉他说，他可以放心地在纽约街头行走，不必担心安全问题。列侬回答说 ：“正因为如此我才留在了这儿……在这里可以随便上街。”12 月 8 日下午 1 点，他在纽约达科特大厦自己的寓所接受了基斯 · 奥菲厄姆广播电台的大卫 · 夏林的采访，他说 ：“不论是跟披头士乐队合作，跟大卫 · 鲍伊、埃尔顿 · 约翰还是跟小野洋子合作，我认为我都是尽心尽力的。我想我的工作永远不会结束，直到我死去，直到我被埋葬。我希望那一天会很遥远。”他对五年来他出的第一张唱片《双重幻想》抱有很高期望。“话题没集中在披头士成员身上，因为已经谈过无数次了，”夏林回忆说，“他谈得更多的是他跟小野洋子的关系，还有他的新唱片。这次采访棒极了。”

下午 5 点左右，约翰和洋子离开达科塔大厦去录音室 ；他们每天都是这个时候出门，粉丝们都会在这个时候等在这里索要签名和照片。被枪杀前三个星期，约翰已经将保镖全解雇了。夫妇俩走出公寓，马克·查普曼默不作声地把一张唱片递给列侬请他签名，列侬还问了一句 ：“只是签个名？”查普曼点点头，还是没吭声。当天晚些时候，列侬夫妇回到达科塔，查普曼在他背后连开四枪，用的是杀伤力巨大的“开花弹”。列侬挣扎着走上台阶，进入前厅，说了声“我中枪了”，然后颓然倒下。门童对查普曼叫道:“你知道你干了什么吗？”查普曼平静地回答:“知道，我枪杀了约翰 · 列侬。”说罢他坐下来，等待警察的到来。作为列侬回归的标志，《双重幻想》获得了 1981 年格莱美年度唱片奖。

'I'm shot.'

“金钱买不来生命。”

据鲍勃·马利官方网站称，这是马利的最后一句话，是对他儿子齐基说的

马利是雷鬼乐队“哭泣者”的主唱、歌曲作家和吉他手，他让雷鬼乐和拉斯特法里运动①产生了世界性影响。他演唱的《救赎之歌》《不要女人，不要哭泣》以及《拥挤》《起来，站起来》《一次爱》《我枪杀了治安官》《能爱你吗》等歌曲红遍全球。他死后三年，其唱片集《传奇》销量超过 2 千万。1999 年，鲍勃·马利与“哭泣者”乐队合作的《出埃及记》被《时代》杂志评选为 20 世纪最佳唱片。马利分别跟九个女人育有十三个子女。1973 年，他对一位采访者说：“我没法跟女人安安生生过日子，我还没准备好。”他没有留下遗嘱，由此带来了诸多法律问题。

1977 年在牙买加，马利躲过了一次暗杀。同年，他在踢足球时伤了脚趾，伤处逐渐演变为癌肿，确诊为恶性黑色素瘤，但出于宗教原因，他拒绝截肢。直到伤口化脓他才在迈阿密就医，但为时已晚，癌细胞已在全身扩散。他转至巴伐利亚找到约瑟夫·埃塞尔斯大夫，接受了八个月治疗。埃塞尔斯的治疗方法虽有争议但没有毒副作用，马利的病情也似乎稳定了些。与癌症斗争八个月后，1981 年 5 月初，埃塞尔斯告诉马利，他的康复已经没希望了。马利想死在牙买加，但癌细胞已扩散至他的肺部和脑部。他已经没法回牙买加了，最终死在迈阿密一家医院，临终时家人都守在他身边。他被隆重地安葬在牙买加。

① 拉斯特法里运动亦称拉斯特法里教，是 1930 年代起自牙买加兴起的黑人宗教运动。该运动信徒相信埃塞俄比亚皇帝海尔·塞拉西一世是上帝在现代的转世，是圣经中预言的弥赛亚重临人间。雷鬼乐深受拉斯特法里运动影响，同时，随着雷鬼乐风靡全球，拉斯特法里运动也得到了广泛传播。

'Money can't buy you life.'

“人人都会死，但我总希望自己会是个例外。可是结果呢？”

1981 年 5 月 13 日对《联合报》讲的话，准备在他死后发表

萨洛扬是亚美尼亚裔美国人，小说和戏剧家，他写作速度极快，没耐心修饰润色。他酗酒无度、嗜好豪赌，一段时间里几近赤贫。从 1958 年起他大多时候寓居巴黎，但他许多作品的背景都设在他的出生地加州弗雷斯诺。1961 年，他写道："撒谎者说我是个游离于一切之外的人：远离我自己、我的家人、同胞、我的国家、我的世界、我的时代和我的文化，但我没有远离上帝，尽管我不相信有关上帝的一切，只相信上帝实在难以捉摸，他无处不在，却又啥事都不管。"

萨洛扬在弗雷斯诺死于前列腺癌，在遗嘱里他要求把他的骨灰一半埋在加利福尼亚，一半埋在亚美尼亚。不知何故，二十年后，在弗雷斯诺的这一半骨灰却被发现放在一个小教堂的架子上。2001 年，为表达对这位最著名的市民的敬意，弗雷斯诺举办了第一届"萨洛扬节"，并将骨灰郑重安葬。1983 年 10 月，百老汇集会纪念萨洛扬，何塞·昆特罗在会上说："颂扬一位伟大的艺术家不是为了过去而是为了未来。"令人不解的是，萨洛扬的作品如今已被人淡忘。1997 年，《洛杉矶时报》发表了彼得·H·金的文章《萨洛扬作品再审视》，文章说：

> 不论出于什么原因，萨洛扬遭到了图书业的冷落。他的书已很少再版。只有学校里还在讲授他的作品。他自己的文学遗产计划——在他死后出版他的系列作品——被取消或者说被搁置。他们只是以他的名字命名了弗雷斯诺一家剧院，那是他生前未能实现的愿望。那些被萨洛扬的魅力所折服的读者只有等待他东山再起的那一天了。毕竟他的作品是那么不同寻常，那么受欢迎，不应该就此下架。

'Everyone has got to die, but I have always
believed an exception would be made in my
case. Now what?'

"我不是个梦想家……但我相信奇迹。我必须相信。"

1979年10月15日，福克斯致信加拿大癌症学会，准备跑步横跨加拿大募集基金

> 我叫特里·福克斯，今年21岁，是个截肢者。两年半前，我因为身患癌症被截去右腿……在癌症医院的所见所闻令我深省。有的癌症患者勇敢地笑对病魔，而有的癌症患者脸上永远失去了笑容。有的自欺欺人，有的彻底绝望。我的请求不是为了我自己。就算我本人能够做到潇洒面对，但只要那些痛苦绝望的面容还存在，我就不能不管不顾。总得设法制止这种伤害……为此，我决心尽自己的绵薄之力。现在就是兑现这个承诺的时候了。我装上义肢跑步，已经训练了八个月。开始时每天跑半英里，每周增加半英里，现在每天已能跑十三英里半。到明年（1980年）4月，我就能创造奇迹，实现我曾经以为是遥不可及的梦想：跑步横穿加拿大，募集基金，与癌症作斗争。哪怕最后一英里得爬行，我也要完成这趟梦想之旅。但有一些障碍靠我一己之力无法跨越，我需要你们的帮助。全世界的癌症患者需要相信奇迹的人。我不是个梦想家，我不是说能找到确定的答案或者说能攻克癌症，但我相信奇迹。我必须相信。

尽管有人告诫他，过分的体力消耗会要了他的命，福克斯还是开始了他的"希望马拉松"。每天都有许多人聚在路边看他长跑，但在跑了一百四十三天，跑完3339英里后他不得不停了下来，因为他的肺部已出现了肿瘤。福克斯的希望是每个加拿大人捐出一美元，八天后，一档对他的"希望马拉松"进行连续全国直播的电视募捐栏目帮助他超额完成了指标。福克斯于次年去世，死时还不满23周岁。

'I'm not a dreamer...but I believe in miracles. I have to.'

“我要在这儿待久一点，所以要对自己好一点。”

因过量吸毒致死前两个月说的话

贝鲁西是著名音乐家、喜剧明星、电影演员，他主演的《周末夜现场》《动物之家》和《布鲁斯兄弟》(《福禄双霸天》) 让人难忘。他以放荡不羁的生活方式著称，是个老饕、酒鬼、瘾君子。3月4日晚，在洛杉矶日落大道的马蒙特城堡酒店房间里，他喝了一阵子酒，又吸食可卡因，然后去了日落大道一家专供影星和名人消遣的秘密俱乐部。再次回到酒店后派对继续，出席派对的有罗宾·威廉姆斯、罗伯特·德尼罗等影坛大腕，还有凯茜·伊芙琳·史密斯。他让史密斯“用快球打他”(注射海洛因和可卡因混合溶液)。史密斯曾是伴唱歌手，后来成为毒贩，她自己也是瘾君子，以贩养吸，成天围着名人打转。一夜之间贝鲁西注射了好几次毒品，次日一早被发现裸死在床上。

验尸结果表明，其死因是吸毒过量。史密斯接受讯问后被释放，两个月后她接受《国民问讯》杂志的采访，承认自己替贝鲁西注射过毒品。她被判犯有谋杀罪，经过上诉改判为过失杀人，处以十八个月监禁。在贝鲁西的葬礼上，他的好友、《布鲁斯兄弟》里的搭档丹·阿伊克劳德骑着摩托车在送葬队伍前开路。之前他曾承诺，如果贝鲁西死在他前头，他将为他演奏吉他，在贝鲁西的追思会上，他践行了自己的诺言。原定两人会一道出席几个星期后的奥斯卡颁奖典礼，到头来只有阿伊克劳德独自前往，他在典礼上说：“我的搭档本来要在这个盛典上亮相的，因为他自己就是一道风景。”贝鲁西的墓碑上刻着：“我也许会死，但摇滚乐还活着。”

'I'll be around here a little longer so I'm
going to take better care of myself.'

ALEXANDER COFFIN 亚历山大·科芬
公元1958年—公元1983年1月11日

“我感到安慰的是，亚历山大的死并非上帝所愿。”

他父亲威廉·斯隆·科芬牧师所致的悼词

这是科芬令人瞩目的布道之一，为悼念他儿子而作，他儿子于1983年1月11日死于车祸。威廉·斯隆·科芬是一位进步的基督教牧师，他积极参加反对核武器、反对越南战争和伊拉克战争的活动，支持男同性恋，支持民权运动和和平运动，赢得了国际声誉。说来难以置信，他以前曾是中情局的特工。

一个人死了，人们会有很多话要说，但有一件事是绝不能说的……亚历山大死后的第二天晚上，一个好心的女人来到我家，拿来十八个奶油蛋糕，伤心地说：“我真不理解上帝的旨意。”我生气地说：“我得说你还真的是不理解，女士！亚历山大从来不把挡风玻璃的雨刷弄干净，在风雨里开快车，开车前还喝了两瓶啤酒，难道这些都是上帝叫他做的？出车祸的地段没有路灯，波士顿码头的转弯处又没有防护栏，难道你认为这也是上帝的旨意？”最让我生气的是，一些人总是自以为聪明，却不知道上帝不可能成天到处转悠，不会替你扣扳机、动刀子、握方向盘。死亡或者不期而至，或者是个痛苦折磨的漫长过程。这是个不解之谜……我感到安慰的是，亚历山大之死并非上帝所愿；当亚历山大的车沉入水中，最先心碎的正是上帝……我还知道，如果说亚历山大先我而去，波士顿码头并不是他的终点。如果说上周一有一盏灯熄灭，那是他的黎明到来了。所以我，我们大家应该从上帝永恒的爱里寻求安慰，从他耀眼的恩惠里寻求心灵的平静。

'My own consolation lies in knowing it was not the will of God that Alex died.'

“希望我的朋友们知道，我是心平气和地离开他们的。”

凯斯特勒决定与妻子辛西娅一起自杀，于1982年6月留下遗书

凯斯特勒是匈牙利犹太人，第二次世界大战爆发时从法国逃往英国。1940年，他出版了小说《正午的黑暗》，描写了莫斯科大清洗的内幕，从此名扬海内外。1976年，他被诊断出患了帕金森病，后来又被查出已是癌症晚期。他告诉朋友们说，他不怕死，怕的是在死亡的过程中，身体和思想都由不得自己控制。所以，当他服用过量的巴比妥酸盐自杀时，大家都不觉得意外。

致关心我的人们。我留言的目的是想让大家知道，我服药自杀没有任何人知情，也没有任何人协助。药品均系合法购得，已积攒了很长时间。自杀是一场赌博，除非自杀失败，参赌者自己不会知道赌博的结果。假如我自杀失败，但身体和头脑已经受损，无法控制别人的行动，或者无法表达自己的意愿，我请求让我死在自己家里，不要采取任何措施让我苟延残喘……多年来我的健康状况每况愈下，现在又并发多种疾病。趁我还能自己做出安排，是到了自我了断的时候了。希望我的朋友们知道，我是心平气和地离开他们的，带着一个死去的人的卑微的希望，它已超越时间、空间和条件的限制，是活着的人无法理解的。正是这种“万能感”在困难时支撑着我，在我写此留言时支撑着我。迈出这最后一步，唯一让我感到为难的是这会给朋友们，尤其是给我的爱妻辛西娅，带来痛苦。多亏了她，我才得以在生命的最后阶段——而不是之前——享受到了相对的宁静与幸福。上述文字写于1982年6月，我妻子已做出决定，因为我俩已相携走过了三十四年，我死后她也无法再独自活下去。

'I wish my friends to know that I am leaving their company in a peaceful frame of mind.'

“约翰·勒梅热勒已于 11 月 15 日长眠不醒。他十分怀念他的家人和朋友们。”

自拟讣告

勒梅热勒是一位演员，二战时成为皇家坦克兵团的一名上尉。BBC 的喜剧《老爸的军队》里的军士阿瑟·威尔逊是他扮演过的最著名的角色。从 1948 年开始，他还出演过一百多部电影，包括《列兵的进步》《杰克，我没事》和《外交部的卡尔顿·布朗》。他的第二任妻子哈迪·杰奎斯离他而去，投入一个年轻男子的怀抱，媒体却归咎于他。为了维护同为喜剧演员的妻子的公众形象，他未做任何辩解。他娶了第三任妻子乔安，结婚才半年，乔安便跟他最好的朋友托尼·汉考克好上了，而当时的汉考克跟他的第二任妻子结婚才三个月。汉考克和乔安直言不讳地把两人的恋情告诉了勒梅热勒，勒梅热勒知道了也并不十分介意。乔安后来说道：“约翰是个可爱的男人，一位绅士。他长相老成，脸挺长，一双大眼睛脉脉含情。但他不够激情，从来不对我说他爱我。他只是拍拍我的脑袋说：‘我太喜欢你了，我的小朋友。’托尼就不同了，他会把我抱起来转圈。”乔安和汉考克的恋情持续了两年，其间分分合合，直至汉考克 1968 年自杀。之后乔安回到了勒梅热勒身边，两人从此相依相伴，直到勒梅热勒去世。

为维护各方声誉，此事一直对公众保密。勒梅热勒酒瘾很大，在医生的劝告下戒了酒，却得了重病，变得骨瘦如柴。他索性重新端起酒杯，又活了七年，据说他自己觉得重新拾回了生活乐趣。他死于肝硬化引起的胃部大出血。在昏迷前他说的最后一句话是：“一切都挺美好。”

'John le Mesurier wishes it to be known that he conked out on November 15th. He sadly misses family and friends.'

“我不介意把生命献给国家。如果我今天就死，我的每一滴鲜血都将滋养我的国家，使之更加繁荣昌盛。”

1984年10月30日，在奥里萨邦的最后一次演讲

英迪拉是印度独立后第一位总理贾瓦哈拉尔·尼赫鲁的女儿，她投身政治，于1964年当选为国会议员。她嫁给费罗兹·甘地（1912—1960），育有两个儿子。大儿子拉吉夫（1944—1991）于1984年继她之后成为印度总理，后来死于炸弹袭击。小儿子桑贾伊（1946—1980）在她的政府里是个有争议的人物，后因飞机失事遇难。

1966年，英迪拉·甘地当选为印度首位女性总理，并成功连任了四届。她成功地领导了印巴战争（1971年），促成了孟加拉国的诞生。1984年，她武装镇压了锡克教叛乱，下令袭击了阿姆利则的金庙。在这次袭击中，超过一千名锡克教徒被杀。她的格言是“你不可能跟一只握着的拳头握手”。几个月后，就在她发表上述演讲的当天，她正在总理府花园等待接受彼得·乌斯蒂诺夫的采访时，被两名锡克族警卫谋杀，作为对袭击金庙的报复。她的身体被刺成了蜂窝，共计二十八处刀伤。她曾说过：“如果我死于非命，如同一些人所担心而另一些人正在阴谋策划的那样，那么真正令人痛惜的并非死亡，而是存在于刺客的思想与行动之中的暴力”，“牺牲不是事情的结束，而是开始”。

在甘地这位“铁腕女人”的领导下，印度成为经济发展最迅速的国家之一。她能成为这个人口众多的国家的最高领导人，对历来在男人面前低眉顺眼的印度女性来说，具有尤为重要的意义。

'I don't mind if my life goes in the service of the nation. If I die today every drop of my blood will invigorate the nation.'

ROBERT LOUIS 'BOB' FOSSE 罗伯特·路易斯·“鲍勃”·福斯
公元 1927 年 6 月 23 日—公元 1987 年 9 月 23 日

“就像在轻轻晃动的天堂里那样舞蹈。”

去世当天指导排练时说的话

鲍勃·福斯曾八次荣获托尼舞蹈奖，并于 1973 年因导演《卡巴雷舞》获得导演奖。此外，他还四获学院奖。1973 年，作为丽莎·敏妮莉的电视特别节目《丽莎与 Z》的导演和制片人，他荣获一项奥斯卡奖和三项格莱美奖，同样是在这一年，他作为百老汇歌舞剧《皮平》的编导获得两项托尼奖。他是 20 世纪最具有创新精神和影响力的舞蹈家之一，他以其独特、丰富而性感的肢体语言令百老汇歌舞剧面貌一新。1979 年，当他在剪辑新片《爵士舞大全》，而其歌舞剧《起舞》也即将在舒伯特大剧院首演时，他说:“我别无奢望，只要人们记住我是一个舞者就行了。”

早在 1961 年，鲍勃·福斯就被诊断出患有癫痫，心脏也有毛病。这天晚上在国家大剧院重新上演他的音乐剧《甜蜜的爱》，他在快到剧院时猝然倒地。他的第三任妻子，舞蹈家格温·韦尔顿当时跟他在一起，连忙捧住他的头，以为只是癫痫发作了。人群聚拢来，一位医生替他做心脏复苏，他喃喃道：“请住手。你弄疼我了。别担心，我没事。”救护车姗姗来迟，他被送到医院时，已经停止了呼吸。一位剧组成员弗雷德·曼说：“我们是演出结束才得到消息的，对他来说这本应是一个荣耀的时刻，他应该站在舞台上接受掌声与喝彩的。”另一位舞蹈演员帕特里西亚·本·彼得森说：“今天排练时鲍勃还说“就像在轻轻晃动的天堂里那样舞蹈”，而现在他真的去了天堂。”在遗嘱里，福斯给六十六位朋友每人留下四百美元，让他们“为纪念我去好好吃一顿”。

'Dance like you're in percussion heaven.'

"……我这是怎么啦？"

1988 年 4 月 14 日，威廉姆斯在日记中写下的最后一句话

喜剧演员威廉姆斯从 14 岁就开始记日记，一直坚持到他四十八年后去世。他说他常感到孤独，记日记是为了排遣内心的苦闷。他很爱支持他的母亲路易莎（"卢"），但讨厌父亲，因为他父亲痛恨同性恋。1962 年，他父亲喝了装在咳嗽药瓶里的四氯化碳，极为痛苦，被送进医院。而威廉姆斯却继续演出，拒绝前往医院探视。不久后，他的赴美签证被拒，因为苏格兰场认为他有害死父亲的嫌疑。

从 1950 年代中期直至去世，威廉姆斯一直住在伦敦北部的一套小公寓里，距母亲的住处很近。他坚称自己是单身，从他的日记看也确实如此，而单身的主要原因是他发现同性恋感情很难处理。他成年后一直独居，除母亲外似乎从来没有什么伴侣，虽然他经常跟同性恋者一起度假，却似乎也没有什么比较固定的情人。他创纪录地主演了名为《继续》的二十六部系列电影。他极其聪明，反应敏捷、言辞便给，却轻描淡写地认为完成这个任务不需要什么天分。他对自己的表演要求很严格，对剧组的同事十分友好。系列片的制片人彼得·罗杰斯最担心的是肯尼斯跳槽："肯尼斯值得好好看护，因为他要价特低——每部电影才 5000 英镑——却为制片方挣得了巨额财富。"

威廉姆斯中年以后健康不佳，加上母亲日见衰老，他的抑郁症更严重了。他服下过量的巴比妥酸盐自杀，被住在隔壁的母亲发现。他在早年的日记里就经常流露出厌世情绪，现在更觉得活着没什么意思了。他的最后一则日记是这样结尾的："到了六点半钟，背比以往任何时候都疼得厉害……胃也疼得让人受不了——啊——我到底是怎么啦？"他母亲在他死后三年去世。

'...what's the bleedy point?'

SALVADOR DALÍ **萨尔瓦多·达利**

公元 1904 年 5 月 11 日—公元 1989 年 1 月 23 日

“我不相信我会死。”

1958 年接受电视采访时，断言自己的作品会千古流传

也是在这次采访中，记者问他为什么认为死亡是美丽的，达利回答说：“任何事物都能勾起性欲。”这位来自加泰罗尼亚菲格拉斯小镇的西班牙人，让人记忆深刻的一是他的超现实主义画作，二是他古怪的外貌——他认为他自己就是一件艺术品，是个天才。他把自己打扮得像个花花公子：身穿花衣，表情夸张，头发总是油光光的，披一件长斗篷，手拄拐杖，打了蜡的唇髭往上翘得老高。他说：“每天早上一醒来，一想到自己是萨尔瓦多·达利，我就欣喜万分，我问自己，这个萨尔瓦多·达利，他今天又会做出什么样的惊人之举呢。”大多数人都记得他 1931 年的一幅画作，画的是一些软软的正在融化的怀表，题为《永恒的记忆》。一些昆虫正在啃噬怀表，而作为背景的风景似乎在告诉你，时间并没有停滞或者凝固。

1929 年，达利遇上了他未来的妻子加拉，加拉已婚，而且比他年长许多。达利的父亲对两人的恋情深感不安，他素来反感儿子的怪诞行为，称他是个“靠不住的变态家伙”，将他永远逐出了家门。达利对加拉越发依赖，于 1934 年与她成婚。他说：“要是没有加拉，圣人达利就会变成疯子。”

1980 年，达利的健康状况恶化。据说加拉用非处方药为他调制鸡尾酒，这些药对神经系统有害，达利服用后右手开始不住地颤抖。加拉死后，达利痛不欲生。1984 年，他的卧室起火，人们相信那是他试图自杀。据说，他的监护人强迫他在空白画布上签上他的名字，以便在他死后作伪发财。1964 年，他在他的《天才日记》里写道：“公众不必知道我是认真的还是在开玩笑，因为就连我自己都没必要知道。”

'I do not believe in my death.'

ANDREI DMITRIYEVICH SAKHAROV
安德烈·德米特里耶维奇·萨哈罗夫
公元1921年5月21日—公元1989年12月24日

"明天将有一场战斗。"

死前对家人说的话

萨哈罗夫，物理学家，最年轻的科学院院士，氢弹的研制者，但从1962年开始，他因为主张人权、抗议发展核武器而惹恼了赫鲁晓夫。1975年，他成为苏联首位荣获诺贝尔和平奖的科学家，诺贝尔评奖委员会称他是"当代人类的良知"。他在发表获奖感言时说："我们需要的是改革，不是革命。我们需要一个灵活的、多元化的、宽容的社会，这个社会鼓励选择和尝试各种不同的社会制度，而不是教条地照搬别人的经验。何为缓和？何为友好？我们不能只是口头上说说，而是应该自觉努力去创建一个更良好的社会、建立更合理的世界秩序……我们有理由让我们自己，也让未来者的人生变得更有价值。"

1980年，他被流放到高尔基（下诺夫哥罗德）。1982年，他说："我要活下去，我坚信真善美必胜。"他的被放逐引发了全球性的抗议，1986年，戈尔巴乔夫掌权后，萨哈罗夫夫妇得到平反。在他的鼓励下，戈尔巴乔夫开始实施政治经济体制改革。1988年出访美国时，因为突发心绞痛，马萨诸塞州总医院的医生为他作了心血管检查，认为他不需要做手术，也无需安装心脏起搏器。1989年，他在去世前不久当选为议员。《维多利亚太阳报》报道说：

> 萨哈罗夫的女婿叶夫利姆·扬基诺维奇说，萨哈罗夫对家人说的最后一句话是："明天将有一场战斗。"意指他计划逼使共产党下台。说罢，他就为出席星期五的议会做准备去了……仍被心绞痛所折磨的萨哈罗夫，作为副议长，近几个月连续在国外奔波，看上去很疲惫。

当晚，这位科学家、改革家、政治活动家死于心脏病发作。

'Tomorrow there will be a battle.'

ARTHUR ROBERT ASHE, JR **小阿瑟·罗伯特·阿什**
公元1943年7月5日—公元1993年2月6日

“我的死讯报道得太夸张了。”

临终语，模仿马克·吐温的名言

阿什出生在弗吉尼亚州里士满，曾在三大网球赛——澳大利亚公开赛、美国公开赛和温布尔登公开赛上夺冠，却在1979年因先天性心脏病发作不得不停止参加比赛。在接受了四通心脏搭桥手术后，他重新开始训练并重返赛场，但由于奔跑时胸部疼痛，只得再次放弃。1988年，他发现因手术输血感染上了艾滋病。他和妻子对此一直保密，直到1992年，得知一家报纸把他的情况公之于众，他才被迫发表声明公布了自己的病情。他还是著名的民权斗士，为推动社会进步而奔走呼号，在他生命的最后一年，他呼吁全世界关注艾滋病患者，并设立了帮助艾滋病人获得更好治疗的慈善基金。就在他的自传《荣耀的岁月》快要完稿时，他因艾滋病并发感染去世。与其说这是一本传统的回忆性著作，不如说是他对诸多事物的观察与心得，内容包括体育运动、种族问题、英雄主义、性道德、个人对家庭的责任以及乐观地与晚期艾滋病作斗争。他还在书中给六岁的女儿卡米拉写了一段话：

> 也许我不能再像现在这样带着你散步。如果你需要我时我不在了，不要生气。我最愿意做的事情就是陪在你身边。如果我走了，不要遗憾。我们在一起时，我深深地爱着你，你给了我那么多幸福，我永远也回报不了。卡米拉，当你心里难过或者遇上烦心事时，当你跌倒了，不知道还能不能爬起来时，就想想我。我会看着你，微笑着为你鼓劲。

'The reports of my death are greatly exaggerated.'

“与其黯然逝去，不如轰烈燃烧。”

柯本遗书中摘引的尼尔·扬的歌词，歌名《走出忧伤》

打从我火烧火燎的、让人作呕的肚子深处，我感谢你们多年以来的来信和关心。我是个喜怒无常、难以捉摸的孩子！我已激情不再，所以记住，与其黯然逝去，不如轰烈燃烧。

和平，爱，同情，

科特·柯本

弗朗西斯和科特尼，我将站在你们的圣坛前。

为了弗朗西斯，请科特尼继续活下去。

没有了我，她的人生将更加幸福。

爱你们，我爱你们！

科特·柯本是一位创作型歌手，“涅槃”摇滚乐队的主唱和主音吉他。乐队的第二张唱片 *Nervermind*（1991年）以其令人惊叹的“少年般的气息”为柯本赢得了国际声誉。他一直在同胃病、毒瘾作斗争，克服来自个人的和公众的压力，在一次自杀未遂后，他同意戒毒。一到戒毒所，女儿弗朗西斯就来看他。3月30日晚，他翻过六英尺高的栅栏，乘飞机从洛杉矶飞回故乡西雅图。4月3日，他的妻子科特尼·洛芙雇佣私人侦探寻找他的下落。4月8日，在华盛顿湖畔柯本家中，一位前来安装安全系统的技师发现了柯本的遗体。从他的遗体内检出了高纯度海洛因和安定片的残留。持“阴谋论”者认为他不是自杀，而是被他妻子雇的杀手所杀。在他身上找到的遗书像是写给某人的一封奇怪的信，而且最后一行字迹不同，是后来加上去的。

'It's better to burn out than to fade away.'

“我认为，要不是他继续‘越战’不可宽恕，尼克松在历史上的地位本应更高。”

败在尼克松手下的政治对手乔治·麦克加文对他所作的评价

尼克松其人性格复杂，他是美国第三十六任副总统、第三十七任总统，也是唯一一位在任期内辞职的总统。1950 年他竞选众议院议员时，称民主党竞选对手是“别在内衣里的石竹花”，对方则称他“狡诈的迪克”①，这个绰号从此伴随尼克松终身。《纽约邮报》曾披露他得了一笔贿选基金，为挽回不良政治影响，他狡辩说，有人送他一只狗，他女儿很喜欢，他当然不会退还给人家。1960 年的总统竞选中，他以微弱劣势败给肯尼迪，但他不敢深究，害怕引发法制危机——因为两人似乎都有选票作弊的嫌疑。1962 年，他竞选加州州长失败，他归咎于媒体，听上去像是要就此隐退：“你们用不着跟在尼克松屁股后头跑了，先生们，因为这是尼克松的最后一次记者招待会了。”

1969 年，尼克松如愿当上总统。在他第二届任期内，副总统阿格纽因洗钱、贿赂和偷税辞职。同年，“水门事件”暴露，尼克松对媒体说：“人们得知道他们的总统是不是个骗子。我不是骗子。我所拥有的都是自己挣来的。”为避免被弹劾，他于 1974 年 8 月 9 日辞职。1977 年他接受采访时说：“我在总统任上确实滥用了权力……我也撒过谎……我自己把自己赶下了台。我把剑递到人家手上，人家当然要出手，而且还有滋有味地品尝胜利果实。嗯，要是我处在他们的位置，我想我也会这么做。”1983 年，鲍勃·多尔在一次演讲时说：“历史爱好者多半已注意到，几周前在华盛顿的一个派对上，三位前总统聚在了一起：卡特、福特和尼克松。我们看不见邪恶，听不到邪恶，但邪恶无处不在。”

① 石竹花的英文（pink）与“左倾”同词且与同性恋有关。迪克在俚语里意为男性生殖器。

'I think, with the exception of his inexcusable continuation of the war in Vietnam, Nixon really will get high marks in history.'

GEORGE BURNS (NATHAN BIRNBAUM)
乔治・伯恩斯（内森・伯恩鲍姆）
公元1896年1月20日—公元1996年3月9日

“‘你现在仍是身边美女成群，是真的吗？’‘真的。’‘这事儿你的医生怎么说？’‘我的医生已经死了。’”

他典型的喜剧台词之一

伯恩斯，美国喜剧演员，从表演歌舞杂耍开始，舞台生涯一直持续到他去世。这其间最开心的莫过于他跟妻子格雷西·艾伦同台表演的日子。艾伦长期患有心脏病，1964年去世，享年69岁。妻子过世后他无法入眠，便睡到妻子卧病时的那张床上，情况才有所好转。为摆脱痛苦，他埋头于工作，到夜总会、剧院演出，1974年还主演过电影《阳光男孩》。多年后他回忆道："最幸福的人莫过于还能工作的人。最可怜的是退休了的人。演员很少有自愿退休的。他们退休通常是因为没人再愿意看他们的表演了。辛纳特拉六年前就宣称要退休了，但他仍在工作。"为庆祝伯恩斯的99岁诞辰，洛杉矶将一条街更名为格雷西·艾伦大道，此前相邻一条街已更名为乔治大街。伯恩斯出席了揭牌仪式，说："能站在伯恩斯大街和艾伦大道的转角，挺好。不过，作为99岁的老人，能站在哪儿都好。"

1988年，他早早预订了恺撒宫和伦敦的帕拉丁剧院，准备1996年作为百岁华诞的演出场地，但他最终未能如愿。1994年，他在浴缸里跌倒，身体开始走下坡路。1995年12月，就在距百岁生日仅有三周时，他参加辛纳特拉的派对时患了流感，身体愈加虚弱。他曾说他盼着死神降临，那样他就可以跟格雷西在天堂相聚了。他死后被葬在格雷西身边，墓穴的牌子也更换了，上书“格雷西·艾伦与乔治·伯恩斯——再聚首”。之前他就提出过要求，要把格雷西的名字放在前边，因为多年来的演出海报上，他自己的名字总是居前。

'"Is it true that you still surround yourself with beautiful young women?" " That's true." "What does your doctor say about all of this?" "My doctor is dead."'

“雅克－伊夫·库斯托司令重新回到了寂静的世界。”

库斯托基金会发布的他的死亡公告；库斯托于1953年出版了《寂静的世界》

库斯托是一位海军军官，他与人合作发明了水下呼吸器（水肺），是海洋环境保护的先驱。他是生态学者、探险家、科学家、摄影家、作家、电影制片人，在他的影响之下，许多人对海洋生态系统产生了兴趣。在生命的最后一年，他接受采访时说道：

> 我曾经说过，海洋病了，但不会死。海洋不可能死去——海洋里总会有生命存在——但年复一年它们的情况却越来越糟……四十年后海洋生物将会是什么状况，我们对此必须有所准备。对于那些不可再生的地球资源，我们必须做好规划：哪些事情能做，哪些事情不能做。科技的进步将扮演什么样的角色？我们能为未来的百亿人口留下什么样的海洋生物？这些都是需要我们去全盘考虑并加以解决的问题。

1997年1月，就在他去世前几个月，库斯托在佛罗里达接受一项颁奖时说：“我希望你们都明白，未来的文明取决于海洋。”库斯托预言，解决全球能源危机的办法在于利用潮汐的起落及其温度的变化，在于利用深埋于海床的原生物质。他希望距海下几百英尺深处的植物能成为人类食物的充足来源。千百万人记住了他，因为他率先通过电视将海洋深处的神秘世界呈现在观众眼前，他拍摄的海洋影片达一百多部。他的追悼会在巴黎圣母院举行，前往吊唁的人成千上万，其中包括希拉克总统和克林顿总统。克林顿在致辞中说：“与其说我们是在哀悼他，不如说是在庆贺他光辉的一生。库斯托船长为我们展示了海洋的重要性以及深藏其中的美。”

'Commander Jacques-Yves Cousteau has rejoined the world of silence.'

“上帝把我给忘了！”

120岁生日时说的话

珍妮·卡门一辈子居住在法国阿尔勒，是世界上最长寿的人。她活了122岁零164天。113岁时大家为她祝寿，祝贺她成为最后一个见过梵高且仍活在世上的人。1888年，梵高去过她叔叔的店铺买颜料，据她描述，梵高是个“非常丑陋、没教养、没礼貌、病恹恹的人”，而且“脏兮兮的，穿着一塌糊涂，令人生厌”。卡门还记得她卖过彩色铅笔给梵高。她还亲眼见证了埃菲尔铁塔的修建。1896年，她嫁给了她的二表兄，二表兄开有一家店铺，让她过上了安逸的生活，打网球、游泳、骑车、弹钢琴、听歌剧。88岁时她开始学习剑术，100岁时仍能骑车。在满110岁之前，卡门的生活完全自理，后来做饭时发生了一场小小的火灾，她才被送进了疗养院。但她仍坚持散步，直到115岁时摔断了股骨，手术后只能以轮椅代步，体重也逐渐下降。

她117岁戒烟，但接下来的一年里偶尔还是会抽上一支。她不仅长寿而且面容年轻，她把两者都归功于橄榄油，平时不论吃什么她都要加橄榄油，并且用橄榄油保护皮肤。她说：“我全身只有一条褶皱，在两股之间。”她的另一个长寿秘诀是每天午、晚餐前必喝波尔多葡萄酒，每周吃两磅巧克力。122岁生日过后，大家不让她再去公共场合讲话了，因为她的健康状况已大不如前。一位名叫安德烈·弗朗西斯·拉弗雷的公证人找到珍妮，承诺每月资助她500美元直至她去世，孰料1995年12月他死在了她前头，在此之前他已以市场价的两倍替她付了公寓的租金。卡门对此评论道：“人一生中，有时会订下糟糕的合约。”她还说：“我尽可能自己给自己找乐子。我一辈子清清白白，注重道德修养，做事情从不后悔。我非常幸运。”

'God has forgotten me.'

LADY DIANA FRANCES MOUNTBATTEN-WINDSOR, née SPENCER, PRINCESS OF WALES

戴安娜·弗朗西斯·蒙巴顿—温莎夫人，娘家姓斯宾塞，威尔士王妃

公元 1961 年 7 月 6 日—公元 1997 年 8 月 31 日

“我的上帝。出什么事了？”

最后的话，据警方案卷

戴安娜是奥尔索普子爵的女儿，查尔斯二世和詹姆斯二世的非婚后裔。1982 年 2 月，查尔斯王子向她求婚，当时她芳龄 19，查尔斯 32 岁。两人于当年 7 月成婚。订婚消息公布时，独立电视新闻公司的安东尼·卡休问他俩感觉如何，又追问道：“我想应该是——坠入爱河吧？”戴安娜立即答道：“当然。”查尔斯迟疑片刻才回答说：“就是你说的那个意思吧。”

1990 年代初，在戴安娜生下威廉王子和哈里王子后，两人的婚姻因双方都有了婚外情而告终。他们于 1992 年分居，1996 年正式离婚。1995 年 11 月 20 日，在 BBC 一档叫做《全景》的节目里，马丁 · 巴希尔问王妃：“你认为帕克 - 鲍尔斯（即卡米拉）是不是你俩婚姻破裂的原因？”戴安娜答道：“嗯，我俩的婚姻里有三个人，确实拥挤了点……她又不愿意悄然离开，这就是问题所在。我要抗争到底，我还有两个孩子需要抚养……我愿意做人民心中的王后，被人民打心眼里认可，但我并不把自己看成是这个国家的王后。我想，不会有很多人愿意我成为王后。”1997 年，戴安娜和她的情人多迪 · 法耶德在巴黎死于车祸。调查直到 2004 年才展开，2008 年结束，结论是她的法国司机鲁莽驾驶酿成惨祸，但阴谋说依然甚嚣尘上。在葬礼上，戴安娜的弟弟、第九世斯宾塞伯爵公开批评王室，他的广播讲话赢得了聚集在威斯敏斯特大教堂外的群众的欢呼喝彩。2007 年，查尔斯王子与相恋多年的情人卡米拉·帕克 - 鲍尔斯结婚。

'My God. What's happened?'

MOTHER TERESA OF CALCUTTA (AGNESË GONXHE BOJAXHIU)

加尔各答的特雷莎修女（艾格尼丝·冈察·薄伽丘）

公元 1910 年 8 月 26 日—公元 1997 年 9 月 5 日

“她就是联合国。她就是世界和平。”

联合国前秘书长哈维尔·佩雷斯·德奎利亚尔语

特雷莎嬷嬷是阿尔巴尼亚裔罗马天主教修女，入印度籍，于 1950 年在加尔各答创办了仁爱传教修女会。她说，她的目的就是关心那些“衣食无着的人、无家可归的人、瘸子、瞎子、麻风病人，社会上所有那些感觉没人需要、没人爱、没人关心的人，那些被社会视为负担、人人避之犹恐不及的人”。仁爱传教修女会初建时只有 13 个人，现在已有修女 4000 名、修士 300 名，义工以百万计，在一百二十三个国家开办了孤儿院、学校、救济院和慈善中心，收容照顾难民、盲人、肢残者、老人、生命垂危的人、酒鬼、艾滋病患者、穷人、流浪汉，以及水灾、流行病和饥荒的受害者。

1979 年，特雷莎嬷嬷获得诺贝尔和平奖，“以表彰她为消除贫穷和苦难所做的努力，这种努力也是为编织和平奉献的一经一纬”。她拒绝出席为获奖者举办的晚宴，但接受了 19.2 万美元的奖金，要求把这笔钱用在印度穷人的身上。她说，世俗的奖励只有在帮助到世界上需要帮助的人时才有意义。接受颁奖时颁奖者问她：“为促进世界和平，我们能做些什么？”她答道:“回家去，爱你的家人。”在获奖感言中她说道:“我发现，在这个世界上，不仅仅是在贫穷国家，西方发达国家的贫困更难根除。在大街上看到一个饥饿的人，我可以给他一碗饭、一片面包，我就满足了，因为我消除了一个人的饥饿。而如果一个人被排斥、没人需要、没人爱、处境悲惨而又被逐出社会，这也是一种贫穷——这样的贫穷更伤人，要想根除会相当艰难。”1997 年 3 月 13 日，在去修女会的途中，身体本来就不好的她摔了一跤，六个月后去世。

'She is the United Nations. She is peace in the world.'

FRANCIS ALBERT 'FRANK' SINATRA

弗朗西斯·阿尔伯特·“弗兰克”·辛纳特拉

公元 1915 年 12 月 12 日—公元 1998 年 5 月 14 日

“我失败了！”

他女儿对《综艺》杂志的专栏作家阿米·阿切德说，这是他在世时所说的最后一句话

辛纳特拉最后一次严重中风，接受医生抢救时说了这么一句话。几天之后，即 1998 年 5 月 20 日，这句话被 CNN 网站引用，文章题为《好莱坞向辛纳特拉作最后的告别》。也有人说，他的最后一句话是“我失去了它”。为表达对他的敬意，拉斯维加斯大道熄灭了所有的灯光。据说辛纳特拉的棺材里放了一个杰克·丹尼尔威士忌酒瓶、一圈十美分硬币（暗喻他为救回被绑架的儿子，在电话亭跟绑匪谈判）、一个芝宝牌打火机（也许暗喻他与黑手党的关系）和一包骆驼牌香烟。墓碑上刻的是“期待更好”几个字。从 1997 年 1 月开始，辛纳特拉就从公众视线里消失了，其间几度进出医院。他长期患有冠心病、肾病、肠癌，最终在洛杉矶死于心脏病发作。他被葬在距棕榈泉几英里处，紧挨着他父母的长眠地沙漠纪念公园。

辛纳特拉绰号“蓝眼老兄”，在餐厅唱歌兼当侍者开始了自己的歌手生涯。他成了世界上最富有、最受人爱戴的歌手之一，他演唱的《我的路》《夜晚的陌生人》和《纽约，纽约》都成为了经典。他同时又是一位影星，出演过一系列影片，包括给他带来奥斯卡奖殊荣的《乱世忠魂》。斯蒂芬·霍尔登称他是“第一位流行音乐超级巨星……辛纳特拉在流行唱法里融入了富有个性的亲昵元素，传达了经久不息的性冲动……他 50 年代的唱片……为美国的流行歌曲文化树立了标杆。”

'I'm losing.'

“我就这么东走西逛，思考一些事情，然后就永远放下。”

1996年她谈到无法继续写作时说的话，1997年宣布她患了老年痴呆症后，《泰晤士报》在2月5日的文章中引用了这句话。

默多克出生在爱尔兰，这位作家、哲学家最著名的小说是《网之下》和《钟》，尤擅描写人与人之间的关系、下意识的强大和道德的力量。1956年，她在牛津遇上了英国文学教授、小说家约翰·贝利并与之成婚。其后她又出版了二十五部小说、哲学专著及剧本。从1990年代中期开始，她患上老年痴呆症，最先出现症状是在她出访以色列期间，连回答与会者的提问都显得很艰难。她的最后一部作品是《杰克逊的困境》(1995年)，是一部心理惊悚小说。一位批评家在《纽约时报》撰文指出，默多克的小说语言欠精当，颇显啰嗦，例如，在同一个自然段里就连续出现了三次“然后，突然间”。

1995年，默多克告诉一位采访者，作为作家，她遇上了写作障碍，强行写作使她陷入了“艰难、黑暗的境地”。1996年，约翰·贝利向公众宣布默多克患上了老年痴呆症。接下去的几年里，贝利写成了《爱丽丝挽歌》，这不仅是一个爱情故事，还记录了自己的痛苦与无奈，他眼睁睁看着自己心爱的人饱受疾病折磨，而她自己却浑然不觉。在回忆录里贝利写道，默多克变得“就像个可爱的三岁小孩”，需要别人给她喂食，帮她洗澡换衣。在书中他说，最后几年里的默多克仍然知道爱，但已不知道感情为何物。“她是个极好的人，而这个极好的人却不了解我的心思……日复一日，我们在肉体上越发亲近……她并没有去往黑暗。她的旅程已然结束，在老年痴呆症的伴随之下，她不知去了哪儿。我也一样。”2001年，由朱迪·丹奇和凯特·温丝莱特主演的《爱丽丝》就是根据贝利的回忆录改编的。

'I'm just wandering, I think of things and then they go away for ever.'

“不，我想他是在写信。”

2000 年 2 月 13 日，系列卡通连环画《花生》的最后一部出版

系列卡通连环画《花生》的最后一部在舒尔茨去世后第二天出版，画中的查理·布朗在电话里说了上面那句话，当时史努比正趴在狗舍顶上写下面这封信：

亲爱的朋友们，我很幸运，画查理·布朗和他的朋友们画了近五十年，实现了我的童年理想。不幸的是，我无法再继续每日一画了。我的家人不希望任何人再把这个系列连环画继续画下去，所以我宣布就此退休。我感谢编辑们的忠诚合作，感谢粉丝们一直以来的支持。查理·布朗、史努比、莱纳斯、露西……我永远忘不了它们。

《花生》连载了将近五十年，出现在七十五个国家的两千六百家报纸上。1999 年 11 月，舒尔茨中风，检查出患有结肠癌。因为得接受化疗，加上眼睛已看不清东西，他只好于 12 月 14 日宣布退休。对舒尔茨来说，这是个艰难的选择，正如他接受《今日》栏目采访时所言：“我做梦都没想到过这样的事会发生在我身上。我一直以为我能画到 80 岁，至少也要接近 80 岁吧。但突然之间就结束了。不是我自己要放弃，而是不得已而为之。”他曾预言这个系列连环画的寿命会比他的寿命更长，因为连环画通常要在画成一个星期后才会刊登出来。结果，他的连环画只比他多生存了一天。有人问他，几十年了查理·布朗都没能踢上足球，能否让他在最后一幅画里踢上。他的回答是：“噢，不行！绝对不行！我不能让查理·布朗踢上足球；都将近半个世纪了，这么做是对他的巨大伤害。”

'No, I think he's writing.'

“我知道我们都会死……我们几个准备做点什么。我爱你，亲爱的。”

最后的话，对妻子迪恩娜所说

伯内特是一家医疗设备公司的副总兼运营主管，当从纽瓦克机场飞往旧金山的美国航空公司 93 号航班被恐怖分子劫持时，他也是这架飞机上的乘客之一。乘客中有人通过手机得知世贸中心和五角大楼已遭到恐怖分子劫持的飞机袭击。经过商量，乘客们决定徒手空拳与飞机上的恐怖分子搏斗。飞机此时已改变航向，正朝着华盛顿特区飞去，按照恐怖分子的计划，准备撞击戴维营、白宫或者国会山；由于乘客们的反抗，被劫持的四架飞机中，唯有这架没能撞上既定目标，而是一头撞向了宾夕法尼亚州尚克斯维尔的一座露天煤矿。与恐怖分子殊死搏斗并冲进驾驶舱的有伯内特（38 岁）、马克·宾汉（31 岁）、杰弗里·格里克（31 岁）和托德·比默尔（32 岁）。行动之前，有人通过机上亲友的手机听见比默尔喊了一声“动手！”（Let's roll!）这句话在“9·11”之后成了一句家喻户晓的名言。恐怖分子眼见大势已去，让飞机撞向地面，机上 45 人全部丧生。

此次自杀式恐怖袭击系由“基地”组织发起，现在被称为“9·11 事件”。两架飞机撞向世贸中心双子塔，造成两座大楼在两个小时内相继坍塌，附近的若干楼房也同时被毁。第三架飞机撞上了五角大楼。恐怖分子用刀杀死了机组人员和一些乘客，用催泪瓦斯和辣椒水喷雾器将乘客们控制在头等舱之外，从而控制了飞机。纽约、宾夕法尼亚和华盛顿三地死难人数总计 2973 人。

'I knew we're all going to die...there's a
group of us who are going to do something
about it. I love you, honey.'

TERENCE ALAN PATRICK SEÁN ('SPIKE') MILLIGAN KBE
特伦斯·阿兰·帕特里克·肖恩（“斯派克”）·米利根爵士
大英帝国爵级司令勋章获得者

公元 1918 年 4 月 16 日—公元 2002 年 2 月 27 日

“我跟你说过我病了。”
“爱情，光明，和平！”

自拟墓志铭

当代最伟大的喜剧天才米利根出生在印度，父亲是爱尔兰人，母亲是英国人。虽然他患有严重的躁郁症，却并未妨碍他成为一位堪称完美的演员、音乐家、画家、诗人、作家、剧作家和喜剧演员。作为《古恩秀》的主笔，在古恩 · 哈里 · 塞科姆去世后他说："我很高兴他死在了我前面，因为我不想要他在我的葬礼上唱歌。”结果，在他的葬礼上放的是塞科姆的唱片。米利根 83 岁辞世，葬在东苏塞克斯的温切尔西。两年后，亲属为他立了一块碑，刻上了上述墓志铭。碑文用什么文字曾有过争议，奇切斯特教区不同意用英文，最后达成协议，刻的是盖尔语译文，亲属和教区皆大欢喜。

1999 年 8 月，BBC 的一项民意调查将米利根选为“一千年来最搞笑的人”。2006 年，理查德·怀斯曼教授发现，由“笑话实验”项目组认定的世界上最搞笑笑话的作者正是米利根。这则笑话改编自 1951 年的《古恩秀》台本："两个猎人进了树林，其中一个突然瘫倒在地。他好像没有了呼吸，眼睛都直了。另外一个人急忙拿出电话打给急救医生。他喘息着说：‘我朋友死了！我怎么办？’医生说：‘冷静。我有办法。首先，让我们确认他死了。’一阵寂静过后传来一声枪响，然后医生听见那人说：‘行了，接下来我该怎么做？’”他创作的笑话不计其数，又如："之所以给警察编号，是为了防止他们走失”。

'I told you I was ill.' 'Love, Light, Peace!'

“很可能我会被人发现死在树林里。”

2003 年 2 月同戴维·布鲁切的谈话

凯利博士出生在威尔士，是世界顶尖的生物与化学武器专家之一。作为联合国特别委员会成员，他三十七次前往伊拉克，发现并揭露了伊拉克的生物武器研制计划，得到了诺贝尔和平奖提名。2002 年，凯利发现英国政府的一份材料声称，伊拉克有能力在地面战争开始后的四十五分钟内先后使用生物武器和化学武器。这让他忧心忡忡，怀疑炮制这份文件的人别有用心。2003 年 5 月，在 BBC 的《今日》栏目里，记者安德鲁·吉利根抛出了这份猛料，说政府宣扬“四十五分钟说”的做法极为诡异。消息一出，舆论哗然，有关方面遂动员了一切力量寻找泄密者。之后，凯利被议会传讯，遭到了激烈的甚至是有辱人格的讯问，一个议员直接问他：“你是不是被人利用了？”两天后，凯利给《纽约时报》一位记者发了一封电子邮件，说有“很多见不得人的演员在玩见不得人的游戏”。当天下午 3 点，他独自去到一片树林，服下 29 片止痛片，然后割腕自杀。

次日一早，凯利的尸体被发现。政府当即宣布对凯利的死因进行司法调查。英国常驻联合国裁军会议大使戴维·布鲁切报告说，2003 年 2 月，他跟凯利在日内瓦曾有过一番交谈，他问凯利如果伊拉克遭到侵略会发生什么，凯利回答：“很可能我会被人发现死在树林里。”有专家不相信凯利是自杀，疑点很多，其中之一是现场没有多少血迹，刀把上没有指纹，自杀也跟凯利的宗教信仰相悖。军情五处一个特工拿走了他身上的手机。在遗体被发现之前，特工们就赶到凯利家拿走了他的电脑，电脑里有他一篇 4.6 万字的长文，驳斥入侵伊拉克的种种理由皆站不住脚。尸检应是最为关键的证据，但极不寻常的是，有关方面决定，尸检报告要等到 2073 年才予以解密。

'I will probably be found dead in the woods.'

“现在，我已开始走向人生的日落。”

1994年11月5日写给美国人民的信

1994年8月，83岁的罗纳德·里根被诊断出患了阿尔茨海默病。同年11月，他手书了一封致全国人民的信：

我的同胞们，最近我被告知，我成了美国千百万阿尔茨海默病患者之一。南希和我不得不作出选择，是将此消息作为一个公民的私事加以保密呢，还是应该将其公之于众。此前，南希患了乳腺癌，我也接受了癌症手术。我们发现，公布我们的病情有助于提醒公众对自身的健康予以关注。让我们感到高兴的是，许多人都因此去做了检查。许多人在癌症早期就得到了治疗，重新开始正常的、健康的生活。所以我们觉得，把实情告诉你们很重要，希望人们能更加注重对这种疾病的防治。已经患病的人及其家人也许可以由此得到鼓励，对这种疾病有一个更清楚的认识。目前，我的情况还不错。

在上帝留给我的最后这些年里，我将一如既往地生活。我将与亲爱的南希和我的家人们共享生命之旅。我计划享受户外活动的乐趣，继续会见朋友和我的支持者。不幸的是，随着我病情的发展，我家人的负担会越来越重。我真希望能有办法让南希得到一点解脱。当那个时刻到来时，有你们的帮助，我相信她能勇敢面对。最后，我要感谢你们，感谢美国人民给了我那么大的荣耀，让我作为总统为你们服务。不论是在哪一天，当上帝呼唤我回家时，我会带着对祖国无限的爱和对它的未来的信心，安详地离去。现在，我已开始走向人生的日落。我知道，对于美国来说，光辉的黎明就在前头。谢谢你们，我的朋友们。愿上帝永远保佑你们。

'I now begin the journey that will lead me
into the sunset of my life.'

“他是超人这个角色的不二人选。”

苏珊娜·约克对里夫的评价

《超人》的主演里夫同时也是一位导演、制片人和电影剧作家，1995 年 5 月 27 日，他从马背上摔下，导致四肢瘫痪。他不得不坐在轮椅上，靠呼吸机维持生命。即使这样，他仍为加强对脊髓损伤的研究而奔走呼号。在他去世前几年，他身体的某些部分恢复了一点知觉，然而最终还是因心脏停跳陷入深度昏迷而辞别人世。他的朋友、民主党总统候选人约翰·克里赞扬他设立干细胞研究基金的义举：“他对我们所有人来说，都是个鼓舞，他给千百万把生存寄托于医学科研进步的患者带来了希望。他勇敢面对每一个挑战，为瘫痪的研究治疗开创了一片新天地。”

苏珊娜·约克是超人母亲的扮演者，10 月 11 日她在 BBC 广播节目中称里夫是个“极其善良而勇敢的人。能扮演他的母亲我感到无比骄傲。拍电影时我就暗忖，‘哇，这小伙子太棒了。’单凭他的勇敢和慷慨，他就应该是超人这个角色的不二人选。他这个人还挺风趣。我觉得他很了不起……出事后他所做的一切……我说不出有多赞赏他”。

医学研究委员会主席科林·布莱克莫教授对 BBC《今日》节目组说，对瘫痪的研究离不开像里夫这样的人的奉献和参与：“正是像里夫这样的杰出人士让人们认识到，为未来的瘫痪病人着想，投资与努力都是值得的。他常说他这么努力是为了自己，他相信他的病能治好。但我认为，在他的内心深处，他更多地是在替别人考虑。”祸不单行，长期关心鼓励他的爱妻戴安娜于 2005 年被查出患了肺癌，2006 年 3 月 6 日病逝，年仅 44 岁。

'He was a very real contender for a Superman hero figure.'

“我找到了自己一直想要做的事情，做这件事情的每一分钟对我来说都是享受。”

最后一次主持《今夜秀》时所致的告别辞

卡尔森是一位喜剧演员，主持《今夜秀》长达三十年，颇受欢迎，《今夜秀》已成为美国观众的必看节目。开场音乐过后，随着一声“约翰尼——来了！”卡尔森出场，然后是一段简短的独白。独白结束，他的标志性动作是作挥动高尔夫球杆状，指向舞台左侧的乐队。1992 年 5 月 22 日，即将退休的卡尔森最后一次主持《今夜秀》，之后将由杰伊·伦诺接班。在这次令人伤感的告别演出中他说：

> 这一刻终于来到了。我，嗯……我是世界上最幸运的人之一；我找到了自己一直想要做的事情，做这件事情的每一分钟对我来说都是享受。我要感谢三十年来跟我分享这个舞台的诸位，埃德·麦克马洪先生……多克·斯文森先生……还有……收看节目的观众们！我只想告诉你们，这么多年来，我的节目能走进千家万户，让你们开心一笑，这是我的荣耀，是你们对我的抬爱——如果我还能找到我愿意做的事，如果我还能回归，希望你们能一如既往地支持我。祝你们度过一个愉快的夜晚。

卡尔森是个老烟客，1999 年在马布里家中他心脏病发作，被送往圣莫尼卡的一家医院做了心脏搭桥术。2005 年 1 月 23 日，在洛杉矶一家医院里，他因肺气肿导致的呼吸骤停去世。在早期的《今夜秀》节目中，他经常烟不离手，1970 年代他就曾说过：“这玩意儿会要了我的命。”

'I found something I always wanted to do, and
I have enjoyed every single minute of it.'

“放松——一点都不疼。”

2005 年 2 月 16 日，留给妻子安妮塔的字条

足球赛季结束了。再没有比赛了。再没有大事件。再没有散步。再没有乐趣。再没有游泳。67 岁。已经超过 50 岁十七年。我不需要也不想要的十七年。厌倦透顶。我历来都是那么专横。对任何人来说都没意思。67 岁。你会变得贪婪。服老吧。放松——一点都不疼。

写下这张字条后的第四天，汤普森在科罗拉多他的猫头鹰农庄开枪自尽。之前他就饱受病痛折磨，包括摔断一条腿、接受臀部肌肉置换手术。汤普森自杀时，他的儿子、儿媳妇和孙子都在他的农庄度周末，他们在隔壁房间里听见枪响，一开始还以为是书掉落地上发出的响声。汤普森自杀时，他妻子安妮塔正在健身房里跟他通电话。

汤普森是一位有声望的记者、作家，他于 1971 年出版的《拉斯维加斯的恐惧与厌恶》被《纽约时报》称为“毒品泛滥的十年里最伟大的作品”。作者把自己变成了叙事中心，深沉的内省、华丽的风格加上虚构与真实的混合，形成了所谓的“冈左”文风，即真实与臆想参半的新闻报道风格。8 月 20 日在伍迪克里克，按照他自己的设计，在《天上的灵魂》音乐声中，他的骨灰跟烟花一起，用架在 135 英尺高的塔顶的一门炮射向天空。资助这场葬礼的是汤普森的朋友——演员约翰尼·德普，他对《联合报》记者说：“我所做的这一切就是要确保他的遗愿得以实现。我只想以他想要的方式送他上路。”

'Relax-This won't hurt.'

“我没有遗憾。”

迈克尔·帕金森对乔治·贝斯特所作的采访

“一次做节目时我问他，假如有来世，他愿意变成什么。‘什么都不想变。有些人认为我的人生是一场悲剧，但我完全不这么认为。如果有来世，我还是做人，我倒要看看那些人还有什么可说的。我没有遗憾。’他说。”帕金森说。贝利称贝斯特是“世界上最伟大的足球运动员”，他在曼联队和北爱尔兰队表现出的令人眼花缭乱的球技让人至今难忘。得益于他的出色表现，曼联于1965年和1967年两度获得联赛冠军，1968年夺得欧洲冠军，他本人也当选当年的欧洲足球先生。1970年曼联又捧得足总杯，北安普顿队的球员罗伊·费尔法克斯说：“比赛时你休想靠近他，只有在比赛结束握手时才是我离他最近的一刻。”球员罗德尼·马什总结道：“他是所有男人心目中的偶像，是所有女人心目中的白马王子。”

贝斯特说：“1969年我曾放弃女人和美酒——那是我人生中最难熬的二十分钟”；“我把大把的钱花在了宴饮、玩鸟和飙车上。剩下的也全都挥霍一光。”在爱尔兰一家酒店，服务生去贝斯特的五星级套房送香槟，只见他和当年的世界小姐四仰八叉地躺在床上，身上盖满了他刚刚赌博赢得的钞票，惊诧之余服务生问道：“怎么啦，乔治，有什么不对劲儿吗？”在一次电视谈话节目里贝斯特说：“我常跟小姐们交往……加拿大小姐、英国小姐、世界小姐。”在另一个场合他说：“我已经戒酒了，不过只是在睡着了的时候。”他后来又在十一家俱乐部踢过球，但时间都不长。他成了一名酒鬼、破产者，1984年因酒驾和袭警入狱。1998年，他被房东从公寓里赶出，2002年他接受了肝移植手术。术后的他重新端起了酒杯。2005年11月20日，应他的要求，《世界新闻》刊登了一幅他躺在病床上的照片，并配有他的遗言：“不要像我这样死去。”

'I have no regrets.'

"我就要回家了，尘归尘，土归土，从哪里来就回到哪里去。"

自杀前留下的字条

致我的朋友们和支持者们，一定要帮助他们认清如此迅速地发生的一切：千年以来，某些人类文化一直在跟地球交战。我选择跟熊、山狮、臭鼬、蝙蝠、仙人掌、野玫瑰，跟所有野生动植物站在一边。我只不过是这场战争的又一个受害者罢了。但是，今晚我就将冲破牢笼——我就要回家了，尘归尘，土归土，从哪里来就回到哪里去。比尔，2005 年 12 月 21 日（冬至日）。

这位环境保护积极分子于 2005 年 12 月 7 日在 FBI 的"逆火行动"中被捕，罪名是从事生态恐怖主义活动。他拒不认罪，在亚利桑那州弗拉格斯塔夫监狱的单间囚室里，他用塑料袋套住脑袋自尽。他是亚利桑那州普雷斯科特的一家书店老板，跟另外六个人一起被控向位于华盛顿奥林匹亚的联邦动植物检疫中心投掷燃烧弹，造成了一千二百万美元的损失。他还被认为是 2001 年华盛顿大学都市园艺学中心那场火灾以及美国西北部系列纵火案的嫌疑人，单是华盛顿大学那场大火就造成了一千五百万美元的损失。按计划，罗杰斯将被转移到西雅图受审。弗拉格斯塔夫警局的警官查理·王说："没有任何要出事的迹象。他看上去完全正常。"《西雅图时报》（2005 年 12 月 23 日）报道说：

FBI 特工作证时说，已经录下了罗杰斯的口供，他承认计划纵火。他还曾参加了"地球解放阵线"在西科罗拉多举行的会议，并打算将当地的一处滑雪度假胜地作为纵火目标。据丹佛《落基山新闻》披露，联邦政府声称还拥有另一个人的录音，此人说他在纽约环境组织办公室里发现了一本手册名叫《用电子计时器纵火》，作者正是罗杰斯。

'I am returning home, to the Earth, to the place of my origins.'

“今晚我就要走了。”

死前对保罗·萨金特说的话

1983 年初布朗说："有时我回顾人生，连我自己都感到惊讶，一个人何以能取得如此大的成就。”他被称为“灵魂乐教父”“灵魂乐老大”“爆炸先生”“放克之王”“迪斯科原创者”和“娱乐业最卖命的人”。他登台表演、唱歌写歌，是乐队领衔，是流行音乐的中坚力量。据说，1960 年代的灵魂音乐、1970 年代的放克音乐和 1980 年代的说唱音乐的兴起全都跟他直接相关。他将福音音乐改造成为更具张力和节奏感的布鲁斯，再配上精心打造的伴舞，为黑人音乐的发展定下了方向。从他 1956 年第一张“节奏与布鲁斯”唱片（《求你求你求你》）大卖开始，其影响一直持续到如今。他的热销唱片还有《冷汗》《爸爸有了个新包》和《我感觉很好》等等。因为老是打法律的擦边球，他的事业受到了一定影响，但他为 1960 年代和 1970 年代黑人社会权利的提高作出了卓越的贡献。

2006 年 12 月 23 日，健康状况本就不佳的布朗去亚特兰大看牙医，比约定的时间晚到了好几个小时。牙医发现他的情况“非常糟糕……虚弱不堪，一副失魂落魄的样子”，建议他赶快就医。据布朗的经纪人说，从 11 月的欧洲巡演开始他就病了，老是咳嗽。他说布朗经常生病，但从不抱怨，抱病演出是家常便饭。他自信出院后还赶得及回纽约参加新年前夜的演出，但就在圣诞节这天，他病情突然加重，死于肺炎并发心力衰竭。临终前，他的代理人弗兰克·柯斯达斯和好友保罗·萨金特守在他床前，听见他喃喃道“今晚我就要走了”，言毕，出了三口长气，与世长辞。

'I'm going away tonight.'

“我相信，音乐人生是最精彩的人生，我把我的一生献给了音乐。”

最后的话，对其经纪人特里 · 罗伯森所说

帕瓦罗蒂是意大利抒情男高音歌唱家，被认为是 20 世纪全世界最伟大的美声唱法歌唱家、歌剧歌唱家之一。音乐会、唱片和电视演出为他在全球各地赢得拥趸无数。2006 年一个寒冷的冬夜，他在都灵冬奥会的开幕式上“现场”演唱了《今夜无人入眠》。事实上，考虑到他的健康状况，演唱是事前就录制好的。2006 年 7 月，在全球告别巡演期间，他被诊断出患了胰腺癌。他接受了一次腹部大手术,但到了 2007 年 8 月，他因发烧和胸部感染入院治疗，期间病情严重恶化。他出院回家后因肾衰竭昏迷过去。他死在摩德纳的家中，死时家人都在身边。

帕瓦罗蒂去世几个小时后，他的经纪人特里 · 罗伯森在一封电子邮件里说 :“大师跟胰腺癌作了长时间的、顽强的斗争，但最终不治。为了他钟爱的事业，他至死都以积极乐观的态度对待病魔。”在此前不久，帕瓦罗蒂还说让粉丝们放心，说他身体很健康，甚至还拿自己的病开玩笑。死前一个月他还给正在伊斯基亚岛举办的音乐会打过电话，他向公众保证将出一张新的合唱唱片，而且还打算重执教鞭。“去世前几周，在意大利亚得里亚海海滨皮萨罗他的夏季别墅，他每天还花上几个小时教学生，”罗伯森说，“他一直乐观而自信，相信他能战胜病魔，重返舞台，继续完成他的全球告别巡演。”

'I believe that a life lived for music is an existence spent wonderfully, and this is what I have dedicated my life to.'

DAME ANITA LUCIA RODDICK, née PERILLI
安妮塔·露西亚·罗迪克女爵士，娘家姓佩雷里
公元1942年10月23日—公元2007年9月10日

“我是个丙型肝炎病毒携带者。它不过是个小小的无赖，而你们却对我避之唯恐不及。”

2007年2月14日通过媒体坦陈自己的病情

美体小铺（The Body Shop）的创始人安妮塔·罗迪克女爵士通过媒体坦陈自己是丙型肝炎病毒携带者。她还说，由于病毒的长期影响，她的肝脏已经硬化。她称病毒是个“小小的无赖”，是1971年她生最小一个女儿时接受输血感染上的。这位女企业家决心通过自己的努力，让人们对丙型肝炎有更多的了解。因其所导致的一些症状，她戏称丙肝病毒是“沉默的杀手”。两年前发现自己是病毒携带者后，她就找到英国一家名为“丙型肝炎托管基金”的慈善机构，现在她是这个基金的资助者。她呼吁更加认真地对待这一“对公众健康的挑战”，质疑政府相关的宣传普及活动不得力。丙肝病毒的感染者初期都没什么症状，但时间长了就会导致肝脏损伤甚至会引发肝癌。男性感染此种病毒的几率是女性的两倍以上。病毒可通过体液传播，吸毒者共用注射器尤其危险。安妮塔说:“我是个丙型肝炎病毒携带者。它不过是个小小的无赖，而你们却对我避之唯恐不及。如果不是一次常规验血，我自己都不知道我是病毒携带者。我想说的是，知道自己患了丙型肝炎后，我首先想到的是怎样才不枉活此生。人生只争朝夕，可以有各种各样的精彩。我现在更有决心把应该做的事情做好。”安妮塔女爵士呼吁政府投入更多资金，帮助人们提高对这种疾病的认识。她说：“我都快成吹鼓手了，我会继续奔走呼号。”（据《苏格兰人报》，2007年2月15日）

罗迪克的“美体小铺”化妆品公司于1976年开张，率先放弃产品动物试验，是一家环保型企业，以诚信经营著称。

'I have hepatitis C. It's a bit of a bummer, but you groan and move on.'

“见鬼，我睡不着。”

拍最后一部电影时对克里斯托弗·普鲁默说的话

离开英国，（克里斯托弗）普鲁默说：“希斯心情好极了。他在尽情享受生活和工作。剧本很有想象力，他的角色也完成得很漂亮。”先前曾有报道说希斯在片场身体不适，普鲁默对此予以了证实，“潮湿的夜晚在野外赶工，大家都感冒了。但只有希斯一直不见好，我想他可能没有及时服用抗生素吧……我觉得他是得了肺炎。更要命的是，他总是抱怨‘见鬼，我睡不着’……他一直在吃安眠药。”普鲁默说，除了潮湿的天气和缺乏睡眠，拍片也特别辛苦。“我们必须抓紧在外景地的分分秒秒……几乎没时间进帐篷或车里暖和暖和。就这么拍啊，拍啊……一刻都不歇息。真的是太苦太苦了。”

这位澳大利亚电视、电影明星在影片《帕纳萨斯博士的奇幻剧院》拍到一半时就去世了。2005 年，他因主演《断背山》获学院奖提名，在《蝙蝠侠之黑暗骑士》里他扮演的小丑获得了奥斯卡最佳配角奖。在他位于曼哈顿的公寓里，他被人发现赤身裸体地死在床边地板上，死因是“混合服用多种处方药导致的药物中毒”，这些药物包括可待因酮、氢可酮、安定、羟基安定、阿普唑仑和抗敏安。莱杰曾对《纽约时报》的萨拉·莱尔说（2007 年 11 月 4 日），他认为影片中的小丑是个“变态的、精神错乱的、毫无同情心的疯狂杀手”，在准备这个角色时，“我必须深入了解精神变态者——他们是一个做事不讲道德良心的群体。”他因为拍片压力太大，“上个星期，我每晚睡觉平均只有两个小时……我无法停止思考。身体已经疲倦极了，思维却依然活跃。”安眠药只能让他“迷糊一会儿，个把小时后就会醒来，脑子却依旧清醒得很”。

'Dammit, I can't sleep.'

“我很开心。我准备好了。”

临死前用纸条带给瑞安·奥尼尔的话

她曾嫁给李·梅杰斯（电视连续剧《无敌金刚》中“六百万美元先生”的主演），所以又名费拉·福赛特·梅杰斯，1976 年，她因主演《霹雳娇娃》崭露头角，赢得国际声誉。她的一张穿红色泳衣的海报卖出一千万份，使她成为性感金发美女的全球性符号。离开一档红极一时的电视节目后，她没有稳定的职业，跟电影演员瑞安·奥尼尔保持了很长时间的情人关系。毒品和暴力不仅玷污了她的生活，也影响了她的容貌。时至 1997 年，她似乎丧失了现实感，年届五十还在《花花公子》亮相，裸身在颜料里打滚，在“戴维·莱特曼脱口秀”里嗲声嗲气地说话。2006 年，她被诊断出患了直肠癌，仍勇敢地出演电视记录片《费拉的故事》。记录片展示了她跟病魔顽强斗争的历程。结尾时她面向镜头问观众：“你好吗？你为什么而斗争？”

2009 年 7 月 21 日，在接受《今日》记者梅里迪斯·维拉采访时，瑞安·奥尼尔被问及福赛特临死时的情形：

> 太可怕了。太可怕了。都以为她熬不过两个钟头了，结果拖了整整两天。我只得在房间里加了一张床，躺在她旁边。她就是不肯——不肯走。就是咽不下最后一口气。她就这么——就这么看着我们，脸上还挂着一丝微笑。太叫人伤心了。拖了差不多十六个小时，终于，所有仪表上的信号显示都变成了直线。她——她终于走了……我说我很快就会去见她。她天天都在我眼前。现在，我每天都给她写信，写在我的日记里……我们一个个跟她吻别，拥抱了她。我们都舍不得她走。这样的事情我从来没经历过，我已经以此题材写了个电影剧本。我从没经历过这种事。

'I'm happy. I'm ready.'

“我更爱你！”

死前一天对一位摄制组成员说的话

迈克尔·约瑟夫·杰克逊，风格独到的“流行音乐之王”，有史以来经济收益最高的艺人。尽管私生活麻烦不断，他对流行音乐和舞蹈的影响却无人可比，他的唱片《颤栗》（1982年）的销售量创下了空前绝后的纪录。在洛杉矶租住的公寓里，杰克逊服下异丙酚、氯羟去甲安定和咪达唑仑后突发心脏病死去。

《每日快报》报道说，2009年3月5日，杰克逊在伦敦O2中心最后一次公开亮相。演出结束，他在乘车离去前对粉丝们大声叫道：“就是这样，就是这样了。”尽管担心自己健康不佳，他还是赶回洛杉矶，为计划中的在英国的五十场演出进行排练。“我都不知道怎样完成五十场演出。我得增重，可我食量又不大。”他对聚集在排练场外的粉丝们说。看起来他是为了偿还巨大的债务才不得不重返舞台的。5月21日，AEG演出推广公司负责人兰迪·菲利普驳斥有关杰克逊身体虚弱的传闻，说：“我拿命赌他的明天。他身体棒极了。”

“他死的前一天，我们已完成了O2中心演唱会的形体动作排练。”肯尼·奥尔特加说。以杰克逊最后几次排练为素材，将拍一部影片《就是这样》，奥尔特加是这部影片的制片人兼导演。“迈克尔和我站在舞台前沿，他望着空荡荡的观众席说：‘这就是梦想。我们干得不错，肯尼。干得不错。’感觉他心情很好，我们大家也一样，仿佛已经登上了飞往伦敦的飞机。迈克尔说：‘感觉像是已经到了伦敦。你能嗅到它的气息。’”联合制片人兼编舞者特拉维斯·佩恩披露，排练结束，他在杰克逊向汽车走去时叫了一声“我爱你”，杰克逊笑着回答“我更爱你！”

'I love you more!'

PATRICK WAYNE SWAYZE **帕特里克·韦恩·斯韦兹**
公元 1952 年 8 月 18 日—公元 2009 年 9 月 14 日

“我要死了吗？我放弃了吗？我要跟大家说再见了吗？才不会呢。”

2009 年 1 月 7 日，最后一次接受采访时说的话

他既是创作型歌手，又是演员、舞蹈家，他在影片《辣身舞》和《人鬼情未了》中罗曼蒂克的演绎给人留下了深刻印象。1991 年，*People* 杂志将他评选为“世界上最性感的男人”。他是个老烟客，2008 年被查出胰腺癌已到四期。癌细胞扩散到了肝脏，还并发了急性肺炎。他将自己与病魔斗争的情况公之于众，以提醒全世界的人们关注癌症的防治。在 2008 年 9 月的一个电视直播节目《直面癌症》里，他的讲话赢得了现场观众的热烈掌声：“我一直梦想着未来，一个健康长寿的未来，过一种充满光明的生活，不再生活在癌症的阴影之中。只要我们大家共同努力，就可以创造一个世界，在这个世界里，癌症不再意味着在恐惧、绝望中苟延残喘。”2009 年 2 月，他在《华盛顿邮报》上发表了题为《我在同癌魔搏斗，帮帮我怎么样，国会？》的文章，敦促政治家们加大对医疗卫生事业的投入。“我希望的是，有那么一天，在‘治愈’两个字后面不再出现‘无望’。”

斯韦兹在斯坦福大学医疗中心接受了让人痛苦不堪的化疗及一些实验性的新法治疗，他说:“人生之中，希望是最脆弱的东西，我爱的人们，但愿你们不会失去它。”被各种并发症搞得虚弱不堪的他坚持演出，拍了一部难度甚高的电视系列片《野兽》。2008 年 7 月末，从专家宣布他只能再活几周算起，半年已经过去了，在洛杉矶机场，记者问他健康状况如何，他答道:“我还自己做饭呢。我就是个奇迹。我也不知道为什么。”在最后一次接受电视采访时他还说：“有一件事我绝不会去做，那就是追求苟活。你费心费力地追求，到头来还是活不了。”

'Am I dying? Am I giving up? Am I on my deathbed? Am I saying goodbye to people? No way.'

“我好多年不曾有过这么美好的感觉了！”

最后的话，对朋友西莉亚·马丁所言

基斯·弗洛伊德是一位性格活跃的餐馆老板兼大厨，喜欢写文章，主持过多档颇受欢迎的电视烹饪节目，曾四次结婚，一次破产。当初他受电影《祖鲁战争》的影响从军，成为皇家坦克兵团的一名少尉。后来他发现自己跟军队格格不入，决定将来要从事跟美食相关的职业。他让烹饪走出厨房，走遍全世界做露天烹饪表演，做当地传统名菜，遍尝各地名酒。他心脏有毛病，还接受了肠癌切除手术，医生告诉他手术非常成功。为庆祝这个好消息，同时为好友西莉亚·马丁庆生，两人来到多塞特附近的莱姆·里吉斯餐馆大快朵颐，这家餐馆的老板叫马克·希克斯，也是一位名厨。弗洛伊德开开心心用完餐，抽了几支烟。据说后来：

> 两人回到家中，准备小憩一会儿，看凯斯·艾伦采访弗洛伊德的电视节目。节目还没开始，弗洛伊德已在午睡中死去。马丁夫人说（她说他跟弗洛伊德很亲近，但只是纯粹的精神依恋）：“昨天是我的65岁生日，我们先去看了专家。专家说他术后恢复非常好，他自己对预后也十分乐观。然后我们去吃了一顿。他说：‘我好多年不曾有过这么美好的感觉了。’他的最后一天过得非常愉快。”

弗洛伊德的最后一餐菜单如下：

希克斯·菲克斯鸡尾酒——苹果白兰地浸酸樱桃加香槟（11.50英镑）

2006年的普伊—凡列尔勃艮第白葡萄酒两杯（49英镑一瓶）

牡蛎加莫克姆湾海虾加烤面包（12.7英镑）

罗讷河谷红葡萄酒一瓶，两人分喝（21.5英镑）

红爪山鹑蘸面包调味汁、花楸果冻、芹菜脆饼（21.5英镑）

梨酒果冻加苹果派（6.50英镑）

'I've not felt this well for ages!'

A

B

C

D

E

H

图书在版编目（CIP）数据

让我们害怕的是恐惧本身 / [英] 特里・布雷弗顿编著；杨荣鑫译 . - 合肥：黄山书社，2016.1
ISBN 978-7-5461-5247-9

Ⅰ . ①让… Ⅱ . ①特… ②杨… Ⅲ . ①格言 - 汇编 - 世界 Ⅳ . ① H033

中国版本图书馆 CIP 数据核字（2015）第 209545 号

版权合同登记号 图字：12131322

RANG WOMEN HAIPA DE SHI KONGJU BENSHEN
让我们害怕的是恐惧本身 [英] 特里・布雷弗顿 编著 杨荣鑫 译

出 品 人 任耕耘
总 策 划 任耕耘 杨 雯
责任编辑 谈 杨
特约编辑 金 浩
装帧设计 齐 娜
封面绘图 齐 娜
出版发行 时代出版传媒股份有限公司（http：//www.press-mart.com）
黄山书社（http：//www.hspress.cn）
地址邮编 安徽省合肥市蜀山区翡翠路 1118 号出版传媒广场 7 层 230071
印 刷 安徽国文彩印有限公司
版 次 2016 年 1 月第 1 版
印 次 2016 年 1 月第 1 次印刷
开 本 710mm×1000mm 1/16
字 数 320 千
印 张 25
书 号 ISBN 978-7-5461-5247-9
定 价 39.00 元

服务热线 0551-63533706
销售热线 0551-63533761
官方直营书店（http://hsssbook.taobao.com）